新思路·市场营销名家精品系列教材

服务营销

许 晖 主 编
郭 净 副主编

科学出版社
北 京

内 容 简 介

在新经济时代，服务消费将取代传统的产品消费，成为刺激经济发展的新引擎，由服务业取代制造业的经济模式将全球经济带入了一个服务经济的新时代。放眼"十二五"新时期，服务业的新变化为服务企业带来了营销的新挑战，服务营销已经成为一个发展迅速的新兴学科。本书以服务经济的发展特点和新趋势为背景，在借鉴和吸收国内外最新研究成果及服务业发展实践的基础上，以顾客关系管理的理念为出发点，以了解顾客需求、满足顾客需求、保持顾客关系和获得顾客长期价值四个阶段来分解整合服务营销的相关理论和营销策略，为我国服务企业的营销活动提供理论指导和有参考价值的经典案例。

本书可作为企业管理、市场营销、工商管理等专业的教材及参考书，也可供服务企业的管理及营销人员，以及从事服务营销的研究人员参考。

图书在版编目(CIP)数据

服务营销/许晖主编．—北京：科学出版社，2011.4
新思路·市场营销名家精品系列教材
ISBN 978-7-03-030649-4

Ⅰ.①服… Ⅱ.①许… Ⅲ.①服务业-市场营销学-高等学校-教材
Ⅳ.①F719

中国版本图书馆 CIP 数据核字（2011）第 051371 号

责任编辑：马 跃 张 宁 / 责任校对：宋玲玲
责任印制：徐晓晨 / 封面设计：耕者设计工作室

科学出版社 出版
北京东黄城根北街 16 号
邮政编码：100717
http://www.sciencep.com

北京建宏印刷有限公司 印刷
科学出版社发行 各地新华书店经销

*

2011 年 4 月第 一 版　开本：787×1092　1/16
2019 年 11 月第五次印刷　印张：22 3/4
字数：535 000

定价：58.00 元
（如有印装质量问题，我社负责调换）

FOREWORD
前　　言

　　根据中国科学院最新预测，到2015年，我国很有可能迎来一个服务经济时代。届时，我国服务业增加值占国内生产总值（GDP）的比重将提高4个百分点，达到48%，服务业比重将超过工业比重成为我国经济的主导产业。近年来，我国服务业发展保持了良好的增长势头，服务业的增加值以每年10%左右的速度快速递增，服务贸易也成为我国对外经贸的重要组成部分，服务出口占我国外贸出口的比重逐年上升。加快发展服务业已经成为我国转变经济发展方式、调整经济结构的战略举措，将引领我国经济走向新的发展方向，提高国际竞争力。

　　世界金融危机的爆发，引发了世界经济的强烈反应。服务消费将取代传统的产品消费，成为刺激经济发展的新引擎。在后工业化阶段，服务业尤其是代表了未来趋势的现代服务业必将加速发展。2010年"中国服务"概念的提出，代表了我国发展服务业的理念和模式，"中国服务"将重点打造服务的"品质、品味、品牌"，加强服务业标准与品牌建设，竭力培养现代服务业人才，促进产业间的分工与融合发展，成为中国抢占国际分工有利位置的一块"金字招牌"。

　　在经济全球化、信息网络化、需求个性化的今天，服务业也呈现出了一派新的景象：

　　（1）服务国际化趋势明显，服务业正跨越国家和地区的界限，为不同国家的用户提供优质服务；

　　（2）网络服务的兴起，使顾客可以足不出户享受来自世界各地的服务；

　　（3）服务定制化方兴未艾，顾客的个性化需求能够得到最大化的满足；

　　（4）服务产品化、产品服务化，服务业不断向其他产业渗透、融合。

　　过去的几十年里，服务业在全球范围内持续而快速地增长，中国也不例外。如今，服务业已经成为一个外延广泛的概念，既包括餐饮、住宿等传统的服务行业，又包括金融、物流、软件外包等现代服务行业。一些著

名的制造业企业，如国际商业机器公司（IBM）、通用汽车公司、联想集团等正从为其产品提供支持性服务逐步演变成为国际服务领域的重要供应商。

服务业的新变化为服务企业带来了营销上的挑战，营销是所有行业发展的命门，既是一门理论的科学，又是一门实践的艺术。随着服务行业的发展，企业迫切需要合适的理论指导其在激烈的市场竞争中生存与发展，学者们逐渐意识到服务的特性以及服务营销与传统的产品营销的不同之处，服务营销理论研究进入全新时期，并形成了比较完善的理论体系。目前，服务营销以其独特的理论范式，成为一门新兴的学科，伴随着服务业的快速发展在全球迅速传播开来。在服务国际化的大背景下，介绍国外服务营销的思想、方法和案例，对我国服务企业的发展具有指导和参考价值；在中国现有的国情条件下，对服务营销的基本概念、理论框架进行研究，可以以理论指导我国服务企业提高竞争力。

对服务特点的领悟有利于服务营销的开展，不同服务行业都以独特的方式进行运作，其营销任务也比有形产品复杂得多。服务"产品"并不是完全意义上的产品，因为它们是无形的，服务企业不能仅仅销售"产品"，更应该销售"关系"。关系营销以与顾客及供应商、经销商、员工等利益相关者建立长期关系为核心，是一种卓有成效的营销管理新思路。从顾客关系管理的角度来看服务营销，质量管理、期望值管理、满意度管理、价值管理等都是建立顾客关系的基础，而产品、价格、促销、渠道、人员、有形展示、过程等"7Ps"策略的实施更是服务企业建立与维护顾客关系的法宝。基于此，本书以顾客关系管理的理念贯穿服务营销的全过程，将服务营销的相关理论和营销组合分为了解顾客需求、满足顾客需求、保持顾客关系和获得顾客长期价值四个阶段。

我国的服务行业属于后发行业，完全可以站在巨人的肩膀上快速向前发展，营销艺术基于经历、想象和创造性，营销科学来自于理论、抽象和系统性。通过介绍发达国家服务营销发展的实践情况，能够迅速缩短我国服务企业与国际企业在经验上的差距；通过介绍服务营销理论的前沿动态，有利于指导我国服务企业更加理性地进行服务管理活动。这正是本书的写作初衷，希望为在校学生提供较为系统、完整的服务营销知识，同时也希望本书对从事现代服务业、致力于在该领域成长和发展的管理者具有较高的参考价值。

许　晖

2011 年 1 月

CONTENTS 目　录

前言

第 1 章　服务经济背景下的服务营销 ………………………… 1
　1.1　了解服务经济 ………………………………………………… 3
　1.2　服务营销研究的发展历程 …………………………………… 7
　1.3　服务营销实践的新特性 ……………………………………… 10
　1.4　本书的研究主线和框架结构 ………………………………… 12

第 2 章　服务与服务营销 ……………………………………… 17
　2.1　认识服务产品 ………………………………………………… 18
　2.2　服务营销 ……………………………………………………… 30

第 3 章　服务消费中的顾客关系 ……………………………… 40
　3.1　服务消费的趋势与类型 ……………………………………… 42
　3.2　理解顾客关系 ………………………………………………… 44
　3.3　顾客关系的层次与类型 ……………………………………… 48

第 4 章　服务期望与顾客感知服务质量 ……………………… 52
　4.1　服务期望 ……………………………………………………… 54
　4.2　顾客感知服务质量 …………………………………………… 64

第 5 章　顾客满意与顾客忠诚 ………………………………… 79
　5.1　顾客满意 ……………………………………………………… 81
　5.2　顾客忠诚 ……………………………………………………… 86
　5.3　顾客满意与顾客忠诚策略 …………………………………… 94

第6章　服务产品及品牌策略 … 103
- 6.1　服务产品组合策略 … 105
- 6.2　识别附加服务和延伸产品 … 114
- 6.3　服务产品品牌策略 … 123

第7章　服务定价策略 … 131
- 7.1　服务定价的特殊性及影响因素 … 133
- 7.2　服务定价的目标与方法 … 139
- 7.3　服务定价策略的类别 … 145
- 7.4　基于感知价值的定价 … 150

第8章　服务分销渠道 … 154
- 8.1　服务分销渠道的概念及特殊性 … 156
- 8.2　服务分销渠道的分类及特性 … 159
- 8.3　服务分销渠道的设计 … 171
- 8.4　服务位置 … 174

第9章　服务促销策略 … 179
- 9.1　服务促销概述 … 181
- 9.2　服务促销与产品促销的异同 … 185
- 9.3　促销手段选择的影响因素 … 188
- 9.4　服务促销组合 … 189

第10章　有形展示与服务场景设计 … 201
- 10.1　有形展示概述 … 203
- 10.2　服务场景 … 211
- 10.3　服务场景与顾客反应 … 214
- 10.4　服务场景设计 … 217

第11章　服务过程开发与设计 … 224
- 11.1　新服务开发 … 226
- 11.2　服务过程设计 … 231
- 11.3　服务流程再造：流水线法和授权法 … 241

第 12 章　服务失误和服务补救 …… 247
12.1　服务失误 …… 249
12.2　顾客对失误的反应以及顾客抱怨 …… 253
12.3　服务补救的策略 …… 257
12.4　服务承诺 …… 267

第 13 章　建立与维持顾客关系 …… 274
13.1　关系营销与构建顾客关系 …… 276
13.2　关系型顾客的目标与利益 …… 279
13.3　如何建立与维持顾客关系 …… 283

第 14 章　内部顾客管理 …… 291
14.1　服务利润链与企业内部营销 …… 293
14.2　服务三角理论与内部顾客导向 …… 300
14.3　内部顾客的服务与管理 …… 303

第 15 章　网络服务营销 …… 311
15.1　网络服务营销的兴起与发展 …… 313
15.2　网络服务营销特性与网络顾客研究 …… 317
15.3　网络服务营销策略与服务工具 …… 325

第 16 章　国际化背景下的服务营销 …… 332
16.1　服务企业国际化概述 …… 334
16.2　服务企业国际化营销战略 …… 341
16.3　服务企业跨文化营销策略 …… 347

参考文献 …… 353
后记 …… 355

第1章 服务经济背景下的服务营销

内容提要

本章将对服务经济的概念与内涵进行界定,并详细介绍服务经济对世界各国经济增长方式所带来的影响。通过分阶段介绍服务营销学科的发展历程,本章梳理了服务营销学科研究主题和研究内容的发展脉络。在此基础上,本章进一步讨论了服务营销实践中所出现的一些新现象,对这些现象的思考有助于理解服务营销学科发展的新趋势。

主题词

服务业 服务经济 服务营销

服务营销

引导案例

制造业正让位于服务业

根据汇丰银行发布的报告，2010年第二季度汇丰新兴市场指数（EMI）从首季的57.4下跌至55.8，经济增幅放缓。其中，服务业的扩张速度首次超越制造业，显示出新兴市场的经济增长更为均衡。中国作为新兴市场的代表，即将超越美国成为世界顶级制造大国，并开始集中精力努力发展基于服务业的经济。

在进行了轻微的政策调整之后，中国开始在上海等地区发展足以与西方匹敌的服务行业。有专家说中国内地正在积极寻找汇率变动所带来的回报，而这些回报将源自服务行业。中国在5月份左右增加了制造业公司的税负，同时降低了服务行业的税负，以更改其经济发展的模式。而中国内地与台湾签署的海峡两岸经济合作框架协议（ECFA），使中国进一步迈向服务业市场。

过去30年，中国一直处于出口经济当中，而世界范围的经济衰退对其经济造成了沉重打击。此时中国政府将对经济模式进行转变，而基于服务业的经济将被内需带动，成为一个更加具有可持续性的经济模式。目前，中国已有43%的GDP来自于服务行业，而这一数据在美国则达到了77%。

"概括地说，制造业更看重成本与花销，而服务业则与产品质量密不可分。"美国传统基金会亚洲研究中心研究员德罗克说。他认为在经济环境不稳定时，服务业并不会遭受很大的震荡。尤其是经历了几次涨薪之后，中国正在寻找更多的方式增加就业。中国即将进军服务行业的计划，将在下一个五年计划中反映出来。

资料来源：环球网．中国瞄准经济中的服务业环节．2010-07-08.

正如开篇案例中所展示的，服务业正以快速发展的态势，逐步超越制造业，成为一国经济发展的主导力量之一。来自多方面的资料表明，从全球范围看，世界经济的结构正在逐渐由工业经济主导向服务经济主导的经济形态转型。而更为明显的一个特征是，服务正在向经济结构中的其他部门渗透，呈现融合的趋势，例如，即使是在传统制造行业，服务的比重也在不断扩大。由此可见，服务对国民经济的发展具有十分重要的作用，而对服务管理与营销的研究，也理所当然受到重视。

本章首先介绍了服务经济的一些主要情况，包括服务经济的定义与内涵，以及服务业加速现代化对经济所造成的冲击；其次，介绍了基于服务经济背景下的服务营销的发展历程，将服务管理（营销）的发展分为五个不同阶段；最后，在对服务营销发展历程研究的基础上，进一步说明了服务经济的发展趋势与呈现的新特性，以使读者进一步了解服务营销实践中出现的新问题，以及可能会对服务营销带来的影响。

1.1 了解服务经济

比较普遍的观点认为，经济形态经历了从农业经济到工业经济，再到服务经济的演化阶段。而实际上，服务的出现，从农业经济时代就已经开始。随着经济的发展与经济形态的转变，服务业的作用越来越明显，在有些国家，服务业甚至超越了制造业，成为国民经济的主导力量，并承担越来越重要的角色。

1.1.1 什么是服务经济

1. 服务经济的定义

服务经济是近50年兴起的一个新的概念，在概念的定义上，目前国内外学术界尚未达成一致的认识。通常，使用比较多的是以下三种定义法：第一种定义法是"规模定义法"，即定义服务经济中"服务业GDP占比50%以上，且服务业就业占比50%以上"；第二种定义法是"对比定义法"，即定义服务经济为"与工业经济、农业经济形成对比，有特殊性质的经济形态"；第三种定义法是"阶段定义法"，即"农业经济、工业经济的顺序发展以后的经济阶段为服务经济阶段"。周振华（2010）综合以上三种模式，将服务经济定义为"以知识、信息和智力要素的生产、扩散与应用为经济增长的主要推动力，以科学技术和人力资本的投入为核心生产方式，以法治和市场经济为制度基础，经济社会发展主要建立在服务产品的生产和配置基础上的经济形态"。这是目前国内学者提出的比较权威的定义。

20世纪60年代初，世界主要发达国家的经济重心开始向服务业转变，产业形态呈现由"工业型经济"向"服务型经济"转型的总趋势。全球服务业的快速发展，服务业产值在各国国民经济结构中的比重不断攀升，逐渐成为许多发达国家的主导产业，这个过程被认为是一个服务经济化的过程。通常认为，服务经济化指的是一个国家或地区的服务经济在整个国民经济中占有的主要地位，其主要标志是服务产业的产值在国民生产总值中所占的比重超过50%，并有不断增长的趋势。

周振华等人的研究发现，服务经济的形成和发展与收入水平密切相关。根据1960～2008年不同收入国家人均国民总收入与服务业增加值比重的分布图（图1.1）可以发现，人均国民总收入水平与服务业增加值占GDP比重之间存在着明显正相关关系，即随着人均国民总收入水平的提高，服务业增加值占GDP比重总体趋势上升，但是两者之间并不是简单的线性关系，而是呈现出"S"形的阶段性变化特征。当人均收入水平到2000～4000美元时，服务业比重波动剧烈，范围在48%～55%，平均值为52%，服务经济处于初步形成期；当人均收入达到4000～7000美元时，服务业比重出现随人均收入快速提高趋势，由55%上升到70%，服务经济进入加速发展期；当人均收入超过7000美元之后，服务经济正逐步进入较为发达阶段，服务业比重随人均收入的提高稳定上升，并稳定在70%以上水平。

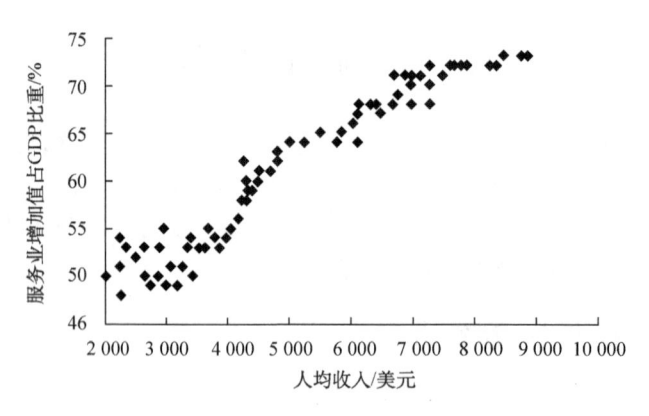

图 1.1 人均 GNI 与服务业增加值比重的变化

资料来源：世界银行数据库，转引自：周振华，服务经济的内涵、特征及其发展启示，科学发展，2010，(7)：7.

按照世界银行数据，近年来，中等收入国家服务业占 GDP 的比重为 53%，高收入国家服务业占 GDP 的比重为 72.5%，个别国家接近 80%，低收入国家服务业占 GDP 的比重为 46.1%。2009 年，我国服务业占 GDP 的比重为 42.6%，依然低于低收入国家的平均水平。相关的数据显示，在发展中国家的 GDP 和人均生活费支出中，服务的比重也在不断上升，新增就业机会大多数来自服务业，在国际贸易中服务贸易的发展尤为突出，服务已成为国际贸易的重要组成部分。由此可见，全球经济步入服务经济时代，已成为一个不容回避的现实。可以预见，服务经济将成为 21 世纪的主导经济形态。

2. 服务经济的内涵

周振华（2010）的研究认为，服务经济包括三个层次：第一层次（也称为最高层次）是经济形态，第二层次（也称为产业层次）是产业形态（即服务业），第三层次（也称为基本层次）是经济活动（服务）。这三个层次的内涵是不一样的：从基本层次上看，服务构成了服务经济中的基本经济活动形式。从产业层次上看，服务业是服务经济产业结构中的主导产业。而从最高层次上看，服务经济除了活动和产业以服务为核心外，还包含一整套适应服务活动和产业发展的制度环境、管理体制、要素市场以及公共政策和公共服务体系，是一种完整的经济形态。作为一种经济形态，服务经济的内涵包括以下几个方面。

首先，服务经济作为一种经济形态，核心是提供服务产品。尽管关于新的经济形态的提法很多，如知识经济、信息经济、数字化经济、网络经济、体验经济等，但从主导产业及其产出、就业，以及服务产品与制成品或农产品在有形无形、生产消费、营销保障等方面有着本质区别这几点来分析，唯有服务经济可以与农业经济、工业经济并列而成为一种新的经济形态。与农业经济以提供农产品为核心、工业经济提供制成品为核心不同，服务经济无论是生产、流通还是消费都围绕服务这一基本要素，以提供服务产品为核心，形成以服务为中心的经济活动，构成以服务业特别是现代服务业为主的产业体系。

其次，服务经济作为一种经济形态，其范围不仅包括服务业，也涵盖了成熟发展的制造业和农业。在服务经济中，服务业固然是产业结构中的主导产业，制造业和农业也是服务经济的重要组成部分。农业、制造业的现代化和服务化趋势促进了服务业的迅猛发展，服务业的快速发展反过来又为农业、制造业提供了全面高效的服务，把农业、制造业提升到新的更高水平。三大产业相互依赖、相互促进，融合发展。服务经济作为一个经济形态，不是一个产业可以涵盖的，而是各个产业的动态均衡和全面协调发展。

最后，服务经济作为一种经济形态，除了服务产出、服务就业、服务贸易、服务消费、服务业投资等经济活动成为其重要组成部分外，还包含一整套的制度环境、管理体制、要素市场以及公共政策和公共服务体系。其中制度环境指能保障服务经济有效运行、保障产权和交易、促进知识创新的法律规则，如受到良好的监督执行的产权、合同、信用、财税规则；管理体制是指适应服务经济发展的更加市场化、法制化和国际化的组织架构与治理方式；要素市场是以人力资本市场为主体的资源要素配置体系；公共政策和公共服务则是为服务经济发展创造低成本、高效率的运作环境。

1.1.2 服务经济带来的冲击波

服务经济加速发展已成为全球经济发展的主要趋势，伴随着经济全球化的进一步发展，世界服务业也呈现出加速现代化和跨国转移的趋势：一方面，进一步推动了世界经济向服务经济转型；另一方面，也使服务业日益告别传统的地缘导向发展模式，不断打破时间、空间，乃至文化、观念的隔离，开始进入全球化发展阶段。这不仅使服务业的全球重组和资源优化配置达到空前高度，也使世界各国经济、产业、技术创新乃至经营管理模式出现全方位变革。中国商务部政策研究室的研究显示，服务经济的加速发展对世界经济的重大影响主要体现在以下几方面（商务部政策研究室，2007）。

1. 影响各国经济增长方式的转变

加快各国经济向服务型经济的转型，促使各国经济增长方式由传统向现代增长模式转变：一是通过优化产业结构、实现资源的高效配置，减少对自然资源的依赖，减轻对生态环境的损害，促进人与自然的和谐发展；二是通过全面深化专业分工，扩大要素优化配置的空间范围，降低交易成本，提高经济效率，实现集约型增长；三是通过发展知识、技术和人才密集的服务业，减轻对资本投入的依赖，促进人力资本积累和人力资源开发。

2. 影响各国产业发展模式的调整

服务业脱离第一、第二产业发展壮大，同时又与第一、第二产业全面融合特别是向制造业全过程渗透，已经颠覆了传统的第一、第二、第三产业分类和各自独立发展的模式，创造了有史以来产业发展的新模式。在发达国家，很多跨国公司由制造业向服务业转型已达到惊人的地步，其服务业收益已开始超过制造业，一大批传统上的制造商如耐克、戴尔等已经成为真正的生产性服务供应商。

3. 影响各国的技术发展和创新模式的变革

服务业特别是生产性服务业的技术进步与创新是整个产业链技术进步与创新的源泉，成为建设创新型国家的决定因素。特别是其中的科技、研发及营销、设计等环节，对整个产业链的技术进步和创新起到越来越关键性的决定作用。现在各国经济竞争能力的体现，越来越集中在对这类服务的提升上。就产业链各环节的价值增值空间而言，制造环节所占的比重越来越低，而服务环节所占比重越来越高。

4. 影响各国参与国际竞争的地位和利益

发达国家凭着先进的现代服务业日益占领了国际分工的高端环节，占据着更大范围利用全球要素和资源、整合全球市场的平台，不仅在国际竞争中获得更多的利益和利润，而且对世界经济和产业、技术发展拥有了更大的支配力和影响力。一些发展中国家通过积极参与服务全球化、承接服务业转移、加快服务业升级，也分享着服务业全球化的部分成果，实现了自身更好的发展。但总体上看，发展中国家在新的国际分工与竞争中处于不利位置，服务业全球化的利益分配不平衡。而要改变现状，发展中国家只有加快服务业发展和升级步伐。

5. 影响各国企业经营与竞争模式

发达国家跨国公司利用信息和互联网技术搭建了全球化、网络化平台，形成了全球生产和服务网络，从而形成了以最大化重组与整合利用外部资源、最小化制造与交易成本为导向的效率主导型竞争模式，从根本上有别于工业化时代以大规模、综合化为主要特点的规模优势导向模式。这对发展中国家的企业而言，既是一种挑战，也是一种机遇。就挑战而言，发展中国家的企业在当前形势下，与跨国公司的差距更大了。而就机遇而言，发展中国家的企业也有机会跨越式利用新技术，实现自身突破，以获得后发优势。

6. 影响各国对外开放模式与国际化程度

全球服务业的快速发展和服务全球化趋势的日益深入，使各国侧重于制造业的对外开放让位于更加全方位的对外开放模式。服务业开放和自由化程度不断提高，经济体制和服务业监管体制日益与国际通行的经贸规则和商业规则接轨，为服务业国际化扩展提供了制度保证。

1.2 服务营销研究的发展历程

服务营销是基于服务业的发展与服务经济的形成而逐步发展起来的营销思想。过去，服务管理与营销一直没有得到足够的重视，服务业对经济发展的重要性被严重低估。直到20世纪60年代后，针对服务业实践中出现的大量的新问题，一些学者才开始关注服务的管理与营销问题。服务管理的研究是一个逐步发展和深化的过程。到目前为止，服务管理理论研究已经经历了不同的发展阶段，服务管理的概念也已经逐渐清晰。Johnston（1999，2005）根据理论发展所需经历的过程与对应的研究焦点，将服务管理与营销划分为五个不同的阶段：服务觉醒阶段、服务突破阶段、服务管理阶段、回归根本阶段和从根本再提升阶段，并提到，服务营销可能正处在第五个发展阶段（表1.1）。下面我们对这五个不同阶段进行简要说明。

表1.1 服务营销发展的五个阶段

阶段	研究性质	研究焦点	研究成果	研究主题
阶段一：服务觉醒（1980年以前）	描述性研究	商品与服务	服务不同于一般商品	对服务、顾客运营和顾客接触认识的兴起
阶段二：服务突破，脱离于传统产品（1981~1985年）	概念研究	服务特征与服务管理	概念框架	对现有服务范式的挑战与顾客运营发展的探讨
阶段三：服务管理（1985~1995年）	实证研究	开发与检验研究框架	基于新交叉功能驱动模型的大量服务资料	在服务能为制造提供支持的视角下，关于服务过程、质量、失败、设计和技术的发展
阶段四：回归根本，回归运营实践（1995~2005年）	应用研究	服务营销规则	建立驱动与实践的联系	回归根本，对传统运营问题和方法而言，重新关注服务运营的需要
阶段五：从根本再提升（2005年至今）	提升研究	实践中提升	基于实践进行理论归纳与提升	服务的生产率、生产力、效率和服务质量；B2B和非营利组织中服务营销与管理

资料来源：Johnston R. Service operations management: return to roots. International Journal of Operations & Production Management, 1999, 19 (2): 104-124; Johnston R. Service operations management: from the roots up. International Journal of Operations & Production Management, 2005, 25 (12): 1298-1308. 据此整理.

1.2.1 服务觉醒阶段（1980年以前）

20世纪70年代，随着服务业在国民经济中的比重不断上升，服务业扮演着日益重要的角色，人们开始重新认识服务所特有的运作特征。以服务的运作特征和服务实现为基础的新模型、新概念与新方法出现在这一时期。其中最具代表性的人物是Johnson，他在一篇论文中首次提出了"商品和服务是否有区别"的问题,从而引发了一场服务与商品的论战。

这一阶段 Johnson 和 Buffa 推出了两本探讨服务部门运作的著作,书名都叫做《运作管理》。虽然书中涉及服务的内容很少,但作者已经开始关注服务业。这两部著作的意义就在于,正是他们开始将研究运作管理的注意力从单纯以产品制造为主的工业领域向服务领域转移。实质性的突破是 1976 年 Sasser 在《哈佛商业》周刊上发表的《在服务业中平衡供应与需求》的文章,以及 1997 年 Shostack 在《营销杂志》上发表的《从产品营销中解放出来》一文,该文提出应该认清服务营销与产品营销的区别,仅认为服务营销是产品营销的衍生还远远不够,不利于学科独立。两年之后,Sasser 等人的《服务运作管理》问世,这是第一本直接以服务运作为主要研究对象的专著。

服务觉醒阶段的特征是初步认识到服务的存在,研究主要集中在描述和强调商品与服务的区别,但是对服务运作的研究和概念体系的建立,依然没有突破传统产品营销的框架。这一阶段的研究主题包括对服务、顾客运营和顾客接触的认识等。

1.2.2 服务突破阶段:脱离于传统产品(1981~1985 年)

在服务突破阶段,人们对服务问题高度热衷且兴趣大增,研究工作主要集中在阐明有关服务的概念和性质,构建有助于理解服务和服务管理特性的概念框架。在这一阶段,美国市场营销学会和营销科学学院组织过多次学术会议,这一时期的营销杂志也发表了大量学术论文,研究主题涉及服务分类、服务接触、服务质量模型、服务营销组合以及关系营销等。其中,以 Lovelock 为代表的北美学派和以 Grönroos 为代表的北欧学派对该领域所作的贡献尤为突出。正如 Parasuraman 等(1985)的文章所指出的那样,在这一阶段,主要是建立了服务质量的概念模型,并开始了对未来服务的研究,这是构建服务管理职能结构的非常重要的一步,因为服务质量对各个职能管理领域意义重大,成为服务营销学理论的重要理论基础。

服务管理研究第二阶段的主要特点,表现在服务研究脱离了完全以产品为基础的研究,开始了主要以服务领域自身内容和特征为研究对象的研究工作,其他相关学科也开始将本学科的研究项目与服务管理相联系,开始进行跨学科的服务研究。研究的性质不再只是描述性,而是以更为抽象的概念框架搭建为主。

1.2.3 服务管理阶段(1985~1995 年)

第三阶段服务管理阶段,已经基本形成了比较独立的服务管理(营销)研究领域。1985 年以后,服务管理研究得到突飞猛进的发展,研究的主题集中到服务管理的具体问题上,对服务质量、关键接触、服务体验、顾客保留等主题,进行了更为深入的研究。其中,1990 年首届国际服务管理研究大会在法国召开,会议强调了服务管理研究的多学科性,指出服务管理研究涉及的学科包括经济学、管理学、心理学、市场学、组织行为学、社会学等领域,解决问题的方法也从这些领域进行借鉴,注重方法研究也是这一时期的一个特点。由此，服务管理呈现多学科、多层次、多角度的较为科学规范的研究特色，进入了重点进行跨科学性质的研究时代。

在这一阶段，大量跨学科的研究成果得以发表，并在企业盈利能力、服务生产效率、顾客忠诚、服务生产率、顾客忠诚、顾客满意、顾客感知价值、感知服务质量、内部营销之间逐渐形成了较为清晰的逻辑关系。由于跨学科特征尤为明显，所以这一阶段又被称为"服务管理时期"，以区别于进一步细分之后的服务营销。

在众多的研究成果中，具有代表性的是芬兰学者 Grönroos 的一系列论著。在 1990 年出版的《服务管理与营销》一书中，他将企业的竞争战略划分为以成本、价格、技术和服务为主的四种形态，指出目前的市场处于服务竞争阶段，企业经营战略开始转向以"服务"为主导的战略。此外，他还发表了《从科学管理到服务管理：服务竞争时代的管理视角》一文，从理论上阐述了服务管理与科学管理的区别，论证了服务管理的特征及其理论和实践对经济发展的贡献。他根据认知心理学的基本理论，提出了顾客感知服务质量的概念，论证了服务质量本质是一种感知，是顾客的服务期望与服务经历比较的结果。服务质量的高低取决于顾客的感知，其最终评价者是顾客而不是企业。Grönroos 在这一领域的研究成果为服务管理理论体系的形成奠定了基础。

1.2.4 回归根本阶段：回归运营实践（1995～2005 年）

阶段四称为回归根本阶段，指的是从 1995 年以来，服务管理研究真正实现了由跨学科研究向交叉边缘学科本质的回归：各学科逐渐分离，各自保持相对的独立性。服务管理发展的重要工作内容是努力在各个核心学科中建立服务的概念构架。Johnson 认为，运营、人力资源管理等职能学科在服务管理研究的第四阶段相互分离，并将服务观念与服务管理的已有研究成果带回到各自的核心学科，基于服务的观念，对原学科的核心理论体系进行重构。例如，Rust 在主持服务质量回报的研究中阐述了提高服务质量给企业带来的收益途径和机理，论证了服务质量与企业获利性之间的关系。

这个阶段的各种理论研究成果集中体现在美国服务管理领域的学术权威 Fitzsimmons（1998）的专著《服务管理》一书中。作者以其深厚扎实的理论积淀，从服务业与经济的关系讲起，逐步展开，依次涉及服务的内涵与竞争战略、服务性企业的构造、服务作业的管理、迈向世界级服务、服务应用的数量模型等，基本上涵盖了服务管理的所有重要理论。该书可以说是服务管理作为独立学科研究的开山之作与奠基之笔，对于开展服务管理的研究有着重要的指导意义和参考价值。

1.2.5 从根本再提升（2005 年至今）

2005 年，Robert Johnston 发表了 *Service operations management: from the roots up* 一文，探讨是否需要区分第五个发展阶段，他提到，在运营实践的基础上，有三个领域需要作为研究的核心，分别是生产力、服务质量和效率。

生产力（或生产率）关注的焦点是什么是服务生产力、服务生产力如何影响（或替代）服务质量和利润、如何测量生产力，以及是什么因素驱动服务生产力和服务质量的改进。服务质量关注的焦点是什么是服务规范（service specification），什么机制可以用来控制服务规范，包括顾客和雇员行为及对过程的投入，当规范是不容置疑时该如何管理顺应规范。效率关注的焦点是精益思想如何应用于服务领域、对顾客而言价值意味着什么、如何识别和获取，以及服务运营中是否有不同的浪费形式，等等。

另外，Johnston 也提到，服务营销可能也面临着来自 B2B（business to business）领域的挑战，尽管这对运营管理而言是一个机会。另外一个挑战来自于公共部门和非营利组织。对这两个领域的研究，要解决的关键问题是，现有的关于服务营销的理论与工具，是否也适用于这些领域。这将可能成为未来一段时间内研究的重点内容之一。

1.3　服务营销实践的新特性

正如前面在探讨服务营销理论发展历程中所提到的，进入 21 世纪以来，服务营销从理论到实践都有了新发展，研究内容也随着经济环境的变化而呈现出许多新的特性。在新经济的环境下，服务营销实践也呈现许多新的特性。

1.3.1　体验式服务营销日渐风行

美国未来学大师托弗勒也指出，未来服务业的发展趋势是体验服务。体验式营销的观念于 1998 年由美国战略地平线 LLP 公司提出并将其定义为"从消费者的感官、情感、思考、行动、关联五个方面重新定义，设计营销理论"。体验式营销是体验经济环境下的产物，一些学者甚至认为工业经济形态之后，是体验经济形态——显然，这更表明服务经济与体验经济密不可分。体验式营销倡导服务营销尤其需要运用体验营销的营销理念，创新服务营销模式。随着全社会经济的发展和生活水平的提高，人们对感官的、心理的体验需求将会成为未来服务消费需求发展的新亮点，体验式服务营销逐渐成为服务营销的主流。例如，星巴克咖啡连锁店多年来就一直致力于营造完全不同的店内氛围，为顾客提供独特的体验，力求把自己的咖啡店打造为除家庭和办公室外，顾客认为第三重要的场所。在这里，顾客得到的已不仅仅是一杯浓郁的咖啡，更是舒适的环境、体贴入微的服务的享受，使顾客得到最大的满意。

1.3.2　服务产品个性化定制方兴未艾

在连接生产者和消费者之间，永远有一个悖论：生产扩张的内在张力，与消费者个性化需求的满足之间，总是相悖而行的。进入 21 世纪以来，企业家们开始意识到，他们正在步入一个"分众"化的市场，传统的营销工具、传播渠道，以及广告媒体，已经很难像以往那样到达大众市场。信息技术的进一步发展，促进了柔性生产的出现，使得大规模个性化定制成为可能。正是在这种背景下，针对服务产品的特点开展个性化定制营销，企业可以充分发挥服务的"品质差异性"，灵活地为客户定制他们中意的服务产品。在日益普及的网络环境下，一些诸如银行或者保险机构，可以非常便捷地向用户提供个性化的金融服务和保险服务。而在一些传统制造领域，辅助服务业逐渐实现了个性化，戴尔公司提供的是计算机产品，但购买的过程实行个性化定制；宝洁公司就通过网站为顾客提供定制皮肤护理和头发护理产品的服务，以满足顾客的个性化需要；而像IBM公司，甚至彻底实现了由制造向服务的转型，根据用户需要，提供定制化的服务。

1.3.3 产消合一，用户参与服务过程

未来学大师托夫勒在其著作《财富的革命》一书中提出了"产消合一"的概念，指的是用户参与了生产的过程，成为价值创造者之一。在这个过程中，消费者开始一步一步参与到产品价值创造的环节，被无偿纳入企业的生产体系与营销价值的创造，出现了"产消合一"。而随着现代网络技术的发展，借助互联网的沟通工具，用户正在逐渐参与到价值设计等环节中。这些戏剧性变化的根本原因是技术。正如我们在本章后面的案例中将看到的，各种自助式加油站和超市里的收银台、包括银行业务和证券交易在内的在线金融交易，以前是在传统砖瓦泥墙的零售店铺里买卖的零售商品的在线购物、航空旅行的电子机票，以及收费公路的快速车道，上述这些仅仅是诸多反映技术如何改变服务提供方式和顾客行为方式的极少数例子，而我们已经看到服务中出现的许多发展趋势都是技术进步的结果，这包括对自助式服务依赖程度的提高、实用性的增长、地理位置重要性的降低，以及从传统的相互之间打电话的同步通信向以信息技术为基础的诸如电子邮件和互联网方式的异步通信的转变。

1.3.4 E-Service 迅速发展

用户参与服务过程的情况已经越来越多，正如前文所言，技术进步，尤其是信息技术的迅速发展为用户参与提供了多种可能。随着网络日益深入人们的日常生活，许多服务，包括传统制造业的服务环节，已经可以越来越多地经由网络技术得以实现，许多企业在互联网上提供自己的服务。在《世界是平的》一书中，作者弗里德曼提到，来自印度或者中国的专业服务公司，正通过网络为美国公司提供各种专业服务，如呼叫中心、财务人员，这种基于网络技术的 E-Service 的出现，使得企业可以实现连续 24 小时的运作。例如，利用时差效应，美国公司职员下班后，印度的同行可以接着继续刚才的工作，而到第二天早上，美国的同行又可以接着印度同行的工作，实现不间断的无缝对接。网络服务企业比传统服务企业具备更大的优势，它能更灵活地调配时间，更有效地降低服务成本，而且更准确、快捷地接收客户发来的信息。互联网使人们生活更方便，也使服务企业获得了巨大的发展空间。

1.3.5 跨越区域界限，走向国际市场

正如上面谈到的，技术的原因使得地域的界限不再那么明显，服务业正跨越国家和

地区的界限，伴随着制造业国际化的深入发展，服务业也开始越来越明显地呈现国际化的特点。数据显示，《财富》评选的世界500强企业中，有超过半数企业所属行业为服务行业，从事服务业的跨国公司同样也超过半数。许多跨国公司在向海外市场拓展的过程中，逐渐实行服务的国际化，比较常见的服务外包正是这种形势下的产物。在印度等东南亚国家，以及我国的环渤海地区，如天津和大连、珠江三角洲和长江三角洲等地区，正逐渐形成服务外包产业集群，这些都是服务业国际化背景下的产物。服务业国际化，必然给那些服务型公司带来管理和营销上的诸多挑战与机会：一方面，面对一个陌生的市场，已有的营销方式可能不再适用，需要探索适应新市场的营销战略与策略；另一方面，国际化的市场也为拓展服务业务提供了更为广阔的空间，增加了企业的获利空间。所以，服务营销的国际化特性与发展趋势，对企业而言，既是挑战，又是机会。相应地，就服务营销的学科发展而言，服务业的国际化又为理论研究提供了更广阔的实践基础。

1.3.6 制造企业中的服务正在兴起

进入新世纪，服务业国际化初见端倪，并呈现出以下一些主要趋势。服务业跨国公司迅速扩张，成为推动服务业全球化的主体。而在相当一部分跨国500强制造业企业中，其服务业务的收入已经接近或超过了制造业务的收入。传统制造业跨国公司向服务型跨国公司转型还在不断加速。跨国公司通过掌控研发和市场营销等核心环节与强大的供应链管理体系，在国际竞争中的地位不仅没有削弱，反而有所增强。发达国家跨国公司实行核心竞争力战略，越来越多地将后勤办公、顾客服务、商务业务、咨询分析等许多非核心业务活动全面外包，其中离岸外包成为新兴趋势。随着信息技术的应用和产业分工的深化，服务业开始不断从传统制造业中独立出来，信息、咨询、设计、财务管理、售后服务、技术支持等专业服务公司不断发展壮大。

总的来说，服务营销所呈现的新特性，本质上是服务经济进一步发展内在需要的体现，而新技术的出现和应用，为这种内在需要提供了多种便利，未来服务营销领域，会不可避免地打上各种技术的烙印。例如，通过技术手段，可以更深入地收集和分析用户需要的特性，以提供更为精准的服务产品。但需要注意的是，技术是冰冷的，而服务需要的是人性化。在服务经济深入发展的背景下，服务营销也越来越呈现多样化的特点。

1.4 本书的研究主线和框架结构

早在20世纪60年代，营销学界就开始关注"商品和服务"的区别这一论题，对服务营销的广泛讨论就此展开。1977年，当时的美国银行副总裁G. Lynn Shostack就指出，泛泛而谈营销观念已经不适应服务营销，服务营销的成功需要新的理论来支撑；如果只把产品营销理论改头换面地应用于服务领域，服务营销的问题仍无法解决。随着研究的深入，营销学者们普遍形成了一个共识，即服务营销不同于传统的市场营销，必须用非传统的方法研究服务的营销问题，进而建立服务导向的理论架构。对于服务营销来说，营销的目的不是创造消费，而是创造企业与顾客的关系；营销的最终目的不是扩大销量，而是培养顾客忠诚。服务营销就是在买卖双方的互动过程中管理形形色色的关系，在对关系的管理中体现营销的理念，以提高顾客满意与忠诚为出发点，以顾客关系为作用对象的新的营销理念得以产生。

1.4.1 本书的研究主线

顾客关系管理旨在改善企业与顾客关系，企业据此赢得顾客，并且留住顾客，让顾客满意。顾客关系管理是一种企业发展的整体战略，顾客关系管理的核心是价值，在对顾客的识别、保留和发展的整个生命周期里，对价值的关注尤其是对长期价值的关注是贯穿其中的核心问题。顾客关系管理强调的是企业与顾客长期的价值互动关系，最大化长期互动关系的效应，实现顾客与企业的双赢。顾客关系管理是集中于价值顾客的认识、保留和发展的动态管理，是要采取一种与顾客互动的方式，了解顾客的需求，开发产品和渠道满足顾客需求，保持顾客关系，创造顾客忠诚，最终获得顾客的长期价值。

本书将顾客关系管理的理念应用于服务营销的过程中，将服务提供者的营销过程划分为四个阶段：了解顾客需求、满足顾客需求、保持顾客关系、获得顾客长期价值。另外，根据顾客关系生命周期理论，顾客关系生命周期一般可以分为感知、获取、巩固、成熟、衰退、离开六个阶段。针对处于不同阶段的顾客，需要采用不同的策略来对待和管理。本书对服务营销的组合要素进行了重新整合，以实现服务营销不同阶段的管理需求。

（1）了解顾客需求阶段。关键是要确认目标顾客，明确顾客价值，了解顾客期望和顾客对服务质量的评价标准，提高顾客满意度，以带来忠诚顾客。

（2）满足顾客需求阶段。顾客已经决定进行购买，关键是要使用有效的手段，如比竞争对手更好的产品、更低的价格，通过合适的渠道来获取客户。

（3）保持顾客关系阶段。顾客已经购买了产品或服务，但是顾客与公司的关系并不十分牢固。在这个阶段，关键是采用标准的流程，为顾客设计并提供合适的服务，以提供定制化的服务并采用差异化的营销来提高顾客的满意度，从而为顾客持续购买使用公司的服务打下基础。

（4）获得顾客长期价值阶段。为了与顾客建立长期关系，关键是建立高危客户的预警机制以及挽留机制，管理好企业的内外部顾客。

1.4.2 本书内容结构框架

本书分为六部分，结构框架见图1.2。

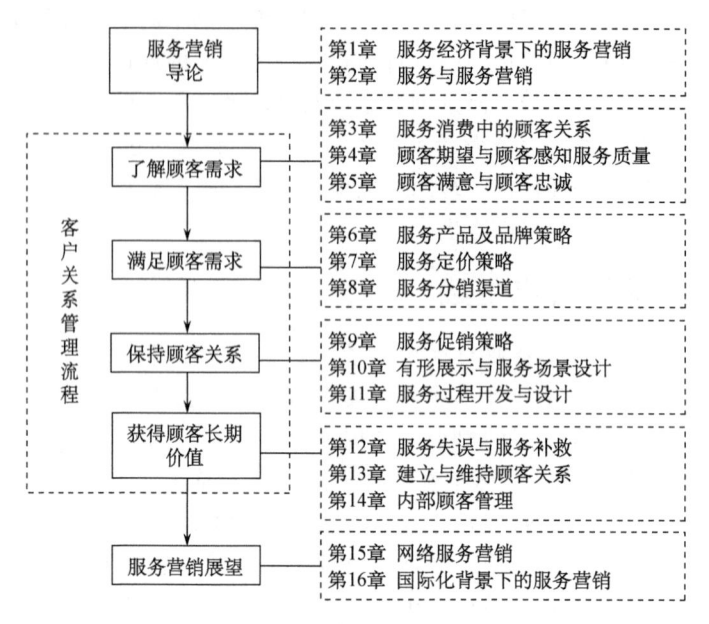

```
                    ┌─────────────────────────────────────┐
        ┌─────────┐ │ 第1章  服务经济背景下的服务营销      │
        │ 服务营销 │→│ 第2章  服务与服务营销                │
        │  导论   │ │                                     │
        └────┬────┘ └─────────────────────────────────────┘
             ↓
        ┌─────────┐ ┌─────────────────────────────────────┐
  ┌──── │了解顾客  │→│ 第3章  服务消费中的顾客关系          │
  │     │  需求   │ │ 第4章  顾客期望与顾客感知服务质量    │
  │     └────┬────┘ │ 第5章  顾客满意与顾客忠诚            │
  │          ↓      └─────────────────────────────────────┘
  │     ┌─────────┐ ┌─────────────────────────────────────┐
  │客   │满足顾客  │→│ 第6章  服务产品及品牌策略            │
  │户   │  需求   │ │ 第7章  服务定价策略                  │
  │关   └────┬────┘ │ 第8章  服务分销渠道                  │
  │系        ↓      └─────────────────────────────────────┘
  │管   ┌─────────┐ ┌─────────────────────────────────────┐
  │理   │保持顾客  │→│ 第9章  服务促销策略                  │
  │流   │  关系   │ │ 第10章 有形展示与服务场景设计        │
  │程   └────┬────┘ │ 第11章 服务过程开发与设计            │
  │          ↓      └─────────────────────────────────────┘
  │     ┌─────────┐ ┌─────────────────────────────────────┐
  │     │获得顾客  │→│ 第12章 服务失误与服务补救            │
  │     │长期价值  │ │ 第13章 建立与维持顾客关系            │
  │     └────┬────┘ │ 第14章 内部顾客管理                  │
  └──────────┤      └─────────────────────────────────────┘
             ↓
        ┌─────────┐ ┌─────────────────────────────────────┐
        │服务营销  │→│ 第15章 网络服务营销                  │
        │  展望   │ │ 第16章 国际化背景下的服务营销        │
        └─────────┘ └─────────────────────────────────────┘
```

图 1.2 本书结构框架

第一部分，服务营销导论是学习服务营销的基础，主要阐述了服务营销发展的背景及趋势、服务产品与服务营销的基本特征等内容。其中，第 1 章介绍服务业在国民经济中的地位和作用日益凸显，标志着服务经济时代的来临，在细分服务营销理论发展阶段的基础上，概括服务全球化背景下服务营销的发展趋势及新特点。第 2 章重点介绍服务产品的概念、服务产品与有形产品的区别，在分析服务消费和有形产品消费不同的基础上，指出服务营销同产品营销相比面临着更大的挑战。

第二部分，了解顾客需求是服务企业提供优质服务的准备工作，服务提供者必须理解顾客的需求和顾客关系、顾客的服务期望与顾客感知服务质量，以及如何使顾客满意、培养忠诚顾客等内容。其中，第 3 章首先介绍服务中的顾客关系，阐述构成顾客关系的核心要素，接着介绍服务消费的趋势和影响因素，顾客购买行为的类型、购买决策过程及购买决策理论，最后阐述了组织购买服务行为的特点。第 4 章介绍服务期望的类型、影响因素及服务企业提供超越顾客服务期望的高水平服务的具体方法，接下来介绍顾客感知服务质量的内涵、测量模型和服务企业实行服务质量管理的策略。第 5 章首先介绍顾客满意与顾客忠诚的内涵、类型、测量模型及影响因素，在此基础上探讨服务企业提高顾客满意度打造忠诚顾客的策略。

第三部分，满足顾客需求是服务提供者通过服务与顾客建立初步联系的阶段，服务企业在这一阶段可以通过产品与品牌策略、定价策略、渠道策略等传统的营销策略组合向顾客提供具有吸引力的服务产品。其中，第 6 章介绍向顾客提供的服务产品组合的内容，服务产品如何通过延伸产品和附加服务提高顾客满意度，以及以顾客为导向的服务品牌策略。第 7 章介绍服务产品定价的特殊性、服务定价策略与产品定价策略的不同，以及服务定价的目标和方法。在服务营销中，基于顾客感知价值的服务产品的定价是提高顾客满意度的方法之一。第 8 章介绍服务分销渠道的特殊性，详细阐述服务企业使用比较普遍的特许经营模式，同时介绍租赁服务、自动分销和网络渠道等服务渠道创新模式。

第四部分，保持顾客关系是服务提供者对顾客实践承诺的阶段，服务企业可以采用适当的促销与沟通、设计服务场景、开发服务流程等策略增加顾客重复购买的机会和可能性。其中，第 9 章介绍服务营销中沟通的重要性，服务促销作为一种带有刺激性的沟通方式与产品促销显著不同，阐述服务促销组合主要包括广告、人员推销、公共关系、营业推广、口碑传播和直邮等方式。第 10 章介绍有形展示的内容及其对服务营销的特殊作用，分析说明服务场景与有形展示的关系，最后介绍服务企业如何设计好服务场景以使顾客满意。第 11 章介绍服务企业新产品开发的重要性、开发的程序，详细阐述服务过程设计时经常使用的质量屋、服务蓝图等基本方法。

第五部分，获得顾客的长期价值是服务提供者获得利润的重要手段，服务企业要建立完善的服务补救机制、开展关系营销以维护顾客关系、实行内部营销为顾客提供满意的服务以建立长期关系。其中，第 12 章概括服务失误产生的原因和类型，分析服务失误出现时顾客的反应和顾客抱怨，阐述企业应该采取怎样的服务补救措施，最后介绍服务承诺对服务补救的作用。第 13 章介绍关系营销的发展背景、概念内涵及与交易营销的区别，在此基础上分析关系营销的类型、目标与市场、利益与策略基础，最后探讨了服务企业维持顾客关系的具体策略举措。第 14 章介绍服务利润链理论、内部营销概念以及如何在服务利润链理论指导下实现内部营销的途径方式，同时介绍服务三角理论和企业的内部顾客导向，最后分析内部顾客的需求特点和管理策略。

第六部分，服务营销展望阐述信息经济时代服务营销的新发展，最主要的表现包括网络服务营销和服务营销的国际化趋势。第 15 章介绍我国互联网络的兴起与发展，网络服务营销的概念内涵以及目前我国企业开展网络服务营销现状，同时详细阐述企业在信息技术背景条件下开展网络服务营销的重要性和独特性，在进行网络顾客特征分析和服务要求基础上提出企业的网络服务营销策略和服务工具。第 16 章在经济全球化的背景下介绍服务营销的国际化趋势，首先介绍服务国际化的背景和发展现状，接着探讨服务企业国际营销战略和策略，最后介绍跨文化视角下的服务企业营销策略。

▶ 案例 1.1：用户参与——柯达的自助式数码影像速印

随着数码相机和拍照手机的日益普及，数码冲印需求正逐渐提高，而 2004 年引入国内市场的柯达数码影像速印站，正是适应这种需要的一个非常便捷快速的多媒体影像处理终端。用户拿着存有数码照片的设备，直接接入机器的服务端口，就可以在自助式数码影像速印站的触摸屏上自由选择和处理相片。通过无线传输协议，消费者甚至可以在任何地方将手机、个人数码助理（PDA）或笔记本电脑中的照片通过移动通信网络传

服务营销

递到任意指定的自助相站上,再进行冲印,输出一张6寸数码照片只要11秒,即拍即印,并有多种服务选择,包括数码相机和手机照片冲印、护照签证快照、个性化照片和光盘刻录。这种终端设备操作简易,具备语音操作提示,消费者可以轻松地通过触摸显示屏,操作整个冲印过程。

由于具有自助、简便、快速的特点,柯达自助式数码影像速印站的主要客户群定位于时尚数码一族,以城市年轻人为主。因此,在站点的选择上,既可以依托传统影像冲印店,也可以设置在面向目标消费群的零售渠道,如旅游景点、酒店旅馆、影院剧院、信息技术(IT)产品或手机商店、展览馆及大卖场等人流比较集中的地方。

随着这个终端设备的普及,以及目前剧增的由移动设备所拍摄出来的大量照片,消费者将需要更多的照片冲印服务,将更多使用冲印站所提供的增值服务,如照片的个性化处理等。因此,自助式数码影像速印站为用户提供了一个创造性地展现自我的平台。同时,速印站也为柯达公司提供了一个与消费者直接沟通的途径,终端用户使用数据的收集,使得柯达公司可以很快知道消费者喜欢什么、不喜欢什么,为柯达公司提供用户使用其产品和服务的反馈信息。换句话说,它缩小了柯达和消费者之间沟通的距离。同时,这种自助式服务提供的方式,也给柯达公司的传统渠道带来更多的业务和商业附加价值,为既有的渠道提供了新的商业机会,开辟了更多的营利途径。

资料来源:邓勇兵.渠道变革:柯达自助式速印站.中外管理,2007(1):25,26.据此改写.

讨论与思考

1. 如何理解服务业与服务经济?两者有什么联系?
2. 服务业的发展在哪些方面影响着你的生活?
3. 服务营销的五个阶段划分是否合理?
4. 你还注意到了服务营销实践的哪些新现象?
5. 服务经济会取代制造业主导的工业经济吗?

第 2 章　服务与服务营销

内容提要

本章将对服务和服务产品的概念进行界定，并详细介绍服务的特性及服务的分类，这些都有助于进一步了解服务营销。在辨别有形产品和服务产品基本差异的基础上，本章讨论产品营销和服务营销的不同之处，以阐释在服务业迅速发展的背景下服务营销的重要性和发展趋势。

主题词

服务　服务产品　服务营销　过程消费　营销三角形

服务营销

引导案例

"喜羊羊"带来的"羊"产业

2009年《喜羊羊与灰太狼之牛气冲天》、2010年《喜羊羊与灰太狼之虎虎生威》成为当年贺岁档的"黑马",一再刷新了国产动画电影的票房纪录,如此的"票房奇迹"让人在惊讶之后又感悟到它的必然性。《喜羊羊与灰太狼》自2005年8月开始在全国各地播出后,迅速聚集了众多粉丝,不但有它针对的主要人群——孩子,更受到一批20多岁的年轻人的追捧,在许多网络论坛都能听到他们在热烈地讨论这部动画片中的人物。几百集的动画片做了三年多的"宣传",放映前的反复公映广告,早就吊足了"羊迷"们的胃口。虽然在制作方面它不如早前的《宝莲灯》、《风云诀》,然而它强大的亲和力吸引住了儿童,与时俱进的搞笑台词符合青年观众的审美情趣。

动漫发展到今天,已不仅仅是一种精神需求,而是形成了以动画为表现形式,包括动漫图书、报刊、电影、电视、音像制品、舞台和基于现代信息传播技术手段的动漫新品种等产品的开发、生产、出版、播出、演出和销售,以及与动漫形象有关的服装、玩具、电子游戏等衍生产品的生产和经营的巨大产业链。

在《喜羊羊与灰太狼》热播的同时,它的衍生品也有条不紊地一步步跟进,同名的漫画书一经推出立刻成为畅销读物,各种以《喜羊羊与灰太狼》中的主要人物为造型的玩具、文具、音像制品成了热卖品,已俨然形成了一条产业链。电影的推动只是为它更添了一把火而已。据悉公司以后将每年推出一部内容精彩的《喜羊羊与灰太狼》动画电影系列片,同时通过品牌授权与更多有实力的厂商合作,生产玩具、食品、文具、服装等。而且,公司还计划开设"喜羊羊"主题饮食连锁店,长远目标是在国内建设主题公园,让中国的孩子们不仅知道"迪斯尼",也能有自己喜爱的中国卡通品牌乐园,最终目标是让中国的卡通形象走向世界。

资料来源:高芸婧.喜羊羊、灰太狼的票房奇迹.国际市场,2009,(3):45,46.据此改编.

随着服务经济的到来,服务越来越受到社会及企业的重视,服务业在国民经济中的重要地位日益凸显,而且制造业中的服务竞争也越来越激烈,服务含量成为产品附加价值的主要组成部分。因此,对服务和服务营销的研究成为理论界现实而紧迫的任务。从服务开始被纳入研究者的研究范围以来,服务营销基本上已经成为一门独立的学科,形成了大量的服务营销理论。本章将着重介绍服务与服务营销的基础知识,包括服务及服务产品的概念、服务过程消费的本质及服务营销的内涵。

2.1 认识服务产品

研究服务营销,首先要清楚地认识和理解"服务产品",这是服务营销领域的研究对象之一，也是企业进行服务营销管理的重要内容。

2.1.1 服务及服务产品

从 20 世纪五六十年代起，西方的市场营销学界开始对服务进行系统的研究。在这一过程中，许多学者都对服务的概念提出自己的见解（表 2.1），但由于服务行业包罗万象，很难对服务进行界定。事实上，这些定义都有一定的片面性，但通常认为美国营销协会（AMA）在 1960 年定义基础上补充完善的定义，以及 Grönroos 在 1990 年给出的定义比较全面地抓住了服务的本质。

表 2.1 服务定义的代表性观点

学者或机构	定义
美国营销协会（AMA）（1960）	服务是用于出售或是同产品连在一起进行出售的活动、利益或满足感
Regan（1963）	服务是直接提供满足或者与有形商品及其他服务一起提供满足的抽象性活动
Stanton（1974）	服务是可被独立识别的不可感知活动，为消费者或工业用户提供满足感，但并非一定要与某个产品一起销售
Lehtinen（1983）	服务是与某个中介人或机器设备相互作用并为消费者提供满足的一种或一系列活动
美国营销协会（AMA）修订	服务可被区分界定，主要指不可感知却可使欲望得到满足的活动，这种活动并不需要与其他产品或服务的出售联系在一起。生产服务时可能会或不会需要利用实物，而且即使需要借助某些实物协助生产服务，这些实物将不涉及所有权转移的问题
Kotler（1997）	服务是一方能够向另一方提供的基本上是无形的任何功能或利益，并且不会导致任何所有权的产生。它的生产可能与某些有形产品密切联系在一起，也可能毫无联系
Grönroos（1990）	服务是由一系列或多或少具有无形性的活动所构成的过程，这种过程通常发生在顾客同服务的提供者及其有形的资源的互动关系中，这些有形资源（商品或系统）是作为顾客问题的解决方案而提供给顾客的
国际标准化组织（1990）	服务是为满足顾客需要，供方与顾客接触的活动和供方内部活动所产生的结果

资料来源：郭国庆. 服务营销管理. 第二版. 北京：中国人民大学出版社，2009：4-6. 据此整理.

虽然不同研究者和机构对服务的定义有所区别，但大都认为服务涵盖了一系列具有差异性和复杂性的活动，早期对服务的定义都是比照于产品而言的，将服务定义为活动、行为和表现，无形性被作为服务和产品相区别的关键性特点。这里把"产品"看成有形的商品、设备等，而从广义上讲，产品是企业为满足顾客需求而提供的某些价值或利益，既包括有形的产品也包括无形的服务。实际上，在我们的现实生活中，有形的产品和无形的服务并不能完全分开，大多数企业提供的产品中既包括有形的产品也包括无形的产品。可见，有形产品和无形服务只是一个相对的概念，Berry 和 Parasuraman 认为，在产品的核心利益来源中，若有形的成分比无形的成分多，那么这个产品可以看做一种商品（有形产品）；若无形的成分比有形的成分多，那么这个产品可以看做一种服务。例如，机械设备的供货商除了销售有形的设备之外，还对客户提供设备使用培训和售后维修服务，这里，供应商出售的有形设备为客户提供的是核心利益，而培训和售后服务是非核心利益，所以把机械设备划归为有形产品。而对于航空公司来说，客户追求的核心利益是从出发地到目的地的无形的运输服务，航行中得到的食品、饮料等有形产品是非核心需求，所以航空运输被划归服务产品。

区别产品和服务的一个有用的方法就是将它们置于一个连续谱之中，然后将其按照有形主导型到无形主导型的顺序进行排序，如图 2.1 所示。

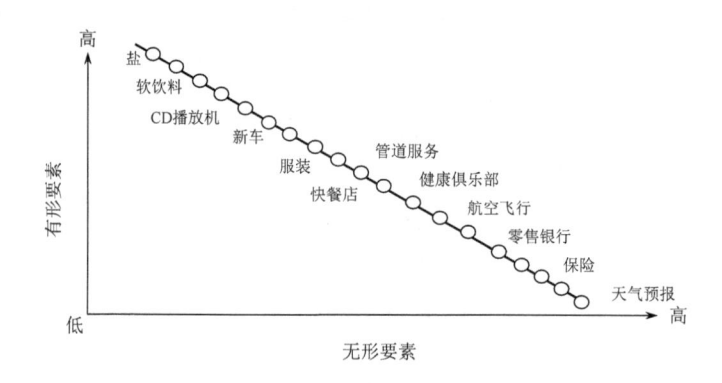

图 2.1 产品-服务连续谱

资料来源：洛夫洛克等. 服务营销：管理员工、技术、战略. 亚洲版·第 2 版. 范秀成主译. 北京：中国人民大学出版社，2007：10.

从图 2.1 中可以看到，有形的产品和无形的服务按照有形主导型到无形主导型的顺序排列和过渡，有形产品和无形服务的区别因此变得不太清楚。无形的服务要借助有形因素以便为顾客提供更多、更便捷的服务，如银行利用自动柜员机（ATM）为顾客提供 24 小时不间断的取款业务；而有形的产品也可以通过增加无形因素来提高产品附加价值，IBM 正是意识到这一点，所以从计算机制造商转型为全球最大的信息技术和业务解决方案公司。

在区分了产品和服务的概念后，我们发现，服务即服务产品，服务产品是从企业经营内容的角度进行界定的一个相对狭义的概念，日常生活中我们所说的"服务"就是服务企业提供给我们的服务产品。无论是去旅游目的地旅游、去医院看病、去电影院看大片甚至每天在学校学习，都是在消费服务产品，享受"服务"。

2.1.2 识别服务的特性

服务开始进入研究者的视野源于 1969 年 Johnson 在其博士论文中首次提出了"商

品和服务是否有区别"这一极富挑战性的论题,在众多学者对服务进行了定义之后,学者们开始认识到即使没有一个被统一接受的定义,也不妨碍对服务内涵的探讨。20世纪70年代末80年代初,许多学者对服务的特性进行了广泛的研究(表2.2),并归纳出了服务与商品的区别(表2.3)。

表2.2 服务特性的观点汇总

学者	服务的特性
Grönroos	• 服务是非实体的 • 服务是一种或一系列行为或过程 • 服务的生产、分销与消费同时发生 • 顾客参与服务的生产过程 • 提供给顾客的同一种服务具有差异性,并且服务是不可储存和没有所有权转移的
Kotler	• 无形性 • 不可分性 • 易变性 • 易消失性
A. Payne	• 无形性 • 不可分性 • 不一致性 • 不可储存性
P. Eiglier & E. Langeard	• 服务是非实体的 • 服务机构与顾客之间存在直接关系 • 服务生产过程有顾客参与

资料来源:郭国庆.服务营销管理.第二版.北京:中国人民大学出版社,2009:9.据此整理.

表2.3 商品与服务的区别

商品	服务
一种物体	一种活动或过程
有形	无形
生产、传递与消费过程分离	生产、传递与消费过程同时发生
通常顾客不参与生产过程	通常顾客参与生产过程
同质	异质
可以储存	不可储存
涉及所有权转移	不涉及所有权转移

资料来源:吴晓云.服务营销管理.天津:天津大学出版社,2006:56.

综合以上观点,我们认为服务具有如下特性:无形性(intangibility)、差异性

(heterogeneity)、不可分离性（inseparability）、易逝性（perishability）和所有权的非转移性（absence ownership）。

无形性主要是指与有形产品相比服务的本质是一种过程，无形性是服务与有形产品最基本的区别。服务的无形性可以从三个层面理解：第一，服务是一种对顾客需求的满足，但并不是某一种具体的实物；第二，组成服务的元素是看不到、摸不着的，无形无质，顾客在购买产品之前，往往不能确定能得到的是什么样的服务；第三，顾客即使是在接受服务之后也很难立即察觉到"利益"所在。因此，比起有形的产品，顾客在购买服务前或服务后都很难明确地分辨出服务产品的优劣，对服务产品的评价也只能是主观感知。

比如，爱美的女士们在选择美容院时并不知道美容的效果将是怎样的，而做完美容之后也要一段时间才能看到效果。所以，顾客在初次购买服务之前会努力寻找服务质量的标志和证据，包括服务环境、服务人员及他人购买服务的经验等多方面信息，以此对服务质量进行预估，然后决定是否购买。因此，为了减轻无形性给顾客带来的不安全感，服务企业必须努力利用各种有形证据来增强顾客购买的信心，使无形的服务"有形化"。

差异性是指服务的构成成分及质量水平经常变化，服务可能因人员的不同、时间的变化而出现差异，很难用统一标准来检测服务的质量。服务是一个在一定环境中服务人员和顾客互动的过程。在不同环境中，同一名服务人员也可能提供不同质量的服务，在露天条件下放映电影必定不如电影院的放映效果好；同一服务人员由于心理状况、努力程度、知识技能等自身因素的影响，也会出现提供服务的质量不同的问题；由于顾客的知识水平、偏好等原因，不同顾客对同一服务环境中同一服务人员带来的服务感知不同；在不同的服务购买和消费的过程中，即使是同一服务人员对同一顾客的服务也有可能存在差异。

服务的这种差异性在劳动力密集性的服务行业表现尤为突出，如餐饮、零售等行业。为了减少劳动密集型服务质量的浮动程度，最常采用的办法有：对生产过程进行简化和标准化；进行人员培训，使他们提供的服务尽量一致；对消费者的满意程度不断跟踪，以便及时纠正服务中的缺点与不足。但从另一角度来看，服务的差异性也可能转变为服务企业的机遇。企业可以为顾客提供个性化服务，以适应消费者需求的多样化。例如，我们在理发时从不愿意和其他顾客"撞头"，总是希望自己的发型是独一无二的。

不可分离性是指服务作为一系列的活动或过程，其生产和消费过程同时进行，也就是在服务人员提供服务于顾客时，也正是顾客消费服务的时刻，二者在时间上不可分离。这就意味着，服务是在服务提供者与顾客互动的过程中被生产出来的，顾客的参与可能会促进服务的进行也可能妨碍服务的进行，直接影响服务质量。

因此，质量控制对于服务业来说与制造业可使用的方法完全不同。制造业可在产品出厂前对品质进行多次检查和控制，防止不良品送达顾客手中，而服务业则必须设法做到在提供服务的同时确保品质。为此，加强员工培训以提高其工作责任心和服务技能，对于保证服务品质是非常重要的。另外，消费者教育也是提高服务质量的重要手段，只有确保顾客清楚服务流程及具备足够的服务知识，才能使服务生产和消费过程顺利进行。

易逝性是指服务产品不像有形产品那样可以被储存起来以备未来出售。在制造业中，生产部门生产的产品如果不是市场马上需要的，可以放在仓库里，留待日后再销售。也就是说，在制造业中，某一时段的产能可供应未来某一时段的需求。而服务业则难以做到这一点，某一时段的服务如果未能及时利用，就会消失，无法再利用。服务产品的易逝性虽然可以为服务企业节省储存费用，但如果服务的生产能力不能及时被消费，则会给企业带来巨大的浪费和经济损失，如酒店的客房，在旅游淡季时空闲出的客房也不可能留待旺季时使用。

正因为如此，它要求服务企业必须充分估计服务的需求，以确定企业的服务供给，尽最大努力做到需求与供给的平衡，减少服务资源的浪费。同时，企业也可以采取不同的促销方式来调节淡旺季的顾客需求。

所有权的非转移性是指在服务的生产和消费的过程中不涉及任何东西的所有权转移。有形产品的所有权转移通常发生在生产之后、消费之前。而服务本身既无形又易逝，交易结束也意味着服务消失，顾客并没有实质性地拥有服务产品，只是获得了对自身需求的满足。例如，乘坐飞机从一个地方到另一个地方，当到达目的地后，顾客所拥有的只是手中的机票和登机卡，而顾客真正购买的是空间上的位移。又如顾客从银行取一笔钱，在交易完成后，顾客的手中拥有了一定数目的货币，这好像是产生了所有权问题，但事实上，银行是无法创造所有权的，这个所有权一直为顾客所有。银行所做的不过是在一定的时间里帮助顾客照看这笔钱，并利用它为自己赚取一定的利息。

由于顾客并没有购买到任何有所有权的实物，所以顾客通常会感觉消费风险比较大，从而直接影响顾客的购买决策。服务企业可以通过附赠一些有形产品的方法或发放"会员卡"与客户建立长期联系的方法降低顾客感知风险。

对于每项具体的服务来说，服务的五个特征的组合是不同的，这将成为差别化竞争优势的源泉，服务企业可以通过调整服务的特征组合来形成自己的服务特色，从而树立服务品牌，进而获取竞争优势。

2.1.3 服务的分类

由于服务的内涵十分丰富，要想对服务进行明确的分类是非常困难的。但合理的分类不仅有助于不同类别的服务企业制定适合自身的营销战略及策略，还有助于服务管理人员跨越行业界限，从具有类似特征或面临共同问题的其他服务行业中汲取经验教训。在早期的服务营销著作中，有不少学者为此付出了艰辛的努力，提出了很多种分类方案，Chase（1978）根据顾客对服务推广的参与程度将服务分为高接触度服务、中接触度服务和低接触度服务。Shostack从实体产品与服务相结合的角度将服务分为纯粹的实体产品、附带服务的实体产品、伴有产品的服务和纯粹的服务。Berry利用不可感知性程度与服务是否为顾客量身定做对服务进行分类。Grönroos 将服务分为显性服务和隐性服务,打破了认为只有那些能够在账面上体现出来的服务才被称为服务的传统观点。

美国服务营销学家 Christopher H. Lovelock 对服务的分类是目前学术界较为权威的观点,随着服务经济的发展,服务的内涵越来越丰富,不同的服务存在较多的差别,这些差别具有重要的营销含义。因此,Lovelock 认为简单地提出一个(些)分类方案是不够的,对服务进行合理分类,不仅有利于各类型服务企业认清自身特点并制定适合的营销战略,而且有利于不同类型服务企业之间的相互学习和借鉴经验。他从以下五个角度对服务进行了划分。

1. 根据服务活动的本质及服务对象进行分类

在服务中,人员、有形物体和数据都可以被看做服务对象,这些服务接受者接受的服务类型可以是有形的,也可以是无形的。有形的活动是作用于人们的身体或物质财产上的,无形的活动是作用于人们的思想或无形财产上的。基于此,服务被划分为四种主要的类别,分别是直接对人体提供的服务、直接对实体商品和其他具体财产提供的服务、直接对人的心理上的服务和直接对无形财产的服务(表 2.4)。

表 2.4 根据服务活动的本质及服务对象进行分类

服务活动的本质	服务对象	
	人	事
有形活动	直接对人体提供的服务 • 医疗 • 旅客运输 • 美容沙龙 • 饭店	直接对实体商品和其他具体财产提供的服务 • 货物运输 • 工业设备修理和维护 • 洗衣与干洗 • 园林设计与草坪维护
无形活动	直接对人的心理上的服务 • 教育 • 广播 • 信息服务 • 剧院	直接对无形财产的服务 • 银行业务 • 法律服务 • 会计 • 证券\保险

资料来源:Lovelock C H. Classifying services to gain strategic marketing insights. Journal of Marketing, 1983, 47: 9-20.

根据服务对象进行分类,有助于服务业针对不同的服务对象采取不同的营销策略。服务于人的服务业在营销中应侧重服务人员的素质和形象,而服务于物的服务业应侧重服务技术或设备的质量和功效。例如,大学的营销应多宣传所拥有教授的人品、学问,应让更多知名教授上讲台;而银行的营销应多宣传金融服务手段的改进或创新,如普遍推出的 ATM、消费终端机(POS)等。

对服务活动的本质的分类有助于服务业在营销中处理好"有形"和"无形"的关系。服务无形性、抽象性比较显著的服务业在营销中应尽量"有形化"、"具体化"，以弥补"无形"带来的不足，如采用统一着装、制定企业的识别系统（IC）等。而比较"有形"、比较具体的服务业在营销中应增加一点抽象的、无形的东西，如旅游目的地营销应增加历史、文化元素，要让顾客感到游玩背后的"学问"和旅游对提升人的文化素养的好处。

2. 根据服务连续性及顾客关系进行分类

根据服务组织与顾客之间的关系是连续的还是间断的、是正式的还是非正式的，服务可分为连续的、会员关系的服务，连续的、非正式关系的服务，间断的、会员关系的服务，以及间断的、非正式关系的服务（表2.5）。

表 2.5　根据服务连续性及顾客关系进行分类

服务连续性	服务组织与顾客之间的关系类型	
	会员关系	非正式关系
连续服务	• 保险 • 电话入网 • 大学注册 • 汽车协会	• 广播电台 • 警察保护 • 灯塔 • 公共交通
间断服务	• 长途电话呼叫 • 剧场的联票 • 长期有效的车票	• 轿车租赁 • 邮寄服务 • 收费公路 • 电影院 • 饭店

资料来源：Lovelock C H. Classifying services to gain strategic marketing insights. Journal of Marketing, 1983, 47: 9-20.

依据服务连续性对服务进行分类，有助于服务业在营销过程中掌握好时间性。提供持续服务的行业应尽量保持形象的稳定性、可靠性，尽量不出差错或不失误，而提供间断服务的行业应尽量抓住每一次服务的机会，尽量缩短间断周期，增加服务频率。如善于营销的电影院不会错过每一次提高票房率的机会，而稳定、可靠、不出差错，对银行或保险公司的营销是绝对重要的。

依据服务组织与顾客之间的关系进行分类，有助于服务业在营销中处理好与顾客的关系。服务业对待会员关系的顾客，应尽量让这些顾客感受到"会员关系"的优越性以及保持住会员关系。而服务企业在对待非正式关系的顾客时，也要提高服务质量，增加顾客再次购买的可能性。

3. 根据服务人员对顾客需求的判断程度和服务定制化进行分类

根据在服务过程中服务的定制化程度及服务人员对顾客需求的判断程度进行划分，

有些服务过程定制化较高，无论服务提供者还是顾客的选择余地都较大，有些服务虽然能使每个顾客的需求得到充分满足，但服务提供者对服务方式的选择自由度却较小，如电话服务。不过，有些服务的定制化程度较低，顾客可选择的余地较小，难以满足每个顾客的需求。还有一类服务不仅使单个顾客的需求能够得到充分满足，而且服务提供者也有发挥的空间（表2.6）。

表2.6 根据服务人员对顾客需求的判断程度和服务定制化进行分类

服务人员对顾客需求的判断程度	服务的定制化程度	
	高	低
高	• 法律服务 • 建筑设计 • 教育（家庭教师）	• 教育（大规模教育） • 预防保健计划
低	• 宾馆服务 • 银行零售业务 • 电话服务	• 公共交通 • 快餐店 • 电影院

资料来源：Lovelock C H. Classifying services to gain strategic marketing insights. Journal of Marketing, 1983, 47: 9-20.

对服务的定制化程度进行分类，有助于一些服务业满足顾客个性化的需求，如律师、家庭教师、室内设计等行业的服务应高度重视客户的各种特殊需求。服务提供者只有尊重每个顾客的个性化需求，才能提供使顾客满意的服务。虽然一些服务行业不必太重视个体消费者的特殊需求，如规模大的学校等，但也应在发挥单一化、大规模优势的同时，适当地注意学生的个性化需求，即因材施教。事实上，随着人们受教育水平和生活质量的提高，人们的需求正越来越个性化、多样化，整个服务业都应当在营销中适应这种发展趋势。

依据服务人员对顾客需求的判断程度分类，有助于提醒有些服务业应注意管理上的授权问题。例如，高等学校、建筑设计机构、律师事务所等需要第一线服务人员灵活处理顾客问题的服务业，应当更多地向一线人员授权，以激励他们处理好服务过程中各种非常规的问题。同时也有助于提醒酒店、银行等权力比较集中的服务业在加强集中管理的同时，也要注意适当地向一线人员授权。事实上，现在的酒店、银行等，一线人员遇到的需随机处置的问题也在不断增加。总之，一线人员没有一定的处置权，服务业就难以很好地满足顾客的需要。

4. 根据服务供求关系进行分类

根据服务供求关系进行划分，服务可分为需求波动较小的服务、需求波动幅度大且供应基本能跟上的服务，以及需求波动大并会超出供应能力的服务（表2.7）。

表 2.7　根据服务供求关系进行分类

服务供应的受限制程度	服务需求的波动程度	
	大	小
高	• 电力 • 天然气 • 消防紧急事件	• 法律服务 • 银行服务 • 干洗服务
低	• 旅客运输 • 饭店 • 剧院	• 与上一分类类似，但是相对于业务量而言没有足够的供应能力

资料来源：Lovelock C H. Classifying services to gain strategic marketing insights. Journal of Marketing, 1983, 47：9-20.

对服务的供应和需求进行分类，有助于服务业在营销中建立调节供求和减少生产波动的战略。许多服务需求有很大的波动性，如旅游、零售随季节而波动，证券随经济而波动，城市交通、餐饮和电视台等随居民一天或一周的生活而波动等。有波动的行业应尽量充分地满足高峰时的服务需求，以避免错过机会，如铁路部门在旅游高峰时增开临时列车等。另外，也要注意低谷时开发新的客户，避免服务供给过剩造成的损失。

5. 根据服务推广方法进行分类

根据服务推广方法服务可划分为以下几种：在单一地点顾客主动接触服务组织的服务；在单一地点服务组织主动接触顾客的服务；在单一地点顾客与服务组织远距离交易的服务；在多个地点顾客前往服务组织的服务；在多个地点服务组织主动接触顾客的服务；在多个地点顾客和服务组织远距离交易的服务（表2.8）。

表 2.8　根据服务推广方法进行分类

顾客与服务组织接触的性质	服务地点的多少	
	单个地点	多个地点
顾客前往服务组织	• 剧院 • 理发店	• 公交车服务 • 快餐连锁店
服务组织前往顾客处	• 草坪维护 • 出租车服务	• 邮政服务 • 应急修理
顾客和服务组织远距离交易	• 信用卡 • 地方电视台	• 广播网 • 电话公司

资料来源：Lovelock C H. Classifying services to gain strategic marketing insights. Journal of Marketing, 1983, 47：9-20.

按服务地点的多少进行分类，有助于服务业在营销中考虑网点发展战略。多网点的服务业应注意网点的管理和调整，包括网点的布局和增减等，单一网点的服务业，关键是增强市场吸引力和辐射力,而其中的关键又在于建立自身的个性特色。随着服务业跨区经营、跨国经营的发展,单一网点的服务越来越少,越来越多的服务业选择多网点发展的道路。

考虑顾客与服务组织接触的性质,有助于服务业考虑营销渠道的方式。采取顾客上门即"请进来"方式的服务业在策划营销渠道时,应注意服务网点布局的便利性和吸引力。采取服务人员上门即"走出去"方式的服务业在策划营销渠道时,应注重服务人员的素质和形象,因为在这种方式中,人员就是"渠道"。渠道没有时空限制,随时随地可与顾客接触的服务,如电话、网络、信用卡、卫星电视等,代表了服务业营销渠道最新的发展方向,进一步发展的关键在于这种渠道方式的技术基础的不断完善。

2.1.4 服务的过程消费

根据 Grönroos 的观点,产品消费与服务消费存在着本质的区别,并因此决定了服务营销和产品营销关注点的不同。

1. 有形产品:结果消费

有形产品是在企业生产成型并投入市场以后顾客才能购买和消费的,顾客消费的是作为生产过程结果的产品,因而,产品消费是一种结果消费。

尽管现在越来越多的制造商把顾客纳入产品的创意、设计和生产的过程中,从宝马汽车、IBM 计算机到李维斯(Levi's)牛仔裤,企业纷纷利用信息技术、网络使顾客亲自参与产品的设计和生产过程,但这并没有改变产品生产与消费客观上分离的本质,这只是企业坚持顾客导向的一种体现。究其本质,这些顾客亲自设计的产品必须是在制造商生产成型后才能送到顾客手中,顾客消费的仍然是作为生产过程结果的产品,产品消费主要还是结果消费。

例如,宝洁公司在美国俄亥俄州辛辛那提市郊区工业区建立了一个"消费者村",这个"村"实际上是一个超市,不正式对外营业,这个超市是宝洁公司专门研究消费者购物习惯与消费心理的场所,帮助宝洁获得很多来自消费者最直接的需求和信息,因此称为"消费者村",这里的研究成果将为公司进行产品和服务方面的创新提供重要的参考依据。宝洁公司认为,尽量让研发人员接近消费者,营造一个让研发人员与消费者进行密切接触的氛围会更加有助于产品创新。即便如此,顾客最终买到的只不过是更让人满意的产品、生产线上的成果而已。

2. 服务产品:过程消费

服务的本质是一种过程。为了正确理解服务管理与服务营销,首先必须明确顾客对服务产品的消费是一种过程消费,而不是结果消费。对于生产与消费同时进行的服务来说,服务产品不可能像有形产品那样事先被生产出来,因而顾客对服务产品的消费不可能是完全的结果消费，服务过程的消费也是服务消费的重要组成部分。在服务消费过程中，顾客不仅视服务过程为服务消费的有机组成部分，而且会亲自参与服务过程，服务产品的消费过程对于顾客来说就是一种结果。

尽管服务产品的结果对顾客来讲是重要的，但顾客往往对服务过程的体验和感知更加重视。处于同一服务行业的企业之间所提供的服务结果通常呈现出同质化的特征，在这种情况下，仅仅利用服务结果是无法形成独特的竞争优势的。例如，不管在哪家银行取钱，结果都是一样的，都能取到足够数额的货币；不管乘坐哪家航空公司的飞机，都会到达预定的目的地。而且在很多情况下，仅仅利用服务结果来判断服务质量的高低也相当困难。例如，我们难以判断在当当网、卓越网购买的图书哪个更好。顾客在参与服务过程时会与企业中的员工、有形资源、技术乃至服务系统产生互动关系，而一个企业的员工、有形资源通常与另一个企业会有所不同，因此不同企业提供的服务过程也不相同。图2.2归纳了有形产品消费和服务产品消费的本质，同时也表明了生产、消费和营销三者之间的关系。

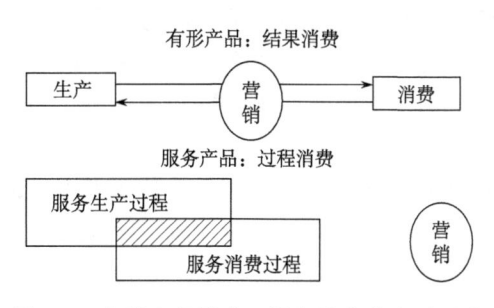

图2.2 有形产品消费、服务消费的本质及营销的作用

资料来源：克里斯廷·格罗鲁斯. 服务管理与营销：服务竞争中的顾客管理. 第三版. 韦福祥等译. 北京：电子工业出版社，2008：44.

图2.2的上部表示有形产品的结果消费，从中可以看出，无论从空间上看还是从时间上看，生产和消费过程都是分离的。传统营销理论正是以这一点为基础而建立的：由于生产过程与消费过程相互分离，所以在两者之间就需要有一座联系生产和消费的"桥梁"，这座"桥梁"就是营销。

图2.2的下部所表示的是服务产品的过程消费，在这里，服务的生产和消费同时进行，并不需要专门将二者连接起来的"桥梁"。传统营销的连接功能在服务的生产和消费过程中不再那么必要。这里可以将连接在一起的服务生产和消费的过程视为进行服务营销的关键环节，将营销有机地融入到服务过程中，这与传统营销是完全不同的。服务营销的核心是如何将服务的生产过程与服务的消费过程有机地结合起来，如何使顾客在消费时感知到良好的服务质量，并愿意与企业建立长期的关系。例如，银行为顾客提供ATM的交易过程是否便利和安全，影响着顾客的满意度并影响顾客是否会继续使用该银行的服务；再如，乘飞机旅行时，旅客对登机、飞行途中的服务和行李管理的体验直接决定着他如何评估服务和服务质量，并影响他决定下次是否还会选择这家航空公司的航班。所以，顾客对服务过程的感知对于服务企业长远发展的影响不容忽视。当然，传统营销的桥梁功能也不会完全消失，如市场调查、争取潜在顾客的活动依然需要，但服务营销的重点已经转向顾客关系管理及其他市场关系的管理。

2.2 服务营销

传统的营销理论为企业经营和发展提供了强有力的竞争武器,然而,这些理论与技巧的产生和发展却是以有形的产品为基础的,能否把它们照搬过来用于指导服务市场的营销活动呢?从纯理论的角度讲,市场营销的实质是一种交换关系,其基本理论和原则无疑将适用于服务市场的营销活动。但是,从企业的经营角度来看,服务市场营销活动的内容和侧重点肯定会不同于产品市场营销活动。更为重要的是,市场营销实践已经表明,服务企业在沿用传统的市场营销技巧时往往会步入"管理陷阱",因为它们面临着新的竞争形势和挑战,具体表现在两个方面。一方面,在服务市场上,由于竞争的加剧,消费者的需求变得越来越复杂,企业必须不断地考虑这些新的需求并努力予以满足。同时,科学技术水平的日益提高,使得企业能够较为容易地创造各种新的服务项目。另一方面,随着企业所提供的服务内容日渐丰富,企业同顾客之间的接触范围不断扩大,于是,传统上专门由市场营销部门所承担的职能,现在已经由多个部门共同承担,服务融入了企业的各个环节和所有人员的工作之中。这种新的竞争形势要求企业管理人员必须重新审视面临的市场环境,以便制定正确的市场营销策略。

1977年,Shostack的《从产品营销中解放出来》一文,拉开了服务市场营销的序幕,作者明确提出:泛泛而谈的营销观念已经不适用于服务市场营销,服务市场营销的成功需要新的理论来支撑。如果只把产品营销理论改头换面就应用到服务领域,服务营销的问题仍然难以解决。以下将对比产品营销和服务营销的不同,以揭示服务营销内容和方法的独特性。

2.2.1 营销三角形

在产品营销中,由于产品生产和产品消费客观上是分离的,营销是连接生产者和消费者的沟通桥梁。与产品营销有所不同,服务生产与消费具有同步性,尽管服务营销仍然需要履行创造价值、传递价值的传统营销职责,但是生产与消费的同步性,使服务营销必须承担管理服务互动过程的营销任务。在理解产品消费与服务消费的区别、分析产品营销与服务营销不同作用的基础上,我们引入 Philip Kotler 的营销三角形来分析服务营销和产品营销的本质区别。三角形的三边代表做出承诺、遵守承诺和兑现承诺,但产品营销三角形和服务营销三角形各自的内涵和外延则是完全不同的。

1. 产品营销三角形

有形产品是企业对各种生产要素,如人力资源、生产资料、技术、信息等进行合成而产生的结果,生产过程是封闭的,顾客不直接参与生产,企业将成型的产品投放市场供顾客选择。营销的职责是连接生产和消费,运用传统营销因素组合,通过发现顾客需求向顾客做出满足需求的承诺，通过持续产品开发确保兑现承诺，通过提供满足顾客需求的产品以遵守承诺，产品营销三角形如图2.3 所示。

如图 2.3 所示，产品营销三角形的三个顶点分别代表的是销售市场、产品和由营销部门代表的企业。产品生产和消费的可分离性，信息技术、物流技术和通信技术的发展，使有形产品的大批量分销成为可能，客观上制造企业和顾客之间的互动将没有存在的必要，尤其在大规模消费品市场，制造商和顾客的互动几乎是一种奢侈行为。因此，产品营销就必须以产品为核心连接三角形的三条边。在了解顾客对产品认知价值的基础上做出承诺，依靠持续产品开发兑现承诺，提供满足顾客需求的产品特性来遵守承诺。产品营销主要通过产品销售实现和提高企业业绩，产品营销注重一次性交易行为。因此，产品营销三角形三条边的外延如下：

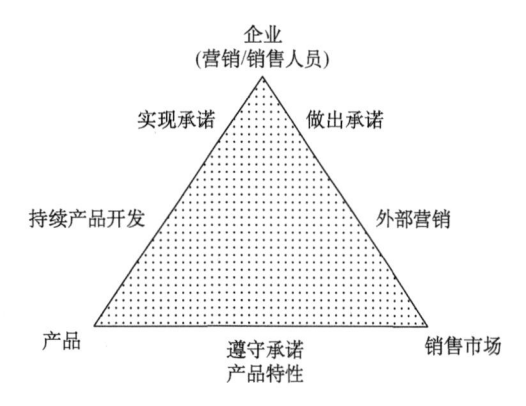

图 2.3 产品营销三角形

资料来源：克里斯廷·格罗鲁斯. 服务管理与营销：基于顾客关系的管理策略. 第三版. 韦福祥等译. 北京：电子工业出版社，2008：45.

（1）做出承诺——外部营销。在市场研究的基础上，做出令顾客满意的承诺，用传统营销要素组合传递承诺信息，以开拓市场、吸引顾客。

（2）兑现承诺——持续产品开发。识别顾客认知价值，根据顾客对产品价值的定义，不断开发满足顾客需求的产品兑现承诺。

（3）遵守承诺——产品特性。根据产品开发理念，生产并提供符合顾客期望、满足顾客需求、与外部营销承诺相匹配的产品，遵守对顾客做出的承诺。

2. 服务营销三角形

著名的服务营销专家 Grönroos 在其研究中，提出了服务营销三角形的概念，并指出内部营销、外部营销和互动营销都是服务企业营销战略整体内在的组成部分，如图2.4 所示。与产品营销相比，服务营销最重要的变化是不存在事先生产出来的产品，因而，也就不存在一个既定的基准（产品）来开展营销。服务组织只能提供一个事先设计好的服务概念和部分可事先准备的服务，它们必须和特定的服务过程结合在一起才可能有意义。企业的员工和服务设备只有在与顾客实时的互动过程中才能发挥作用，为顾客创造价值。互动是全方位的、多层次的。服务过程是一个开放的系统，顾客置身于特定开放系统的服务场景中，与场景中的员工、设备以及其他顾客时时刻刻都在互动；互动既包括间断的、短暂的互动（关键事件），也包括连续的、长期的互动（关系）。产品营销和服务营销在内涵上的不同，赋予服务营销三角形完全不同于产品营销三角形的外延内容。

在服务营销三角形中，三角形的三个顶点分别表示服务的关键参与者：企业（或

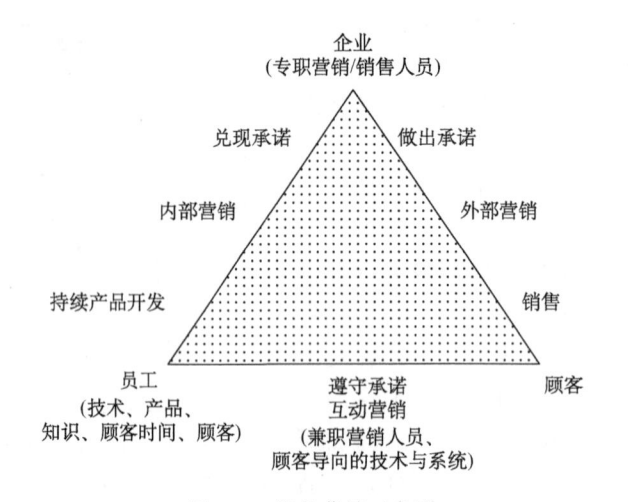

图 2.4　服务营销三角形

资料来源：克里斯廷·格罗鲁斯．服务管理与营销：基于顾客关系的管理策略．第三版．韦福祥等译．北京：电子工业出版社，2008：46．

战略经营单位或部门或"管理层"）、顾客和员工（即实际向顾客提供服务的一线人员）。三角形三条边分别代表了外部营销、内部营销和互动营销等活动，以及做出承诺、遵守承诺并兑现承诺。对于服务来说，这三类营销活动都是建立和维持与顾客关系所需的基本活动。

（1）外部营销：做出承诺、建立关系。外部营销是服务企业根据顾客的期望以及提供方式向顾客做出承诺的活动。传统的营销活动，如广告、推销、促销活动以及价格等在服务外部营销中仍然适用。但对于服务的其他营销要素，如服务人员、设施的设计和布置，以及服务过程本身也能与顾客进行沟通并有助于建立顾客的期望和向顾客传达承诺。服务企业要通过外部营销建立起一致和现实的服务承诺，以在顾客心目中树立良好的企业形象。这种服务承诺必须基于顾客的期望和需求建立，否则顾客关系会因这种开端而变得很不稳定。另外，如果倾向于过高的承诺，这种关系也会变得很脆弱。

（2）互动营销：遵守承诺、维持关系。互动营销是指顾客与企业相互作用，以及服务被生产和消费的一瞬间服务员工必须遵守承诺的活动。外部营销仅仅是服务营销人员工作的开始，企业做出的承诺必须要保持下去。一线服务人员与顾客之间的互动是企业保持承诺的关键活动，由于互动主要围绕服务员工、顾客、其他顾客进行，这体现了服务营销中"人"的因素的重要性。但是在互动营销中，服务人员必须依靠企业的产品、设备等有形资源，甚至是服务企业的技术、形象等无形资源以向顾客提供个性化服务。服务承诺通常是由服务企业的员工保持或破坏的，顾客每次与员工的相互作用，都可能保持或破坏承诺，因此，互动营销不仅仅是服务企业遵守承诺的流程，同时也是企业维持与顾客的长期关系、留住忠诚顾客的关键环节。

（3）内部营销：兑现承诺、支持关系。内部营销是企业要保证员工有履行承诺的能力，保证员工能够按照外部营销做出的承诺提供服务或产品的活动。内部营销发生于企业向内部员工营销企业理念和文化的互动中，也是实现企业承诺的过程。员工作为服务过程的一部分，要求服务企业必须通过内部营销激励员工热情，使员工的态度和工作动机适应顾客的需求，从根本上保证优质服务的创造和传递。内部营销是保证兑现承诺的先决条件，企业要想实现承诺，必须对提供服务的一线人员进行挑选、培训、提供相应的设备和恰当的内部制度，并给予服务人员一定的激励，使服务人员有能力、有动力维持顾客关系，内部营销是对建立和维持顾客关系的支持。

（4）三边完美结合。对于服务营销来说，三角形三条边代表的三项营销活动都是服务营销成功的关键。缺少任何一边，其他两边都缺少支撑。服务营销的内涵和外延都远比有形产品复杂。服务营销必须要全面利用服务企业的资源，建立顾客导向的服务体系，有机整合服务生产过程和消费过程，共同创造良好的服务互动，不仅要力求高品质地完成每一次短暂的互动（关键事件），而且要致力于创立、维持和发展长期的顾客关系。

可见，产品营销围绕静态的、确定的"产品"要素连接三角形的三条边，服务营销则围绕动态的、不确定的"人际"要素连接三角形的三条边；产品营销注重一次交易的利益最大化，是交易导向型的，服务营销看重长期顾客关系的可持续收益最大化，是关系导向型的。在服务营销中，互动的"人际"交互特征在服务过程中、关系的形成过程中起决定性作用。互动是否良好、互动是否长久取决于顾客与服务提供者之间是否建立起融洽和长期的关系。诸多的研究表明，顾客对和自己建立起关系的服务提供者有强烈的认同感、归属感，乐于参与服务过程，容易原谅服务过程中的不足。围绕"人际"交互特征，服务提供者通过构筑良好的内外部关系（企业与员工、企业与顾客），能有效地实现企业营销目标，提升企业竞争优势。

➤ 案例 2.1：王品牛排——与员工一起前进

无论从哪个角度看，王品集团（以下简称王品）都称得上是很特别的餐馆，这家来自台湾的西餐厅提供的是具有中国口味的牛排；第一线服务却又仿佛工程生产线，微笑打分数，送餐分秒计时，服务生躬身15度，而客人却体验到个性化服务。王品利用完整的内部推动体系，建立了一个连锁的顾客之家。

每天晚上，除了收拾碗筷、打扫卫生，店长还做着一项额外的工作——把一张张客户建议卡收起来，整理记录。卡的内容主要有以下几个方面：是否第一次用餐，对每道餐店的评价度，对服务、整洁的满意度，用餐原因、感觉，主餐是什么，等等。他们通过5分法来衡量客户对每个菜式的评点，并且留下了空白的栏目，让客人写下自己的意见。只有了解了客人的出发点，才能得到差异化服务的优越性。如果建议卡上写的是很差，就要电话致歉，询问问题；如果问题很严重，还要登门拜访。根据客户的需求来改善服务。

西餐属于高档消费，王品考虑到服务员的成长背景可能和客人的差异很大，服务员可能根本就不明白客人需要什么。在这种情况下，王品为员工设计了专门的课程和管理方式。王品认为服务应该是最自然的东西，现场的情况都是变化的，服务员在现场怎么随机应变就要看平时的训练了。王品会要求服务人员注意装扮，定期举办读书会，让服务人员经常上网获得信息。因为除了服务之外，王品还提倡有与客人沟通的能力，能够让客人把服务人员当做朋友。服务员如果和外界信息封闭，自然不知道和客人说什么。王品更愿意"宣导"，鼓励大家一起前进，从不会因为盘子、杯子等破损而惩罚员工，只会给大家鼓气、加油。在王品，采用的是学员制。每个服务员都需要通过学习课程、书面考试以及操作考试才能上岗。每次培训都有课前作业，一般来说，都会花三天两夜在中心训练，然后安排大考小考，最后有结业考试。考完试之后，还有一个月的课后行动，在确保专业之后，还要保证能够准确地运用。正是对这些内部工具的使用，使王品在陌生的市场环境中建立了具有独特企业文化的员工队伍及良好的服务口碑。

资料来源：汤维维．王品牛排：像在家一样用餐．商学院，2006，(6)：48，49．据此改写．

2.2.2 服务营销的新挑战

服务与产品有区别，但是否可以把制造业的营销理念和实践直接应用到服务企业中呢？答案常常是：不可以。当顾客租借而不是占有某个产品时，他们的期望和决策标准是完全不同的。所以，服务业的营销管理任务在很多方面与制造业有较大的差别。表2.9列出了与产品营销相比服务营销的八项特点，并强调了一些关键的营销启示。

表2.9 服务营销的特点及营销启示

差别	启示	相关营销主题
大部分服务产品不能被储存	• 顾客可能会被拒之门外或者不得不等待	• 通过促销、价格刺激和预约使供需平衡 • 管理生产能力
无形要素主导价值创造	• 服务是无形的、不可触知的 • 很难评价服务并与竞争对手区分开	• 通过实体形象和一些比喻展示服务企业
顾客对服务的评价较困难	• 顾客感知到更大的风险和不确定性	• 给顾客提供信息使其了解服务传递的过程和结果
顾客可能参与服务生产过程	• 许多服务需要顾客参与 • 顾客参与不理想时会影响生产效率，破坏服务体验，减少收益	• 发展便利的服务传递场所及营业时间 • 教育顾客来提高服务效率，提供顾客支持
人员是服务体验的一部分	• 管理好直接服务顾客的员工 • 管理好顾客的行为	• 招聘、培训和激励服务员工 • 细分顾客，塑造顾客行为

续表

差别	启示	相关营销主题
运营投入和产出的可变性	• 很难保持服务的一致性、信度和服务质量 • 很难在服务失误后保留顾客	• 设定适合的质量标准，合理设计服务产品 • 实施正确的服务补救程序
时间因素很重要	• 服务的实时传递 • 顾客时间的有价性	• 找到提高交付速度，延伸服务时间
分销渠道形式的多样化	• 可以通过电子渠道，或为顾客提供可供选择的渠道	• 控制与顾客最接近的界面和设备

资料来源：洛夫洛克等.服务营销：管理员工、技术、战略.亚洲版·第2版.范秀成主译.北京：中国人民大学出版社，2007：9-13.据此整理.

尽管这些都是有用的概括，但在识别这些差异时只考虑了服务的一般普遍性，不能等同地应用到所有的服务领域，它们在不同服务业中的表现不尽相同。

1. 大部分服务产品不能被存储

大部分的服务仅仅是一次行动或是一种过程，它们是短暂和易逝的，因此不能像有形产品一样储存起来用于未来使用（也有一些例外，比如音乐会或演讲的视频记录，就可以用电子或文本记录下来用于未来使用）。对于服务企业来说，如果没有需求，未使用的生产能力就被浪费了。但当需求超过供给时，顾客往往因被拒门外而感到失望，除非他们愿意等待。

因此，对服务营销人员来说，如何熨平需求来适应产能是一个关键问题。服务企业可以通过价格刺激、促销或其他方法来使服务需求水平与服务的生产能力达到平衡。同时，也要加强对生产能力的管理，通过员工结构、服务场所、服务时间的调整与预计的服务需求相适应。

2. 无形要素主导价值创造

虽然服务的生产和传递离不开诸如酒店的客房、餐馆的食品和修理汽车的工具等有形要素，但在服务表现中，创造价值的往往是像服务流程、网上交易、服务员工的专业技能和态度等无形要素。由于这些要素是不可触知的，所以顾客在购买服务前来评价这些重要的服务属性就很困难。

营销人员经常使用有形的图像和比喻等手段来凸显服务为顾客创造的利益和公司的竞争力，这些有形信号和强大的品牌联想使得服务变得"有形"。也就是说，服务产品有形展示的方式、方法、途径、技巧是服务营销要重点解决的问题，而产品营销不需要涉及这方面的问题。

3. 顾客对服务的评价较困难

许多服务可以被描述为具有"精神无形性",也就是说,顾客很难在购买之前用肉眼观察到服务体验过程,也很难准确地知道他们将会得到什么。这和绝大多数有形产品具有的"搜寻特性"不同,服务产品往往具有的是"体验特性"和"信任特性",顾客即使是在消费了服务之后也很难对服务的好坏做出评价。顾客购买服务就意味着要接受不确定性和风险。

服务营销人员可以通过为顾客提供尽可能多的信息来降低感知风险,比如,通过文字表述使服务表现文档化,通过生动的图片帮助顾客更容易地了解服务的内容,向顾客解释会做什么及为什么会做这些事,提供服务保证和强调服务企业的专业化与经验。

4. 顾客可能参与服务生产过程

许多服务必须在顾客的现场参与下才能创造服务产品,如美容、理发、餐饮、医院、学校等,顾客也可能采用自助的方式参与服务,如自动取款机或自助洗衣机等。如果顾客在参与服务生产过程中不配合,就会影响服务企业的生产效率,破坏服务体验,从而减少企业收益。

在服务营销中必须加强对顾客参与生产过程的引导和管理,把对顾客的管理纳入有效地推广服务及服务管理的轨道,一方面,发展便利的服务传递场所及营业时间,使顾客在接受服务时感到方便;另一方面,把顾客看成是半个员工,教育顾客以提高服务效率,获得更多收益。产品营销虽然也强调以消费者为中心,满足消费者需求,但并不涉及对顾客的管理内容。

5. 人员是服务体验的一部分

同行业的服务企业之间的差异通常在于员工的素质不同,对于高接触类服务企业尤为明显。服务技能突出、服务态度好的员工总能留给顾客较深刻的印象,顾客再次购买的可能性也更大。另外,服务企业的其他顾客也是构成整个服务环境的一部分,这些顾客的行为表现也直接影响了顾客服务体验的感觉。试想当你进入银行时看到一群人在聊天乘凉,那么你对银行的专业性不得不产生怀疑。

所以,服务营销中强调人是服务产品的构成因素,服务产品的生产与消费过程,是服务提供者与顾客广泛接触的过程,服务产品的优劣、服务绩效的好坏不仅取决于服务提供者的素质,也与顾客行为密切相关。因而,服务企业需要精心挑选、培训直接服务顾客的员工,提高服务员工的素质,完善激励机制,做好服务企业的内部营销管理。另外,研究顾客的消费行为十分重要,服务企业应做好顾客细分,为不同的顾客提供不同的服务场所及服务内容。但产品营销中人只是商品买卖行为的承担者,而不是产品本身的构成因素。

6. 运营投入和产出的可变性

在服务生产和传递的过程中，由于人员主要是顾客和员工构成了服务产品的一部分，所以服务企业很难保持服务的一致性、可信度和服务质量。有形产品一般是在可控制的条件下进行生产的，能够以质量标准控制每件产品的品质如一。而服务往往会因为员工的个人因素和顾客的个人因素而出现服务质量的差异。服务失误的可能性也比有形产品次品率要高，在出现服务失误时可能会导致顾客的流失。

产品营销强调产品质量的标准化、合格认证等，服务营销强调的是质量的控制。服务的质量很难像有形产品那样用统一的质量标准来衡量，其缺点和不足不易被发现和改进，因而要研究服务质量的过程控制。服务企业可以设定合适的服务质量标准，合理设计服务产品及流程，减少服务失误的可能性；一旦出现服务失误，要及时实施正确的服务补救程序，尽可能留住客户。

7. 时间因素很重要

许多服务是实时传递的，服务在生产的同时顾客也必须在现场接受服务，所以服务企业的营业时间对顾客是否合适非常重要，很多企业选择延长营业时间甚至提供24小时的不间断服务就是为了在时间上满足顾客需要。顾客对服务时间的在意还表现在对等待时间的容忍上，若顾客等候的时间长，会对顾客的购买心情造成破坏使其产生厌烦情绪，会影响企业的形象和服务质量，因而服务营销更要注意服务过程中的时间因素。

对于时间因素来说，产品营销虽然也关注顾客的时间成本，但在程度上还不能与服务营销相比。服务的推广更强调及时性、快捷性，以缩短顾客等候服务的时间，更强调时间上的便利性。

8. 分销渠道形式的多样化

由于服务过程是把生产、消费、零售的地点连在一起来推广产品，而非像有形产品的销售、运输一样表现为独立形式，因此，随着信息技术的发展，尤其是互联网的扩张，服务企业可以通过电子渠道（网上购物、网上订购机票等）传递服务，也可以向顾客就同一服务提供不同的分销渠道，如顾客办理存款业务时可以选择到营业网点办理，也可以选择使用网上银行办理。

在这种信息时代，服务产品的电子分销渠道变得异常重要起来，顾客接触到的信息链的终端，网站或电话客服中心直接影响着顾客行为。服务企业为了争夺顾客的注意力，必须为顾客设计提供信息量大、操作简洁、个性化强、响应性高的接触界面，以赢得顾客。

▶ 案例 2.2：华润的服务再升级

在业内和消费者心目中，广东华润涂料有限公司（简称华润）的服务都是有口皆

服务营销

碑，堪称完美。华润从来都不仅仅只是一个油漆提供商，更是一个效果提供者。当客户想在华润选购一款油漆产品时，在购买之前，便能通过现场的展示、自己亲身的触摸、功能示范等，了解到所选产品最终的完成效果；而当购买之后，更是能体验到一系列的施工服务，直至最后完成所有工序，看到最终的效果。这样复杂而庞大的服务体系，对于涂料厂商来说是需要非常严谨而苛刻的要求的。而华润正是凭借长期如此严格而规范的体验式服务，在消费者中深入人心，获得了高度认可和良好的口碑。

面对现在的市场，华润的服务要比以前更深一步，把外在的服务朝更有内涵的服务延伸，即从简单的产品定制到个性化的解决方案，这就是华润提出的服务再升级的市场策略。除了外在的技术和工艺、给客户最完美的效果体现之外，华润也将服务朝更内在、更个性化方向延伸，对于客户的健康和生活品质也承担起更重要的责任。在现在的家庭装修中，许多人往往只关注油漆涂料的色彩、触感和最终效果，而对于环保的认识可能只停留于非常浅的层次，误以为仅仅是用环保涂料就可以了。而实际上，施工过程的环保更为重要，因为70%的化学物质的挥发都是在施工过程中，因此，关注施工过程的环保、关注施工人员的健康，这样的服务和责任意识，便是华润在服务上的进一步延伸。

又如，对于产品的创新和消费者深层次需求的挖掘和满足，同样也是华润现在正在做的。公司经过前期对市场和中国当代家庭的深入调查分析发现，儿童在成长过程中太容易被环境影响，这个时候的孩子对于色彩、图案、形状等的感知都非常灵敏。而传统的家庭装修方式，对于儿童房，基本都只能用色彩来解决个性化的差异，对于孩子们的健康和心理引导起不到太大的作用。华润对此进行了长期而严谨的探讨和研究，最终研制推出了一款专门针对儿童房个性要求和环保要求的新产品——妙想漆。妙想漆是华润涂料携手著名的迪斯尼公司联合打造的，将迪斯尼动画中深受孩子们喜爱的卡通形象和场景，在装修过程中通过华润专业的技术人员进行设计和施工，在儿童房中得以重现。睡在宫殿的小美人鱼、做梦的小熊维尼乘着气球飞上天……这些美好而浪漫的画面把我们带回了一个单纯无瑕的童真世界。华润是希望通过这些迪斯尼的卡通形象，将一种健康积极的态度和理念同时潜移默化地传递给孩子们。这也正是华润所想达到的——通过产品和服务的再升级，满足客户更为深层次的需要。毫不夸张地说，妙想漆对于产品和受众的关注，对于环保的严格要求和产品内涵的追述，同样体现了华润对于社会责任感的思考和承担。

对于始终务实严谨的华润来说，服务再升级，就意味着对消费者有了更认真的责任感，更人性化的关怀，更个性化的服务；同时，也意味着产品的不断创新，施工过程更加严格，服务体系的标准化……总之，产品可以模仿，可服务却不能模仿，华润正是依靠如此尽善尽美、精益求精的服务至上理念，才始终在竞争激烈的涂料市场永远跑在前面。

资料来源：都市家居网.华润涂料：跑赢市场靠优质服务.2008-09-10.据此改写.

讨论与思考

1. 如何定义服务与产品？
2. 利用产品-服务连续谱说明为什么难以区分服务与有形产品？
3. 服务不同于有形产品的特性有哪些？
4. 服务的分类给我们带来哪些营销启示？
5. 为什么说服务是一种过程消费？
6. 服务营销面临哪些新挑战？

第3章　服务消费中的顾客关系

内容提要

本章将对服务消费的最新趋势和主要类型进行介绍，并在此基础上，详细阐释在服务消费中企业与顾客之间形成的关系，包括对顾客关系的界定、顾客关系核心要素的分解，以及顾客关系生命周期的介绍，最后介绍顾客关系的基本层次和类型。

主题词

服务消费　顾客关系　核心要素　生命周期　关系层次与类型

引导案例

四川航空的常旅客计划

常旅客计划是航空公司对经常乘坐本公司航班的旅客实行的一种里程累计促销方式。旅客在获得一定点数后,可获取免费机票或升舱,从而吸引经常乘坐飞机旅行的旅游者,达到与顾客建立长期关系,并最终提升公司竞争力的目的。在常旅客计划中,对顾客关系进行识别和分类是航空公司最大化顾客价值的关键基础。

四川航空股份有限公司(简称四川航空)是我国较早实施常旅客计划的航空公司。企业于1997年成立了四川航空俱乐部,并发放了会员卡,到1998年更名为"蜀卡","蜀卡"分为A、B、C三种,为了体现四川旅游的特点,又于2002年更名为"金熊猫卡"。"金熊猫卡"有两种:普通卡和金卡。为了与顾客建立长期服务关系,并区分不同的顾客关系类型,四川航空的"金熊猫卡"普通卡与金卡在申请方式和待遇上有所不同。

金熊猫普通卡:凡12周岁以上,经常乘坐四川航空航班的旅客均可成为金熊猫卡会员。成为会员后,即可根据川航的相关政策,按旅客的实际飞行情况累积里程。当里程达到一定标准时,可兑换由川航提供的免费机票或升舱服务。

金熊猫金卡:金卡会员必须是普通卡会员。例如,在连续12个月内实际的乘机里程累积到3万公里或乘机次数达到30次以上,即可成为金卡会员。金卡的有效期为12个月,如果在连续的12个月继续达到标准,川航为其重新制作金卡;如未达到标准,则降为普通卡会员。

为体现顾客关系对四川航空的不同价值,在累积里程时有以下政策:乘坐头等舱按里程的150%计算;经济舱按100%,半价以上的舱位按50%计算,半价以下则不累积里程。

四川航空将奖励里程按航距分为三个区域:A区,在1000公里以内;B区,在1000~2000公里;C区,在2000公里以上。当在旅客里程达到14 000公里时,便可享受单程免票一张,然后每攀积达到6000公里、14 000公里、20 000公里便可分别换取A、B、C区域免票一张。金卡旅客可直接到四川航空的售票处进行刷卡办理。

资料来源:据四川航空网站(http://www.scal.com.cn)资料改写.

从服务企业的营销过程来看,顾客是服务企业维持竞争力和生存的重要因素。对于多数服务企业来说,顾客的大量流失和顾客潜在价值开发的不足,是目前企业面临的最严峻问题;而对顾客关系的管理,是服务企业必须掌握的一种商业战略。企业有效地进行顾客关系管理的基础和前提是对顾客服务消费中与企业所建立起的互动关系进行认识和掌握。本章旨在对服务消费中顾客关系的内涵、特征等方面进行系统阐释,从而为企业建立以顾客关系为中心的服务管理与营销战略奠定基础。

3.1 服务消费的趋势与类型

企业与顾客之间的关系是在顾客的服务消费过程中得以建立和维持的；服务消费的特征要素在一定程度上决定了顾客关系的本质和形式。因此，了解和掌握当前服务消费的发展趋势，以及服务消费的类型，对于深刻理解顾客关系具有重要价值。

3.1.1 服务消费趋势

在21世纪，随着社会经济的发展和人民生活水平的提高，服务消费呈现下述发展趋势。

1. 服务消费在消费结构中所占的比例呈上升趋势

与我国城乡居民的恩格尔系数下降的趋势相一致，在人们用于基本物质消费的比重呈下降趋势的同时，用于服务消费的比重正呈上升趋势。

随着我国居民人均收入的提高，整个消费结构发生了很大变化。我国正处于服务消费需求快速增长的时期，恩格尔系数在不断降低，恩格尔系数是指食品支出在整个消费支出中的比重，到2009年城乡居民恩格尔系数将分别降低到37%和43%左右。按照联合国粮农组织标准，可以说我国总体上已经进入小康的居民消费阶段。这个阶段，大额的消费产品，如汽车、住房等开始进入千家万户。整个消费当中教育、医疗、旅游、文化等新型的消费支出在快速增长，这些都是进入大众消费新成长阶段的特征（中国社会科学院，2009）。

随着城乡居民生活水平的提高，居民家庭服务社会化趋势愈加明显，服务性消费的需求和支出不断上升。2007年城镇居民家庭服务性消费为2666元，占消费性支出的比重为26.7%，比1978年的10.2%上升16.5个百分点。随着未来居民收入的提高，居民消费观念不断转变，服务消费需求将进一步增加。无论城乡，"外出就餐经常化"、"美容健身定期化"等观念和行为日益被居民接受。总而言之，我国大部分地区尤其是城市已基本实现小康。与温饱型消费不同，小康型消费的消费结构、高生活质量的需求日益旺盛，百姓逐步成为服务消费的主体。

2. 服务消费的领域呈多元化扩大的趋势

服务消费已经不仅仅局限于购买产品的过程或之后所享受的种种待遇，也不只停留在传统的服务业所提供的消费，而是扩大到社会各种领域，包括社会文化娱乐、人际交往、社会组织系统、高新科技领域等。例如，随着改革的深入，后勤服务社会化势在必行。这也为进一步开拓服务消费提供了前所未有的机遇。

目前，我国传统服务消费，如餐饮业持续快速增长、住宿业稳健发展、家庭服务更为便利、展览业迅速崛起、服务领域逐步延伸，多种经济成分发展服务业的格局已经形成。据统计，2008年全国住宿与餐饮业零售额累计实现15 404亿元，连续18年保持两位数的高速增长；餐饮业从业人员逾2000万人；美容美发服务产值达2500亿元，从业人员逾1800万人，经营服务机构（网点）达180万家；沐浴业企业逾15万家，从业人员1500多万人；人像摄影业企业已达45万家，总营业收入超过900亿元，从业人员600多万人；家政服务业各类服务企业和网点达50万家，营业额逾1600亿元，从业人员1500多万人；展览业总营业收入达153亿元，从业人员25万人。

3. 服务消费品呈不断创新的趋势

服务性行业，是容量最大的吸纳劳动力的场所。发展服务消费，对于缓解目前巨大的就业压力、促进改革、维护社会稳定，具有特别重大的意义。在发达国家，第三产业的从业人员超过70%。如同实物消费品生产需要不断开发新产品一样，服务消费品也在不断创新。凡是百姓感到不方便、不称心，或需要提供帮助的地方，都是服务消费的潜在市场，只要认真加以开发，就能创造出许多新的服务品种来。

随着现代经济技术的发展，社会需求更趋多样化，推动了新兴服务业态的兴起和发展，进一步方便和丰富了人民生活，促进了消费增长。例如，在沐浴行业，经营业态由过去单一的大众浴室向大型综合浴场、足浴、桑拿、保健中心、大众浴室、SPA会所等业态转变；在家政服务行业，服务项目日益拓展到家庭看护、家庭餐制作、家庭教育、家庭休闲娱乐等领域，用工形式更加灵活，满足了不同层次的消费需求；在商业保险服务，现已有38%的家庭购买了这项新型服务。根据经验数据，一般月收入1500元左右的家庭就达到了购买商业保险的支撑点。随着人们收入的增加和保险意识的增强，保险服务消费市场将进一步拓展。又如，银行卡、快餐等注重时间价值的消费迅速兴起，大受欢迎；区域性传播媒体（有线电视、有线广播等）和因特网的接触频率也大大提高，成为人们享受服务消费的新宠。

4. 服务消费正在向追求名牌的境界发展

随着消费者自我保护意识的增强，服务消费进入了追求名牌服务产品消费的阶段。当前，服务消费市场秩序较为混乱，缺乏规范，欺诈性行为时有发生，严重损害了消费者利益，以致让消费者望而生畏。这种现象，在娱乐业尤为突出。这个问题不解决，服务消费就不可能有大的发展。物质产品要创名牌，服务产品也要提倡创名牌。许多企业正借鉴国外服务企业的先进管理经验和经营方式，努力提高从业人员的素质，逐步形成一批服务规范、信誉好、消费者信得过的名牌服务企业，以推动整个服务消费市场向更高水平发展。

3.1.2 服务消费的类型

在有形产品消费过程中，现代营销理论对顾客购买行为的分析是据消费者卷入购买的程度和品牌差异的大小进行分类研究，认为有四种典型的购买行为，分别是复杂型购买、和谐型购买、多变型购买和习惯性购买。在服务产品消费过程中，由于服务本身的无形性、顾客参与性、服务易失性等典型特征，必然导致在服务消费过程中，购买行为上有些差异，这些差异主要来自于服务本身的特性。服务产品消费中更侧重于顾客购买的态度。因为服务产品不同于有形产品，可以在购买之前通过看、闻、摸、试用等手段进行评判，服务无法展示，不可储存，因而购买的态度非常重要。

根据消费者卷入购买的程度、使用程度及购买频率，我们将服务环境下顾客购买行为分为三类：经常性投入的购买、有限投入的购买和大量投入的购买。

（1）经常性投入的购买。经常性投入的购买是指顾客无须搜集大量信息，无须大量思考的服务消费，比如，在城市里乘坐公交车，去电影院看一场电影，在报刊亭里买一份报纸或在电话亭里打一个电话，等等。顾客在购买这些服务产品时的信息搜集和思考决定是很有限的。顾客总是愿意选择最方便的服务予以购买。因为顾客更关心服务产品的核心内容，即顾客所需要获取的信息，经常性投入的购买顾客卷入程度低（主要指参与决策的人数少，决策花费时间少，而不是指服务接触程度高低），购买频率高。

（2）有限投入的购买。有限投入的购买是指需要顾客在购买时搜集信息，但无须大量思考的服务消费。对于这些服务，顾客购买频率不高，使用程度也不高，但生活中大量存在，这时，顾客的购买态度就比较慎重。比如，从太原到广州旅行，交通工具的选择对费用高低的影响就比较大，顾客是选择火车还是飞机，就要依据顾客的态度，即采用什么样的标准予以判断，要看顾客注重的是时间、货币，还是消费感觉。总之，这时态度的影响作用非常大，若顾客侧重节省时间和消费感觉，他一定会选择飞机；若注重节约资金，他会选择火车作为交通工具。

（3）大量投入的购买。大量投入的购买是指需要顾客搜集大量信息，决定过程复杂，采用多种标准评估服务，用更多的时间和资源决定选择的服务消费。同时，这种购买行为还取决于顾客的收入水平和所需购买的服务价格之比。比如，对于家居装潢就是较为复杂的服务，不同顾客对选购时的态度差异较大，其时间、金钱等成本要素的投入水平也很高。

3.2 理解顾客关系

从广义上看，关系是指事物与事物之间以及事物内部要素之间的内在和必然联系。但是，在社会学中"关系"有其特定的含义，关系是随着人类社会的诞生而出现，并且随着社会的发展而发展的。也就是说，关系是人类所特有的，也是必然的，是因为人类的活动而产生的客观存在。因此，从这一意义上说，关系具有非常丰富而且十分复杂的内涵。关系本身也不是一个能够被某个单独学科可以界定的词语，它的涉及面很广，从经济学、管理学、伦理学到哲学都能够找到关于关系的论述。在不同的研究领域和使用场合，关系的含义也存在许多不同的解释。

顾客关系作为成千上万的关系中的一种，具有其自身的特性。它是企业获取经营绩效和竞争优势的出发点和最终归宿，对企业的生存发展起着举足轻重的作用。企业若想建立和维持良好的顾客关系，就必须对顾客关系的本质及表现类型有深刻的了解和认识。

3.2.1 服务中的顾客关系

在服务消费过程中，顾客或多或少会与服务提供者发生接触。这些接触可能是长年持续，如在通信、医疗保健和法律咨询行业；也可能是持续一段时间，如餐饮和交通运输行业；或者持续的时间很短，如电话查询和购票等服务。即使打电话这样最简单的服务接触，也存在着服务提供者与顾客之间的互动关系。在一系列服务接触中，如果顾客觉得服务有价值，感觉非常满意，就会产生与服务提供者建立长期关系的愿望，这种愿望是建立顾客忠诚感最重要的一步，也是服务企业获利的重要保证。

由此可见，关系属性是服务的内在属性，服务营销的核心目标就是如何与顾客建立和保持长期互惠的关系。然而，大多数文献对"什么是顾客关系"、"顾客关系建立的标志是什么"这类问题的探讨并不深入。但可以肯定的是，顾客关系是否建立起来并不取决于服务提供商，而是取决于服务的接受方——顾客。Grönroos认为，可以从顾客的重复购买行为和正面态度两方面来判断服务组织与顾客之间的关系。

1. 重复购买

重复购买是服务提供商与顾客建立关系的标志之一，但是必须注意到还存在其他可能导致重复购买的原因，如价格比较低廉、位置比较方便等。例如，一家超市就位于学生宿舍楼下，那么学生们肯定会经常光顾这家超市。

在顾客与服务提供商的关系链条上有许多约束条件，包括技术约束、地理约束、时间约束、信息约束以及替代者约束等其他约束。这些约束使得顾客尽管对服务提供商并不满意，也并不情愿向服务提供商重复购买，但却无法脱离这种服务关系。一旦这些约束条件消失，顾客的流失率和流失速度就会变得相当惊人。

2. 正面态度

由于在顾客关系中存在诸多的约束条件，因此，顾客对服务提供商的正面态度便成为顾客关系存在的必要条件。关系在很大程度上就是一种态度。顾客如果感受到与服务提供商之间有一种相互联系的纽带，不管这种纽带是什么，都会产生一种"分不开"的感觉。例如，顾客对自己的律师和保健医师、企业对财务顾问和法律顾问可能都产生这种依赖感。这种"分不开"的感觉并非凭空产生，而是顾客与服务提供商长期接触和努力的结果。服务提供商通过关系营销手段与顾客积极互动，当顾客意识到与之存在着相互的理解时，关系就建立起来了。

总而言之，顾客关系具有双向性。从顾客的角度，我们可以将这种关系理解为一种双向的需要，即"服务提供商需要我，我也需要服务提供商"。双向性还意味着顾客与服务组织之间相互承诺和相互忠诚。这种相互承诺和相互忠诚需要时间发展。顾客关系的发展来自于顾客与服务提供商之间的互动过程。互动的概念非常广泛，产品和服务的交换、信息的传播、对业务流程的了解都包含在内，可以说，双方任何形式的接触都可视为互动。

Grönroos认为，顾客关系所固有的双向性特征要求服务提供商选择与顾客双赢的竞争策略。顾客与服务提供商之间这种双赢的关系会一直持续下去，直到其中一方从这种关系中获取的利益超过另一方，关系的平衡被打破为止。双赢需要双方都将彼此视为合作伙伴，珍视与对方的合作关系。这一点在专业性服务行业中尤为必要，在委托人与律师、投资者与理财顾问、广告主与广告代理商、企业与财务顾问之间，绝不应该仅仅是冷冰冰的交易，双方必须对等地投入以建立和维持紧密的服务关系。因此，对于顾客关系的理解，应包含以下几个方面：

（1）顾客关系是参与双方交流和沟通过程；
（2）这一过程的内容表现为一系列的经济交换活动；
（3）顾客关系能够实现价值的增值，是一个双赢乃至多赢的过程；
（4）关系以企业和顾客的彼此信任与相互尊重为前提和基础。

3.2.2 顾客关系的核心要素

1. 信任

信任是指在特定条件下一方对另外一方行为的期望。如果一方的行为没有符合另一方的期望，那么怀有信任的一方（如顾客）就会对对方失望或者表示不满。因为信任也可以理解为顾客对一个值得信赖的服务提供商所寄予的期望。信任这一概念可以分为以下四个层次，每一个层次的信任的产生原因及表现形式不同。

（1）一般性信任。这来自社会通行准则，例如，顾客如果了解到一家大型投资银行有良好的资信和强大的资金基础，那么他会乐意与该公司签订长期的投资理财协议，并放心地让对方运作自己的资金。

（2）系统性信任。这基于法律、行业规则、协议和不成文的惯例，也取决于对方的职业化程度。例如，与投资银行签订了长期投资理财协议的顾客，会期待对方按照合同约定的条件定期派发红利。如果投资理财顾问在与顾客互动中体现出良好的职业道德和谦恭的态度，也会加强顾客的信任。

（3）基于个人品德的信任。这是指合作双方对对方的个人品德给予充分的信任，并在此基础上展开合作。例如，民事委托人只有充分信任律师的人品，确认对方不会泄露个人隐私，才会向对方提供所有必要的信息。

（4）经验性信任。这由双方所具有的行业经验或过去合作的经历所决定。如果一家企业曾经与某个咨询机构进行多年的合作，而且对双方合作的情况感到满意，就必然会对这家咨询机构产生信任感。

综上所述，信任可能取决于过去的经历，或者是合同、规则、社会准则、个人品德等其他因素。不管导致信任的原因是什么，它都是降低服务消费风险和企业经营风险、降低不确定性的重要因素。

2. 承诺

承诺是指合作关系中的一方在某种程度上有与另一方合作的积极性，是这一种珍视并愿意保持双方关系的长期愿望。

服务组织对顾客做出承诺，吸引新的顾客并建立新的关系。但是，如果承诺无法兑现，这种新发展的顾客关系就无法维持和巩固。一旦做出承诺，就应兑现，这是至关重要的。企业还必须保证有足够的资源、知识、技巧和激烈措施来采取行动以确保承诺得以兑现。

顾客也可能对服务提供商做出承诺，如果该服务提供商能够成功地证明自己的可信任性和解决顾客问题的能力。例如，一家财务公司成功地协助某企业上市筹资，该客户可能会承诺日后将财务方面的事务长期委托给该公司打理。

3. 吸引

吸引的含义是合作双方都具有吸引对方进行合作的某些要素。吸引建立在一方能够提供给另一方某种利益的基础上，这种利益可能是财务利益、技术利益或者社会利益等。例如，一家跨国制造商可能会对管理咨询公司产生巨大的吸引力，因为为它提供咨询服务可能意味着稳定和客观的经济利益。如果双方的合作存在着相互受益的可能，就产生了相互的吸引力，顾客关系的建立和发展就有了前提和基础。

3.2.3 顾客关系的生命周期

顾客关系生命周期的概念是从产品生命周期概念移植过来用在顾客关系管理之中的。企业的任何顾客关系都会经历从开拓、签约、成长到成熟、衰退以致终止业务关系的过程。人们把顾客关系从开拓至终止的全过程称为顾客关系生命周期。

顾客关系生命周期一般分为六个阶段：开拓期、签约期、成长期、成熟期、衰退期（危险期和解约期）、恢复期。在顾客关系生命周期的不同阶段，顾客价值是不同的。顾客关系生命周期的各个阶段及其特点如下。

（1）开拓期。预期顾客只是对企业提供的产品或服务感兴趣、收集与企业产品或服务有关的信息和资料，并对企业所作的营销努力做出反应。在这一阶段，企业与预期顾客还没有发生交易，真正意义上的顾客关系尚未建立。企业营销活动的对象是那些对自己的产品或服务感兴趣的预期顾客。

（2）签约期。经过企业营销人员的多方努力，原先对企业产品或服务感兴趣的预期顾客做出首次购买决策，双方实现了交易，顾客关系随之建立。这时顾客关系便进入了生命周期的第二个阶段，在这一阶段，顾客通过购买和使用企业的产品或服务对企业的营销策略有了一定的感受，对产品或服务有了更深刻的体验与认识。

(3) 成长期。若该顾客在使用所购产品或服务时感觉良好，就会实施重复购买。良好的购后感受还会促使该顾客扩大使用本企业产品或服务的范围，以满足该顾客的其他需要，顾客也有可能应用其本身的社会关系为企业带来新的顾客资源。顾客关系的密切程度进一步增强，顾客价值也会随之提高，顾客关系进入了生命周期的新阶段，即成长期。

(4) 成熟期。在这一阶段，顾客和企业间关系比较稳定，在此时顾客会根据需要多次重复购买或推荐亲友朋友购买，增长率比较缓慢，但购买量很大，同时也为企业创造大量利润。

(5) 衰退期。在成熟期，顾客价值一旦出现负增长，顾客关系便过渡到了生命周期的衰退期。衰退期可分为前、后两个阶段，前期称为危险期，后期称为解约期。在危险期，顾客是否与企业终止业务关系尚未决定，企业有望与之继续保持现有的业务关系。从顾客的角度来讲，顾客价值的下降往往是企业提供的产品或服务的吸引力下降所致。如果企业不及时采取相应的措施，就会导致业务关系的终止。因此，在危险期，企业要格外谨慎行事。其实危险期在顾客关系生命周期的整个过程的每个阶段都有可能出现。顾客对企业的产品或服务稍有不满，或出于其他原因，顾客常常会产生解除业务关系、减少业务量或缩小业务范围的念头。在此阶段，企业要仔细分析和研究以往顾客流失的原因，总结经验教训，及时捕捉顾客流失的各种预兆，采取针对性的措施避免顾客流失。在解约期，顾客最终决定终止现有的业务关系，便发出了解约通知。尤其在企业间营销中，供求双方有时签有长期购销合同，在购销合同依法解除之前，理论上顾客关系依然存在，这时企业可以采取必要的补救措施，促使对方收回解约通知。通过企业再三努力，顾客决意终止业务关系，并且种种迹象表明双方的业务关系以后再也无法恢复，随着解约期的终止，整个顾客关系生命周期便告结束。

(6) 恢复期。有一部分顾客虽然也与企业暂时中断了业务关系，但是业务关系经过一段时间的中断以后又可望得到恢复。业务关系恢复的原因是多方面的，如顾客的需求状况和生活状况发生了变化、与他人的购销合同终止或竞争对手的产品和服务令他失望，或者企业推出一种能满足顾客要求的新型业务等。在恢复期，经过企业的努力，可以与以前的顾客重新建立业务关系，这样顾客关系生命周期便开始了下一轮循环。

3.3 顾客关系的层次与类型

依据企业与顾客建立关系的方式不同，以及关系密切程度的差异，顾客关系包含不同的层次与类型；而不同层次与类型的顾客关系对企业的营销活动与市场地位具有差异性影响。了解顾客关系的层次与类型，对理解服务营销中顾客关系的本质，以及对顾客关系建立和维持策略的选择与实施都具有积极作用。

3.3.1 顾客关系的层次

企业与顾客在服务价值交换过程中所建立的关系，根据双方价值的依赖程度和关系的紧密程度的不同，主要可以分为三个层次。

(1) 一级顾客关系。一级顾客关系又称财务性顾客关系，是指营销人员主要使用价格刺激来鼓励顾客与企业进行更多的交易，而建立起来的顾客-企业关系。例如，超级市场经常向顾客提供打折、购物优惠卡或者额外的赠券等好处，因此建立的顾客与超市的交易关系；航空公司向累计飞行达到一定里数的旅客提供免费旅行，促使旅客更紧密地与航空公司保持服务关系。但是，一级顾客关系的短期性比较明显，而且依靠价格因素起主要作用，是很容易被对手模仿的。因而，一级顾客关系并不能形成企业在服务市场上的长期竞争优势，只能为服务企业带来短期的、波动的业务增长和市场份额扩张。

(2) 二级顾客关系。二级顾客关系比一级顾客关系主要靠价格维系的方式优越得多，它主要是强调个性化服务和把潜在顾客、新顾客变成关系顾客，又称社会性顾客关系。它并不是放弃价格因素的重要性，而是在财务性关系基础上寻求与顾客建立社会性的联系。二级顾客关系强调企业的营销人员了解顾客的想法和需要，注意顾客的细节，比如，记住顾客的名字或将顾客资料存入顾客信息数据库，以备随时调用，从而建立企业与顾客之间的互动关系。企业应该赞赏与支持服务人员与顾客建立良好的社会关系，虽然这种社会关系通常不能克服高价或劣质服务，但是它能在顾客缺少转换交易伙伴的强烈动因的情况下，与顾客保持关系。

(3) 三级顾客关系。三级顾客关系比上述两者在关系的质量和相互涉入度上更提高了一个层次，它不但有社会性和财务性联系，而且通过结构性、系统性的联系来巩固与顾客的关系，又称结构性顾客关系。所谓结构性、系统性是指这些服务经常被设计成一个服务价值的传递系统，而不仅仅依靠个人与顾客建立关系的行为。如果服务企业与顾客建立三级顾客关系，将会增加顾客转向竞争者的机会成本，因为他们将放弃很多东西。同样，这也会吸引更多竞争者的顾客，因为他们将得到更多的东西。三级顾客关系的服务经常以技术为基础，并能为顾客提高效率和产出，当面临价格差别较大时，社会性联系就不能维持稳固的关系了。但是如果竞争对手不提供顾客所需的技术服务，而本企业却提供了以技术为基础的结构性关系营销，那么顾客就不会轻易转变视线。

总之，三个层级的顾客关系依次加大了为维护与顾客的关系的投入，并且是一个比一个更有效的。三者之间不是互相排斥的（图 3.1），服务企业可以根据自身的资源和

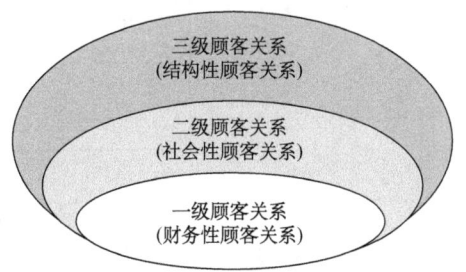

图 3.1 顾客关系的层次

资料来源：李怀斌，于宁. 服务营销学教程. 大连：东北财经大学出版社，2001. 有删改.

市场的特点识别、建立和拓展顾客关系。

3.2.2 顾客关系的类型

按照企业与顾客关系的水平的不同，顾客关系可以分为五种类型。

（1）基本关系。这是指企业与顾客之间发生的起码的交易关系。在顾客与企业的服务接触后，企业不再做出任何努力去联系顾客，不做售后的调查和咨询等工作。一般来讲，这种关系适用于企业的顾客数量较多且单位产品或服务的边际利润很低，再做过多营销关系努力就会增加很大的成本，这是得不偿失的。

（2）被动式关系。主要是指当企业售出产品或服务之后，一旦有顾客找上门来咨询或提出不满意见时，企业有专门负责接待和处理此事的相关部门。

（3）负责式关系。指企业对售出的产品或服务在顾客方面的感受表现出负责的态度。企业会通过各种途径了解产品或服务是否达到顾客的预期，并且收集顾客有关改进产品或服务的意见，把这些信息及时反馈给企业各相关部门。

（4）主动式关系。企业的服务营销人员经常主动地与顾客取得联系，询问顾客对产品或服务的感受情况，并征询顾客对企业的各方面意见，或是提供新服务和产品的信息，促进新产品和服务的销售。

（5）伙伴式关系。这是指企业与顾客之间高度亲密和平等的关系，一项服务或产品的设计、生产到最后销售出去，都需要企业和顾客的共同参与。例如，飞机制造公司卖给某个国家航空公司的飞机，需要按照用户的要求进行产品开发与生产，并保持紧密的联系。这种营销关系适用于顾客很少，但产品和服务的边际利润很高的企业。

企业可以根据客户数量的不同与产品边际利润的不同，与顾客建立不同类型和层次的相互关系，如图 3.2 所示。

	高	中	低
多	③	②	①或②
中	④	③	②
少	⑤	④	③

（纵轴：顾客数量；横轴：产品或服务的边际利润）

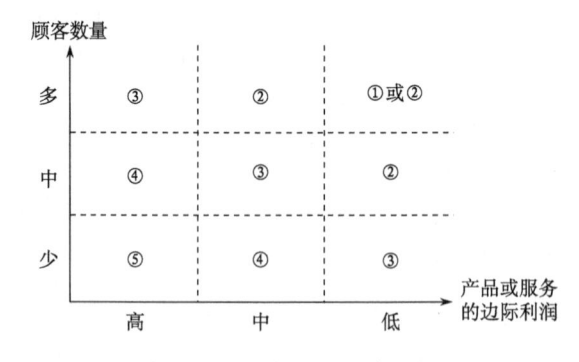

图 3.2 企业与顾客的关系类型

注：① 基本关系；② 被动式关系；③ 负责式关系；④ 主动式关系；⑤ 伙伴式关系
资料来源：李怀斌，于宁. 服务营销学教程. 大连：东北财经大学出版社，2001.

讨论与思考

1. 如何理解服务消费的新趋势？
2. 什么是顾客关系？
3. 顾客关系的核心要素有哪些？
4. 如何理解顾客关系生命周期的内涵？
5. 顾客关系有哪些层次？请通过实例加以说明。
6. 顾客关系包括哪些层次？

第4章 服务期望与顾客感知服务质量

内容提要

本章主要介绍服务期望和顾客感知服务质量这两个重要概念,在通过服务期望模型划分出服务期望类型的基础上,介绍不同类型服务期望的影响因素以及服务企业提供卓越服务的途径。由于服务的特性,本章介绍影响顾客评价服务质量的因素以及代表性的服务质量评价模型,最后探讨提高服务质量的管理方法。

主题词

服务期望 顾客感知服务质量 SERVQUAL模型 关系质量模型

引导案例

不同车主对售后服务期望值不同

目前，中国的汽车企业已经把眼光从产品转移到消费者身上，客户满意度成为企业竞争的重要领域，通常客户服务的绝大多数内容都由经销商在其销售店面里完成。通过对不同价位汽车的消费者进行调查发现，车主对不同价位汽车的售后服务期望值存在着较大的差异。

5万元以下的车：低价车店面硬件设施不能也低

对于低价位、低成本的汽车来讲，因为企业要减少成本，在人们故有的意识里，其服务和服务设施不会太好。《2007年中国汽车销售指南》（以下简称《指南》）报告中指出哈飞赛马用户对经销商满意度最高，主要就是因为经销店的硬件设施比较齐全、各项业务服务流程比较合理，尤其是维修质量非常好；再有，其配件供应比较到位，没有出现配件供应不及时的情况。

5万~10万元车：维修不乱收费，钱花得踏实

这一群人把买车当做一项"认真"事儿来对待，他们希望过有车一族的生活，但他们又没有太多的闲钱可以随心所欲地使用。所以，如果汽车维护正规，不乱收费，可以让这群有车族们买得起车，也用得起车，从而可以使他们满意。

通过《指南》调查发现，雨燕用户对经销商的满意度最高，首先表现在维修费用方面，维修费用非常合理，没有出现乱收费的现象；其次是服务流程、维修质量等。由此可以看出，购买5万~10万元这一档次车的消费者，对物有所值很重视。

10万~15万元车：配件供应及时，使用中没有顾虑

购买这一级别汽车的消费者多为白领级层，他们比购买几万元汽车的消费者更注意使用过程中的细节和感受。这也表明，他们对服务的要求更高、更细。

如果在维修上让他们等待时间过长，他们的忍耐程度就不像几万元以下的车主那么高；而且，处于这一级别的消费者，他们对自身权利的维护意识较强，故如果像配件供应这些"小事"不成问题，让消费者在进行车辆维护时不因缺件而感到烦恼，可以大大增加他们在使用过程中的顺畅度、更舒心。

15万~20万元车：中级车消费者开始关注服务软件

购买这一档次汽车者，一般是中、高产阶级的"小款"们，由于这一群体消费者的档次提升，故在这一级别里，开始出现对软件服务的关注。这一群体的消费者更在意服务上的细节，如服务的规范性和质量等。

对比来看，凯旋用户对售后服务环节满意度最高。主要是因为：首先，他们认为凯旋在服务流程上比较合理、维修质量比较高；其次，才是配件供应上的问题，凯旋以配件供应及时、没有出现过配件断货的情况，再次得到消费者好评。

20万～30万元车：消费者对工作流程很重视

购买这一级别汽车的消费者基本上是老百姓心目中的"款爷"，他们当中更多的人是老板或者高管，20万元以下的汽车不能很好地满足和体现他们彰显身份的需要。

在《指南》中我们看到，用户对天籁经销商的满意度状况和评价最高。原因就出在细节上。老板级的人物或者高管们平时对工作流程很重视，所以，当他们以一个消费者的身份评价别人的产品和服务时，自然也会更加看重流程。

30万元以上车：硬件设施没得挑，以综合实力招揽消费者

30万元以上的车，可以冠冕堂皇地登上高档车的平台了。这个级别的汽车品牌在服务上的投入都相当大。所以，相对于这些品牌的汽车经销店都很上档次。硬件自然没得说，管理也十分先进，对消费者的人文关怀更是技高一筹。所以，这类品牌的经销商们只能比拼综合实力了。

对比发现宝马用户对经销商的满意度评价最高，主要体现在服务流程、硬件设施、维修质量等方面；而奥迪用户对经销商的满意度评价相对较低，是因为客户关怀、维修速度等方面略逊色于其他同族的兄弟们。

资料来源：中国汽车网.2007年中国汽车销售指南.不同车主对售后服务期望值不同.2007-05-22.

在企业竞争日趋激烈的今天，服务已成为企业争夺和保留顾客的重要手段，良好的服务意味着较高的顾客满意度和较低的顾客流失率，为企业获得高利润提供了保障。什么样的服务才能让顾客满意，这是一个看似简单实则复杂的问题，顾客满意是顾客的感知与期望相比较的结果。如果顾客感知大于顾客期望，则顾客满意；相反，则顾客不满意。顾客的感知与顾客期望的比值越大，顾客的满意度越高。本章将重点介绍顾客的服务期望（service expectation）和感知服务质量，以打开顾客满意的"黑箱"。

4.1 服务期望

我们每个人都可能是某个产品或服务的顾客，作为顾客我们希望使用的产品或享受的服务是令人满意、物有所值的。我们因为某些需求而购买产品或消费服务，当然希望我们的需求能够被满足，这是顾客最朴素的期望。从一定程度上讲，企业和顾客就是在这种"期望"的平衡中进行互动的，了解顾客对服务的期望对有效的服务营销管理至关重要。

4.1.1 服务期望的概念

服务期望是服务传递的信念，是评估服务绩效的标准和参考点，顾客将服务感知与这些标准相比较来评价服务质量的优劣。

服务期望，是指顾客心目中服务应达到和可以达到的水平。有时，服务期望等同于顾客期望（customer expectation）。因为服务质量、服务满意度是顾客对服务实际感受与自己期望进行比较的结果，所以在不了解顾客期望的情况下：①如果顾客的期望高于服务营销者的标准，那么，即使服务实绩达到服务营销标准，顾客也不会满意；②如果顾客的期望低于服务营销者的标准，那么，服务营销者就可能因服务标准过高而浪费服务成本，或不自觉地进入另一个市场，渐渐远离已选择的目标市场。

现实生活中，如果我们是顾客，在购买产品或服务之前往往会这样想：最好产品没有故障，如果有故障了最好能快速解决问题，最好不占用自己的时间和精力，最好不再花钱，享受服务的过程要短、要舒适、不要有差错，如果有一份额外的惊喜会不会更好？这些期望往往会影响顾客的购买行为，许多顾客在购买前有一个对产品预评价的过程，在预评价的基础上产生购买，购买后对产品做出评价，同时形成下一次购买前的预评价。这个预评价过程就是顾客期望的形成过程。顾客一般通过多种渠道（如过去的经验、企业宣传、口碑等）获得服务的信息后，对服务企业及其提供的服务形成一种内在的"标准"，进而就会对服务企业及其服务形成期望，即顾客期望。顾客期望具有双重性质，一方面是吸引顾客消费的动力，另一方面又为企业的服务建立了评价顾客满意与否的标准。

4.1.2 服务期望模型

根据 Parasuranman，Zeithaml 和 Berry 三位学者的研究，顾客对服务的期望，或者顾客期望的服务，按期望的水平高低，可分为理想服务（desired service）、适当服务（adequate service）和可容忍服务（tolerant service）。其中，理想服务的期望水平比较高，适当服务的期望水平比较低，而可容忍服务的期望值介于二者之间（图 4.1）。

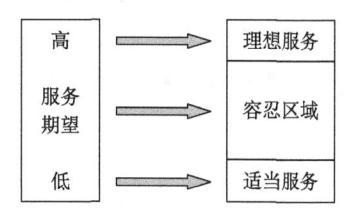

图 4.1 服务期望的类型
资料来源：韦福祥. 服务营销学. 北京：对外经济贸易大学出版社，2009：37.

1. 理想服务

理想服务是指顾客心目中向往和渴望追求的较高水平的服务。例如，家长找家教时常常向家教服务中心提出一些附加条件，如教师的性别、年龄甚至其他爱好、专长等，这些附加条件体现着家长心目中理想的家教服务。精明的家教服务中心会对这些附加条件表示关注和兴趣，并予以满足。

由于顾客心目中理想的服务是一种心理上的期望，希望服务能达到渴求的最佳水平，但最佳水平是没有上限的，因不同的顾客而变化，因此理想的服务实际上有一理想水平区，可称服务的理想区域。如果顾客感受到的服务水平落在理想区域，那么顾客会感到满意。如果顾客感受到的服务水平落在理想区域上方，那么顾客会感到惊喜。

服务营销可以通过观察和交谈，了解顾客心目中理想的服务水平。理想服务有时在顾客心里是潜在的、模糊的，顾客尚不能明确地表达。理想服务的战略意义如下：

（1）有助于确定服务质量的高标准。顾客心目中理想的服务一般是较高水平的服务。服务营销者了解了理想的服务,便于确定服务质量的高标准。将企业的服务感知水平与顾客所期望的理想水平比较,企业的营销人员能清楚地了解其中的差距及界定改善服务的空间。

(2) 有助于服务设计。顾客心目中理想的服务一般包含着顾客对服务的许多细微的要求、条件、设想、建议等,其中有的还比较超前,有的是与其他同行比较的结果。这些信息是服务设计的基础。

(3) 有助于服务定价。顾客心目中理想的服务可以体现服务对顾客的价值的上限。了解理想的服务,便于确定顾客能接受的价格的上限,即服务的顶价,有助于服务机构的价格运作。

(4) 有助于服务沟通。顾客心目中理想的服务可以体现顾客对服务的认知、动机和态度。服务营销者可以从中了解顾客的这些心理,而了解这些顾客心理有助于与顾客的沟通。

2. 适当服务

适当服务是指顾客能接受但要求一般甚至较低的服务。例如,在美国,麦当劳顾客的投诉远远少于一些星级饭店,其原因在于顾客对星级饭店的期望比较高,是"理想服务",因此实现的难度相对大一些;而顾客对麦当劳这样的大众化快餐的期望不高,是"适当服务",因此实现的难度相对小一些。

顾客心目中适当的服务可被视为服务期望的最低要求。这种主观要求的界线也是模糊的,因此,适当的服务实际上也有一个波动区间,可称为服务的适当区域。如果顾客感受到的服务水平落在适当区域,顾客会因为服务水平较低而感到不满意,不过还能勉强容忍和接受。如果感受到的服务水平落在适当区域的下方,那么顾客会感到难以容忍,不能接受低水平的服务。强烈的不满足感会导致顾客日后不再购买此服务企业的服务。适当服务的战略意义如下:

(1) 有助于确定服务质量的基本标准。顾客心目中合格的服务对服务水平要求较低。服务营销者通过顾客调查研究了解了适当的服务,确定市场上顾客所能接受的服务质量的最低标准,明白在市场竞争中生存的底线。

(2) 有助于服务设计。顾客心目中合格的服务一般包含着顾客对服务的最低要求,这个信息对如何以最低成本设计服务有参考价值。成本设计需要确定最低成本,而最低成本就是满足顾客最低需求的服务成本。例如,十几年前证券公司能够给投资者提供的只是通道服务,只要交易系统畅通就可以,这是投资者需要的最低服务,因此一些证券公司缩减营业部面积、取消盒饭供应以降低经营成本。

(3) 有助于服务定价。服务机构了解顾客心目中合格的服务,便于确定服务的最低成本,并由此确定服务的最低定价。而明确服务的底价也有助于服务机构的价格运作及了解以低价作竞争的底线。

(4) 有助于服务沟通。服务机构了解合格的服务可以掌握顾客的这些心理,有助于机构与顾客的沟通，以及通过沟通教育顾客更多地了解与提供服务有关的指示，更有效地协助顾客界定期望服务的水平及更合理地评价服务质量。

3. 容忍区域

容忍服务是顾客心目中介于理想服务和适当服务之间的服务。"容忍"的意思就是不挑剔和接受。在顾客看来，这类服务虽然不那么理想，但比合格的服务要好，是正常的、使人放心的和不必去挑剔的服务。

容忍服务的波动范围，称服务的容忍区域（tolerant zone），容忍区域的上限是理想区域的下限，而容忍区域的下限是适当区域的上限。如果顾客感受到的服务水平落在容忍区域，那么顾客感到这是正常的，使人感到满意的服务，其质量也是达到标准的。

一位乘客常乘公交车上班。有一天他赶到车站的时候，一辆车刚开走。他等了5分钟后并不着急。一般按他的经验，这条线路公交车正常的间隔时间是5~10分钟。但等了10分钟后，他有点着急了。不过，他想只要能在15分钟内到，上班还来得及。没想到15分钟过去了，车还没来，他心里开始上火了，并且与旁边的乘客一起抱怨起来。到了17分钟，他看还是没有公交车的影子，就扬手叫了一辆出租车。这里，这位乘客认为的正常间隔5~10分钟，就是他的服务宽容区域；10~15分钟（即不耽误上班的候车时间）是对他而言的合格服务；超过15分钟就是不合格或不能接受的服务。

（1）容忍区域的特征。一方面，不同顾客具有不同的容忍区域。有些顾客的容忍区域较窄，而有些顾客的容忍区域较宽，比如两位乘客同时等车，一位赶着上班的年轻人，另一位是已经退休的老人，年轻人对等车时间的要求较高，其容忍区域比老人的要窄。另一方面，不同的服务维度会影响容忍区域。每种服务都会有多种服务特征或维度，对于顾客来说，服务维度越重要，容忍区域就越窄。比如，餐饮业的服务维度包括口味、就餐环境、等候时间等，如果口味是吸引顾客的重要维度，那么也就意味着顾客对该因素的期望较其他因素要高，相对的口味这一维度的容忍区域较窄，一旦口味不像顾客期望得那么好，顾客就不再光顾了。

（2）心理放大效应。心理放大效应是指个体对外在刺激的选择性偏好及其强化，即在原有心理状态情况下，环境的外在刺激对人具有心理效度放大的效果，并且驱动个体加强选择性偏好和行为（韦福祥，2009）。心理放大效应可以分为正面感知心理放大效应和负面感知心理放大效应。正面心理放大效应是指达到"适当服务"水平以后，在容忍区域内进一步提升服务质量水平，将使顾客得到比实际服务改进变动程度更大的满意；负面心理放大效应指的是在未能达到顾客基本满意的情况下，如果出现服务质量的进一步恶化，将使顾客感知服务质量的结果发生更加剧烈的心理损失。例如，我们在网上购物时，如果在线客服不能及时回答顾客对产品的咨询问题，顾客就会心有不满地购买商品，如果快递公司没有按照正常的时间送货的话，顾客往往会对这家网店的服务产生差评。

4.1.3 影响服务期望的因素

顾客对服务的期望是服务评价中的关键因素，服务企业只有把握了顾客的服务期望才能"有的放矢"地提供服务,顾客服务期望的形成受到诸多因素的影响,企业了解了这些影响因素,就可以利用这些因素管理服务期望,进而优化顾客对其服务的评价。

1. 影响理想服务的因素

对理想服务期望构成影响的因素有顾客需要（personal need）和顾客背景两个方面（图 4.2）。

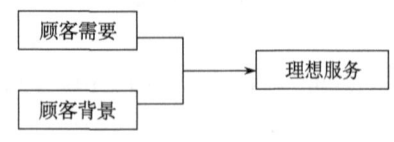

图 4.2 影响理想服务的因素
资料来源：韦福祥. 服务营销学. 北京：对外经济贸易大学出版社，2009：39.

（1）顾客需要。顾客对服务的需要影响顾客对理想服务的期望。在服务消费中，顾客的需要有主需要和辅需要之分，主需要是重要的，而辅需要相对不重要。一般来说，顾客对满足主需要的服务的理想程度比较关注，期望较高，而顾客对满足辅需要的服务的理想程度相对不太关注，期望较低。

例如，球迷看球时突然肚子饿了，可能会在球场边的超市随便买点食品，以便赶紧回去看球。这时，他们对超市的服务往往不会挑剔，因为他们对超市服务的期望很低，而且对于球迷来说这是辅需要，不是主需要。相反，他们对满足主需要，即看球的服务是否理想看得很重要，也就是说对球赛本身在精彩程度上的期望很高。

（2）顾客背景。顾客的背景影响他们对理想服务的期望值。这些背景包括顾客对服务的认知动机、态度和价值观等。例如，经常听知名专家讲座的人对专家服务的认知程度比其他人深，因此他们心目中对所谓好专家的讲授及其专业建议等服务的标准（理想服务的期望值）比其他人要高一些，他们往往是比较挑剔的听众。又如，刚进入大学的学生对大学生活憧憬已久（动机强烈），对大学寝室、饭堂服务的想法比其他人更多一些，他们对大学理想服务的期望水平会比其他人高一些。

2. 影响适当服务的因素

顾客性质、顾客挑选服务提供者的自由度、顾客参与程度、服务者不可控因素以及顾客对服务效果的预期等，影响他们对适当服务的期望水平（图 4.3）。

（1）顾客性质。顾客的性质影响顾客对适当服务的期望水平，急需服务的顾客，对适当服务的期望比较高。例如，急救病人通常被家属送到水平较高的大医院，因为在病人家属看来，急救病人的处置总是比一般病人要难一些，小医院的服务水平可能不够格。这时，急救病人家属对大医院适当服务的期望水平比较高。

回头客（recovery customer）对适当服务的期望水平比较高。顾客初次去一家服务机构，对这家

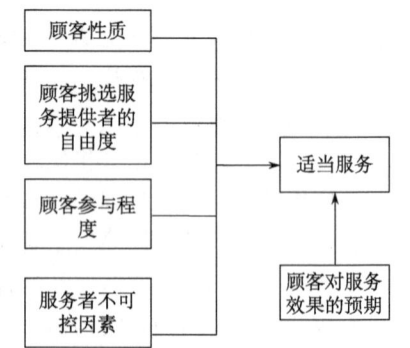

图 4.3 影响适当服务的因素
资料来源：韦福祥. 服务营销学. 北京：对外经济贸易大学出版社，2009：40.

机构的服务是否适当可能有怀疑,因此对适当服务的期望水平通常不会很高。顾客在感受到较好的适当服务后第二次再去这家机构时,基于上次享受令人满意的服务,这次对适当服务的期望水平将不自觉地提高。

(2) 顾客挑选服务提供者的自由度。当提供类似服务的服务机构增加,顾客挑选服务提供者的余地越大,自由度越高,他们对选中提供者的服务水平要求就越高。相反,顾客在没有多少挑选余地的时候,对服务提供者的适当服务不会过于挑剔。例如,大城市的服务业顾客一般比小城市的更挑剔,一个主要原因就是大城市服务提供者比较多,因而顾客对服务提供者的挑选余地比较大。

(3) 顾客参与程度。在服务过程中,顾客参与的程度越高,越容易增加服务产品及服务过程有关各方面的知识,对适当服务的期望就越高。例如,在饭店里,自己点菜的顾客对适当服务的挑剔程度比吃套餐的顾客高一些。这里,顾客自己点菜的参与程度比吃套餐的高。

(4) 服务者不可控因素。如果顾客认为在服务过程中,服务机构遇上不可控因素而影响服务质量,那么顾客有可能降低对适当服务的要求和欲望。例如,出租车乘客不会因为交通堵塞埋怨司机。也就是说,在交通堵塞的情况下,乘客对出租车适当服务的要求或期望有所下降。因为交通堵塞问题是出租车司机无法控制的,对此乘客是可以宽容的。

(5) 顾客对服务效果的预期。如果顾客预期服务所带来的效果比较好,那么,顾客对适当服务的期望就比较高。如果顾客对服务效果的预期比较差,那么,顾客对合格服务的期望就比较低。例如,公交公司车票涨价后,对不合格服务的投诉增加了。一个重要的原因是,乘客根据涨价预期公交服务实际会改善,因而对涨价后公交适当服务的要求和期望会提高。当公交公司并没有改善服务时,乘客期望落空,他们自然不满意。

3. 影响容忍区域的因素

影响服务容忍区域宽窄的因素主要有顾客性质、服务价格、服务内容以及服务的理想区域和适当区域等四个因素(图 4.4)。

(1) 顾客性质。对于不同性质的顾客来说,他们心中的服务容忍区域可能宽窄不一。例如,对于邮政服务,快件用户心中对邮政时间的容忍区域要比慢件用户狭窄。又如,餐饮服务,美食家顾客对烹饪质量的容忍区域比一般顾客狭窄。再如,老顾客对服务的容忍区域要比新顾客狭窄,因为老顾客对服务机构的服务水平及其波动范围比较了解,会提高预期期望的水平。同一顾客在不同情况下对同

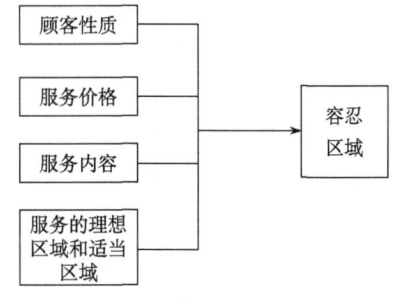

图 4.4 影响容忍区域的因素

一服务的容忍区域也可能出现变化。例如,住院病人在病情恶化的情况下,对医院服务的容忍区域变窄,而当病情好转时容忍区域又会变宽。

(2) 服务价格。对很多顾客来说,服务产品的定价反映服务质量。价格被视为质量

水平高低的有力证据。顾客对服务的容忍区域一般与服务收费的高低成反比：收费提高，容忍区域变窄；收费下降，容忍区域变宽。因为收费提高，顾客对服务的理想水平会看高一些；收费下降，顾客对服务的适当水平会看低一些。城市医疗改革后，随着病人自己负担的医疗费上升，病人对医院的投诉显著增加，主要原因之一就是病人的容忍区域变窄了。医院为了减少投诉，就要采取其他营销措施来拓宽病人的容忍区域。

（3）服务内容。顾客对服务不同方面的容忍区域可能宽窄不一。顾客一般对服务产出的容忍区域比较窄，而对服务过程的容忍区域比较宽。这只是因为顾客对服务产出看得比较清楚，比较容易挑剔，而对服务过程一般看不清楚，甚至看不到，心中没底，较难挑剔。例如，餐馆的顾客对菜肴比较挑剔，而对厨师或服务人员的工作相对不怎么挑剔。快餐业就是利用这一规律，用中心厨房代替厨师，用较少的柜台服务人员代替厅堂服务人员。

（4）服务理想区域和适当区域。由于容忍区域介于理想区域和适当区域之间，因此，理想区域和适当区域的位置、宽窄及其变化可能影响容忍区域。其中，理想区域的变化相对较小，因而对容忍区域的影响较小；而适当区域的变化相对较大，对容忍区域的影响较大。因此，容忍区域的变化主要取决于适当区域的变化：当适当区域的位置上移或上限上移时，容忍区域变窄，顾客变得挑剔；当适当区域的位置下移或下限下移时，容忍区域变宽，顾客变得不挑剔。

4．三种服务期望的影响因素

顾客掌握的服务信息的数量和质量会影响顾客的服务期望，进而影响顾客的购买行为。所以，顾客搜集和取得信息的来源也会对顾客的服务期望产生影响。

（1）服务机构的公开承诺。服务机构通过广告、宣传、推销员等市场沟通方式向顾客公开提出的承诺，直接影响着顾客心目中理想的或适当的服务期望的形成。例如，某银行在布告栏里承诺："分红保障型理财产品，年利率5％外加赠送财产保险。"这里年利率5％既可能成为一些顾客心目中理想的服务期望值，也可能成为另一些顾客心目中适当服务的期望水平。在市场竞争条件下，一家银行的承诺还可能"迫使"其他同类银行也推出这项承诺，因为顾客可能以这家银行承诺的服务标准来要求同类的其他银行。

（2）服务机构的暗示承诺。服务机构可以通过定价和服务环境等向顾客暗示对服务质量的某种承诺。在顾客脑海里，服务人员和服务场所等实质上被视为有形证据。这种暗示的承诺也影响着顾客心目中理想的或适当的服务期望的形成。例如，五星级宾馆的店堂内通常装饰着价值百万元的水晶吊灯，服务人员衣着整洁、彬彬有礼，这些都向顾客暗示其卓越的服务质量。接受这种环境暗示的顾客，自然对这家宾馆的服务形成较高的理想期望水平和适当期望水平。

（3）服务机构的口碑。服务机构在市场上的口碑是影响理想服务期望和适当服务期望形成的一个重要因素。口碑好的服务机构及其所提供的服务，容易在顾客心目中形成较高的理想期望和适当期望，而口碑差的服务机构容易在顾客心目中形成较低的理想期望和适当期望。

（4）顾客的经验。顾客对某一服务行业或机构所提供的服务的经验越多，对这个行业或机构的服务理想期望和适当期望水平就越高。经验多的顾客对该行业或机构的服务效果及水平比较了解，他们会不断将最好的服务模式转化为自己理想的服务期望。相反，经验少的顾客对理想服务和适当服务的期望水平一般较低。

4.1.4 超越服务期望

不管服务的提供者是否真正了解顾客的服务期望是什么，但应该看到的是，在信息经济时代，顾客的服务产品知识越来越丰富，对服务的期望和要求也越来越高，在服务业竞争日趋激烈的今天，顾客有众多选择，服务机构或企业必须想方设法满足顾客的服务要求甚至超越顾客的服务期望，才能与顾客建立长期关系。服务企业可以从以下几方面入手超越顾客的服务期望。

1. 开展关系营销

顾客是企业生存和发展的基础，市场竞争实质上就是争夺顾客。单纯地把营销目的锁定在提高产品或服务的销售量上的营销方式被称为交易营销，对于赢得新顾客这些策略是有效的，但企业面临的最重要问题是如何留住老顾客，不断超越顾客期望。服务提供者与顾客之间的互动关系直接影响到顾客的购买行为，因此，服务企业必须建立与维持同顾客的长久的互动关系，实行关系营销。首先，必须真正树立以顾客为中心的观念，一切从顾客出发，将此观念贯穿到企业服务生产传递的全过程中。其次，切实关心顾客利益，提高顾客的满意程度，使顾客利益落到实处。此外，关系营销加强了与顾客的联系，密切了双方感情。质量、功能、价格等固然是吸引消费者购买产品的重要因素，但是，情感在消费者购买决策中的影响作用亦不容忽视。比如，会员关系或一些适时的"关怀"都可以维系与顾客之间的长期关系，深圳航空公司尊鹏俱乐部的贵宾会员可享受专用值机柜台和机场贵宾休息室、机场内贵宾（VIP）接送车、额外行李额、额外奖励里程等贵宾权益。麦考林是中国第一家获得政府批准的从事邮购业务的三资企业，主要涉足邮购及电子商务领域，公司拥有完善的会员资料库，会员每到生日时都会收到一封热情洋溢的祝贺信和一张 20 元的现金抵扣券，使顾客在心理上产生了"被关怀"的满足感，这种富有人情味的营销手段往往能收到很好的效果。

2. 提供个性化服务

顾客是服务企业的重要资产，只有为客户提供优质的服务，服务企业才能生存、发展、壮大。迈克尔·波特将竞争战略分为三类：成本领先、差异化、集中。顾客服务的差异化战略，就是要细分客户，根据不同的客户群，提供有针对性的服务，创造一种能被感觉到的独特服务，满足不同客户的感受，特别是针对有价值的客户，要满足或超越他们对服务的期望，吸引并保留这些有价值的客户，培育他们的忠诚度，从而实现公司与客户双赢的局面。服务企业要实施差异化战略，一般要遵循以下三个步骤：细分市场、细分客户，挖掘有价值的目标客户，明确客户需求并为其提供个性化的消费体验。

例如，温哥华是西太平洋沿岸美丽的海港城市，是著名的观光胜地和适合人居的地方。温哥华被冠以"最佳旅游目的地"（2006）、"美洲最佳城市"（2009）、"商务旅行最佳城市"（2008）、"世界最适宜居住的城市"（2009）等称号，温哥华旅游目的地营销组织（DMO）的关键举措，是在服务过程中给游客提供意外的价值期待。这项承诺使温哥华作为国际旅游目的地的竞争力倍增。"超出期望"，已成为温哥华旅游业品牌的核心价值内涵。让游客尽情体验温哥华，是所有工作自始至终的服务内容。温哥华旅游局为旅游者提供了购物消闲游、风土文化游、学习娱乐游、家庭乐等12条不同线路供旅游者自由选择。[①]

3. 使顾客惊喜或感动

顾客满意程度是由顾客对其购买产品的预期（或者说"理想产品"）与顾客购买和使用后对产品判断（或者说"实际服务产品"）的吻合程度来决定的。如果"实际服务产品"与"理想服务产品"比较吻合，顾客的期望得到验证，那么顾客就会感到满意；如果"实际服务产品"优于"理想服务产品"，那么顾客不仅会感到满意，而且会产生惊喜、兴奋感。有些国外企业就宣称其目标不是"顾客满意"而是"顾客惊喜"。美国著名作家海明威在下榻丽嘉酒店（Ritz-Carlton）时写下了这样的感受："当我梦想进入另一个世界的天堂时，我就如同身处巴黎的丽嘉酒店。"丽嘉酒店以给它的客人提供个性化的贴身服务著称，包括在客人生日时送上客人最喜欢的巧克力口味蛋糕，为客人安装私人专用电梯，通过客人点餐记住客人喜好等，通过对顾客的了解，记住他们的偏好与特殊需求，以使顾客得到发自内心的喜悦和满意。

4. 令顾客愉悦的体验式服务

《商业评论》在新世纪元年就宣告："体验式经济时代已经来临！"对于企业而言，体验式经济就是要创造出能够满足顾客高体验需求的服务，以此在激烈的市场竞争中赢得更多宝贵的客户资源。随着服务行业的快速发展，顾客更加重视从消费服务的过程中获得精神上的愉悦与尊贵的感受。这就要求服务企业在关注服务的同时，关注体验式的服务。顾客体验到的服务包括有形体验和无形体验。有形体验也就是顾客看得见，能够直接感受到的部分，比如，消费场所是否整洁，布局是否合理，是否优雅。这些内容决定了一家餐厅的氛围、风格及品位的定位。在服务场所小到一幅壁画、一个花瓶的颜色，外观的人性化等细节部分，都能够在消费服务过程中通过细腻的感官体验深入到顾客的心中，给顾客留下深刻的印象。无形体验主要是指顾客在接受服务过程中通过与服务提供者的互动沟通而实现心灵上的感受，比如，服务人员的微笑、亲切的问候、恰到

[①] 以上信息参见温哥华旅游局中文网站，http://china.tourismvancouver.com。

好处的关注或是体贴的服务等。这些有形体验和无形体验都是企业文化与品牌个性传递的结合。比如，万科集团的东海岸住宅小区宣传语为"海岸生活引领世界的生活方式"，为了突出这一主题，东海岸新会所正式开放之际，现场举行的室内篮球、羽毛球、室内游泳、沙弧球及乒乓球等众多项目的比赛，吸引了众多客户参与，以"自由海岸，飞扬心情"为主题，东海岸还举行了悍马VS宝马车展、音乐自驾游等活动，让每一位购房者真实体验到了健康、休闲、浪漫的海岸生活。

总之，服务企业要想让顾客满意、留住顾客，只有超越客户期望才是锁定顾客的精髓所在，而与顾客建立长期关系、提供个性服务、给顾客带来惊喜和意想不到的体验正是超越游客期望的最佳途径。超越顾客的服务期望，要在了解顾客对服务最基本的期待的基础上，认真履行对顾客的服务承诺。要做到务实而不夸大自己的服务，不承诺过高的服务水平以避免误导顾客的期待。如果不能立即做到顾客所期望的服务，也要进一步说明将会尽力达成他们所想要的，积极满足顾客期望。不断地、持续地超越客户期望是唯一的、卓越的提升客户满意度的途径，同时也是服务企业生存之道。

➢ 案例4.1：海底捞，近乎"变态"的服务

刚进停车场，就会有两名服务生快步向前，打开车门，一人负责停车，另一人则引领客人走向海底捞的专用电梯。每一家海底捞门店都有专门的泊车服务生，主动代客泊车，停放妥当后将钥匙交还客人，等到客人结账时，泊车服务生会主动询问："是否需要帮忙提车？"如果客人需要，则立即提车到店门前，客人只需要稍作等候。如果你选择在周一到周五的中午去用餐，海底捞还会提供免费擦车服务。

在等候区，顾客可以喝着饮料，吃着小零食，玩扑克牌、玩跳棋，还可以唱K、免费上网、美甲、擦鞋等，大屏幕上不断打出最新的座位信息，每个服务员对于进门的客人热情招呼，笑得亲切自然，让人受宠若惊。一方面，客人在享受各项服务的同时，忘了等位的时间长短；另一方面，服务生通过不断为等位的客人加水、添零食，免费提供特制饮料，不时说着"让您久等"之类的话语，脸上挂满抱歉的笑容，也让客人不会过分介意等待的时间，只能报以同样的微笑。

落座以后先上饮料，其中豆浆和柠檬水最有特色，收费为每位3元，无限量畅饮，火锅热气大容易上火，所以喝柠檬水是绝配，而豆浆也是自制的黑豆豆浆，绝对的健康饮料。在每个座位上，早已放上了一次性围裙，穿上它，让你尽情地捞，而不用担心有汤汁溅到身上，细致周到。点菜时，服务员会主动推荐点半份菜，并告知，吃不完的没有动过的菜可以退。

餐后，服务员马上送上口香糖，一路遇到的所有服务员都在向顾客微笑道别。泊车服务员缓慢地将顾客的车停到店前，并小心地为顾客掩上车门。

一个流传甚广的故事是：一个顾客结完账，临走时随口问了一句："有冰激凌送吗？"服务员回答："请你们等一下。"五分钟后，这个服务员拿着"可爱多"气喘吁吁地跑回来："小姐，你们的冰激凌，让你们久等了，这是刚从易初莲花超市买来的。"你

还能说什么呢？这种"超越客户期望"的服务为海底捞赢来了大量忠实客户。在大众点评网北京、上海、郑州、西安分站的"服务最佳"榜单上，海底捞从未跌出前2位。北京分店平均单店每天接待顾客2000人，单店日营业额达到了10万元。

资料来源：子禾. 海底捞，近乎"变态"的服务. 豆瓣社区. 2008-04-28. 据此改写.

4.2 顾客感知服务质量

服务质量是服务企业在竞争中制胜的法宝，提高服务质量更是服务企业不断追求的目标，但实际上，服务质量是一个非常复杂的问题。因为，服务的无形性使得服务并不像有形产品的质量那样凭借客观的技术标准就可以进行评价，服务是一系列的过程，对于服务来说，顾客不但要评价其结果，更要评价其过程。而且，在这一系列过程中，由于服务生产与消费同步进行，顾客亲自参与其中，所以对服务质量的评价更是因人而异。服务的提供者只有真正掌握了顾客评价服务质量的方法，才能采取有效措施来改进服务质量，使顾客对其服务质量有较高的评价，进而形成较高的顾客满意度和顾客忠诚。

4.2.1 顾客感知服务质量：过程与结果

由于服务质量不同于有形产品的质量，20世纪70年代后期，许多学者和实业界人士开始关注和研究服务质量，最早关于服务质量的研究实际上是在为管理者建立一种方法，帮助他们从顾客的角度来理解什么是服务。在服务的生产和消费过程中，顾客提出要求，服务的生产过程即开始，服务过程结束时，顾客带着服务结果离开，在这个过程当中，顾客参与其中，所以服务质量如何，只有顾客感知到的服务质量才是对服务的真正评价。可见服务质量是一种主观质量，而非有形产品的客观质量。

1. 服务的技术质量和功能质量

Grönroos对服务质量这一问题进行了开创性研究，并于1982年提出了顾客感知服务质量（perceived service quality）的概念。他把服务质量分为技术质量（technical quality）和功能质量（functional quality）两类（图4.5）。前者是指服务过程的产出，即顾客通过服务所得到的东西；而后者指顾客是如何得到这种服务的。

技术质量即服务提供者能为顾客提供什么样的服务（what）。例如，宾馆为旅客休息提供的房间和床位，饭店为顾客提供的菜肴和饮料，航空公司为旅客提供的舱位等。对于技术质量，也就是服务的结果，通常涉及的主要是技术方面的有形内容，因此顾客容易感知，也便于评价，例如，旅馆设备是否舒适，饭店的菜肴是否可口，民航的舱位是否宽敞，等等。

功能质量即服务传递给顾客的方式（how），包括服务过程中服务人员的行为、态度、穿着和仪表等给顾客带来的利益和享受。不同服务人员提供的服务不同，不同顾客接受服务的方式也不同，所以功能质量完全取决于顾客的主观感受，难以进行客观的评价。技术质量与职能质量构成了感知服务质量的基本内容。

另外，Grönroos 提出服务企业可以通过服务的技术质量和功能质量两方面来建立良好的企业形象，由于服务行业的开放性特征，顾客直接参与服务生产和传递过程，顾客在与服务企业互动的过程中能够清楚地了解企业及其资源，而且顾客与服务人员的直接接触是不可避免的，因此，技术质量是功能质量的前提，对于良好的感知服务质量而言，功能质量比技术质量更加重要。

企业形象是指消费者企业在社会公众心目中形成的总体印象，是顾客感知服务质量的过滤器。顾客可从企业的资源、组织结构、市场运作和企业行为方式等多个侧面认识企业形象。在顾客评价企业服务质量时，如果企业拥有良好的形象质量，即使是有些服务上的失误也会赢得顾客的谅解；但倘若企业在顾客心目中的形象不佳，则企业任何细微的失误都会给顾客造成很坏的印象。

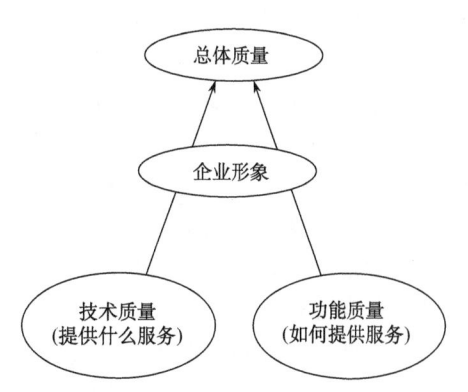

图 4.5　服务质量的两个方面

资料来源：Grönroos C. A service quality model and its marketing implication. European Journal of Marketing, 1984, 18 (4): 40.

2. 顾客感知服务质量模型

由于服务的无形性，顾客在对其质量进行评价时往往缺乏有形证据，因此许多学者提出服务质量是一个期望与感知比较的结果。Grönroos（1984）认为服务质量受到服务的技术质量、功能质量、企业形象的影响，同时服务质量是一个主观范畴，它取决于顾客对服务质量的期望（即期望的服务质量）同其实际感知的服务水平（即体验的服务质量）的对比，由顾客感知质量与期望质量的差距所体现。2000 年 Grönroos（2000）对顾客感知服务质量模型进行了修正，在修正模型中对企业形象问题给予了特别的关注（图 4.6）。

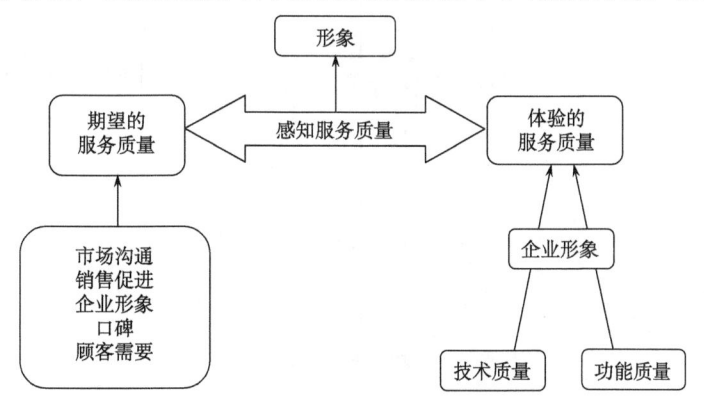

图 4.6　总体感知服务质量模型

资料来源：格罗鲁斯. 服务管理与营销：服务竞争中的顾客管理. 第 3 版. 韦福祥等译. 北京：电子工业出版社，2008：56.

顾客实际接受的服务质量并不代表顾客感知服务质量的好坏，要通过和期望的服务质量对比之后才能够做出判断。前面已经提到了顾客会从服务的过程和服务的结果两个方面来评价实际接受的服务质量，但影响顾客期望的因素也非常复杂。一些传统的营销活动如市场沟通、销售促进，以及企业的口碑、企业形象、顾客需求等都会影响顾客期望。但顾客实际接受的服务和顾客期望的服务质量相吻合时，顾客感知到的服务质量就比较高。在这种情况下，企业如何管理顾客期望就变得非常重要，如果企业在广告宣传中过度地夸大，给予顾客超出企业实际的承诺，那么即使是企业实际提供的服务质量较高，顾客感知服务质量仍然会下降。

另外，企业形象对于顾客感知服务质量的高低起着异常重要的作用。企业形象表达了顾客的"期待"，成为影响顾客感知的"过滤器"，同时也是期望和体验共同作用的结果。建立良好的企业形象使企业更易于与顾客交流，也能够成为服务失误的"保护伞"。

3. 服务质量差距模型

实施和评价服务质量对于服务企业和顾客来说都是非常困难的，只有正确地评价服务质量，找到服务失误的来源才能够有的放矢地改进服务，提高顾客感知服务质量。

服务质量差距模型（图4.7）是由美国营销学家 Parasuraman 等提出的，专门用来分析服务质量问题的根源。服务差距（差距5）即顾客期望与顾客感知的服务之间的差

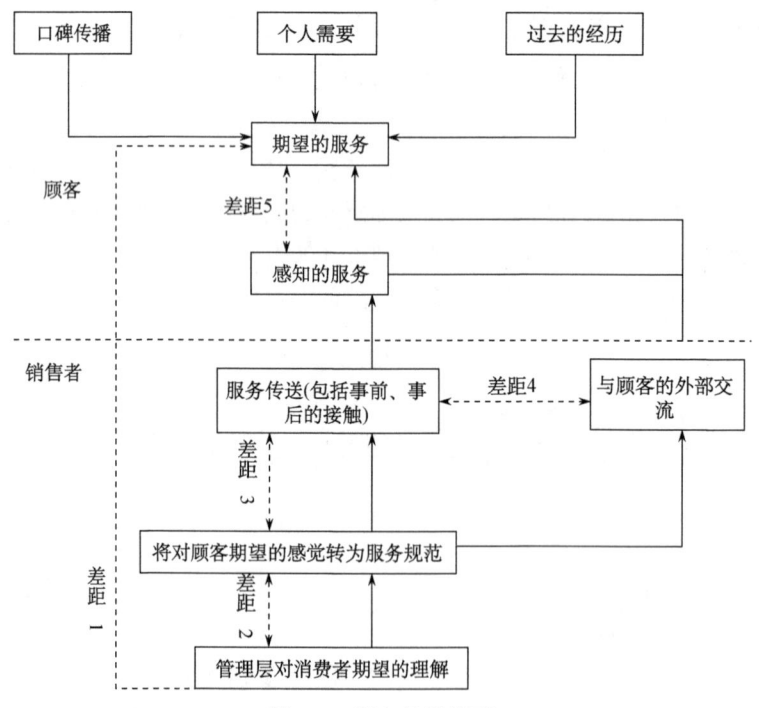

图 4.7 服务差距模型

资料来源：Parasuraman A, Zeithaml V A, Berry L L. A conceptual model of service quality and its implications for future research. Journal of Marketing, 1985, 49 (4): 44.

距,是服务质量差距模型的核心。这一差距又取决于其他四个方面的差距,即知识差距(差距1)、标准差距(差距2)、提交差距(差距3)和沟通差距(差距4)(Hoffman and Bateson,2009)。

从图4.7中可以看到,差距模型的上半部涉及与顾客有关的现象。期望的服务是顾客的实际经历、个人需求以及口碑沟通的函数。感知的服务即顾客实际经历的服务,是一系列内部决策和内部活动的结果。

服务企业的管理者在分析和设计服务质量时,可以根据这个模型查出服务问题的根源。影响感知服务的要素之间有五种差异,也就是所谓的质量差距。质量差距是由质量管理前后不一致造成的。

差距1:知识差距。这一差距是指管理者对顾客服务期望感知与顾客期望的服务之间的差距,由于市场调研或需求分析不准确、企业与顾客间信息传递失真、企业组织层级阻碍信息传递等原因,企业管理人员无法确切地了解顾客期望高质量服务的真正内涵及内心需要。

差距2:标准差距。这一差距指服务质量标准与管理者对质量期望的认识不一致,造成这一差距的原因包括组织缺乏明确的服务目标、制定服务质量标准的计划失误或计划过程不够充分、服务质量的计划得不到最高管理层的支持等方面。

差距3:提交差距。这一差距指在服务生产和交易过程中员工的行为不符合质量标准,由于服务员工的表现很难标准化,导致了服务传递的不一致性。造成这一差距的原因还包括服务标准太复杂或太苛刻、员工对标准有不同意见、服务生产管理混乱、内部营销不充分或根本不开展内部营销、技术和系统没有按照标准为工作提供便利。

差距4:沟通差距。这一差距指营销沟通行为所做出的承诺与实际提供的服务不一致。外部沟通不仅影响顾客的服务期望,而且也会影响顾客的感知服务。造成这一差距产生的原因有营销沟通与服务生产不统一、营销与生产部门之间缺乏协作、过度承诺或缺乏沟通。

差距5:服务差距。这一差距指顾客对服务企业传递服务的感知与期望的服务不一样,这一差距可能有前述的一个或几个差距导致,服务差距通常会给企业带来消极的后果,如口碑不佳、损坏公司形象或丧失顾客。

差距分析模型指导管理者发现引发质量问题的根源,并寻找适当的消除差距的措施。差距分析是一种直接有效的工具,它可以发现服务提供者与顾客对服务观念存在的差异。明确这些差距是制定战略、战术以及保证期望质量和现实质量一致的理论基础。这会使顾客给予质量积极评价,提高顾客满意度。

4.2.2 感知服务质量的影响因素

从大的方面来说,服务企业自身的因素和顾客方面的因素都会影响到感知服务质量。在企业方面,服务的设计、服务接触、与顾客的关系等影响着顾客感知的质量,服务的技术质量与功能质量都会受到这些因素的影响。而在顾客方面,顾客的经验、顾客的期望对感知服务质量的影响在前面已经进行了深入的探讨,除此之外,顾客的情感与情绪对顾客感知有着显著的影响。另外,有些学者通过研究发现,文化因素也会潜移默化地影响顾客感知服务质量。

服务的设计影响着技术质量,同时也是功能质量的一个来源。服务的生产和传递过程中顾客的参与性,顾客对服务资源、服务设备、服务过程都有一定的了解及体会,因此,某些企业会邀请顾客参与服务内容和过程的设计,由于感受到企业对其的重视,所以顾客会尽力出谋划策以设计完善的服务内容和过程。这样既可以改进技术质量,对功能质量也有一定的影响。

服务接触是顾客与服务提供者互动的关键时刻,是一个企业在特定的时间和地点向顾客展示自己服务质量的时机。一旦时机不再,服务交易结束,企业也就无法改变顾客对服务质量的感知;如果在这一瞬间服务质量出了问题,企业必须花费数倍的时间和金钱以补救顾客感知到的较低的服务质量。而且,顾客光顾一家服务组织时,他要经历一系列"真实瞬间"(moments of truth)。例如,乘客在搭乘飞机航班的过程中,从抵达机场开始,直到取回行李离开机场为止,要经历许多这样的瞬间。北欧的斯堪的纳维亚航空公司(SAS)正是抓住了每次15秒的服务接触时间,而从一个世界航空业的亏损大户成为全球领先的航空公司。

买卖双方的关系在服务行业都是质量形成的影响因素之一,这种关系对质量的影响主要是与功能过程方面有关。服务的提供者在与顾客接触中越是具有顾客意识和服务导向,越容易与顾客建立起良好的关系,买卖双方关系越好对质量的影响就越有利。

顾客情感是服务质量模型中没有提到的影响因素,顾客在购买前、购买过程中及购买后都会拥有或体验到一种或多种情感,顾客的购买前情感会影响购买过程中及购买后的情感。这些情感既有可能是正面情感,如高兴、喜悦等;也有可能是负面情感,如悲伤、愤怒等。无论是正面情感还是负面情感,都会影响顾客的购买行为及其对服务的评价。

文化因素是20世纪90年代末以来探讨的越来越多的对服务质量产生影响的因素。Hofstede经过因素分析,抽出文化的五个基本要素:权力距离、个人主义与集体主义、男性化与女性化、不确定性回避、长期定向与短期定向。大部分研究都是在此基础上探讨文化对服务质量的影响。例如,Furrer等在对银行业的服务质量进行研究中发现,在权力距离大的文化背景中处于弱势的消费者会对由强势地位的服务商所提供的劣质服务有较高的容忍力;具有个人主义特征的消费者由于更加关注自我,所以,他们会对服务商要求即时的、反应快的服务;长期定向文化背景中的消费者更愿意与服务商保持长期的关系,自然就要求服务可靠、及时等。Donthu与Yoo就文化因素对服务质量期望水平的影响进行探讨,在权力距离比较小的文化背景中的消费者会期望更及时的、可靠的服务,具有个人主义特征明显的消费者期望从服务提供者那里能获得更多的移情和保证,以上两类以及不确定回避显著和短期定向的消费者都对综合服务质量产生较高的期望水平。Mattila曾对西方与亚洲的消费者对豪华饭店的服务评价进行对比,研究发现与亚洲的消费者相比，具有西方文化背景的消费者对服务的评价更依赖物理环境的线索，对消费体验的享乐方面也更重视。

4.2.3 服务质量的度量

由于服务具有无形性、差异性、不可分离性、易逝性和所有权的非转移性等特性，对服务质量进行准确的度量变得非常困难。经过学术界的研究，开发出了基于服务特性的服务质量度量方法，最典型的方法如服务质量（SERVQUAL）度量模型，即先选择一系列服务质量特性指标，在顾客接受完服务之后根据企业的表现对这些指标进行打分，以得分来判断企业服务质量的高低。

1. SERVQUAL：服务过程和服务结果的测量

1985年，著名的研究组合PZB（Parasuraman，Zeithaml和Berry）创建并发展了SERVQUAL。其后，国内外许多学者利用这一模型对许多服务行业的服务质量进行了研究。

1) 服务质量维度

服务企业所面临的一个非常困难的问题就是企业不清楚顾客到底从哪些方面来评价服务质量。不同服务行业的服务产品差异性很大，所以顾客对不同类型服务的评价角度也不同。比如，顾客会从就餐环境、饭菜口味、服务人员素质等方面评价餐饮企业；而对网络服务则从信息的丰富程度、真实性和及时性等方面评价。PZB通过研究初步筛选了服务质量的10个维度，它们分别是：

(1) 有形性，指有形设施、设备的外观和人员的着装等；
(2) 可靠性，指可靠而精确地提供服务的能力；
(3) 响应性，指帮助顾客服务的愿望；
(4) 服务能力，指是否拥有提供该项服务所必须具备的知识和技能；
(5) 礼仪性，指礼貌，尊重，考虑周到和友好；
(6) 可信性，指可以信赖，诚实；
(7) 安全性，指无忧无虑地接受服务；
(8) 可进入性，指服务的时间和地点对于顾客接受服务非常便利；
(9) 沟通性，指时刻让顾客知情；
(10) 理解性，指努力了解顾客。

随后，PZB利用因子分析的方法，将维度的数量压缩到5个，通常被简称为RATER维度。这五个方面也构成了"顾客期望-感知服务间差距"的五个标准（图4.8）。

(1) 可靠性（reliability）。可靠性是指服务提供者准确地履行所保证的服务的能力。这意味着服务企业能够兑现其所有的服务保证，按时完成服务任务及保证服务结果与顾客期望的一致。比如，列车时刻表是铁路部门对旅客就发车及到站时间所做出的保证，

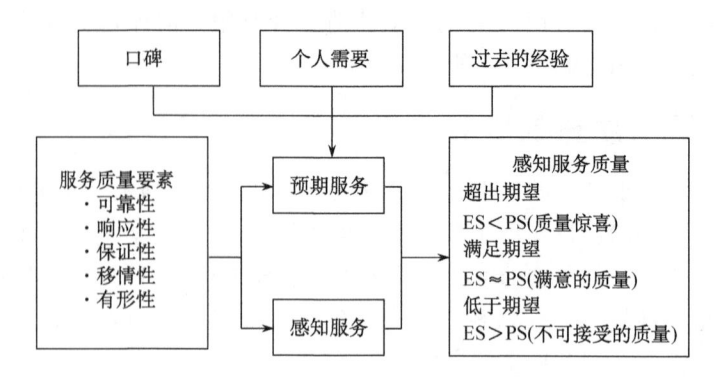

```
┌──────┐  ┌────────┐  ┌──────────┐
│ 口碑 │  │个人需要│  │过去的经验│
└───┬──┘  └────┬───┘  └─────┬────┘
    └──────────┼────────────┘
               ▼
┌──────────┐  ┌──────┐   感知服务质量
│服务质量要素│  │预期服务│   超出期望
│ ·可靠性   │  └──────┘   ES<PS(质量惊喜)
│ ·响应性   │              满足期望
│ ·保证性   │              ES≈PS(满意的质量)
│ ·移情性   │  ┌──────┐   低于期望
│ ·有形性   │  │感知服务│   ES>PS(不可接受的质量)
└──────────┘  └──────┘
```

图 4.8 感知服务质量

资料来源：蔺雷，吴贵生．服务管理．北京：清华大学出版社，2008：274．

所以旅客对火车的基本要求是准时，这也是对铁路部门服务可靠性的要求。

（2）响应性（responsiveness）。响应性是指帮助顾客并迅速提供服务的愿望。服务人员能否及时地提供服务、能否积极主动地提供服务直接影响了顾客实际感知到的服务质量。比如，保险公司对于内部呼叫中心或客服部门的要求是电话铃响三声之内必须接听，让顾客感觉到保险公司的员工能够提供随时、及时的服务。

（3）保证性（assurance）。保证性是指员工表达出的真诚、可信和安全性。这与员工的得体行为相关，也与他们传递信任和信心的能力相关。所谓能力是指员工拥有必需的技能和知识来履行服务。得体是指与顾客直接接触的员工表现的礼貌、尊重、体谅和友好，还包括服务企业的品牌声誉等。

（4）移情性（empathy）。移情性是指服务提供者在服务时间、场所设置等方面要考虑顾客需求，设身处地地为顾客着想和对顾客给予特别的关注。它包括与服务提供者的可接近性和便捷性，还包括员工努力去了解顾客和顾客需求。例如，一些就餐场所为顾客提供专门的婴儿餐椅，解决了顾客带婴儿不便的问题，使顾客能够轻松就餐。

（5）有形性（tangibles）。有形性是指实体凭证、实体设施、服务人员，还有用于服务的工具、设备以及服务中与顾客的实体接触。这些因素都属于服务环境因素，对顾客感知服务质量会产生重要的影响。例如，五星级酒店富丽堂皇的装饰和彬彬有礼的服务人员都让顾客联想到较高的服务质量。

从图 4.8 中可以看到，顾客感知服务质量分为使顾客惊喜的质量、满意的质量和不可接受的质量。在服务行业有一条常识性的原则，即服务质量要略微地高于顾客的期望。可接受的服务质量（acceptable quality）是所提供的服务正好等于顾客的期望，虽然不会引起顾客的不满，但顾客也不会产生与企业建立长期关系的强烈愿望。在这种情况下，顾客不愿意向他的朋友、邻居或同事散播好的口碑。只有当服务提供者所提供的服务超过顾客期望并引起顾客愉悦（customer delight）时，好的口碑才会产生，顾客也愿意与企业保持长期的合作关系。顾客会记住他的服务经历并乐于向他人谈起这种美好的服务经历。

2) SERVQUAL 模型

SERVQUAL 为英文"service quality"的缩写，SERVQUAL 评价方法完全建立在顾客感知的基础之上，即以顾客的主观意识为衡量的重点，首先度量顾客对服务的期望，然后度量顾客对服务的感知，由此计算出两者之间的差异（disconfirmation），并将其作为判断服务质量水平的依据。所以说，SERVQUAL 实际上由两张表构成，一张是期望表，一张是感知表，它建立的基本理论依据就是差距模型，服务质量水平就是感知服务与服务期望之差。期望表描述的是顾客理想的服务水平，如公司应该准时提供所承诺的服务，而感知表描述的则是实际服务绩效，如公司能准时提供所承诺的服务。SERVQUAL 感知量表如表 4.1 所示。

表 4.1 SERVQUAL 感知量表

要素	组成项目
有形性	1. 有现代化的服务设施 2. 服务设施具有吸引力 3. 员工有整洁的服装和外表 4. 公司的设施与他们所提供的服务相匹配
可靠性	5. 公司向顾客承诺的事情能及时地完成 6. 顾客遇到困难时，能表现出关心并提供帮助 7. 公司是可靠的 8. 能准时地提供所承诺的服务 9. 正确记录相关的服务
响应性	10. 不能指望他们告诉顾客提供服务的准确时间* 11. 期望他们提供及时的服务是不现实的* 12. 员工并不总是愿意帮助顾客* 13. 员工因为太忙以至于无法立即提供服务，满足顾客的需求*
保证性	14. 员工是值得信赖的 15. 在从事交易时顾客会感到放心 16. 员工是有礼貌的 17. 员工可从公司得到适当的支持，以提供更好的服务
移情性	18. 公司不会针对不同的顾客提供个别的服务* 19. 员工不会给予顾客个别的关怀* 20. 不能期望员工了解顾客的需求* 21. 公司没有优先考虑顾客的利益* 22. 公司提供的服务时间不能符合所有顾客的需求*

注：问卷采用 7 分制，7 表示完全同意，1 表示完全不同意。中间分数表示不同的程度。问卷中的问题随机排列。

* 表示对这些问题的评分是反向的，在数据分析前应转为正向得分。

资料来源：Parasurman A, Zeithamal V A, Berry L L. SERVQUAL: A multiple-item scale for measuring consumer perceptions of service quality. Journal of Retailing, 1988, 64 (1): 12-40.

SERVQUAL 的量表不仅具有学术研究价值,而且在服务企业管理中也可以应用,帮助企业了解服务质量的真实情况,发现离顾客期望较远的服务维度并有针对性地加以改进。但在使用时应注意以下四点。

(1) 服务质量维度的"微调"。不同服务行业提供的服务千差万别,顾客对服务的期望和评价标准也各不相同。所以,将 SERVQUAL 应用于不同的行业时,对服务质量的五个维度也可以做出适当的调整,以满足对不同类型企业进行评价的特殊需要。同时也可以对表中的问项做出适当的调整,这样才能保证 SERVQUAL 评价方法的科学性。

(2) 与其他评价方法结合使用。对服务质量做出全面的评价是一件很复杂的事情,SERVQUAL 评价方法只是从顾客的感知出发,比较顾客实际感知到的服务和期望的服务的差距,而没有考虑其他的评价指标,所以企业可以结合其他评价手段,对服务企业的服务质量进行评价。

(3) 不同企业服务水平的比较。SERVQUAL 评价方法可以用来比较分析同一行业中不同企业的服务水平,企业可以测量本企业现在的服务水平以及同其他企业之间的质量差距,从而更好地做出质量改进决策。尤其是利用 SERVQUAL 可以分析出各服务质量维度的水平,使企业可以轻松找出对顾客感知服务质量影响较大的维度,从而使企业可以寻找到影响服务质量的关键问题,以利于采取措施,对其加以提升。

(4) 对顾客进行分类。不同的顾客对服务质量的要求是存在差异的,同样,顾客感知服务质量方面也存在着差异。企业在利用 SERVQUAL 评价方法时,可以把每一个顾客的单独 SERVQUAL 分数为基础,对其进行分类,从而寻找企业的目标顾客。经过对参与调查顾客评分情况的分析和分类,以及考量顾客对各维度重要性的认识,可以对顾客做出许多有益的分类。

2. 关系质量:服务质量的动态度量方法

SERVQUAL 模型是对顾客感知质量的静态度量,但是服务是一种过程,具有关系的特征,在顾客与员工互动的过程中,顾客对服务质量的感知和评价会随着关系的发展而发生变化。20 世纪 90 年代,学者们开始对服务质量模型进行动态思考,由此产生了"关系质量"的概念。1990 年 Crosby,Evans 和 Cowles 给出的关系质量定义成为后期研究的基础,他们从人际关系角度出发,认为(销售人员与顾客之间的)关系质量就是顾客在过去满意的基础上,对销售人员未来行为的诚实与信任的依赖程度。在定义中,三位学者将顾客与企业之间的关系作了情节(一次交易)与关系(多个连续情节)的区分。1995 年,Liljander 和 Strandvik 基于以上研究提出了"关系质量模型"(图 4.9),他们将顾客对服务质量的感知分成了两部分:情节质量和关系质量,使得顾客感知服务质量的研究向前迈了一大步。

1) 情节和关系:基本概念界定

在建立关系质量模型之前,两人首先借鉴连续性互动关系的基本理论框架对服务过

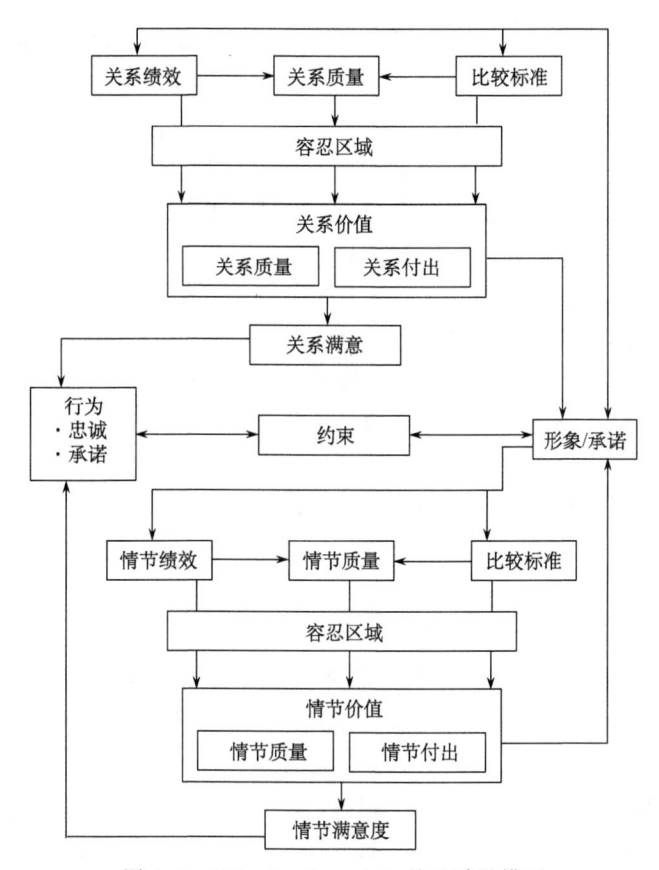

图 4.9　Liljander-Strandvik 关系质量模型

资料来源：Liljander V, Strandvik T. The nature of relationships in services. Advances in Services Marketing and Management, 1995, 4: 143.

程的分解,将服务过程分为活动(acts)、情节(episodes)、片断(sequences),它们共同构成了关系(relationships)。我们可以用图4.10来表示三者之间的关系。

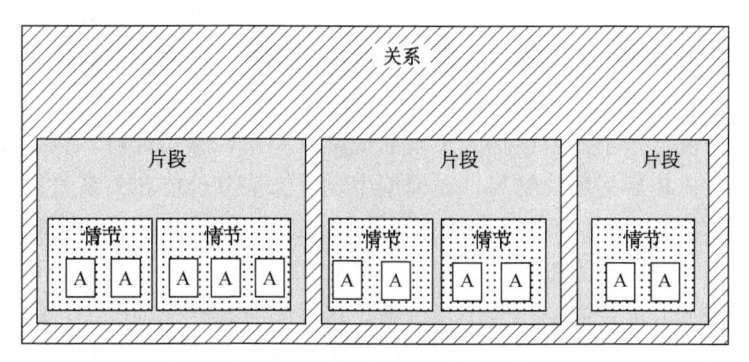

图 4.10　关系中交互的层次

资料来源：克里斯廷·格罗鲁斯. 服务管理与营销：基于顾客关系的管理策略. 第二版. 韩经纶等译. 北京, 电子工业出版社, 2002: 69.

活动是顾客与服务提供者相互关系的最小单位，在服务管理中也称为服务的关键时刻（moments of truth）。情节由一系列活动组成，服务管理中常称其为服务接触。片段则可以是一个时间段、一个产品组合、一个项目或这些要素的组合，对片段的分析可能包含一个特定的项目在一年中甚至更长时间段内的各种交互行为。我们以酒店业为例，一个顾客入住酒店是以在前台的入住登记为一个活动的，而入住酒店后到餐厅就餐则是一个情节，同时，这位顾客入住一家酒店后的所有行为都包括在片段之内，如住宿、就餐、在酒店的泳池中游泳等情节。这些服务情节可能互相包容，一个服务情节可能同时也是其他服务情节的一部分。若干个服务片段就构成了一种关系。情节也许会逐次发生，也许是相互包容，也许是相隔很长一段时间下一个情节才开始产生，这主要取决于服务类型的特征是间断型的还是连续型的。这种对服务的分层方法为服务企业提供了对企业与顾客关系逐层次进行质量分析和控制的工具。服务交互过程中的不同要素，如产品、服务结果、服务过程、信息、社会接触和财务活动，都可以在这些层次上加以分析并按照服务战略观加以整合，使其向着有利于企业与顾客建立长期关系的方向发展。

2) 关系质量模型中的新变量

Liljander-Strandvik 关系质量模型将服务质量分解成两部分，即情节质量和关系质量。在这两层都存在着顾客感知质量和顾客满意，因此，对顾客感知服务质量的度量不能仅仅从情节层次进行，关系层次上的度量更为重要。

（1）比较标准（comparative standards）。该模型中的比较标准范围比较宽泛，它可能是理想的期望标准，也有可能是适当服务标准，而绩效则是顾客感知服务。Lijander 和 Strandvik 认为，感知质量是顾客对服务的一种主观性评价，它可以用不同的标准来加以比较，也可以直接用服务绩效来度量。虽然质量的评价一般建立在顾客服务经历的基础上，但顾客也可以在没有服务经历的情况下，对服务质量做出评价，如通过广告、口碑等所得到的信息来加以判断。

（2）容忍区域。不仅在服务接触层面上存在容忍区域，在关系层面上同样存在容忍区域。这个观点的提出具有非常重要的意义，它说明企业对容忍区域的管理绝对不能仅仅局限在服务接触层面上，而应将视野放到两个层面上，以便更好地提高顾客感知服务质量。

（3）感知价值。这个模型中加入了新的变量——顾客感知价值，它是顾客感知质量与顾客感知付出比较后得到的结果，在模型中，分为情节价值和关系价值，分别是顾客与服务提供者单次交易（情节）与多次交易（关系）中付出与所得的比较。如果感知质量超过感知付出，顾客认为服务的感知价值较大，反之则较小，决定顾客满意的要素不再是顾客感知服务质量，而是顾客感知价值。这意味着在有些情况下，顾客可能认为某个服务提供者所提供的服务质量非常好，但他却不一定对质量感到满意。也许这家饭店的价格对于顾客来说，可能过于昂贵了，或者它不符合顾客的要求。所以，顾客满意比感知质量与顾客未来的消费行为关系更加密切，即满意比感知质量对顾客未来的消费行为影响更大。

（4）行为。顾客行为包括购买行为和沟通行为（口碑、抱怨等）。与以重复购买行为为基础建立起来的顾客忠诚相比，以顾客的积极承诺为基础建立起来的顾客忠诚所反映的顾客关系更密切。但行为还要受到顾客与服务提供者之间的各种约束的影响。重复地接受同一服务提供者的服务会强化顾客与服务提供者之间的约束。

（5）约束。人们通常认为，只有当双方相互需要或者是企业的服务质量非常好、顾客非常满意时，关系才会存在，而事实并非如此。在有些情况下，顾客可能并不满意，即经过质量与付出之间的比较后，顾客认为付出与所获并不成正比时，关系仍有可能建立起来。这里，约束对顾客与服务提供者之间关系的形成乃至关系的特性都起着至关重要的作用。约束可能来自法律、经济、技术、地理、时间、知识、文化、观念和心理等多个方面。例如，顾客对某家大型卖场的服务非常满意，但由于服务时间的限制，出现紧急需要时只能在24小时便利店购买产品，虽然他可能对这家便利店的服务并不满意。这个结论说明了顾客满意必然导致顾客忠诚的观点是站不住脚的，因为从关系质量模型中我们可以清楚地看到，尽管顾客满意度并不受约束的影响，但是，顾客的行为却受到约束的直接影响。

（6）形象/承诺。形象是对服务提供者总体性的评价，对顾客服务绩效的评价具有"过滤"作用，它本身就是一种比较标准，形象是关系建立中承诺的一个组成部分，情节价值通过形象的过滤作用对关系价值产生影响，并最终与约束一起决定顾客行为意向，即忠诚现在的企业或者是转换服务提供者。承诺是双方相互交往的行为或态度，较高的关系价值感知对承诺的形成和强化有正面的影响。

4.2.4 基于顾客导向的服务质量管理

与产品相比，服务具有许多独特性，如顾客参与生产过程、服务人员作为产品的一部分，在服务现场以及在与顾客的互动过程中形成质量，难以收集顾客对服务质量的评价等。基于顾客的服务质量管理的难点之一是有效检测和控制现场服务质量，因而需要有效的管理方法。与有形产品的质量评价标准相比，服务质量的评价标准更多是顾客的主观感受，所以，企业对服务质量进行管理在导向上应关注顾客价值的提供，实现最大化的顾客满意度。因此，基于顾客导向的服务质量管理要关注顾客的感知质量，即前面提到的顾客的服务期望和服务感知之间的差距。

服务质量的差距模型为服务质量管理提供了基于顾客导向的解决思路，使企业能够在每个服务环节寻求专门的措施进行服务质量控制。在实践方面，国外企业由此发展了一些比较成熟的管理方法。

（1）为了缩小差距1，企业制订和执行顾客需求调查的计划以更好地了解顾客。

（2）为了缩小差距2，企业通过新服务推出前的顾客服务体验研究、服务追踪调查不断完善服务标准。

（3）为了缩小差距3，企业通过开展神秘顾客调查，检查服务传递过程中的标准执行情况,即检测控制现场服务过程的质量。

(4) 为了缩小差距4,企业采用整合营销传播计划以提供沟通的准确性,力求服务传递与服务承诺相匹配。

(5) 为了缩小差距5,企业采用开展满意度调查的方法,有针对性地改善作为服务结果质量的顾客满意度。

企业为了提高服务质量,缩小服务差距,可以有针对性地选择不同的服务质量管理方法,如通过与顾客面谈了解顾客需求、聘请神秘顾客以监督服务过程、设计科学的服务传递体系、开展售后调查以了解顾客的满意度、管理好服务人员以减少服务失误等,以下是服务质量管理方法的具体介绍。

顾客目标群体面谈通常是由一个受过训练的协调人引导的与8~12位顾客进行的非正式讨论。面谈的协调人鼓励群体的参加者表达他们的观点并对群体中其他人所提出的建议进行评价,通过目标群体面谈所得到的信息比反映单个人的观点要丰富得多。

目标群体面谈是使用较广泛的市场研究方法之一,其主要目的是为后续进行的调查研究搜集信息的相关领域来源。根据目标顾客群体所提供的有价值的信息,以确定服务企业的服务质量改进内容及方式。在调研时,也可以与其他调研形式一起使用,以便确认群体的思想确实反映了更广泛市场面的顾客感受。

神秘顾客方法(mystery customer)是一种检查现场服务质量的调查方式,许多公司应用神秘顾客方法对自己公司、竞争对手或两者同时进行调查。神秘顾客通常通过聘请独立第三方的人员担任,如研究人员或经验丰富的顾客,通过参与观察的方式,到服务现场进行真实的服务体验活动。神秘顾客针对事前拟好的调查问题,对服务现场进行观察、申办服务活动,制造测试性情景或问题,获取现场服务的有关信息,包括服务环境、服务人员仪态、服务表现、人员业务素质、应急能力等。

神秘顾客方法主要采用参与观察的方法进行现场服务质量的检查,它的优点在于:第一,观察到的是真实发生的行为,服务人员并不清楚神秘顾客的身份;第二,由于采用参与观察,能获得通过访问的提问方式不能获得的许多信息;第三,参与观察能观察详尽的服务细节而不仅仅是服务结果。神秘顾客调查通过现场行为评估,发现服务流程、服务标准、服务水平是否达到企业的要求,以便提出服务不足,增强服务改进的针对性。另外,企业通过采用神秘顾客方式对竞争对手尤其是行业中服务最好的竞争企业开展调查,以便比较分析服务中的差距,不断改进企业的服务。

员工管理也是服务质量管理的重要手段。服务企业通常认为员工的服务态度、行为、技能影响了服务质量的高低,而忽略了员工对公司的满意度会直接影响到顾客的满意度。因此,服务企业想要把顾客的需求放在首位,就不应当把员工的需要放在最后。首先,通过员工调查可以对员工的品德、态度和感受到的提供优质服务的障碍等方面进行内部摸底,这样企业可以及时地了解员工。其次,对员工进行培训,使员工了解企业以顾客为中心的服务理念,明确服务质量标准,掌握服务知识和技术,减少服务失误。此外,员工作为服务企业的内部服务的顾客也可以评价内部服务的质量。因为他们直接参与到服务的生产和传递过程中,员工的抱怨可以作为早期的警报系统,使企业尽早发现服务中存在的问题。

服务传递体系的创建将有利于协调内部计划和外部市场营销传播活动之间的关系。服务企业为了实现服务传递与服务承诺相匹配,可以通过创建一种服务运营和传送体系加以解决,保证每个主要市场营销传播活动必须认真、仔细设计,使其适应服务生产和服务传送的要求。对于服务组织在市场营销传播时夸大其辞、过分使用浮华而夸张的语言以招揽顾客所造成的服务质量低下的现象,只有通过提高市场营销传播计划管理,才能处理好这个问题,即建立更好的计划程序和建立更严格的监督管理体制。

售后调查是针对某一具体交易进行的客户满意度调查的一类方法。售后调查必须及时,当服务过程在顾客心中还很清晰时,调查顾客的满意程度才能达到预期的效果。因此,这个信息反映了公司最近的绩效,但也可能受到顾客无意中试图减少认识上不一致偏差的影响。从一定程度上讲,售后调查在评价顾客满意度方面是比征求顾客抱怨更主动的方法,可以帮助服务企业辨识服务质量改进的区域。许多公司等待顾客的抱怨,然后根据抱怨采取行动。但由于普通的顾客不愿意抱怨,等待顾客抱怨并不能为公司提供绩效的"真实"写照。

➢ 案例 4.2:DHL——质量控制标准化

"一站式体验"既是中外运敦豪国际航空快递有限公司(DHL)的口号,也是服务标准。快运行业现在的行业水平是80、20、90、10,意思就是,80%的电话要在20秒之内接听,还有一些是90%的电话在10秒内接听。现在,DHL能做到的是99.7%的电话平均在10秒内接听,客户的体验大概是只要电话一通就马上能听到DHL的声音。

相对于人工服务,电子语音系统的呼叫中心更容易实现标准化。但要想做到这一点,就需要有标准化的东西来规定在每个服务节点上的人。例如,每一步应该问什么?如何结束电话?是否说感谢致电?客服人员先挂机还是客户先挂机?整个过程中是否称呼了姓名、小姐、先生的称呼?是否用了"我明白"?是否集中精神?是否用了"是的"、"我明白"、"我理解"?另外,在客户等候时,是否说了"稍等一下",回来以后是否说了"让你久等了";语气是否是有活力?这种话一定要在电话中听到。因为DHL专门有规定:不能像机器人那样,毫无感情,还要有正确的发音技巧、自我表达能力,包括音调、吐字不能有口音和术语;还有为客户提供服务,是否进行一些不当销售等。

这些是软服务,但却是硬规定。这些硬规定全都制成了标准化的程序,并被印成一本小册子。这些具体的行为措施仅仅是质量控制的表面,科学的管理方法早已被引入DHL的传递服务的过程当中。

提高效率是管理的目标之一,而效率的基础就是工时占有率和出勤率。为保证员工保持高效率的工作状态,DHL有一套系统且严格的操作程序,并且拥有一套可以量化的绩效衡量标准。例如,每位呼叫中心的员工每天与客户的讲话时长需要占其全天工作时间的50%以上,以确保服务质量,做到有问必答。在接听上的考核标准,15秒之内

服务营销

接入电话或客户由于某种原因主动放弃呼叫不算作丢失客户；反之，客户在等待15秒之后选择放弃，则视为弃呼，算作客户丢失。追求零弃呼率也是保证服务质量的一个重要标准。

资料来源：石丹.DHL：一站式体验.商学院，2006，(8)：42，43.据此改写.

讨论与思考

1. 如何理解服务期望和顾客感知服务质量的内涵？
2. 影响服务期望的因素有哪些？
3. 服务企业如何提供超越顾客期望的服务？
4. 哪些因素会影响顾客评价服务的质量？
5. 评价服务质量的方法有哪些？如何使用？
6. 服务企业如何提高服务质量？

第 5 章 顾客满意与顾客忠诚

内容提要

本章将着重围绕顾客满意和顾客忠诚两方面的内容展开探讨。一方面，本章将主要阐述顾客满意内涵、顾客满意的类型、顾客满意的测量、顾客满意的影响因素等内容；另一方面，本章主要聚焦于顾客忠诚的内涵、顾客忠诚的类型、顾客忠诚的关键因素以及顾客忠诚的测度等内容。在此基础上，本章还进一步阐述了顾客满意与顾客忠诚的关系，并提出了有助于提升顾客满意与顾客忠诚的具体策略。

主题词

顾客满意　顾客忠诚　顾客满意度指数模型　顾客忠诚类型

服务营销

引导案例

招商银行打造中国信用卡领先品牌

如今，一个人拥有几张信用卡已是很平常的事情，银行间的信用卡也进入互相抢夺顾客的白热化竞争时代。由于银行产品在本质上大同小异，具有同质化的性质，因而，如何更好地赢得顾客满意和忠诚也就成为各银行极为关心的问题。

招商银行从2002年12月在国内推出第一张双币国际标准信用卡开始，就致力于做国内信用卡行业的领导者。招商银行信用卡在国内信用卡市场上居领先地位，市场占有率领先同业，其高速的发展被誉为全球信用卡发展史上的一个奇迹。

以招商银行发行的VISA奥运信用卡——"和"卡为例。2008年，在举国欢腾的奥运盛会到来之际，招商银行在"2008和世界一家"的品牌旗帜下，发行了VISA奥运信用卡——"和"卡、成立"我和我的2008"专项体育慈善基金、赞助国家帆船帆板队和赛艇队，并开展组队刷卡、奥运金牌竞猜等系列营销活动。从2007年3月下旬至2008年9月的一年半时间，招商银行以这四项行动为主轴，利用相互关联且围绕奥运主题的产品、慈善、营销活动，配合奥运进程形成了独特的奥运营销三部曲。通过对市场的整体观察，招商银行发现众多奥运赞助商都将自己的产品或服务简单地冠以"竞争、拼搏、胜利、庆祝"等主题。招商银行信用卡却不想以这种简单的方式进行结合，而是更深入地探寻奥运的真谛和符合自身信用卡特点的独有视角。"奥林匹克运动架设沟通各国人民之间联系的桥梁，让全世界的人为了同一个目标走到一起"，这就是奥运五环的精神，一个"和"字能清晰地传递这个概念。因此，招商银行初步挖掘出"和"字，这个看似最不"奥运"的字眼却恰到好处地诠释着奥运的精神。

而信用卡的产业精神与"和"字正好契合，招商银行信用卡拥有2000多万名用户，通过短信、每月账单、杂志、网站、电邮、信函等方式密切联系在一起，银行推出的无论是营销活动还是慈善号召，都能得到持卡人的热烈响应，"和千万持卡人一起……"正是招商银行之前一直传播的概念。

案例来源：霍慧智. 招商银行的奥运"和"营销. 内蒙古科技与经济, 2008, (12): 28-30. 据此编写.

获得并保留最佳顾客是许多成功服务企业的核心理念。由于吸引新顾客的成本比维系现有顾客的成本要高出五倍多，而且忠诚的顾客是企业长期盈利的重要源泉。因此，越来越多的公司正试图选择理想的顾客作为它们的服务对象，并通过提供优越的服务帮助顾客增加顾客价值提高顾客的满意度，使企业能比竞争对手更快更牢地抓住顾客，建立与顾客之间稳定而长久的关系,从而建立顾客对企业和品牌的忠诚,形成企业的终身顾客。本章首先界定顾客满意的内涵、顾客满意测量的方法以及顾客满意的影响因素,在第二节对顾客忠诚的内涵、影响因素等进行探讨,最后重点讨论顾客满意与顾客忠诚之间的关系,并从顾客满意与顾客忠诚对企业获取持续竞争优势的意义角度出发,提出企业提升顾客满意度与忠诚度,培养企业的终身顾客的策略。

5.1 顾客满意

随着交易营销范式向关系营销范式的转变,满意被看成是企业保留顾客的必要前提,顾客满意成为营销理论研究与企业营销实践关注的焦点问题。尤其是在服务经济时代,顾客满意不再单纯地取决于企业实体产品因素,还与企业更多的服务性因素息息相关,而顾客满意又与顾客行为直接相关。因此,顾客满意成为市场营销领域中研究最多的主题之一。在过去 20 多年中,超过 15 000 篇学术类和企业营销实践类文章都是以此为主题的。

5.1.1 顾客满意的定义

没有顾客,服务型企业就没有生存的可能。而在超强竞争的时代,没有顾客的满意,企业也就不可能获得顾客的青睐。因此,每一个企业都需要主动地定义和度量顾客的满意度。等待顾客的抱怨以便识别服务流程中的问题或者根据企业收到的顾客抱怨数量多少来度量顾客对企业的满意度,对于任何一个企业来讲都是一种天真的想法。因此,对顾客满意进行定义是测度顾客满意度以及探究顾客满意度影响因素的基础。

由于对顾客满意的学术研究成果非常丰富,因此对顾客满意也就存在多种定义。但最普遍的定义是:把顾客期望与他们对实际服务过程的感知进行比较。这一定义建立在对满意的认知基础上,Oliver(1980)认为满意是期望水平与此后不一致的综合结果。把顾客期望与顾客的感知相比较所依据的是营销领域中的期望不确认模型。也就是说,如果顾客的感知满足了顾客的期望,就意味着期望得到了确认,顾客也就满意了。相反,如果顾客感知与期望不相等,那么就说明期望没有得到确认。除了基于期望比较范式的顾客满意之外,还有其他几种比较流行的顾客满意定义,如表 5.1 所示。

表 5.1 顾客满意的另外几种定义

规范的偏差性定义	把实际结果与文化上可接受的结果相比较
公平性定义	比较社会交换中的所得——如果得到的是不相称的,那么失去的就是不满意的
规范的标准型定义	期望是以消费者相信他们应当得到的为基础的——当实际结果与标准期望不同时,就产生了不满意
过程公正性定义	满意程度随消费者认为他们被公平地对待的程度而变

资料来源:Hunt K. Consumer satisfaction, dissatisfaction, and complaining behavior. Journal of Social Issue, 1991, 49 (1): 109, 110.

顾客满意一般包括以下五个方面的内容：
(1) 理念满意，是指企业经营理念带给顾客的满足状态；
(2) 行为满意，是指企业全部的运行状态带给顾客的满足状态；
(3) 视听满意，是指企业可视性和可听性外在形象带给企业内外顾客的满足状态；
(4) 产品满意，是指企业产品带给顾客的满足状态；
(5) 服务满意，是指企业的服务带给顾客的满足状态。

5.1.2 顾客满意类型

根据顾客满意覆盖的时间范围和跨度不同，顾客满意可以区分为特定交易满意和总体满意两大类。特定交易满意是指"顾客对不同服务接触的满意或不满意"；总体满意是指"顾客基于与某一组织的所有接触和经验基础上对该组织的满意或不满意"（Bitner et al.，1994）。换言之，特定交易满意是指顾客对某一特定服务交易事件的评价，如特定的员工行为；而总体满意是指顾客对企业的总体印象和一般经验，如企业诚信。因此，总体满意是建立在与服务企业的过去所有经验的信息基础之上的，总体满意可以看做是所有过去特定交易满意的函数。值得注意的是，上期的总体满意将影响到本期的顾客期望，进而影响到本期的特定交易满意。

Jones 和 Such 根据这种满意分类，提出了一个满意类型模型，并对总体满意、特定交易满意与重购意向之间的关系进行实证验证。如图 5.1 所示。

图 5.1 特定交易满意、总体满意、重购意向的关系模型

资料来源：Jones A M，Such J. Transaction-specific satisfaction and overall satisfaction: an empirical analysis. Journal of Service Marketing，2000，14（2）：150.

5.1.3 顾客满意度测量

顾客满意度的测量可以通过间接和直接的测量方法得到。间接测量法包括追踪和监测销售记录、利润以及顾客抱怨。依靠间接测量的公司采取被动的方法来决定顾客的感受是否满足，或者是否超越了顾客期望。但是，如果一家普通企业不能听到它的 96% 不满意顾客的声音，只是等待其他 4% 的顾客诉说他们的心声，那么企业就正在失去大量的顾客。满意度的直接测量法通常通过顾客满意度调查来获得。但是，顾客满意度调查在各个企业之间是不能标准化的。例如，搜集数据所用的量表是变化的（如 5～100 点的量表），要求回答者回答的问题也是不同的（如从一般问题到特殊问题），资料搜集的方法也不同（如从个人面谈到自助管理的调查问卷）。下面将重点介绍几种不同的测量方法。

1. 百分制的量表方法

有些公司请顾客对公司服务根据百分制量表进行评价。其实质就是请顾客给一个分数。当然，这种方法存在的问题也很明显。如果说公司的平均得分是 83 分，这个 83 分意味着什么呢？——是这个公司得了一个 B⁻吗？83 分对所有顾客的含义都相同吗？83 分并不能给企业提供任何改进其服务的建议。

2."很不满意/很满意"方法

有的公司提供给顾客进行满意度评价的是一种 5 点的量表，主要需要顾客对公司的服务在 1～5 之间进行打分，各分值分别代表："1"很不满意；"2"有些不满意；"3"中性；"4"比较满意；"5"很满意。

使用这种测量方式的公司通常会把回答"比较满意"和"很满意"的百分比组合起来，得到一个满意度分值。类似地，使用两个端点为"很不满意"和"很满意"的 10 点量表的公司也能把顾客满意度定义为高于 6 点的顾客百分比。尽管这种方法对于满意度分值本身提供了更多的含义，但它仍然缺少一种诊断的能力来指示改进的特定领域。换句话说，不管公司是采用 100 点、10 点还是 5 点量表，信息的解释含义都受到了定量性质的限制。

以联邦快递的顾客满意度量表为例。最初，顾客的满意度是以 100 点量表来进行测量的，交易是否成功实际上被定义为包裹是否在第二天到达。根据进一步的定性检查，联邦快递确定了顾客对交易成功的定义是一个范围广泛得多的概念（表 5.2）。现在，公司通过不断地改进由它的顾客群所识别的这些活动——称为"惊恐等级"，主动改进它的顾客满意度评分值。

表 5.2　联邦快递的"惊恐等级"

等级	内容
1	提交的日期错误（包裹提交的日期比承诺日期晚）
2	在正确的日期厌恶提交（包裹在承诺的日期提交，但在承诺的截止时间之后）
3	没有上门收集包裹（没有在要求的日子去收集包裹）
4	包裹丢失
5	联邦快递通知顾客的信息有误（关于资费、日程等错误或不准确的信息）
6	账单和文字处理错误（收据错误、多收费、提交证明文件丢失）
7	员工的表现失误（礼貌、反应性等）
8	包裹损坏

资料来源：AMA Management Briefing. Blueprints for Service Quality：The Federal Express Approach. New York：AMA Membership Publication Division，1991.

3. 组合的方法

组合的方法采用由"很不满意/很满意"的方法所得到的定量分值，再辅之以由从表明评分值为"很满意"以下的回答者得到反馈的定性分析。这表明其评分未达到"很满意"的顾客可以告诉公司，服务提供体系的业绩比他们期望的水平要低。公司首先要鼓励顾客提出公司怎样才能做得更好的建议；其次，公司把这些建议分类，并确定这些建议在实施连续改进中的优先顺序。

组合的方法提供了两方面有价值的信息。定量的满意度分值为今后满意度调查的比较提供了高标定位。此外，定量的分值也提供了公司业绩与竞争者比较的工具。作为定量分析的补充，定性分析的资料提供了诊断信息和需要改进的精确领域。把定性分析和定量分析的资料结合在一起效果要比单独使用一种方法要好得多。

4. 顾客满意度指数（ACSI）模型

Fornell 等（1996）提出了美国顾客满意度指数模型，它是一种以市场为基础，用来衡量企业、行业、经济部门和国家经济绩效的方法。该模型认为，顾客满意指数是由感知价值决定的，而感知价值又是由感知质量和顾客期望共同决定的，而且感知质量和顾客期望又直接影响顾客满意，顾客期望同时影响感知质量的形成。顾客满意状况如何将进一步影响到顾客抱怨或者顾客忠诚的购后行为。他们通过采用全国性调查数据研究发现，在顾客满意决定因素中，顾客定制化比可靠性更重要，顾客期望在生产和消费差异较低的部门中作用更大，顾客满意更多的是质量驱动型而不是价值或价格驱动型。如图 5.2 所示。

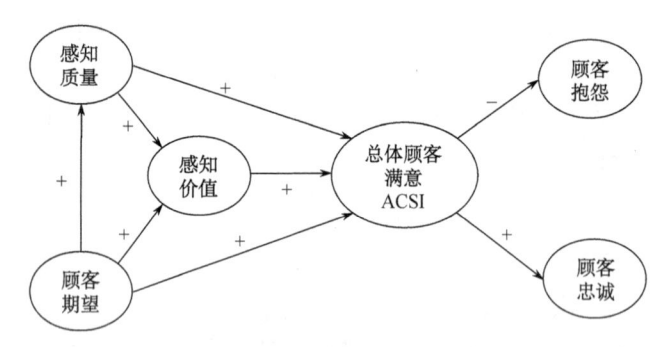

图 5.2 美国顾客满意指数模型

注："＋"代表正向影响，"－"代表负向影响。

资料来源：Fornell C，Johnson M D，Anderson E W，et al. The American customer satisfaction index：nature，purpose，and findings. Journal of Marketing，1996，60（4）：8.

目前，这一顾客满意度指数模型已被广泛应用。在 ACSI 模型基础上，Gronholdt 等（2000）建立了欧洲顾客满意指数（ECSI）模型，并开展了实证研究。此外，其他国家也制定了国家层面上的顾客满意度指数模型。韩国顾客满意度指数（Korean customer satisfaction index，KCSI）专门针对政府机构的满意度指数，开发了 AQI（administration quality index）模型，并在 AQI 模型中添加了反腐败因素，对于公共部门则去除了价值因素。挪威模型 NCSB（Norwegian customer satisfaction barometer）则在顾客满意度和顾客忠诚度之间，增加了情感承诺和理性承诺两个潜变量。

在我国，顾客满意度测评则刚刚步入借鉴与试验阶段。20 世纪 90 年代后期，我国启动了顾客满意度指数的测评工作。1995 年，清华大学赵平教授将这一概念引入中国，并开始进行系统性研究分析。1998 年，国家质量技术监督局委托清华大学经济管理学院，组织开展在中国建立用户满意度指数的研究工作。2000年，国家质量监督检验检疫总局和清华大学中国企业研究中心，共同承担了国家软科学课题研究项目"中国用户满意度指数构建方法研究"，为我国建立国家级用户满意度指数奠定了基础。该模型由企业形象、期望质量、感知质量、感知价值、总体顾客满意、顾客抱怨和顾客忠诚等七个潜变量组成，如图5.3所示。2002年，我国的电信行业顾客满意度指数调查直接采用了以ACSI模型作为理论基础开展研究。

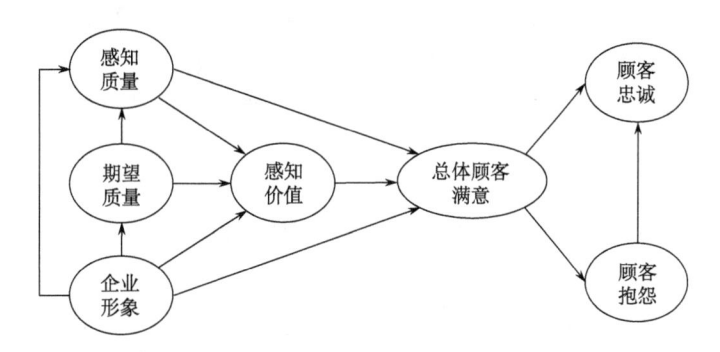

图5.3 中国清华大学提出的顾客满意度指数模型

资料来源：转引自刘宇. 顾客满意度测评. 北京：社会科学文献出版社，2003：89.

5.1.4 顾客满意的影响因素

鉴于顾客满意对于理论研究和营销实践的重要性，对顾客满意影响因素的探讨也成为服务营销中的热点问题之一。从现有文献来看，顾客满意会受到很多因素影响。在上述有关顾客满意度指数模型的研究中，很多学者就已经涉及顾客满意影响因素的研究。比如，Fornell等（1996）认为顾客满意受感知质量、顾客期望、感知价值的直接影响，同时，感知质量和顾客期望还会通过感知价值对顾客满意产生影响。后期很多学者大多在Fornell等的研究的基础上，进一步挖掘顾客满意的其他影响因素。欧洲顾客满意度指数模型就将形象、感知人员价值加入顾客满意的影响因素中。美国服务营销专家Zeithaml和Bitner针对服务业研究了顾客满意的影响因素，他们认为服务业的顾客满意主要受服务质量、产品和价格因素影响，同时，环境因素和个人因素也会对顾客满意产生影响（图5.4）。

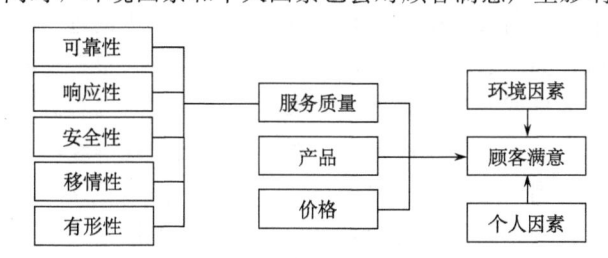

图5.4 顾客满意影响因素

资料来源：Zeithaml V A, Bitner M J. Service Marketing. Beijing: China Machine Press, 1988.

我国学者韦福祥（2009）则将顾客的情绪、归因以及对公平的感知等因素归结为影响顾客满意的决定因素。从顾客的情绪看，当顾客的情绪稳定时，比如，对生活的满足程度、愉快的心情、积极的人生态度等，都会影响顾客对所体验的服务的感知。相反，当顾客情绪低落时，就会对任何小小的服务问题反应强烈或者失望。此外，消费过程中的特有情绪也会影响顾客的满意程度。从归因的角度看，归因是指对事件原因的归属。当顾客被一种结果（服务比预期好太多或者差太多）震惊时，他们总是试图寻找原因。而这个结果就影响了他们的满意程度。从对公平的感知来看，顾客会比较他们是否在服务过程中受到了与其他顾客一样平等的对待：合理的价格、优质的服务、优惠的条件等。如果顾客认为自己受到了不平等的对待，他们的感知会变得十分强烈。

5.2 顾 客 忠 诚

市场竞争就是顾客竞争，争取和保持顾客是企业生存和发展的使命。企业既要不断争取新顾客，开辟新市场，提高市场占有率，又要努力保留现有顾客，稳定市场占有率。然而，在企业的实际经营运作中，往往一边大批新顾客源源而来，另一边许多现有顾客悄然而去。这就是西方营销界所称的"漏桶"现象。据统计，企业每年要流失10%～30%的顾客，平均每5年要流失一半的顾客。企业要防止顾客流失，堵住"漏桶"，就要充分认识忠诚顾客的价值，积极培育忠诚顾客群体。美国经济学家赖克尔德和萨塞曾经对许多行业进行了长时间的观察分析。他们发现顾客忠诚度在决定利润方面比市场份额更加重要。当顾客忠诚度上升5个百分点时，利润上升的幅度将达到25%～85%。与此同时，企业为老顾客提供服务的成本却是逐年下降的。更为重要的是，忠诚的顾客能向其他消费者推荐企业的产品和服务，并愿意为其所接受的产品和服务支付较高的价格。可以说，忠诚顾客是企业竞争力的重要决定因素，更是企业长期利润的根本源泉。

5.2.1 顾客忠诚的内涵

对于企业来说，营销上的成功已不仅仅是统计意义上的市场占有率，更应体现在拥有多少忠诚的顾客上。营销实践中对顾客忠诚的重视进一步促进了对顾客忠诚的理论研究，对顾客忠诚的研究如雨后春笋一般，充斥在营销研究的很多文献中。但是，大量研究在丰富和推进对顾客忠诚的认识之外，带来的问题却是对顾客忠诚的内涵界定并不完全统一。从顾客忠诚内涵界定的发展来看，对顾客忠诚的理解经历了一个从行为忠诚到复合忠诚、从单一维度到多维度的过程。

早期关于顾客忠诚概念的提出是针对有形产品和品牌提出的，研究者和营销实践者简单地将顾客忠诚定义为顾客行为。例如，Kuehn用下一次购买的选择可能性来表征顾客对某一品牌的忠诚。他指出顾客过去的购买行为将对未来的购买行为产生影响，顾客发生品牌转移是因为产品在消费过程中出现了问题。Newman 和 Werbel 将品牌忠诚定义为重复购买某一品牌,并且只考虑该品牌,而且不需要收集其他品牌信息。Selnes 认为,顾客忠诚是顾客对于某一产品或服务的购买行为意向,即顾客未来购买的可能性大小。Allenby 和 Lenk 构建了一个指数平滑模型来测度顾客的品牌忠诚,不过该模型也没有考虑顾客对品牌的态度,只是考虑了重复购买行为。

随着人们对忠诚研究的深入,研究人员逐步发现在顾客忠诚行为的背后,还有顾客的态度在起作用。Day 批评行为观点缺乏概念基础,他认为忠诚的行为观点实质上是一种操作化观点,它并没有一个明确或严密的概念化定义基础,真正的顾客忠诚只有当购买卷入和对品牌承诺之间互动时才存在。Jacoby 发现,当消费者在一个产品大类中考虑品牌时,顾客会把这些品牌放在一个偏好连续带上,并根据连续带上接受、中立和拒绝等不同位置对这些品牌进行定位,他认为品牌忠诚是拒绝和接受区域中品牌的位置和比例之间距离的函数。Jones 和 Sasser 认为,顾客忠诚是对企业人员、产品或服务的一种归属感或情感。

随着对顾客忠诚理解的进一步深化,学者们认为不管是从行为角度还是从态度角度,只要是单一的,就难以完整地理解顾客忠诚的概念。因此,对顾客忠诚的复合理解和多维度理解应运而生。Griffin 认为,顾客忠诚由两个因素构成:一是顾客对于某产品或服务相对于其他产品或服务具有较高的依恋,二是重复购买。Shoemaker 和 Lewis 认为,顾客忠诚是顾客在购买意愿与从事合作关系的活动上的表现。Gremler 和 Brown 指出,服务忠诚是一个多维度概念,包括行为忠诚、态度忠诚和认知忠诚三个维度。

在上述研究的基础上,Oliver 根据"认知-情感-意向"模式,将顾客忠诚定位如下:顾客忠诚是在未来持续重购或再惠顾某一偏好产品或服务的一种深度承诺,从而导致对同一品牌或同一品牌某一大类的重复购买,同时,顾客忠诚也存在情景影响以及营销努力对转移行为的潜在影响。他将忠诚区分为认知忠诚、情感忠诚、意向忠诚和行为忠诚四个先后有序的阶段。他认为消费者在每一个阶段都可能变得忠诚,这些态度阶段与态度发展结构的不同因素有关。

第一个阶段是认知忠诚。它直接或间接展示消费者对品牌及其利益的认知,这是消费者基于企业提供卓越性满足的信念而进行的购买。所谓认知,主要是建立在消费者对先前或者替代品知识,或者最近的经历所获得的信息基础之上的。

第二个阶段是情感忠诚。它是指在使用满意的基础上消费者所形成的对品牌的爱好。它是对品牌的一种有利态度,是认知忠诚阶段顾客对期望重复性的确认结果。在认知忠诚阶段,消费者的认知直接受到一些反面信息的影响,而在情感忠诚阶段,消费者情感的变化却不太容易。不过,与认知忠诚一样,情感忠诚也受到转移的影响。

第三个阶段是意向(行为意愿)忠诚。意向是指重购某一特定品牌的承诺,意向忠诚是指一种深度承诺购买的忠诚状态。它意味着消费者具有强烈的意向性,具有高水平的承诺,它属于一种激励力量。不过,这种承诺还只是重购特定品牌的意愿,是一种尚未实现的行为。

第四个阶段是行为忠诚。它是指过去忠诚状态中受到激励的意想被转化为行动的状态。如果企业兑现承诺，那么消费者就会形成一种惯性，从而进行重复购买。所以，认知忠诚强调的是品牌的绩效，情感忠诚指向消费者对品牌的爱好，意向忠诚是消费者关注将要重复购买的特定品牌，行为忠诚是对重复购买行为的承诺。

5.2.2 顾客忠诚的类型

根据顾客对企业的态度和行为，可将顾客分为态度忠诚和行为忠诚，所谓态度忠诚是指顾客内心对企业及其产品和服务的积极情感，是顾客对产品和服务的相当程度的依恋；而顾客的行为忠诚是指顾客对企业的产品和服务的不断重复购买。根据顾客态度和行为上忠诚高低的组合，可将顾客忠诚分为如图5.5所示的四种类型。

图 5.5 顾客忠诚类型

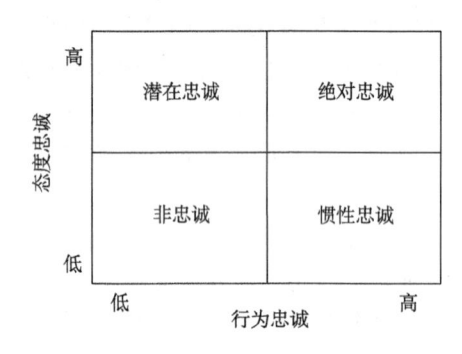

资料来源：周洁如，庄晖. 现代客户关系管理. 上海：上海交通大学出版社，2008.

（1）低态度忠诚、低行为忠诚——非忠诚。由于许多原因，某些顾客对一定的产品和服务不会产生忠诚感，这种顾客不能发展为企业的忠诚顾客，一般来说，企业要避免把目光和精力投向这样的顾客。

（2）高态度忠诚、低行为忠诚——潜在忠诚。这种类型的购买者对企业的产品和服务情有独钟，但是由于购买的产品属于耐用品，或消费次数不多，需要重复购买的次数不多。但他们对此会广为宣传，极力推荐给亲戚、朋友和家人。这类顾客会成为企业的业余营销员，因而他们对企业而言很有价值。

（3）低态度忠诚、高行为忠诚——惯性忠诚。这种忠诚来自于外在因素，一旦外在因素（如价格、地点等）发生变化时，他们就不再购买企业的产品和服务。例如，垄断忠诚、惰性忠诚、激励忠诚、方便忠诚。垄断忠诚是指顾客别无选择，必须选择某一商品或服务。惰性忠诚是指顾客由于惰性而不愿意去寻找其他的供应商，但他们对于企业并不满意，若有其他公司能够让他们得到更多的实惠，这些顾客就很容易被人挖走。激烈忠诚是指当企业有奖励活动的时候，顾客们都会来此购买，当活动结束时，顾客们就会转向其他有奖励的或是有更多奖励的公司。方便忠诚是指顾客由于公司提供的产品和服务由空间、时间等方面的方便性而重复购买，这样的顾客也很容易被竞争对手挖走。但是企业也可以通过积极地与顾客搞好关系，同时尽量显示出自己的产品和服务有竞争对手所没有的特点或长处，来争取将这种顾客发展为绝对忠诚的顾客。

（4）高态度忠诚、高行为忠诚——绝对忠诚。真正的忠诚，既包括态度上的认同感，又包括行为上的持久性。这是一种典型的感情或品牌忠诚，这种忠诚对很多企业来说是最有经济价值的。顾客对其产品或服务不仅情有独钟，重复购买，而且乐此不疲地宣传他们的好处，热心地向他人推荐其产品和服务。这种顾客是任何企业都喜欢的一类顾客。

5.2.3 服务业顾客忠诚的关键决定因素

每个企业都千方百计地将新顾客转化为能够重复购买或重复消费的忠诚顾客，因此，在营销实践中，服务商往往集中投入大量资源追踪和测度顾客满意度，但是顾客满意并非顾客忠诚的充分必要条件，如果不透彻地洞察影响顾客忠诚的其他影响因素，必然使企业在顾客保留过程中束手无策。因此，分析决定顾客保持的影响因素，及时调整和完善营销战略和管理机制，才是赢得顾客忠诚的王者之道。

在迄今为止的研究中，很多学者都对影响服务业顾客忠诚的关键因素进行了深入探讨，在丰富的理论研究的基础上，可以从三个方面对影响顾客忠诚的因素进行归纳。

1. 顾客忠诚的直接驱动因素

（1）服务质量。服务质量对顾客行为的影响以及由此产生的对顾客忠诚和企业盈利的影响是按照以下过程发生的：开始时，改善服务质量会提高过程和特性上的顾客满意水平；而过程和特性方面满意度的增加又会导致总体顾客满意度或总体感知服务质量提高，继而使得顾客的购买倾向提高，如更强的重复购买意愿、增加使用量、良好口碑宣传等，购买倾向提高又会导致忠诚行为，最终带来盈利和财务绩效的提升。服务质量即使不是保留顾客的唯一因素，也肯定会对提升顾客忠诚起关键作用。优质产品与合理价格固然会影响顾客决策，但这两个变量极易被竞争对手模仿和复制，而高质量的服务却难以复制，它是构筑企业持久竞争优势的决定因素。

（2）顾客满意。顾客满意是某人通过对某个产品的可感知效果（或者结果）与他的期望值相比较后，所形成的愉悦或失望的感觉状态；顾客满意度越高，购买越多，其品牌忠诚越久。Oliver建立的美国顾客满意指数模型被认为是较好解释顾客满意与顾客忠诚关系的模型。Parasuraman等指出，对特定服务接触的满意度积累会产生对服务接触的总体质量评价，接触满意对总体满意和服务质量产生直接作用，进而通过总体满意间接影响顾客忠诚。Jones和Sasser发现，只有最高满意等级才能产生忠诚。例如，医疗保健业和汽车产业中，"一般满意"的顾客的忠诚比率为23%，"比较满意"的顾客忠诚比率为31%，当顾客感到"完全满意"时，忠诚比率达到75%。施乐公司对办公用品使用者的满意度调查显示，"完全满意"的顾客在购买后18个月再次购买的概率是"比较满意"者的6倍。

（3）转换成本。波特把转换成本定义为"当买者从一个供应商向另一个供应商转换时所面临的一次性成本"。构筑转换成本是业界用以增加顾客忠诚度的通用战略。转换成本会出现在多种消费者选择的情景下，例如，当一系列的消费需产生较大的初始成本，或当持续的消费可以获得不断增长的奖励时，转换成本除了货币性的成本外，还表现为面对转换产品/服务后,提供者所引起的心理上、时间上和关系上的非货币成本因素。一般情况下,服务的转换成本要高于产品的转换成本。服务固有的本质决定了其转换成本难以估计,或者由于只有限的提供者导致很高的转换成本。例如,在针对医疗服务市场调查市场结构对顾客转换行为的影响时发现,医疗市场卖者处于较少的竞争格局中,供应者的数量很少,关于服务的信息有限,很多患者在心理上表现出对更换医生的抵触,即感知的转换成本很高。除了顾客感知的不确定性和市场结构外,竞争的强度和诸如会员制、顾客俱乐部等忠诚度计划也增加了感知的和实际的转换成本。因此,在服务业中转换成本与顾客忠诚是高度正相关的。

2. 顾客忠诚的间接影响因素与调节因素

(1) 技术。随着技术在服务业中被广泛引入,在某些情况下甚至会完全取代服务接触中的人际交互,顾客可以通过电话、电子邮件与互联网与公司和服务人员交互。顾客需要在准确的时间以准确的方式得到准确的服务,信息技术和数据库技术使得公司能够收集和存储大量单个顾客的需求和偏好的数据,并使得服务人员很轻松地使用这些数据来为顾客提供服务。技术的发展还使得服务的准确性和标准化程度增强了,因此减少了服务人员在服务交互过程中的不确定性,增加了公司与顾客双方对服务过程的控制能力。当今企业使用多种技术工具来加速对顾客的响应速度,在服务交互过程中引入技术能产生定制化、灵活性、高效的服务补救和顾客喜悦,创造顾客满意,进而增加顾客忠诚度。

(2) 社会规范和情境因素。社会的行为规范和情境因素有时会对态度起强化和弱化的作用,它们被视为忠诚度的调节因素。理性行为理论认为,主观的行为规范是行为倾向的一个组成部分,有多种情境因素会影响忠诚度,包括影响态度与行为一致性的实际和感知的机会、竞争企业降价诱惑、在同一环境下竞争企业的有效促销等。这些情境因素作为外部事件会对态度—行为的一致性带来负面影响。情境对顾客忠诚态度行为因素都有影响。

(3) 服务品牌认同。顾客忠诚态度与不同消费阶段的态度变化及其影响因素密切相关。消费经历一般分为认知忠诚、情感忠诚和品牌忠诚3个阶段。顾客消费首先在认知感觉阶段形成浅显忠诚,其次通过消费体验、产生喜好和依赖感觉阶段,这种积极倾向以行为忠诚方式表现出来时,标志进入"品牌惯性"认同阶段。这种认同意向也许没有现实的预期行动,但前期态度将被转化成准备就绪的、伴随克服可能行动障碍的倾向。在持续消费产品或服务的不同阶段,国内外学者从不同角度进行服务品牌认同的研究。从服务质量到服务价值、服务商价值,再到规范性承诺和持续性承诺都会影响顾客的忠诚度。

3. 顾客价值对顾客忠诚的影响

无论是顾客满意、服务质量,还是社会规范和情境等因素,都难以完全解释顾客忠诚的成因。西方的一些研究表明，顾客价值对顾客的重复购买行为有着直接的作用，进而加强了顾客忠诚。为顾客创造和提供优异的价值是企业生存发展的根本目的，也是企业获得竞争优势和持久成功的基础。在企业为顾客设计、创造、提供价值时应该从顾客导向出发，把顾客对价值的感知作为决定因素。顾客价值是由顾客而不是供应企业决定的，顾客价值实际上是顾客感知价值。Blackwell等提出的模型认为，感知价值由感知利得、感知利失和个人偏好组成，并受到情境因素的影响。Zeithaml（1988）提出，价值是极端主观和个性化的。个体心理学和社会心理学解释选择行为是参照一些个人内心的评价系统。价值的个性偏好本质使得价值评价的结果会因人而异。感知价值对顾客的再购买意愿起决定性作用，情境因素对顾客忠诚度和顾客价值有直接影响，而且它还通过影响感知利得、感知利失、个人偏好进而影响顾客感知价值。

5.2.4 顾客忠诚的重要性及其测度

1. 顾客忠诚的重要性

顾客忠诚之所以得到了管理者和研究者的格外重视，是因为顾客忠诚可以为企业带来价值，可以使企业在竞争中赢得优势，许多学者对顾客忠诚能给企业带来的价值进行了研究。

有研究表明，维持顾客的相对成本要远低于获取新顾客的成本，即顾客忠诚可以使企业节省营销费用。也有研究证明，获取一个新顾客的成本是维系一个老顾客成本的6倍。还有学者研究了顾客忠诚与企业利润净现值的关系，其研究结果显示，顾客忠诚度提升5%，则14个不同行业的企业利润净现值提升25%～95%。尽管不同的行业提升幅度有所区别，但即使是提升幅度最低的行业，其25%的企业利润净现值提升率也要远远高于5%的顾客忠诚度提升率。

顾客忠诚不仅能为企业带来可观的、有形的货币价值，还能为企业带来无形的非货币价值，既可增加企业的收入，又能降低企业的成本，从而为企业带来很大的利润空间。

1）货币价值

顾客忠诚可以通过以下几方面增加企业收入：

（1）顾客重复购买。忠诚的顾客往往会重复购买，重复购买的顾客对产品熟悉、满意，重复购买时往往购买量更大，从而能够增加企业收入。

（2）增加钱包份额。企业不仅能够从忠诚顾客的重复购买中增加营业收入，而且能够从忠诚顾客的关联消费中增加关联销售收入。当顾客对某一企业或者品牌感到亲切，或者和他们有着良好的客户关系时，他不仅总是选择这个企业的产品或服务，而且还会在他的支出中给予该企业更大的比例，这一现象被称为钱包份额效应。

（3）对价格的敏感度降低。根据经济学原理，在影响利润的其他因素不变的情况下，单位产品和服务价格越高，企业的利润也越高。忠诚的顾客有了较深的情感依赖，他们不会太关心自己所忠诚的企业所提供的产品或服务的价格，更不会等到甩卖的时候才去购买，也不会在有折扣时囤积产品和服务。他们更关心其他方面的价值，常常全额购买产品和服务，忠诚的顾客对产品和服务的价格并不敏感。

忠诚的顾客还能够节约企业的成本：

（1）节约获取新顾客的成本。吸引顾客的成本是巨大的。在许多企业中，广告、促销、折扣、检查信用记录和处理申请等是与吸引客户相关的一次性成本。如果顾客与企业的业务往来时间较短，或者只进行一次性交易，企业就无法收回这些成本，而且必须再次支出新的成本来吸引新的客户。开发一个新顾客的成本对于企业而言又是一笔不小的开支。

（2）节约服务成本。由于员工不熟悉新的客户，需要花费时间成本去了解新的客户，而且由于新的客户不了解企业的产品和服务，需要企业提供更多的服务，从而增加企业的服务成本。而对于忠诚的顾客而言，企业的员工对他们很了解，熟悉他们的需求，甚至可以预见他们的需求。企业更容易为他们提供服务，以至于与他们的交易形成惯例。

（3）节约失误成本。没有建立忠诚关系的顾客对于失误非常敏感，甚至可能故意去寻找产品和服务的缺陷。企业为修复由于不熟悉这些顾客的愿望和需求而产生的失误而增加失误成本。而对于忠诚顾客，一方面，企业熟悉其需求甚至能够遇见其需求，产生失误的可能性较小；另一方面，即使有失误，真正忠诚的顾客更愿意在合理的范围内对一些失误加以容忍，从而可以节约因失误而造成的成本。

（4）节约营销费用。与专注于吸引新顾客群的营销相比，企业对于忠诚顾客群的营销效率更高。因为企业了解忠诚顾客及其需求，营销活动可以有的放矢，且忠诚顾客更容易做出回应，从而可以提高企业的营销效率，节约企业的营销成本。

2）非货币价值

忠诚顾客的货币价值是显而易见的、巨大的，但它仅仅代表顾客忠诚对企业带来的收益的一部分，顾客忠诚的无形的非货币价值却是隐形的，而且其价值更大，具体表现在：

（1）口碑效应。忠诚的顾客经常是企业免费的广告资源，他们会对企业的产品或服务进行正面的口头宣传，他们会对其朋友或家人推荐企业的产品和服务，是企业业余的营销人员，是企业的无价资产。并且，这种广告宣传比起企业自己进行的宣传更可信、更容易被他人接受。

（2）形象效应。顾客从购买到满意，再从满意到向自己的亲朋好友传播口碑，最后形成对企业的超值忠诚，其中的每一个过程都会给企业以利润。顾客满意带给企业的不仅仅是短期经济效益的提高，顾客会对该产品或服务留下较好的心理感受，进而会提高该企业在消费者心目中的形象，即企业的商誉，从而有利于企业推出新产品和服务。

（3）综合效应。顾客忠诚具有两面性，它既是防守战略，又是进攻战略。作为防守战略，较高的顾客忠诚度可以提高产品和服务在市场上的形象，增加在现有和潜在顾客中对企业有利的积极信息的口头传播，并使得企业的广告更有说服力，更有成效，从而更容易吸引竞争对手的现有顾客。总之，高顾客忠诚度可以提高企业的综合竞争力。

2. 顾客忠诚的测度

尽管学术界关于顾客忠诚由顾客态度忠诚和顾客行为忠诚所组成的观点已经基本达成共识，但在对顾客忠诚的测量上，不同研究由于各自的研究目的和具体研究情境的不同而彼此存在一些差异，韩小芸和汪纯孝在其研究中总结了学术界对服务企业的顾客满意和顾客忠诚的实证研究中有关顾客忠诚的测量，我们依据这个总结，对其他相关文献进行整理并增加了一些内容，将学者们对顾客忠诚的测量列为表5.3。

表5.3 顾客忠诚的测度

文献作者	时间	顾客忠诚的测量
Mary Jo Bitner	1990年	顾客向他人推荐、再次购买、"跳槽"与投诉的可能性
Lawrence A. Crosby, Kenneth R. Evans, Deborah Cowles	1990年	顾客继续消费服务的可能性
Steven A. Taylor, Thomas L. Baker	1994年	顾客今后购买服务的可能性
Roger Hallowell	1996年	顾客购买的服务项目数和双方关系持久性
Parl G. Patterson, Richard A. Spreng	1997年	顾客再次消费服务的可能性
Ruth N Bolton	1998年	顾客使用该服务的时间
Tor Wallin Andereassen, Bodil Lindestad	1998年	顾客再次购买服务的意向
Katherine N. Lemon	1999年	顾客每月使用该服务的时间衡量
Viksa Mittal, Pankaj Kumar, Michael Tsiros	1999年	顾客向他人推荐企业的可能性
J. Joseph Cronin, Michael A. Brady, G. Tomas M. Hult	2000年	顾客再次使用、向他人推荐、做出相同选择的可能性
Christian Homburg, Annette Giering	2001年	顾客向他人推荐企业的意向、再次购买同一产品、从同一经销商购买产品的可能性
Nha Nguyen, Gaston Leblanc	2001年	需要服务时的首选品牌、继续与该公司做生意的意愿、把该公司作为当地最优秀服务商进行推荐的意愿、鼓励亲友与该公司做生意的意愿
Wangenheim, Bayon	2004年	近期不准备转换服务商、向亲友推荐、现有服务商提高价格仍不转换服务商、竞争者提供更好的价格就转换、只要居住地不变就不转换服务商

续表

文献作者	时间	顾客忠诚的测量
汪纯孝等	1998年、2000年、2001年	顾客再次购买服务意向、向他人推荐、称赞的意愿
韩小芸和汪纯孝	2003年	认知性忠诚、情感性忠诚、意向性忠诚、行为性忠诚
杜建刚和范秀成	2006年	继续光顾、向亲朋好友推荐、价格容忍
宋晓兵和董大海	2009年	消费者对网络商店偏好的态度、重复购买、正向口碑行为

资料来源：杨晓东. 服务业顾客体验对顾客忠诚的影响研究. 吉林大学博士学位论文. 2007. 据此补充整理.

由表5.3可知，在以往的市场营销理论研究与管理实践中顾客忠诚度的测量已经以不同的方式被实施。总体来看，学术研究较为普遍采用的测量指标是顾客的购买比例、口碑宣传和重复购买意向。目前，在市场营销领域，顾客忠诚度的测量有三种方法：态度测量、行为测量和组合测量。作为一种主观的心理状态或者态度，顾客忠诚度可以通过测量顾客与企业之间的情感联系来获得。"态度测量"方法主要应用顾客态度方面的信息来反映顾客对某产品或服务在精神和心理上的维系。态度测量与顾客在承诺和效忠方面的意识有关。

由于态度测量存在实际操作困难，企业通常会从顾客的行为表现来测量顾客忠诚度。这些行为包括关系的持久性、购买方式、购买频率、购买比例、口头宣传等方式。"行为测量"方法将一贯的、重复的购买行为作为顾客忠诚度的指标。但是，该方法存在一个问题，即顾客的重复购买行为并不总是来自顾客对产品或服务品牌的心理承诺。例如，一位旅客住在一家旅馆可能只是因为那里的交通比较便利；而一旦附近一家新旅店开张了，他就会因为新旅店提供较高的价值而产生转换行为。因此，一些学者争论认为，重复购买并不表示承诺，忠诚顾客的重复购买行为应当建立在持久的、预先安排的或者积极的态度基础之上。

以上两种测量方法都是单个维度的测量方法。第三种方法是结合上述两种方法的"组合测量"，通过顾客对产品的偏好性、转换品牌的倾向性、购买行为的频繁性和购买总量等方面来综合地测量顾客忠诚度。这种在顾客忠诚的定义中同时考虑行为和态度的做法，实质上增加了顾客忠诚的表述力。在企业实践中，顾客忠诚的测量指标通常有重复购买意向、购买量占总需求的比例（即购买比例）、对企业品牌的关注程度、对价格的敏感程度、对竞争产品的态度、对产品质量事故或者服务缺陷的容忍度、关系的持久性、推荐行为等。

5.3 顾客满意与顾客忠诚策略

企业之所以重视顾客的满意度，并且积极地将其所服务的顾客转化为忠诚的顾客，主要就是因为忠诚的顾客可以为企业带来更多的利润,以此同时,顾客也可以在服务的过程中获得价值。随着营销观念被广为接受,越来越多的企业努力将自己的营销战略与顾客满意最大化联系起来,逐渐转向顾客忠诚范式战略。探讨顾客满意与顾客忠诚之间的关系,并积极地采取并实施让顾客满意与顾客忠诚的策略,成为越来越多企业的追求。

5.3.1 顾客满意与顾客忠诚的关系

1. 顾客满意与顾客忠诚之间的联系

过去几十年间,满意度战略受到广泛关注,因为很多人认为顾客满意能带来顾客忠诚。许多企业运用顾客满意度调查来了解顾客对本企业产品和服务的评价,他们想通过提高顾客满意度来培育顾客忠诚感。这些企业认为,一个满意的顾客会对产品、品牌乃至公司保持忠诚,从而给企业带来有形和无形的好处。一方面,顾客会进行重复购买,从而增加公司盈利;另一方面,他们的口头传播又可以扩大产品知名度,并提升企业形象。这种满意度战略在无形之中将顾客忠诚等同于顾客满意,或者至少企业认为在顾客满意之后,忠诚就会自然而然地出现。然而,企业进行大量投资,提高了顾客的满意程度,却仍有不少顾客跳槽。美国贝恩公司的一次调查显示,在声称对公司产品满意甚至十分满意的顾客中,有65%~85%的人会转向其他产品;在汽车业中,尽管有85%~95%的顾客对产品感到满意,但是只有30%~40%的人会再次购买相同厂家生产的产品或相同产品的同一型号;在餐饮业中,"你的晚餐如何"之类的满意度调查基本上无法测出顾客的真实感受,而且即使顾客真实感受是满意或非常满意,他们之中仍会有60%~80%的人成为"叛离顾客"。

对于顾客满意与顾客忠诚关系的探讨一度成为理论研究的热点。传统营销理论认为,顾客满意与顾客忠诚存在较强的正相关关系,顾客满意是顾客忠诚的一个先决因素(主因),企业只要提高顾客的满意水平就能直接带来顾客忠诚。与此同时,学术界的研究也表明,满意不一定带来忠诚,顾客的再购买行为也不一定受满意度驱动。顾客满意与顾客行为之间是一种非线性关系,顾客满意与口碑、对企业的反馈、忠诚等顾客行为之间的关系,在不同满意度(低满意或高满意)状况下是不同的。根据Coyne(1989)的研究,顾客满意度与顾客忠诚度的关系变化存在两个关键的阈值:在高端,当顾客满意度到达一定水平后,顾客忠诚度将急剧增加;而在低端,当顾客满意度下降到某点后,顾客忠诚度同样猛烈地下降。Fornell注意到顾客满意度和顾客忠诚度之间的关系依赖于产业层面的因素,诸如市场规则、转换成本、品牌、专有技术和产品差异性等。Anderson和Sullivan在研究中发现,顾客满意与顾客重购意向之间的关系呈现显著差异的原因可能是顾客保持还依赖于诸如转换成本之类的其他因素,并且顾客满意与顾客保持之间的关系可能与特定服务环境所拥有的转换成本有一定的联系。因此,顾客满意和顾客忠诚之间的关系应当表示为既定服务环境中转换成本的函数。

Hart 和 Johnson 在对施乐公司进行研究时发现，顾客存在一个"质量不敏感区"。在这部分区域内，那些基本满意和满意的顾客的忠诚度和重复购买率很低；只有那些非常满意的顾客才有较高的重复购买率，并乐于为企业传递良好的口碑（图5.6）。

从图5.6我们可以看出，顾客满意度与顾客的重复购买和推荐意愿之间并不总是强相关关系。在质量不敏感区域，顾客满意水平尽管较高，但顾客并不一定再次接受企业的服务，也没有向家人、朋友或他人推荐所接受服务的愿望。只有当顾客满意水平非常高时，顾客忠诚现象才会出现，良好的口碑效应也才得以产生。在质量敏感区域下部是

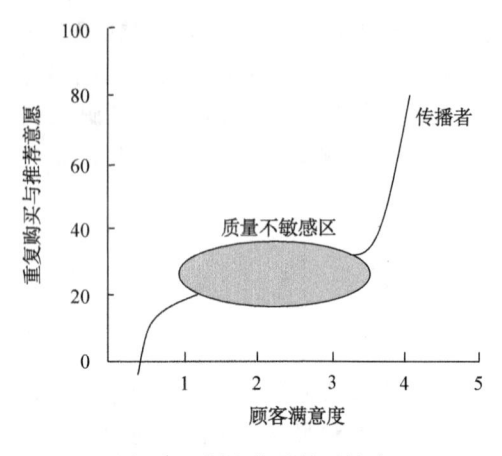

图 5.6 顾客的质量不敏感区

资料来源：克里斯廷·格罗鲁斯．服务管理与营销——服务竞争中的顾客管理．韦福祥等译．第3版．北京：电子工业出版社，2008：106.

顾客中的破坏者，而上部则是所谓的传道者。所以，为了提高顾客的忠诚度，使顾客成为传道者，企业必须让顾客非常满意，而不是满意或比较满意。

此外，有研究显示，在某些行业，虽然顾客具有高水平的满意度，但在满意顾客中非忠诚现象也比较明显，有1/3到1/2以上的顾客满意仍表示出转移意愿。而且，驱动满意和忠诚的因素可能是不同的，在不同服务类型中也不一样。例如，对保健服务来说，满意更多地是由功能质量而不是技术质量驱动的，而忠诚更多地是由技术质量而不是功能质量驱动的。相反，对汽车维修服务来说，满意更多地是由技术质量而不是功能质量驱动，而忠诚更多地是由功能质量而不是技术质量驱动。

综上所述，顾客满意与顾客忠诚之间并非线性关系，而是一种非线性关系。因此，企业必须区分不同竞争环境下的不同顾客忠诚类型，分析不同顾客忠诚类型产生的内在原因，从而采取有针对性的对策。

2. 顾客满意与顾客忠诚之间的区别

根据顾客满意和顾客忠诚的定义与内涵，我们可以看出顾客满意和顾客忠诚是两个层面的问题。如果说顾客满意是一种价值判断，是一种心理感受，带有主观性，那么顾客忠诚则是顾客满意的行为化，是一种客观的标准。由于主观性的影响，作为顾客心理反应的顾客满意是非常难以衡量的，尽管企业可以采用大规模的市场调查和顾客询问等活动对顾客满意进行调查，但对其准确性无法完全保证。相反，顾客忠诚是顾客的一种客观行为，其衡量的量化指标就是顾客的重复购买。而且满意是一种暂时的态度，而忠诚更关乎持久态度和行为。一个忠诚的顾客必然定时地进行再消费、交叉消费企业的其他产品或服务、向别人推荐购买同类产品或服务，同时不为竞争对手的蝇头小利动心。

5.3.2 提高顾客满意度的途径

从顾客满意度的定义可知,影响顾客满意度的因素有顾客的期望值和顾客感知价值,而顾客感知价值又取决于顾客感知所得与顾客感知所失的差值大小。因此,提高顾客满意度的逻辑即管理顾客的期望、增加顾客感知所得、减少顾客感知所失。

对于顾客期望的管理可作如下考虑:①提高期望值有利于吸引顾客购买;②期望值定得太低,顾客满意度高,但销售量小;③期望值定得太高,顾客满意度低,顾客重复购买得少。

因此,企业在为顾客提供服务的过程中应酌情合理考虑并引导顾客的期望,能够找到企业所提供的服务质量与顾客期望之间的契合点。

对于增加顾客感知价值,有如下途径:①增加顾客感知所得;②减少顾客感知所失;③既增加顾客感知所得,又减少顾客感知所失。

其实影响顾客感知价值的因素很多,但这些因素对顾客满意度的影响大小取决于其重要程度,因此,分析提高顾客满意度的途径时应考虑满意度重要性矩阵,也即在满意度调查收集的信息中,考虑两类:一类是顾客对于产品或服务的各主要因素的重要程度评价;另一类是对于各主要因素的满意度评价。

顾客重要性满意度矩阵是以产品或服务各因素对顾客的重要程度为纵坐标,以顾客对这些因素的满意度评价为横坐标建立的由四个矩形组成的矩形图,如图 5.7 所示。由图可以判断企业在哪些因素上具备优势,在哪些因素上具有劣势并亟待改进。

根据满意度重要性矩阵,我们可以看出:

A:急需改进区(劣势)。这些因素决定整体顾客满意度非常重要,但企业在这些方面的表现比较差,需要重点修补、改进;

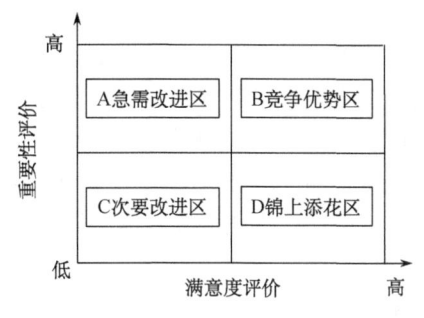

图 5.7 满意度重要性矩阵
资料来源:周洁如,庄晖.现代客户关系管理.上海:上海交通大学出版社,2008.

B:竞争优势区。这些因素决定整体顾客满意度非常重要,但企业在这些方面的表现比较有优势,有一定的竞争力;

C:次要改进区(机会)。这些因素决定整体顾客满意度重要程度低,企业在这些方面的表现比较差,消费者和企业都有所忽略,可以挖掘出提升满意度的机会点;

D:锦上添花区(维持)。这些因素决定整体顾客满意度重要程度低,企业在这些方面的表现比较好,对企业的实际意义不大,不需要花太大的功夫。

5.3.3 培养顾客对企业的忠诚

如前所述,忠诚的顾客能给企业带来诸多好处。例如,他们重复购买,为企业带来更多的收入;他们对价格不敏感,消费能力更强;他们为企业带来极好的口碑效应,节省了营销费用；他们更愿意购买企业推荐的新产品，为企业带来其他潜在的业务收入；他们愿意帮企业提建议，使企业改进服务。如何培养顾客忠诚？由顾客忠诚的驱动因素可知，培养顾客忠诚应从顾客忠诚的驱动因素着手，即为顾客提供价值、提高顾客满意度、为顾客设置退出壁垒等，这些途径或方法的前提是选择合适的目标顾客，并了解顾客的期望。总体而言，培养企业的忠诚顾客可从以下几方面着手。

(1) 寻找正确的顾客。企业必须寻找与其定位相符的顾客，尽量避免接待与自身定位不相符的客源，从而更好地为目标市场客源提供规范的服务，提高顾客的满意度。如有一高档酒店宴会销售部为完成餐饮指标招待了一个乡镇企业的订货宴会，那天碰巧下雨，大批郊县农民脚穿雨靴大声吵嚷着步入酒店，不仅弄脏了酒店光可照人的地面，还影响了住店的韩国旅游团客人，引起了住店的韩国旅游团客人的不满，并遭到投诉。其结果是，酒店因为接待了一个价值仅为3万元的宴会，却失去了一个预计可以带来30多万元的韩国系列旅行团。

(2) 管理顾客期望，了解顾客需求。顾客期望是影响顾客满意度很重要的因素，了解顾客需求是进行个性化营销的前提，两者皆是培养顾客忠诚的重要前提。

(3) 定制个性化服务。个性化服务主要体现在对细节的把握上，把服务过程当做个性的传递，融个性于服务中，让客人时刻感受个性，感受愉悦和惊喜。如酒店服务中为顾客提供的多种个性化的定制服务，服务员在为客人做夜床时，会放置天气预报卡和跑步路线图；VIP客人会在浴室里发现绣着他的名字的浴袍；客人去餐厅用餐，服务员会及时提醒客人点菜的营养搭配和分量是否适合。酒店提倡并鼓励员工与客人多交流，主动向客人介绍周边的景点、好吃的东西，与客人结成一种亲切、友好的关系，让客人信任与他接触的服务人员。由于员工是发自内心地为客人所想、急客人所急、帮客人所需，这样的个性化服务将赢得顾客的广泛赞誉。

(4) 倾听顾客的投诉，并迅速解决问题，这样可以留住投诉的顾客，提高顾客的保留率。

(5) 为顾客设置退出壁垒，如实施忠诚计划等。运用顾客忠诚计划可以将服务、利益、沟通、情感等因素进行整合，为会员提供独一无二的具有较高认知价值的利益组合，从而与客户建立起基于情感和信任的长期关系。如持有民生银行贵宾卡的客户，在乘机登记前可去专门的贵宾室喝咖啡、免费上网。登记手续的办理也有服务员为其代劳；客户还可以免费参加民生银行定期举办的高尔夫培训课程；享受免费的理财服务，以及大医院的名医预约挂号、专人医导、优先就诊等服务。

5.3.4 忠诚轮：创造与顾客的捆绑

拥有正确的细分市场组合、吸引最佳顾客、将服务分级以及传递高水平的顾客满意是创造顾客忠诚的坚实基础。但是，更多公司还通过所谓的"忠诚轮"（图5.8），以一些特殊的战略实现企业与顾客紧密捆绑。与此同时，服务营销人员应该识别并消除导致顾客流失的因素，找出现存顾客的流失以及是否有必要替换新客户。

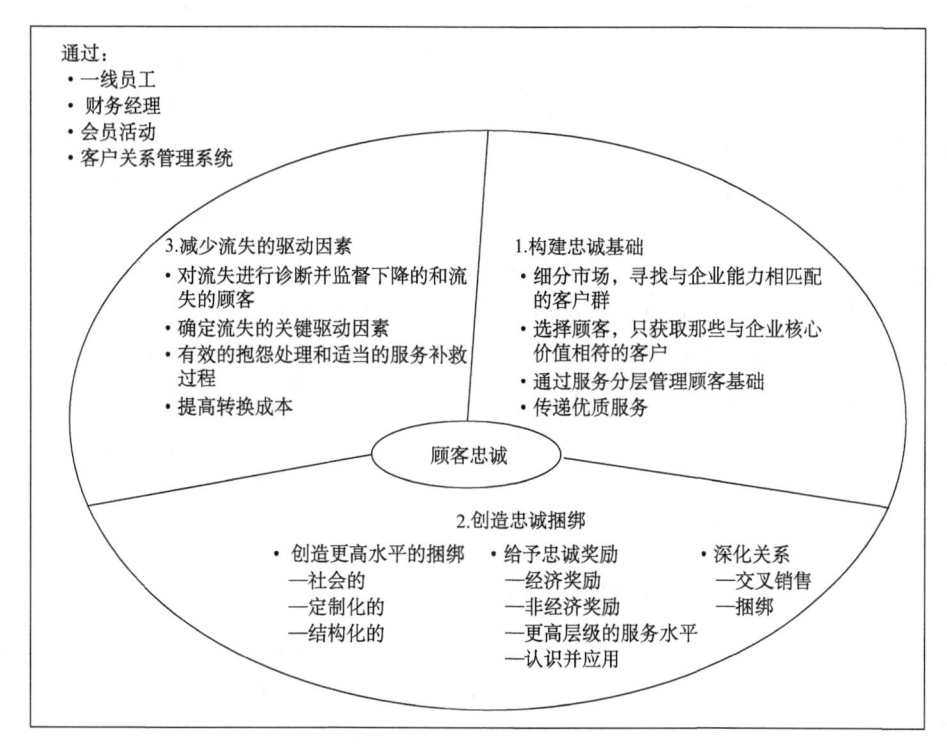

```
通过：
• 一线员工
• 财务经理
• 会员活动
• 客户关系管理系统
```

```
3.减少流失的驱动因素          1.构建忠诚基础
• 对流失进行诊断并监督下降的和流   • 细分市场，寻找与企业能力相匹配
  失的顾客                      的客户群
• 确定流失的关键驱动因素         • 选择顾客，只获取那些与企业核心
• 有效的抱怨处理和适当的服务补救    价值相符的客户
  过程                         • 通过服务分层管理顾客基础
• 提高转换成本                  • 传递优质服务

                    顾客忠诚

              2.创造忠诚捆绑
• 创造更高水平的捆绑    • 给予忠诚奖励      • 深化关系
  —社会的              —经济奖励          —交叉销售
  —定制化的            —非经济奖励         —捆绑
  —结构化的            —更高层级的服务水平
                      —认识并应用
```

图 5.8　忠诚轮

资料来源：Zeithaml V A，Bitner M J. Services Marketing. 3rd ed. New York：McGrwa-Hill，2003：175.

（1）**深化关系**。一种方式是为了更好地使顾客与公司捆绑在一起，通过绑定或者交叉销售服务是深化关系的一种有效战略。另一种方式是为了深化关系，为顾客提供额外利益。例如，汇丰银行为其信用卡客户推出了"家庭外出计划"，信用卡持有者拥有包括购物、用餐、娱乐以及亚洲许多国家的打折旅行在内的一系列特权。

（2）**以奖励为基础的捆绑**。在任何竞争性产品的分类中，营销经理认知到只有少数顾客持续购买单一品牌，尤其当他们传递的服务是非连续的交易时。许多情形下，消费者面临其他品牌的冲击，是多个品牌的忠诚用户。在这种情况下，市场营销活动可以强化顾客对一个品牌优于另一个品牌的偏好。

（3）**提供奖励**。企业通常基于购买频率、购买价值或者以上两者的结合来提供奖励。以奖励为基础的捆绑在本质上可能是经济的，也可能是非经济的。经济型的奖励包括商品折扣、赠送飞行里程或者持卡人消费现金返还等活动。非经济性的奖励是向顾客提供那些不能直接转化为现金的利益或价值。例如，给予顾客在等候或呼叫中心排队的一些特权，获得特殊服务的特权等。

（4）**社会捆绑**。主要以供应商与顾客之间的个人关系为基础。相对而言，顾客将对在一个组织中的保持会员关系感到自豪或满意。虽然社会捆绑比经济捆绑更难构建而且需要相当长的时间，但是一个与其顾客建立社会捆绑的公司在长期保持客户方面有更多的机会。

(5) 定制化捆绑。当服务提供商为忠诚顾客成功提供定制化服务时,这种捆绑就形成了。一对一营销是一种特殊形式的定制化。每个个体都被当做一个细分市场。许多大型连锁酒店通过它们的忠诚计划数据库捕捉顾客的喜好,因此,一旦顾客下榻他们的酒店,顾客就会发现酒店已经充分了解自己的需求,从放置在冰箱中的喜爱的饮料和小食品到他们喜欢的枕头以及早晨想要阅读的报纸等。当一个顾客开始熟悉这些特殊服务时,他将很难去适应另一家不能提供定制化服务的供应商。

(6) 结构捆绑。这种捆绑大多在企业对企业的模式中出现,其目的是在供应商与顾客之间通过建立结构关系来促进忠诚,如项目投资和信息设备共享等。结构捆绑也可以在企业对消费者的模式中出现。例如,一些汽车租赁公司为旅游者提供机会去创造定制化的主页,在公司的网络上,他们可以获得许多关于旅游的细节,包括车型、保险等。一旦顾客将其想要做的事情与公司业务处理过程整合在一起,在顾客与公司之间的结构捆绑就形成了,而且竞争者很难破坏这种关系。

➢ 案例 5.1:哈利·波特的忠诚"粉丝"

一位靠政府救济金紧巴巴地维持生活的单亲妈妈,在短短几年,一跃登上了英国第一富婆的宝座,她的名字叫乔安妮·凯瑟琳·罗琳(Joanne Kathleen Rowling)。与她的名字相比,由她创作的"哈利·波特"似乎更为人们所熟知。24 岁那年,罗琳在曼彻斯特前往伦敦的火车旅途中,一个瘦弱、戴着眼镜的黑发小巫师,一直在车窗外对着她微笑。他一下子闯进了她的生命,使她萌生了创作哈利·波特的念头。哈利·波特诞生了……

哈利·波特第一部诞生于罗琳家附近的一家咖啡馆中。1997 年第一部哈利·波特系列小说正式出版;2001 年第一部哈利·波特系列电影正式公映;同年第一部哈利·波特系列游戏正式发行;2010 年第一座哈利·波特系列主题公园对外开放。与此同时,一系列的哈利·波特周边玩具产品也走向市场。伴随着哈利·波特的成功,历经十多年的时间,也诞生了哈利·波特的忠诚粉丝们。一部小说何以能够如此长时期地赢得人们的青睐,不断给顾客带来惊喜和满意,培养起一大批对"哈利·波特"如痴如醉的忠诚顾客?

哈利·波特系列产品及活动

(1) 三维阅读模式——书。《哈利·波特》系列小说是哈利·波特系列中诞生最早的,一共分为七本,其被翻译成近 70 多种语言,在全世界 200 多个国家累计销量达到了 3.5 亿多册,被评为最畅销的四部儿童小说之一。除此之外,围绕哈利·波特还出现了一系列周边相关的书籍,比如由乔安妮·凯瑟琳·罗琳编写的《神奇的魁地奇球》(*Quidditch Through the Ages*)、《神奇动物在哪里》(*Fantastic Beasts and Where to Find Them*)、《诗翁彼豆故事集》(*The Tales of Beedle the Bard*);由"哈迷"编写的《我的 Harry Potter,我的魔法》又名 *Terror Test*、《哈迷手册》、《J. K. 罗琳传》等。

(2) 三维阅读模式——电影。在哈利·波特系列小说在全球取得成功后，华纳兄弟娱乐公司投入巨资投拍电影版哈利·波特，电影中那些逼真的特技和绚烂的场面弥补了人们想象力的匮乏，为人们带来了视觉和听觉的双重享受，也使哈利·波特系列故事得到了更大范围的推广，截至2010年1月，已经上映的哈利·波特系列电影前六部累计票房达到惊人的54.13亿美元。

(3) 三维阅读模式——游戏。随着哈利·波特系列小说和电影风靡全世界，美国艺电公司（EA）随即推出了哈利·波特系列游戏。从《哈利·波特与魔法石》到最新的《哈利·波特与"混血王子"》，艺电公司几乎都会配合哈利·波特系列电影的上映前后来推出自己的游戏，这些游戏在研发过程中几乎都是完全忠于电影情节的，这给所有的哈迷们在小说和电影之外又提供了一个全新的体验空间，让玩家们能够真正地亲身参与到哈利·波特的魔法世界中。

(4) 哈利·波特相关——周边商品。哈利·波特的周边商品包括服装、玩偶、故事里的各种道具，如巫师帽、格兰芬多小幅、魔杖等，甚至有很多国家都专门发行了哈利·波特的纪念邮票，这些商品是除小说和电影外为商家带来巨大利益的另一大领域。更值得一提的是，2010年3月，美国奥兰多环球影城（Universal Orlando Resort）宣布，其园内新建景区"哈利·波特魔法世界"（Wizarding World of Harry Potter）将于2010年6月18日正式向游人开放。

哈利·波特式营销分析

(1) 动态的、创新的客户关系管理。该营销方式始终瞄准具有共同特点的某个顾客群打造品牌，随着顾客的成长，品牌也随着一起成长。在小说《哈利·波特》中，哈利·波特一年年地长大，小说的读者也在一年年地长大，多数读者不仅没有疏远主人公，而且影响着周围的人，使得哈利·波特迷越来越多。然而这种动态、创新的客户关系管理不仅是这种与读者一起成长的过程，而且在营销过程中这种动态与创新也表现得淋漓尽致。

(2) 完全顾客导向。有人说哈利·波特就是从"儿童本位"入手，在故事的背景定位、故事的道具情节设计以及写作技巧运用方面契合儿童心理来创作，悉心满足儿童的种种愿望，成功地贴近儿童读者心理，铸就《哈利·波特》的辉煌成就。而这种"儿童本位"就是我们所说的顾客导向，而且后来在品牌延伸中也注意到了品牌与顾客的一起成长。

(3) 多元化营销组合。消费者不喜欢思考，思维被动。因此，为了打动那些没有阅读习惯的人群，将书中的精彩故事拍成电影，替消费者"联想"；为了打动那些线上游戏的玩家们，又开发了哈利·波特系列游戏；为了符合那些喜欢cosplay和喜欢冒险的人们，又推出了哈利·波特巡回展和哈利·波特主题公园；以及其他各类周边商品，如邮票、可以收集的玩偶、可以穿出去的衣服等，都满足了不同类型顾客的需求。因此也可以说哈利·波特营销是一种典型的美国式营销，即重策划、大包装、延伸产业链。

资料来源：陈蓓蕾．走近哈利·波特式营销．企业管理，2007，(6)：26，27．据此整理改编．

讨论与思考

1. 什么是顾客满意?
2. 顾客满意有哪些类型?
3. 如何测量顾客满意?
4. 顾客满意度指数模型给我们哪些启示?
5. 什么是顾客忠诚?
6. 顾客忠诚有哪些类型?
7. 如何测量顾客忠诚?
8. 顾客满意与顾客忠诚之间存在什么样的关系?
9. 如何提高顾客满意和顾客忠诚?

第 6 章 服务产品及品牌策略

内容提要

本章从产品决策的角度研究服务企业的市场营销决策,分别从服务产品组合、服务包、附加服务和延伸产品方面阐述企业的产品策略,通过服务包模型、扩展的服务包介绍了服务产品组合策略以及服务包定价和服务包调整;在附加服务和延伸产品中介绍了服务之花、分子模型、延伸产品和营销以及顾客关系生命周期模型等概念;最后介绍服务品牌管理的相关内容。

主题词

服务产品组合 服务包 附加服务 延伸产品 品牌策略

引导案例

快乐度假区 Ⅱ ——想顾客之所想

快乐度假区Ⅱ位于尼格瑞尔（Negril）七里海滩（Seven Mile Beach）最北端的一个22英亩[①]的花园内。快乐度假区Ⅱ是加勒比地区著名的超级俱乐部之一。它一直关注消费者的需求，根据顾客需要调整产品供给，不断挖掘消费者的深层需求，想顾客之所想，满足顾客之所需。

起初，快乐度假区Ⅱ的一揽子服务内容包含了除酒水外的所有度假区应该涵盖的服务项目。快乐度假区Ⅱ与地中海俱乐部采用了一样的酒水促销方法，即客人可以通过购买由塑料做成的鲨鱼牙项链来享受这里的酒水。然而，这种做法最近给这家和其他各家超级俱乐部的全包价一揽子服务带来的好处越来越少。

地中海俱乐部是快乐度假区Ⅱ的一个强劲竞争对手，它在其他许多加勒比岛屿上拥有度假区，这些度假区吸引了来自美国和加拿大80%的市场。快乐度假区Ⅱ的第一个营销战略就是模仿地中海俱乐部。快乐度假区Ⅱ的宣传册将快乐度假区Ⅱ确定为地中海俱乐部的替代品。快乐度假区Ⅱ接下来的营销战略就是"摆脱地中海俱乐部，并将其甩在后面"。快乐度假区Ⅱ主要是强调度假区"快乐"这一主题，它运用一些图片和语言来宣传度假区的无形产品。此外，快乐度假区Ⅱ还宣传说到此来的客人可以随意着装，宣传册上印有一些裸体的相片，这就暗示了快乐度假区Ⅱ内设有裸浴海滨。

快乐度假区Ⅱ的市场营销定位与地中海俱乐部相竞争，但是，快乐度假区Ⅱ却没有在广告和宣传册中提及此点。广告和宣传册中的主要内容仍是强调快乐度假区Ⅱ里那些无法让人们直接感触的方面。快乐度假区Ⅱ的广告牌、报纸和杂志广告都以戴着塑料鲨鱼牙项链的裸体半身雕塑为特写图案。这样的设计是为了吸引人们的好奇心并鼓励人们与旅行社主动联系来获得有关快乐度假区Ⅱ的一些信息。目前，快乐度假区Ⅱ的促销主要集中在快乐度假区Ⅱ的运动设施方面，而较少宣传快乐度假区Ⅱ的裸体海滨，但是宣传中依然突出了随便着装这一点。

快乐度假区Ⅱ与地中海俱乐部一样，将会一直关注消费者不断变化的需求，并会依据消费者的需求变化趋势来调整度假区产品的供给。现在，快乐度假区Ⅱ仅仅有一个提供自助餐的餐馆，这远远不能满足消费者的要求，快乐度假区Ⅱ的管理人员正在着手设计一个为那些专门想在快乐度假区Ⅱ吃饭的人提供全套服务的餐馆。度假区还计划在扩建一个裸泳游泳池的同时，在饭店能够

[①] 1英亩≈4046.856平方米。

看到裸浴的那一面增加 70 间客房。由于全包价度假产品的价格越来越高，而且市场中会出现越来越多的各种类型的度假产品，因此，快乐度假区Ⅱ正在不断努力增添产品的额外价值，这将有助于巩固和加强客人的价值认知。快乐度假区Ⅱ的一个长期的战略计划就是将"快乐"的理念复制到另一个加勒比的岛屿上。

资料来源：徐二明．中国人民大学工商管理案例/MBA 案例：市场营销卷．北京：中国人民大学出版社，1999：32．

对于服务业而言，企业市场营销决策的首要任务就是如何为目标市场的消费者提供符合需求的服务产品。所有的服务组织都面临着服务产品的选择以及服务产品生产过程的选择决策。在以顾客为中心的组织中，这种选择通常受市场因素的驱动，企业试图瞄准某一细分市场的需求并制定差别化战略以与竞争对手的产品相区别。新型服务传递渠道，如信息服务中互联网的出现，使得企业能够改变服务体验的本质并为消费者带来新的利益。网络银行和手机银行的兴起就是一个例子。本章将从产品决策的角度研究服务企业的营销策略，包括服务产品组合策略、附加产品策略和服务产品品牌策略。

6.1　服务产品组合策略

服务企业在制定战略规划时，首先要回答的一个问题就是企业用什么样的服务来满足目标市场的需求，服务组合的慎重决策将使这一问题得到全面、系统的回答。

6.1.1　服务产品组合

大多数服务企业经营的服务项目并不局限于一种，这样，一系列可提供给顾客的所有服务线构成了服务产品组合。产品组合，根据 Philip Kotler 的定义，是一个特定销售者售与购买者的一组产品，包括所有产品线和产品品目。

服务营销者必须根据市场需求、企业资源、经营能力、企业目标以及市场竞争情况，来决定自己经营的服务线以及单项服务的内容、数量和结构，确定出经营范围。服务产品线是指一组有关联的服务，这些服务出自于同一生产过程，或针对统一的目标市场，或是在同一销售渠道里销售，或者属于同一服务档次。服务组合决策要解决向顾客提供什么样服务的问题，首先是服务组合的确定，即对服务组合的宽度、长度、深度、相关度等方面进行全方位的决策。下面以医疗服务产品为例加以说明。

医疗服务产品组合是一个医疗机构提供的全部医疗服务的产品结构。它通常由几条产品线组成，一条产品线通常就是指一个临床科室或一个战略业务单位，如某医疗机构设有内科、外科、妇科、产科、康复科、检验科等。这个医疗机构的产品组合就是指这些临床科室的组合。每一个临床科室实际上就是一个具有相同服务功能的业务单位。如普通内科就是采用内科治疗方法的临床科室，但是它并不是只诊疗一种疾病，而采用多种不同的诊疗方法（或称为产品服务或服务项目）。针对战略业务单位（临床科室）而言，也有产品线的问题，如泌尿外科，其服务范围可以有肾脏、输尿管、膀胱、尿道等部位疾病的诊治，针对这些部位的医疗服务就是属于同一条产品线；针对某一种具体的疾病诊断而言，产品线又是指该医疗机构为诊治某一疾病所涉及的各项医疗服务，如某医院针对急性肠梗阻的诊疗至少涉及消化系、手术室、检验科等多个环节的各个服务项目，这些科室的服务又是一条产品线。

医疗服务产品组合包括四个因素：产品组合的广度、深度、长度和一致性。医疗服务产品组合的宽度是指医疗机构医疗服务产品类别的多寡，即设置产品线（临床科室）的多少，多者为广，少则为窄。在每一个战略业务单位（如一个临床科室）的内部，同样有产品组合的广度问题，各个临床科室提供的服务项目数量不同，有的可以诊治多种疾病，开展多种服务项目，而有的临床科室则只能开展一种或几种服务项目，它们之间的产品组合的宽度就不同。如表6.1所示，某医院有5条产品线，那么产品组合的宽度就是5。

表6.1 某医院医疗服务组合图例

	某医院医疗服务组合的宽度				
	内科	外科	五官科	妇儿科	中医科
服务组合的深度	心血管内科 消化内科 免疫内科 血液内科 内分泌科 肾内科 感染内科 神经内科 内科ICU心理医学科	心胸外科 心脏外科 泌尿外科 骨科 神经外科 乳腺疾病科 肝脏外科 烧伤整形 微创 传染科	耳鼻喉科 口腔科 皮肤科 眼科	妇科 产科 儿科	中医内科 中医外科

医疗服务产品的长度，是指医疗机构全部临床科室（产品线）包含的服务项目多少，多者为长，少则为短。在表6.1中，内科产品线的长度是9，外科是10，五官科是4，妇儿科是3，中医科是2，那么总的产品组合的长度是28。

医疗服务产品的深度，是指产品线中每一产品有多少品种。如泌尿外科，其服务范围可以有肾脏、输尿管、膀胱、尿道等部位疾病的诊治，那么它的深度就是4。同样，在每一个战略经营单位，也有医疗服务产品组合的深度问题，如不同的临床科室诊治方法的种类和数量不同，所以不同临床科室的医疗服务产品组合的深度不同。

医疗服务产品组合的一致性，是指多种临床科室（产品线）、服务产品种类（医疗、保健、康复等）、服务条件、配套设施等方面之间的关联程度，如各科室是同属于医疗服务，还是分属保健、康复、咨询等服务，如果它们的关联程度高，则产品组合的一致性就大，反之则小。在每一个战略经营单位同样如此，如每一个临床科室有不同的小组，小组与小组间就存在关联度强弱的问题。

一个医疗机构的产品组合的广度、深度和一致性,归根到底取决于目标市场的需要,一般说来,扩展产品组合的广度,有利于发挥医疗机构开拓新市场、分散投资风险;挖掘产品组合的深度,可以满足人群多样化的医疗需要,占领更多的细分市场而加强产品组合的一致性,则有利于实施集中化营销策略、提高市场占有率。

6.1.2 服务包

根据 Christian Grönroos 的服务包（service package）理论,服务包是指在某种环境下,所提供的服务作为"一种产品被认为是一个包裹或各种有形和无形服务的集合,一起构成总产品"。根据服务包模型,服务包一般分为以下三个层次（图 6.1）：核心服务（core service）,便利性服务（facilitating service）,支持性服务（supporting service）。

(1) 核心服务,指顾客可感知及得到的构成服务产品的核心服务和利益,由产品层次中的核心利益及期望价值组成,如航空公司提供的安全而准时的客运、酒店提供舒适安静的客房而使顾客得到休息等。一个企业可以有多个核心服务,如航空公司既可以提供旅客运送,又可以提供货物运输。

图 6.1 服务包模型
资料来源：郭国庆.服务营销管理.第二版.北京：中国人民大学出版社,2009：143.

(2) 便利性服务,指提供该项服务所需的基本物质基础、辅助物品、有形产品及相关的辅助服务。所谓的物质基础,如飞机、酒店、医院、图书馆、服务器等；辅助物品有毛巾、床、机、桌椅、计算机终端端口等；而有形产品则如食品、药品、网上信息浏览等；酒店的接待、机场登机等为辅助服务。没有这些服务,顾客将不能方便地使用核心服务,如航空公司的网上订票业务、银行的ATM 和网上银行、手机银行等。

(3) 支持性服务,是基本服务以外的供顾客能够感受或在其模糊意识中形成的其他利益,例如,短途航班中的正餐提供、酒店客房中赠送的鲜花或果盘、和蔼可亲的前台服务员及快速结账等。

Christian Grönroos 同时也指出,便利性服务和支持性服务之间的区别有时并不十分明显,一些服务在某些场合是便利性服务,在某些场合则是支持性服务。如民航长途飞行中的餐饮服务属于便利性服务,但到了短途飞行中,它就有可能成为支持性服务。但是,从另一个角度看,两者的区别也很大,便利性服务是不可或缺的,是必要条件,而支持性服务的缺少则会导致服务缺乏竞争力,也就是说,便利性服务缺少的时候对服务的影响更大。但这并不意味着便利服务是不变的,相反,企业可以充分利用便利服务设计对不同企业的"差异化"作用,使其成为建立企业竞争优势的有力工具。支持服务是使企业产品增加吸引力和竞争力的辅助手段,即使缺少了支持服务,核心服务依然能够正常地发挥作用，但会降低企业产品和服务的吸引力与竞争力。

6.1.3 服务包策略

服务企业在制定战略规划时，首先要回答的一个问题就是企业用什么样的服务来满足目标市场的需求。服务包的一系列策略选择将全面、系统地解决这一问题。可以说，服务包决策是把新开发出的服务产品导入营销组合的踏板和基石。

1. 定价策略

在基本服务包中，各种服务要素是以不同的形态提供给市场的。例如，不同的服务要素分别予以定价，就形成了不同的服务形态，从而形成不同的价格系统。

对整套服务采取"一揽子"收费制。如现在很多旅游景点采取一票到底制，尤其是游乐园，像北京的欢乐谷、大连的发现王国，用一张门票就能在园内尽情游玩，除了餐饮和住宿，所有项目不再另行收费。

对每一项服务分别定价。这类服务组合通常是提供的服务很多，面对不同的消费人群，目标顾客层次不一，顾客可根据自己的需求选择哪些服务，每项服务分别收费，以避免为不需要的服务付费。例如，在某些大的旅游度假区，每个景点单独收费，游人可根据自己的喜好参观不同的景点。

以上两种收费方式结合使用。这也是现在旅游景点常用的方法，游客既可以根据各自需求选择不同的景点分别付费，也可以购买通票，所有景点都可参观，通常通票会比单项计费的总和要便宜一些，这就满足了不同消费人群的需求。

企业可以根据市场需求、竞争者政策及服务项目等因素，选择不同的定价方式。此外，服务企业还应该注意尽量降低服务的复杂程度。因为如果服务过于复杂，不仅服务营销者难以驾驭（如质量管理、服务人员的选择等），而且顾客也很难了解，同时服务接受者对于他们将获得的服务要素以及这类要素的构成形态持有不同的预期心理及对服务失败的容忍度。

> **案例 6.1：医院的定价策略**

医院的功能是提供疾病的预防、治疗、康复以及保健等多个服务项目，而且在为同一名就医顾客服务时，这些项目又总是相互关联的，所以，为了满足就医顾客的医疗需求，就需要开展多种医疗服务项目，医院在确定医疗服务价格时，就需要对这些项目进行综合考虑，并确定最终的价格费用，这就是一种组合定价策略。例如，目前有些医院推行的"单病种收费"、"日医疗费用控制"等都是一种组合定价策略。医院的价格营销策略可谓多种多样，如有的医院公开打折并承诺预约吸引病人；有的医院专家出诊不收出诊费；有的医院对常年就诊的群众进行免费体检；有的医院甚至可以进行议价等。这些价格营销策略都在不同程度上扩大了市场份额，提高了医院声誉，是值得医院在营销实践中借鉴的。

2. 扩展的服务包

前面介绍的基本服务包只是考虑了服务产品的技术方面，即侧重于服务结果的影响。而服务的生产与传递过程以及顾客在接受服务的过程中对服务的感知也是构成服务产品的重要方面。因此，我们介绍将顾客对服务过程的感知考虑在内的"扩大的服务供给"模型。

在不同情况下，顾客对服务过程（即买者与卖者的互动过程）或服务接触的感知存在差异。根据多数服务行业的特征，服务过程的感知主要从以下三个方面进行：服务的可获得性；顾客与组织的互动性；顾客参与情况。这些因素与基本服务组合结合在一起，便构成了扩大的服务供给模型，如图 6.2 所示。

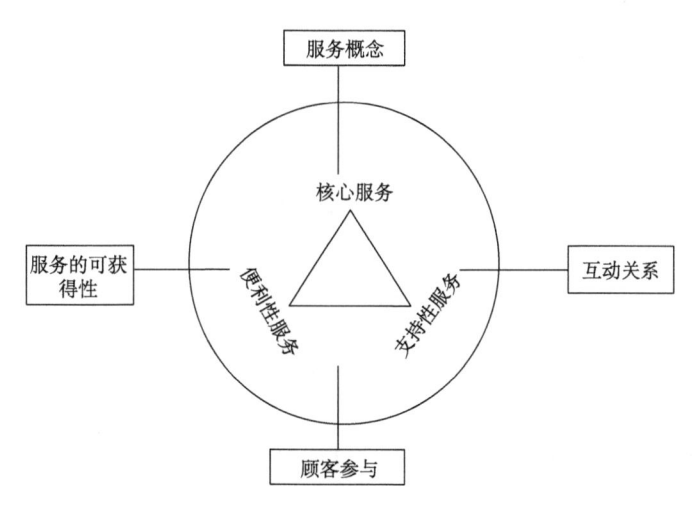

图 6.2 扩展的服务包

资料来源：Christian Grönroos. 服务管理与营销——服务竞争中的顾客管理. 第 3 版. 韦福祥，韩经纶译. 电子工业出版社，2008：134.

服务的可获得性、顾客与组织的互动性、顾客参与情况三个因素必须与顾客收益结合起来，因为获得收益是顾客接受企业服务的根本原因，也是服务概念的基础。

然而，Grönroos 认为服务营销产品管理仅仅停留在这个基本层次是不够的，为此他引入了由芬兰管理咨询合作公司 AMC 顾问，常务管理主管 Kalevi Itera 先生首创的服务供给模型，称为"形象、沟通和扩大的服务供给"，来概括其全面的管理步骤：①开发服务概念，即服务设想与宗旨；②开发基本的一揽子服务，即基本服务包设计；③开发扩大的服务供给，包括服务的可接近性、顾客参与及顾客与企业的相互作用；④管理形象和交流（图 6.3）。

只要服务的生产过程在进行，那么服务就会一直存在，因此，扩大的服务供给模型应该包括服务的动态性特征。结合扩大的服务供给模型，从动态的角度来看，服务产品的开发程序如下。

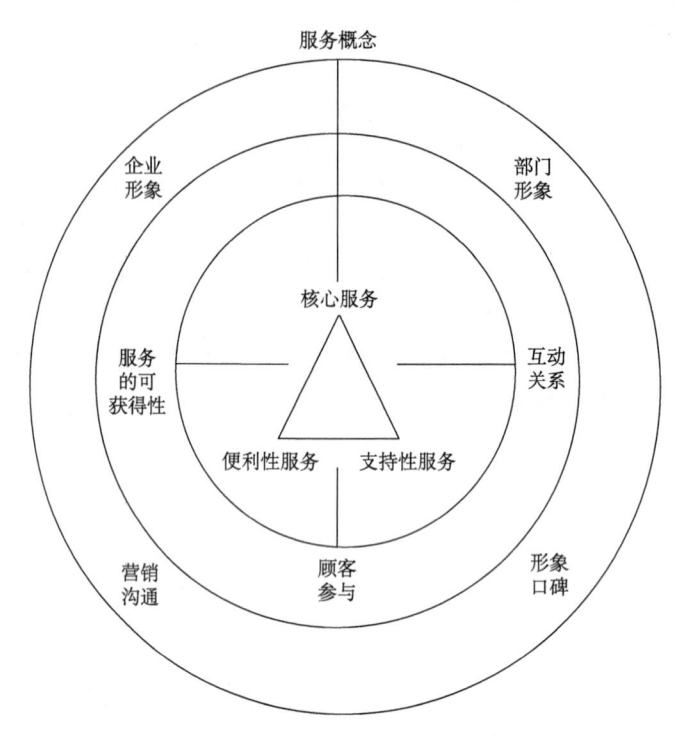

图 6.3　形象、沟通和扩大的服务供给模型
资料来源：吴晓云. 服务营销管理. 天津：天津大学出版社，2006：145.

首先，必须对顾客的需求进行评估，这样才能使开发出来的服务产品适应消费市场，从而满足顾客的需求。

其次，要明确扩大的服务供给的所有特性，这是进行下一步规划的基础。这些特性包括服务包、服务的生产和传递、企业与部门形象及营销沟通等内容。从图 6.4 可以看出，上述特性要与服务的概念紧密结合，只有明确服务的真正内涵，才能正确实施服务产品开发规划。接着，按照服务的概念来开发基本的服务包，具体包括核心服务、便利服务和支持服务以及相关的服务产品组合。在此基础上在实施开发的过程中对服务产品组合加以具体化，从而保证服务的可获得性，并且按照同样的准则来决定顾客与企业的互动性以及顾客的参与性。

再次，企业对支持性的营销沟通活动做出计划。营销沟通的目的在于使顾客了解企业的服务项目并说服他们来接受这些服务。同时，通过营销沟通，企业可以对顾客的消费行为施加良好的影响，强化企业形象。

最后，必须明确内部营销的作用。通过以上步骤的恰当实施，我们可以得到一个具体的服务产品。它有良好的互动性、可获得性、吸引顾客积极参与。但是还需让组织做好准备，以通过扩大的服务供给的生产和传递为顾客提供其期望获得的利益。

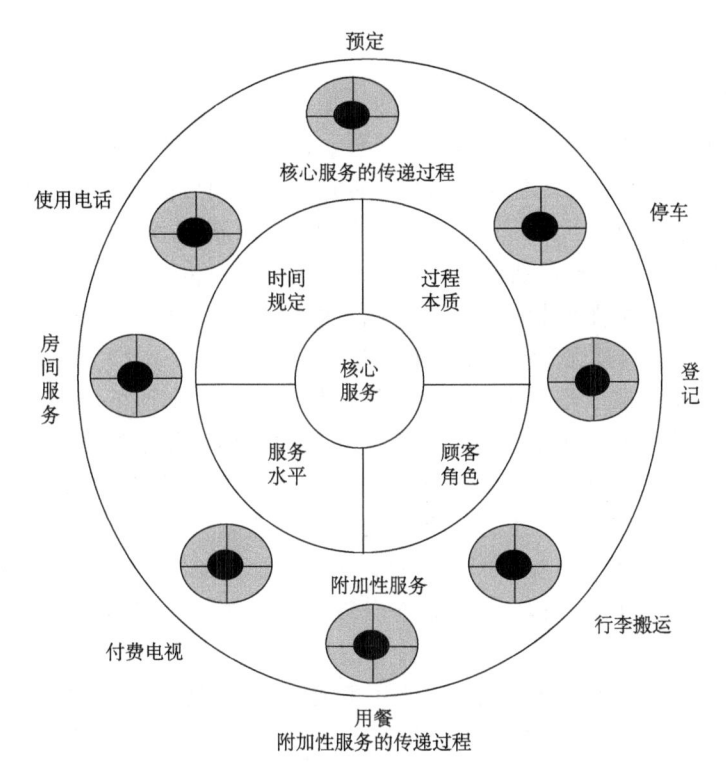

图 6.4 酒店住宿服务的传递过程

资料来源：Zeithaml V A，Bitner M J. 服务营销. 张金成，白长虹译.
北京：机械工业出版社，2004：90.

3. 服务包调整

分析企业资源、市场态势和现有服务包的宽度、长度、深度和相关度，将为企业在如下服务包策略中做出合理的确定或调整决策提供全面的信息。

1）扩大服务包

该策略包括扩展服务包的宽度和加强服务包的深度。前者指在原服务包中增加一条或几条服务线，扩大经营范围；后者指在原有服务线内增加新的服务项目。一般而言，扩大服务包，可使企业充分利用人、财、物资源，分散经营风险，增强竞争力。

2）缩减服务包

当市场不景气或原材料、燃料供应紧张时，收缩服务线反而能使总利润得到提升。这是因为从服务包中剔除了那些获利能力差的服务线或服务项目，使企业可集中有限的资源发展活力多的服务线或服务项目。

3）服务包延伸

每一个服务项目都有其特定的市场定位。服务定位延伸策略指的是全部或部分地改变服务原有的市场定位，具体办法有向上延伸、向下延伸、双向延伸。

（1）向上延伸。在市场上定位于低档服务产品的公司可能会打算进入高档服务产品市场。它们也许被高档服务产品较高的增长率和较高的利润率所吸引；或是为了能有机会把自己定位成完整服务产品线的提供者。向上扩展的决策同样可能存在风险：管理者和服务人员可能会因为缺乏才能和培训，不能很好地为较高档的服务产品市场服务；在低档位上赢得的形象可能无法吸引高档位的客户。

（2）向下延伸。许多公司最初位于高档市场，可能出于如下原因而向下延伸其产品线：公司在高档产品市场上受到攻击；公司发现高档产品市场增长缓慢；公司最初步入高档市场是为了树立质量形象，然后再向下延伸；公司增加低档的产品项目，是为了填补市场空隙。采取向下扩展的策略时，公司会有一些风险。新的低档服务产品项目也许会蚕食掉较高档的服务产品项目，因为低档位细分市场可能会吸引高档位市场的客户。公司向低档市场延伸可能会激发竞争者将产品项目相应地转移到高档市场。

（3）双向延伸。定位于市场中端的公司可能会决定朝上下两个方向延伸其产品线。马里奥特公司对其旅馆供应线实行双向扩展。在其中档价位旅馆的旁边，为高档市场增加了马里奥特侯爵线，为较低档市场增加了庭院线，而集市式小旅店则安排度假者和其他低档需求的旅客。该战略的主要风险是旅客在其他的马里奥特连锁旅馆发现了低价并能提供他们相应的同等满意服务时，就会转向低价产品。但对于马里奥特公司来说，顾客选择了低档品种总比转向竞争者好。

6.1.4　技术在服务组合中的应用

信息技术的发展和互联网的快速增长为企业新服务项目的开发提供了新机遇。IT系统和功能强大的数据库，使得企业获取和更新与顾客相关的数据的工作更加容易，为与顾客接触的员工建立以顾客为导向的服务流程提供了前提，也为员工提高与顾客的互动关系质量打下了坚实的基础。另外，技术的应用也提高了服务的可获得性。因特网技术同时还提高了员工与顾客交往的水平。例如，将原来必须以人员来开展的服务接触转为以建立在互联网基础上的顾客服务平台来开展。

新技术的应用还提高了顾客接受服务或购买产品的速度和轻松程度。例如，从一家制造商的网站上，顾客可以轻而易举地获得与产品相关的信息，包括设备故障的排除和设备的维修等一系列问题。

可以说，互联网为顾客更轻松地获取服务提供了很多的机会，也提高了顾客与企业的互动水平。当然，企业必须首先对顾客进行培训，而且应当鼓励顾客利用互联网来接受服务。

但是，尽管有些服务可以完全在网上进行，如购买电影票，但在大多数情况下，顾客还必须与企业的员工接触，并与服务企业中的人、有形资源和技术发生互动关系。所以，管理人员应当记住，即使再好的信息技术和互联网技术，其功能也必须靠现实中的人在互动过程中来实现。也许从网上安排设备维修非常迅速，但如果没有行动迅速、技术熟练和热情服务的员工，这个安排好的任务也无法完成。网上的迅速安排给顾客感知服务质量带来的积极影响也许会被行动缓慢、技术低下和缺乏热情的维修员工的行为破坏得荡然无存。

最后，我们必须明确，服务过程中引进的新技术也许不会被顾客所欣赏所接受。有些顾客也许有动力来接受新的技术，如通过培训明确了新技术的采用给他们带来的好处，而另一些顾客则有可能更喜欢传统的、与服务提供者接触的服务方式。不管怎样，企业在引进新技术时必须十分慎重，否则，新技术给他们带来的可能不是服务质量的提高，而是相反的结果——顾客感知服务质量降低。引进新技术一个重要的原则是首先要在企业内部宣传和推销这种新技术，激励员工首先使用新技术。当然，对员工同样存在培训问题。

▶ 案例6.2：手机银行取代网上银行蕴涵巨大商机

随着互联网与移动通信技术的发展，传统的银行服务方式已被赋予新的内涵。从传统的柜台办理到网上银行及手机银行，新技术的应用正在改变着银行决策者的观念与银行业的竞争规则，营业网点的数量及覆盖率已不再是银行决策者追求的目标，更不是体现银行综合竞争能力的关键，如何给客户提供更方便的服务才是银行竞争制胜的法宝。银行通过对互联网络与移动通信等高新技术的使用突破了时间及空间的限制，不仅改变着人们对银行的认识，也促使银行加快业务创新，并提高对客户的服务质量及服务便利性。手机银行是继网上银行之后，因移动通信技术迅猛发展而新出现的一种银行服务渠道，是网络银行服务的延伸。在具有网络银行全网互联和高速数据交换等优势的基础上，手机银行更加突出了移动通信随时随地的独特性，使它成为银行业一种更加便利、更具竞争性的服务方式。

总的来说，同传统银行和网上银行相比，手机银行支付的特点如下：

(1) 更方便。可以说手机银行功能强大，是网络银行的一个精简版，但是远比网络银行更为方便，因为容易随时携带，而且方便用于小额支付。

(2) 更广泛。提供WAP网站的支付服务，实现一点接入、多家支付。

(3) 更有潜力。目前还不成熟的商业模式和用户习惯，导致手机银行和支付的发展还没有达到许多人在".com"时代的预期。网络银行的成功在于它不仅是银行业电子化变革的手段，更是因为它迎合了电子商务的发展要求，而手机银行这方面还有很大的潜力可以发掘。

(4) 更安全。随着网银大盗的出现，以病毒和仿造银行网站等手段窃取银行客户账号、密码和验证码为网上支付安全性带来了危机。与计算机相比，手机内存小、可利用的资源少、功能简单,具备强大的抗病毒免疫力,而且手机的私人性使得不法分子获取个人账户和密码资料的可能性大大降低。

案例来源:杨玲玲.手机银行掀起金融革命.人民邮电报,2004-12-17.据此改编整理。

6.2 识别附加服务和延伸产品

前面已经提到,服务产品都是由核心服务和一系列的附加性服务组成的。附加性服务增加了核心产品的外延,不仅使核心产品易于使用,还增强了核心产品的价值和吸引力。附加性服务的范围和水平对于企业实施差别化战略、选择市场定位的过程有重要作用。它使客户获得与其他类似产品形成差别的进一步的利益,以此用来增强产品的吸引力,从而形成品牌的差异化,目标顾客为这些差别往往愿意支付更高的费用。

6.2.1 识别附加性服务:服务之花

附加性服务有很多种,Lovelock将附加性服务界定为八种类型,它们像花瓣一样围绕在核心服务这个花蕊的周围,整个模型看起来像一朵盛开的鲜花,被称为"服务之花"(图6.5)。我们按照顾客服务体验的顺序将其按顺时针排列,这八个花瓣分别为信息服务、咨询服务、订单处理、接待服务、保管服务、额外服务、开账单和付款。若花瓣和花蕊都非常新鲜,形状构造得好,且能互相辉映,这个服务组织一定运行良好,管理出色,设计超群;但若一个组织管理不善、运行不佳,则其提供的服务就好比凋谢的花朵或者没有花瓣、褪色的花朵,即使核心产品很完美,这朵花给人的整体印象却不佳,缺乏吸引力。回忆一下你自己经历的服务体验,当你对一次服务经历不满意时,是对花蕊不满意还是对花瓣残缺或不新鲜而不满呢?

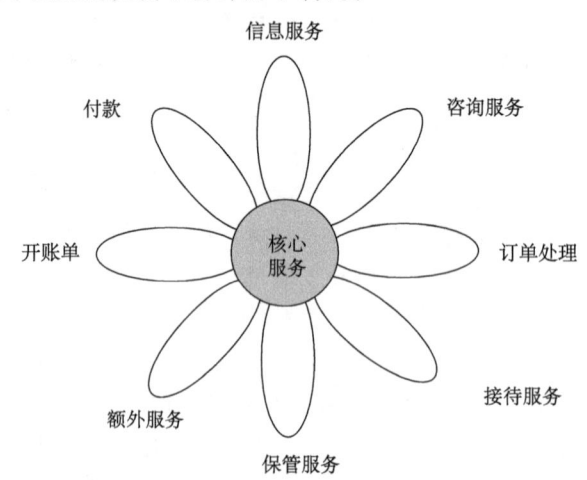

图6.5 服务之花:附加性服务环绕的核心服务产品

资料来源:洛夫洛克等.服务营销:管理员工、技术与策略.郭贤达,陆雄文,范秀成译.北京:中国人民大学出版社,2007:92.

并不是每个核心产品都被这八种附加服务环绕。正如我们所见到的,产品的本质特征有助于我们决定哪些附加服务是必须提供的,哪些可能对增加产品价值或易于服务传递有用。总的来说,人员处理和高接触服务比其他三种服务需要更多的附加性服务。

1. 信息服务

顾客购买服务时,为了获取充分价值,自然需要相关的信息。信息来源很多,服务员工、家人、同事朋友、广告宣传、网上信息、通信工具上发送信息、顾客个人经历等渠道,均可使顾客获取信息。

信息服务要素的基本内容

去服务地点的路线指示	销售/服务的条件
时间安排/服务时间	变更通知
价格	书面材料
使用核心产品/附加服务的说明	订购确认
提醒事项	会计活动总结
警告	收据和票据

服务营销者必须明确顾客在消费某项服务时需要哪些信息以及顾客获取信息的来源渠道,以便有针对性地提供信息,并如何以最佳的方式引导顾客了解其所需的信息。另外,服务组织应能确保他们提供的信息及时、准确,因为错误的信息会使顾客不满且会带来不便。另外,服务组织应充分利用现代高科技手段,丰富信息内容,提高信息服务效率。

2. 咨询服务

咨询服务是一种探求顾客需要,提出有针对性的解决方案的服务。它是一个知识丰富或具备一定技能的服务人员对顾客的诸如"你认为该怎么做"这样的要求迅速提供意见的服务,例如,美发师给顾客的发型建议、营业员给顾客的服装选择建议等。有效的咨询可以促成大量的服务购买。

咨询服务要素的基本内容

建议	产品用途的指导/培训
审计	管理或技术的咨询
个人咨询	

简而言之,咨询服务就是知情服务人员根据顾客需求提供直接建议。有效的咨询要求服务人员在提供合适的解决方案之前充分了解每一位顾客的目前处境。清晰的顾客信息记录对咨询服务很有帮助,特别是在远程数据传输成为可能以后。

3. 订单处理

订单处理发生在准备购买之时，服务提供者开始接受申请、订单和预订。

订单处理服务要素的基本内容

申请	房间
俱乐部或计划的成员	车辆或其他设备的租赁
订购服务（如公用事业组织）	与专业人员的约会
有前提条件的服务（如信用卡、大学招生）	进入容纳能力有限的设施的权利（如展览会）
订单输入	订单输入
现场完成	邮寄订单
按顺序完成的邮寄/电话订单	电话订单
预订	购买订单
座位	保险订单
桌子	

订单处理过程需要礼貌、快捷而准确的服务，这样才不会使顾客浪费时间或忍受不必要的情感和物质上的折磨。无论是对顾客还是对服务提供者而言，适当运用技术手段都可以使订单处理过程变得简捷迅速，问题的关键是在确保服务完整性和准确性的条件下尽量减少双方投入的时间和精力。

4. 接待服务：照料顾客

有许多服务要求顾客亲临，有些服务要求顾客待在那里直到服务传递结束，如看病，美容，进餐馆、酒店、电影院，于是要求组织中的成员善待顾客，事无巨细且不论时间长短，凡是组织良好的服务企业都会在招待服务上特别注意。

招待顾客服务要素的内容

问候	挡风遮雨的保护装置
食物和饮料	杂志、娱乐、报纸
盥洗室	存放物品处
浴室的成套用品	交通
等候场地和便利设施	安全
大堂、等候区域、座位	

提供这种附加服务是一种能增加顾客对核心产品满意度的招待行为。还有的招待服务是以提供通向或离开服务场所的交通车辆为起点（或终点）的，如山西太原的五一商

厦就提供这样的招待服务,很受消费者欢迎。

5. 保管服务:照料顾客的物品

保管服务,即顾客在服务现场逗留的过程中,通常希望服务提供者能够照料他们个人的物品。对物品的看管比起对人的招待来相对容易,只要服务组织愿意作一定的投入。顾客对物品的看管要求是完好无损,不要丢失。

保管服务要素的内容

照料顾客带来的物品	提货
孩子照料	运输
宠物照料	搬运
车辆停车场	安装
代客泊车	检查和诊断
衣帽间	清洁
行李处理	添加燃料
存放空间	预防性的维护
保管箱/安全设施	修理和更新
照料顾客购买(或租用)的商品	升级
包装	

保管服务做得好与坏,直接影响到核心服务的质量。如搬家公司帮顾客搬运家具至新家,若物品完好无损,双方皆大欢喜;若损坏某样家具、保管物品不利,可能还要给予顾客赔偿。

6. 额外服务

额外服务在一定程度上会使核心服务及其他附加服务锦上添花。聪明的管理者都会事先对例外情况做出预测并略施营销小技巧妙实施。在生活中,许多顾客有过享受例外服务的经历,如用餐过后索取额外馈赠,有时酒店会主动提供一道特色菜或赠品。

例外服务要素的内容

服务传递前的特殊要求	投诉
儿童的需要	赞美
饮食方面的需要	建议
医疗或残疾人的需要	解决问题
宗教习惯	对产品故障的维修保证
对标准生产程序的偏离	解决使用产品中出现的问题
处理特殊的沟通	解决由意外事故、服务失误造成的

困难	补偿
和员工或其他顾客引起的问题	资金赔偿
帮助那些遭受意外事故或要接受紧急治疗的顾客	对不令人满意的商品和服务进行补偿
	对有缺点的商品进行免费管理

管理者应该关注额外服务需求。如果这种需求过多，就说明原有的标准化程序需要改进。如一个餐厅不断收到增加菜单上没有的某种特殊蔬菜的请求，就意味着菜单上应该增加至少一两种类似的菜式。一方面，保持额外服务的灵活性是个好主意，因为灵活性可以使员工对顾客需求做出快速反应。另一方面，额外服务过多可能会以牺牲服务传递的安全性、增加对其他顾客的负面影响及加大员工负担为代价。

7. 开账单

开账单几乎是所有服务共同的要素。Lovelock 对此强调说，不正确的、字迹模糊而无法辨认的，或者是不完整的账单都是一次令顾客不满意的经历，即使这些顾客到那个时刻为止对他们的服务经历可能仍是相当满意的。

开账单服务要素的内容

账户活动的定期对账单	应付金额的机器显示
单笔交易的发票	自己开账单（由顾客自己计算）
应付金额的口头说明	安全

顾客通常期待收到清晰的账单，账单上能够显示出使用过的每一项服务的费用。对于顾客来说清晰有序的详细信息的价值比仅有月末一次性结总账大得多。繁忙的顾客不喜欢最终酒店、餐厅或租车场等候服务人员开账单。许多酒店和汽车租赁公司现在都发明了快速结账的方法，那就是先记下顾客信用卡的详细信息，事后再通过信件索要费用。但账单的准确性是最基本的要求。既然顾客选择快速结账的方法以节省时间，那他们自然不希望事后因为纠正账单错误、重新付款而浪费时间。一些汽车租赁公司还采用另一种快速付款的方式，当顾客归还汽车时，当场用一个无线终端检查行程公里数和耗油量。许多酒店在顾客离开的那天早上会将账单放在房间的门口。在另一些酒店，顾客在结账前可以通过房间里的电视监控器来查询账单。

8. 付款

在大多数情况下账单都是需要顾客付款的，但顾客的付款行为可能会很慢。当然银行结单除外，因为可以直接从顾客的账户中扣除。无论是在国内消费还是国外消费，顾客越来越希望付款过程简易便捷。

付款服务要素的内容

自助服务	支票处理
机器找钱	信用卡/支付卡/借记卡处理
支付现金给机器，取回找钱	优惠券抵扣
插入预先已付款的卡	货币代用券、票券等
插入信用卡/支付卡/借记卡	从资金存款账户中自动扣除（如银行
插入货币代用券	费用）控制和核实
电子资金转付	自动系统（如在入口处使用机器可阅
邮寄支票	读的票据）
直接向收款人或中介机构付款	人员系统（如大门的控制员、检票员）
清点现金和找钱	

虽然许多付款行为还停留在面对面的现金交易阶段，但越来越多的机构已经开始接受信用卡或借记卡付款。其他付款方式还包括代币、优惠购物券、代金币和预先支付票款等。为了保证人们真正按时付款，一些服务业设有控制系统，如电影院门口和车站入口的检票系统。但是，检查员和安全员必须训练有素，既要严格执行规定，又要不失礼貌，这样才不会让那些诚实的顾客感到不自在。但现在的检查员和安全员通常只对顾客起到威慑作用。

➢ 案例6.3：四川民俗旅游的服务之花

民俗旅游是以旅游地域的民俗风情为主要观赏内容及体验对象而进行的一种文化旅游活动，现在已经成为与自然风光游、名胜古迹游相辅相成的三大旅游系列活动之一。四川省的民俗旅游营销就核心产品而言与其他省市自治区的民俗旅游项目并没有本质性的区别，要想实施差异化营销战略，就必须从附加服务上做文章。以下结合四川省的具体情况，构建出民俗旅游营销的服务之花模式。

发掘民俗旅游主题

在民俗旅游主题设计上，本着"人无我有、人有我新"的原则，结合当地的风土人情深度挖掘旅游主题。例如，成都市内十条特色文化旅游街区和周边的乡村旅游，打造了10条特色文化旅游街区，如文殊坊、锦里、桐梓林风情街等街区，很有特色和吸引力，形成了一街一景、一桥一色、一河一貌的城市风格。成都首推乡村旅游全国建设典范：率先提出乡村旅游，并形成了以一批锦江三圣花乡和郫县农科村为代表的全国一流的农家休闲旅游产品。

构建八片花瓣——品牌传播、咨询服务、交通、住宿、餐饮、购物、例外服务、银行

（1）品牌传播。实施有效的品牌传播战略有利于民俗旅游景区树立形象、增加盈利、提高市场占有率、增强竞争能力。南充市大英县的"中国死海"就是一个成功的范例。

(2) 咨询服务。民俗旅游景区可以通过开设 800 免费咨询热线、网络在线咨询和电子邮箱来满足游客的需求。

(3) 交通。通过兴修公路、铁路、机场和码头等交通设施，增加通往景区的客车、列车、航班以及轮渡的数量和频率，从根本上改善交通，使游客方便抵达。

(4) 住宿。民俗旅游营销必须要解决好游客的住宿问题。这并不是仅仅提供基本的、价格低廉的住宿服务，而是应该具备能够满足各个消费层次住宿需求的能力。

(5) 餐饮。民俗旅游景点可以结合当地情况重点发展花园式、园林式和野外式餐饮；人们就餐时不仅仅追求口感、口味，而还要讲究营养搭配，因此可以大力发展"绿色餐饮文化"。

(6) 购物。异地旅游总不会空手而回，民俗旅游旅游景点应提供适销对路的产品满足游客的需求。游客最可能购买的产品是民间手工艺品、当地土特产、文物仿制品。

(7) 例外服务。例外服务包括特殊要求、解决意外问题、对投诉的处理。对例外服务的处理能够体现对于游客需求的机动反应能力，要特别注意一些例外服务如果处理不当，会引起不满。

(8) 银行。多数民俗旅游景区地处偏远地区，当地应该大力改善金融环境，增加银行的服务网点、延长营业时间、设置金融自助服务设备，以满足游客的需求。

案例来源：汪嘉彬，计维斌．浅析服务之花理论在四川民俗旅游营销中的应用．四川省营销学会．2008-03-13．据此改编。

6.2.2 延伸产品

无论是服务还是其他商品，随着竞争的加剧和行业的成熟，核心产品逐渐趋同。虽然企业仍在考虑如何改善核心产品的质量，但是在核心的行业中，他们通常会在与核心产品紧紧相连的附加性服务中寻求创建竞争优势的突破口。核心产品和附加产品的组合通常称为延伸产品，有很多理论可以解释服务行业中的延伸产品的概念。

1. 分子模型

G. L. Shostack 发明了一种分子模型（the molecular model），如图 6.6 所示，从化学的角度进行类比，可以帮助营销人员形象地理解和把握其提出的"整体市场实体"（total market entity）概念。这一模型既可用于实体产品又可用于服务产品。

模型的中心是核心利益，表明顾客基本需要，并同服务的一系列其他特征相联系。通过这个分子结构图，让营销人员认识到整体产品概念，并对其进行管理；同时，还提出模型中任何一个要素的变化都可能从整体上改变主体的性质。Shostack 对服务传递中的有形要素和无形要素作了区分。其以航空公司为例，无形要素包括运输服务本身——服务频率和起飞前飞机上和降落后的服务，但飞机及提供给乘客的食物、饮料等均是有形的。无形要素必须连同有形要素共同发挥作用。营销人员可以决定他们的服务到底是

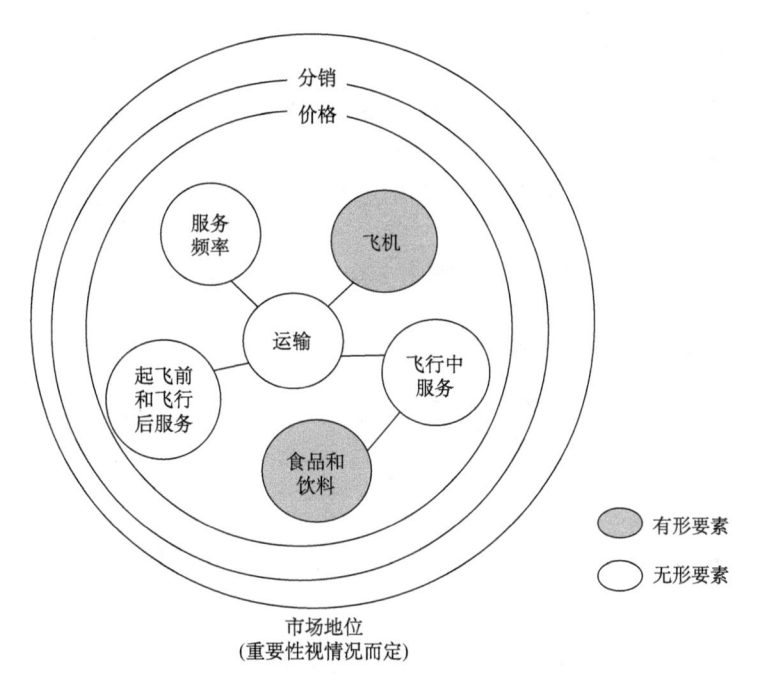

图 6.6 肖斯塔克的分子模型：航空乘客服务

资料来源：洛夫洛克等. 服务营销：管理员工、技术、战略. 亚洲版·第 2 版. 范秀成主译. 北京：中国人民大学出版社，2007：88.

有形要素主导还是无形要素主导，无形要素占的比例越大，就越需要通过有形展示来突出产品特点和强化服务质量。

2. 核心和外围服务模型

法国学者 Eiglier 和 Langeard 也提出一个核心和外围服务模型。在这个模型中，核心服务被一个包含着某种产品所特有的一系列外围服务的服务圈所包围。他们强调下面几点：一是每一项服务的表现都会影响其他服务的质量，所有的外围服务都应当对整体做出反应；二是要了解相关的信息，以确定核心服务和外围服务要素分别对顾客整体满意度的影响；三是管理层必须决定要提供怎样的一套外围服务才是适宜的；四是管理层还要决定是单纯对每一单项服务收费，还是以一个组合价格提供所有的服务。

同 Shostack 的方法相同的是，该模型也强调了核心服务和外围服务要素及其各自的独立性，但他们把有助于享用核心服务所必需的外围服务要素和那些用来加强核心服务吸引力的要素区别开来。例如，飞机上的餐饮是外围服务要素，而飞机上的电话服务是加强核心服务吸引力的要素。这个模型提醒服务营销者如何处理核心服务与附加服务的关系，甚至会牵扯到该如何制定价格、是一揽子定价还是单项收费、是否会产生不良反应等问题。

3. 营销和顾客关系生命周期模型

Grönroos 在营销和顾客关系生命周期模型中描述了附加服务所扮演的不同角色。在购买和消费的过程中，顾客按顺序接触到不同的服务要素。如图 6.7，这个模型提醒服务营销者了解如何在顾客消费服务过程中更好地理顺各种要素，引导顾客重复购买。

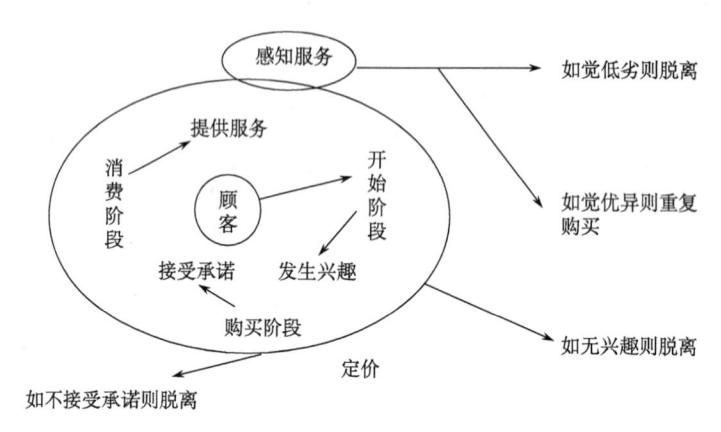

图 6.7　营销与顾客关系生命周期模型

资料来源：李怀斌，于宁. 服务营销学教程. 大连：东北财经大学出版社，2002：124.

这三种延伸产品的模型都为我们提供了一些有意义的启示。Shostack 认为，首先要区分服务中的有形和无形要素，以确定产品策略和促销手段。而 Eiglier 和 Langeard 则指引我们思考两个问题：首先，附加性服务是为了使核心产品便于使用还是为了增加核心产品的吸引力？其次，消费者应该分别为不同的产品要素付费还是为产品组合付费？而 Grönroos 的研究给我们进一步的启示，他通过区分产品的便利性服务还是支持性服务来分清附加性服务所起的不同作用。

6.2.3　影响附加服务选择的要素

无论是产品还是服务，其核心产品或服务迟早都会随着竞争的加剧和市场的成熟而变得不再是竞争的焦点，无数的实践验证了这一点。企业应根据自身的特点和资源能力选择附加服务的范围和水平，下面几个因素影响附加服务的选择。

（1）核心服务产品。并非每一种核心产品都被这八组附加服务要素包围。需要哪些附加服务要素相伴，是由核心产品的性质决定的。通常情况下，人体服务比其他三种服务需要附带更多的附加服务，高度接触的服务比低度接触的服务有更多的附加服务要素。去美容厅美容与去干洗店洗衣物相比，就需要更多的附加服务要素。

（2）营销定位策略。前面我们已分析过服务定位的问题。服务组织的营销定位会影响附加服务的选择，若定位在及时便利性上，会更多地选取提供信息、及时处理订单等；若服务组织定位在提高服务质量水平上，会更注重提供咨询帮助、优化招待环境、增加例外服务等。总之，定位影响服务组织选择附加服务的方向，提供不同利益、不同等级、不同竞争占位点的服务企业通常会侧重各自的有利条件，尽可能多地给顾客提供更多的满意服务。

（3）服务企业的资源、实力及价值取向。有些服务企业有给顾客提供附加服务的愿望，但由于实力、资源所限，力所不能及；有些服务企业可能有实力，但缺乏以顾客为导向的理念，不积极主动地给顾客提供附加服务。不论是哪种情况，都会影响顾客的满意度，但相比起来，人们似乎更同情前一种情况而抱怨后一种情况。总之，服务企业应树立顾客导向的营销理念，根据自身实力，努力使自己提供的服务被顾客称为"服务之花"。

6.3 服务产品品牌策略

品牌是吸引消费者重复购买服务产品的一个主要的决定因素。品牌的基本职能是把公司的产品和服务同其他公司区分开来。品牌能使顾客通过其提供的有效信息来识别特定的公司及产品。在服务营销中，公司品牌是形成企业服务特色、取得企业竞争优势的重要手段。

6.3.1 服务品牌概述

Kotler将品牌定义为"一个名字、名词、符号或设计，或是上述的综合，其目的是要使自己的产品或服务有别于其他竞争者"。但是，品牌发展到今天，不再只是供以区别的标志，已经成为客户与企业的价值源泉。顾客从形象和文化中能感受到消费该品牌产品或服务所带来的心理上的价值利益。品牌可以消除顾客购买时的不安全感；另外，品牌还可以凭借其多年运营而得的文化内涵给顾客以心理上的享受，而购买服务的顾客，更为关注这种精神层面上的享受。对企业而言，品牌的价值由可接受的高价格、产品信誉、顾客忠诚、边际效益构成。

1. 服务品牌的整体含义

品牌代表利益认知、情感属性、文化传统和个性形象等价值观念，一个具有丰富文化内涵的品牌具有持久的生命力。因此，品牌是服务产品形象和文化的相片。品牌包括两类要素：一类是展现在消费者面前，看得见、摸得着的一些表层要素，如品牌名称、品牌标志等；另一类是在品牌表层要素中蕴涵的该品牌独特的内层要素，如品牌的利益认知、情感属性和个性形象等。

（1）品牌名称。品牌名称是品牌中可以被读出声音的部分，是形成品牌概念的基础。

（2）品牌标志。品牌标志是品牌中可以被识别但不能用语言表达出来的部分，也可以说是品牌中的图形记号，通常为某种语言表达出来的部分，也可以说是品牌中的图形记号，常常为某种符号、图案或其他独特的设计。迪斯尼公司富有冒险精神、正直诚实、充满童稚的米老鼠标志不仅得到儿童的喜爱，也是许多成人喜欢的对象。品牌标志是品牌的"视觉语言"。它的独特标志能使消费者马上识别出该品牌，它的生动形象使消费者成为它的忠实用户，并在消费者头脑中产生一个深刻、形象的印象。

（3）利益认知。品牌的利益认知是指消费者认识到某品牌产品的功能特征所带来的利益，利益认知是品牌认知的一部分。品牌文化通过利益认知向消费者传递产品满足一定的需求并在某方面具有较强满足能力的价值信息。

（4）情感属性。消费者在对品牌的认识过程中，会将品牌的利益认知转化为一定的情感上的利益。消费者在购买产品的功能利益的同时，也在购买产品带来的情感属性。麦当劳的质量和服务可转化为"在这里找到受人尊重、舒适以及开心"。品牌也代表了一种文化传统，文化传统有时会成为品牌的强大力量源泉，品牌因此而更有持久的生命力和市场优势。

（5）个性形象。品牌具有一定的个性形象，因此，对品牌的宣传不仅要说出其独特之处，树立品牌形象，还要赋予品牌鲜明的个性形象。个性形象更强调品牌与其他品牌的区别，无论消费者是否看到该品牌的标志和字体，都能意识到该品牌所代表的利益和形象。品牌的个性形象越突出，消费者对品牌的认知越深，该品牌在市场上越占优势；否则，消费者对品牌的认知就肤浅，无法引起购买者的足够注意力。

2. 服务的品牌效应

服务企业创建自己的品牌，会产生品牌效应，并从中获得一系列好处。

（1）磁场效应。服务企业或产品所创造得优势品牌具有很高的知名度、美誉度，必然会在现有顾客的心目中建立起较高的品牌忠诚度，使他们对服务产品反复购买并形成习惯，不再轻易转向竞争对手的产品，如同被磁石吸住一般而成为企业的忠实顾客；此外，使用同类服务产品的其他顾客也会被其品牌的名声、信誉所吸引，转而购买该品牌，并逐步变为其忠实顾客。这样，品牌对消费者强大的吸引力会不断使产品的销量增加，市场覆盖面扩大，市场占有率提高，最终使品牌的地位更稳固，即品牌的磁场效应。

（2）扩散效应。企业的一种产品如果具有品牌优势而成为名牌产品，则会赢得顾客及社会范围内对该服务产品及企业的信任和好感。如果企业通过巧妙地宣传，将这种信任和好感由针对某种具体的服务转为针对品牌或企业整体，那么企业就可以充分利用这种宝贵资源推出同品牌的其他产品或进入其他领域从事经营。如果策略得当，人们对该品牌原有的信任和好感会逐渐扩展到新的服务和产品上，即品牌的扩展效应或放大效应。

（3）聚合效应。知名品牌不仅可以获得较高的经济效益，而且可以使企业不断发展壮大。企业实力增强后，一方面，可以将许多提供相关业务的供应商牢牢吸引在本企业周围，建立稳固的合作关系；另一方面，企业可以通过入股、兼并、收购等方式控制其他企业；同时，在行业竞争中失败的中小企业也会逐步依附于名牌企业，企业就会成长为企业集团，即实现品牌的聚合效应或产业聚合效应。

（4）时尚效应。这是指在特定的时间里，由于某种品牌产品知名度与美誉度很高，消费者争相购买，认为使用这种品牌产品很新潮，不但自己购买，还劝告另一部分消费者前来购买，并向其述说使用此品牌的好处，为了追随大众，另一部分消费者也前来购买，形成了一种消费趋势，无形之中形成了一种时尚。

6.3.2 服务产品品牌的管理

随着社会经济的发展和进步，品牌战略已经越来越成为现代企业普遍采用的经营指导思想。其基本目的，就是通过推出能让消费者识别的特定标志，表达企业对消费者的种种承诺，提高消费者对企业和产品的认同度、信任度和购买欲。所以通过有效地管理服务品牌，以高层次的优质服务赢得消费者的信赖，树立企业的信誉，就能够大大提高企业在市场竞争中取胜的概率。

1. 品牌定位

品牌定位就是给品牌找一个独特的位置，主要是指品牌给目标消费群的一种感觉，是消费者感受到的一种结果，如品牌的档次、特征、个性、目标人群等。接下来，品牌的诉求、品牌广告创意、医疗服务产品色彩和包装、市场生动化展示、推广策略都要与品牌的定位相一致，这样才能凸显品牌的张力。

品牌定位的方法很多，只要与市场定位相符合就可以了。可以从服务产品自身特点方面挖掘，如功能、功效、色彩、口感、品质、工艺、产地、历史等诸多因素；也可以从企业资源中提炼，如企业背景、领导者、领军人物、社会贡献、资本整合、战略发展、营销策略等角度。养生堂企业倡导的"养生健康文化"，浓浓的情感"养育之恩，无以回报"，都是企业文化在品牌上的渗透。在市场定位的基础上赋予品牌的核心理念，如香格里拉代表气氛优雅的世外桃源、希尔顿对客户说"这里就是你的家"，这种核心理念往往代表了品牌给予消费者的核心利益点，并且引发消费者的共鸣。同时，服务企业还需注意倾注品牌形象，使品牌人格化，如肯德基以慈祥的肯德基爷爷作为形象代言人。此时，品牌运作及管理的最基本层次初步形成。服务业中利用情感心理定位的品牌也很多，比如哈根达斯的情感定位："爱她就带她来吃哈根达斯。"

2. 品牌识别

品牌识别（brand identity）是营销人员试图创造的对品牌形象的描述，品牌识别是营销人希望在顾客心目中形成的对品牌的印象，这是营销人员努力的方向。单一的标志识别已经过时，进行品牌运营必须建立起一套立体的识别体系，这是发展强势品牌的要求，也是"整合品牌营销"的基础。品牌三维识别系统分别从视觉、听觉、体验三个维度描述品牌识别，分为品牌视觉识别（VI）、品牌主张识别（PI），品牌象征识别（SI），如图6.8所示。

第一维：品牌视觉识别——视觉识别。这个品牌是什么样子的？这一维度要通过品牌立意、产品概念表现出来。"品牌立意"是指为品牌确立一定的内涵意义，如快乐的、稳重的、时尚的。"产品概念"是指产品的基本属性是什么。"产品概念"是"品牌立意"的基础。"产品概念"与"品牌立意"要协调一致。

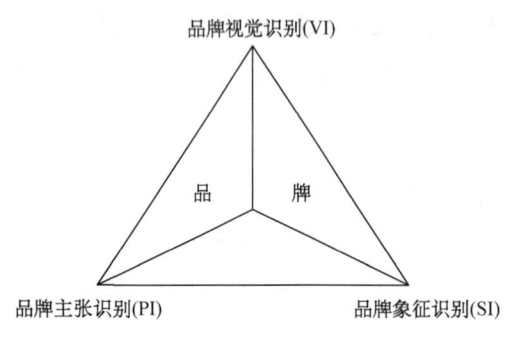

图6.8 品牌三维识别系统

第二维：品牌主张识别——听觉识别。这个品牌要给人们什么？什么是品牌主张？品牌主张是一种营销思想，它表现品牌的一贯立场；品牌主张是一种市场承诺，它极力满足人们的某种需要；品牌主张是一面旗帜，它让人们看到了它存在的价值；品牌主张是一种文化，它透视着一种品牌的精神内涵。

第三维：品牌象征识别——体验识别。这个品牌的意义是什么？品牌象征是一种高级的品牌心理识别。这种象征主要来源于三个方面：产品历史——"茅台"酒，品牌主张——"人头马XO"，专业特色——海飞丝。

3. 品牌化

从服务的角度来看，由于服务具有过程性的特点，计划或者管理服务过程即成为品牌化过程的核心。在品牌化过程中，计划性营销传播仅是支持性的因素。如果服务过程形成负面的品牌价值，计划性的传播就无法对其进行弥补，用计划性营销传播手段作为品牌创立的主要手段的服务营销人员冒着极大的失败风险。

图6.9描述了服务品牌化过程。在管理品牌化过程中，首先，应该分析企业希望顾客和其他利益相关者（如股东、金融机构、合作伙伴）形成的品牌形象，这就是期望的品牌

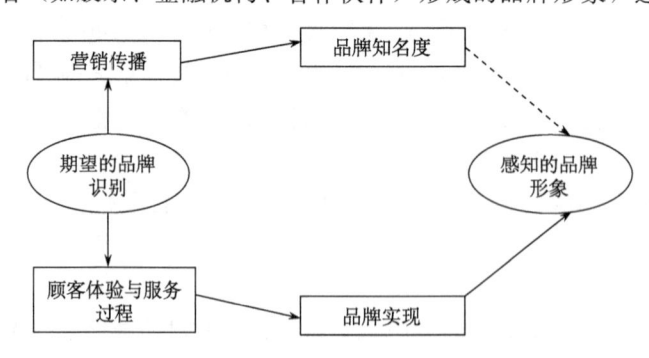

图6.9 服务品牌化过程

资料来源：洛夫洛克等.服务营销：管理员工、技术、战略.亚洲版·第2版.范秀成主译.北京：中国人民大学出版社，2007：240.

识别。其次，通过计划性营销传播活动建立品牌知名度。其目的有二：一是让所有的顾客和其他的利益相关者都了解该服务；二是在计划性营销传播活动支持顾客的服务体验和服务过程及其结果（服务的功能质量和技术质量）的情况下，服务体验能得到所有营销传播活动的支持。最后，顾客的服务体验和服务过程形成品牌实现，从而在顾客心中产生感知的品牌形象。这时，计划性传播活动仅起到支持性作用，在图中用虚线箭头表示。

以前面提到的服务三角形为基础，Brodie 和他的同事提出了服务品牌-关系-价值三角形模型，用以帮助研究人员和从业者更好地理解品牌创建的多个方面，该模型如图 6.10 所示。

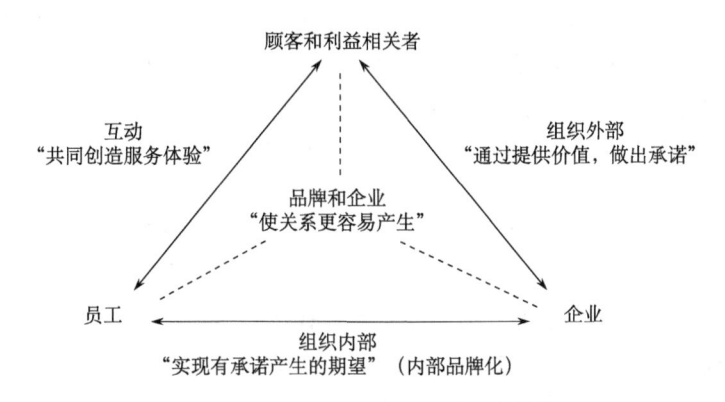

图 6.10 服务品牌-关系-价值三角形模型

资料来源：Brodie R J, Glynn M S, Little V. The service brand and service-dominant logic missing fundamental premises or the need for stronger theory? Marketing Theory, 2006, 3 (3): 372.

该模型以承诺为基础。三角形的右边是企业，它将从事各种计划性传播活动，向外传递关于品牌的承诺，并在顾客和其他利益相关者心目中建立品牌知名度。三角形的底部表示企业必须在组织内部采取行动，以实现有承诺产生的顾客期望，即"内部品牌化"，意思是外部传递的品牌价值必须与品牌对企业及员工的内部价值相一致，这与内部营销有关。三角形的左边表示服务过程中顾客与员工的行为及他们之间的沟通和互动，这种互动促进了品牌实现。在服务过程的互动中，顾客和员工共同创造了形成品牌实现的服务体验，这种体验使承诺得以兑现。如果兑现成功，企业期望的品牌形象就会出现。不过，两者都会建立起品牌形象。总之，不论是为顾客创造品牌价值，还是为企业创造服务品牌资产，都需要对这三方面仔细规划，小心整合。

4. 品牌传播

要增加品牌的知名度，目前最重要的工具是整合营销传播，即最大限度地调用媒体，通常做法是进行媒体分析，知道哪些信息渠道可能最有效地到达目标消费者，然后整合所有资讯，用同一个声音说话（speak with one voice）。

整合营销学说的代表人物 D. E. Schulze 曾经认为，只有"通路"与"传播"能产生差异化的竞争优势。在创造渠道竞争优势的同时，通过高效的品牌传播体系，增强顾客对品牌的了解和认同，提高顾客对品牌的满足度，从而培养顾客品牌忠诚度才是决胜的关键。

虽然单纯地依靠电视、报纸等媒体实施商业广告的空中轰炸成就品牌已经成为历史，但是品牌的广告传播这一途径并没有过时，而是随着营销环境的变化需要对传播的方式和内容进行创新和整合，让品牌的广告传播能够实现品牌的深度沟通效能。一是要进行媒体商业广告传播创新，二是要有效利用媒体软广告传播。

要进行媒体商业广告传播创新，一方面，要进行媒体创新，媒体要从单一化向多元化发展，改变以往只重视电视媒体，而忽视选择其他商业广告媒体的做法，应多种媒体合理组合齐头并进，尤其是杂志、户外、车体、室内资源都要充分利用，使品牌信息真正地让顾客随处可见。另一方面，要对广告的内容进行创新，少一些王婆卖瓜式的直白式商业味浓的广告，多一些创意独特、富含文化和情感氛围的广告，如百威啤酒的小蚂蚁等动物系列广告充满幽默意趣、人文关怀、生活激情，让顾客产生强烈的心理共鸣，过目不忘。

新闻频道、电视专题、报纸、杂志软文等媒体软广告由于商业广告味不浓，可信度高，易被顾客接受，而且能够让顾客了解企业、企业家、产品、服务等更多的信息，对提升品牌形象和记忆的作用往往会起到商业广告所不能及的作用，而且成本比商业广告要低得多。表 6.2 列出了几种有效的传播手段。

表 6.2 几种有效的品牌传播途径

类型	特点
POP 广告	直接面对终端顾客，能够直接地将品牌信息最有针对性地向顾客传播，品牌的传播效率高
试用	让顾客真实体验消费过程，有效地消除了顾客对产品或服务存在的疑虑，有效地激发了顾客的购买欲望
公益公关活动传播	公益公关活动体现企业的社会责任，塑造了品牌"关爱民生、回报社会"的公众形象，让品牌更加人性化，有力地提升了品牌的亲和力，拉近了与顾客之间的距离
政治公关活动传播	通过政治公关活动如邀请党政领导人到企业视察，企业承办政府有关活动等，以此制造新闻引起社会公众关注，提升品牌的政治形象，提升品牌的权威感和可信度
口碑传播	不需要高成本投入而又成效显著的方法，是被顾客经常使用且深得顾客信任的信息渠道。因为是第三方传播，传播的信息是客观而公正的，最具有可信性

> **案例 6.4：招商银行的整合品牌传播策略**

招商银行成立于 1987 年 4 月 8 日，是中国第一家股份制商业银行，以 243.8 亿元品牌价值荣登国内银行前三甲，在金融界树立了自己的品牌。这与其自成立之初，就一直致力于打造一流的品牌、整合品牌传播策略是密不可分的。

1. 建立统一的品牌形象识别系统，进行整体品牌形象传播

招商银行一开始就建立了统一的品牌形象识别系统（CIS）。

（1）标志（Logo）的设计从视觉印象开始。招商银行的标志以它英文名首字母c、m、b为基本设计元素，立足招行国际化、现代化进行设计。招商银行的品牌形象传播从视觉开始，鲜红的Logo、富有寓意的设计，拥有独特、鲜明、富有冲击力的视觉形象，成为最亮丽的一道风景线，传播鲜明独特的品牌形象。

（2）招商银行的行花"向日葵"是对其理念的生动诠释。"客户是太阳，招商银行就是向日葵。向日葵是迎着太阳转动的，抓住阳光的方向，向日葵才能保持永远鲜艳。""向日葵"是对招商银行"因您而变"理念的生动诠释。

（3）聘请代言人进行品牌传播与推广。钢琴王子郎朗签约招商银行，出任招商银行的形象及品牌代言人，起到双明星效应，产生"1＋1＞2"的效果，具有"中国最佳零售银行"之称的招商银行与世界著名钢琴表演艺术家郎朗一同奏响了塑造"招商银行因您而变"品牌形象的艺术华章。

招商银行鲜明独特的行徽、赋予理念的行花"向日葵"、品牌形象代言人郎朗这三个核心品牌形象赋予了招商银行鲜明的品牌个性，透过所有客户接触点，传达着招商银行的核心品牌信息，传播招商银行的品牌形象。

2. 广告传播：依托高端媒体，抢占竞争先机

招商银行通过一系列的广告传播策略在中央电视台、凤凰卫视、《财经》杂志等高端媒体抢占广告竞争先机；同时整合多种媒介传播，如网络、高档小区电梯广告、地铁车厢广告等，打组合拳，也非常重视广告的形式，有针对性地影响到目标客户以及潜在客户，广告品牌传播取得了很好的效果。

3. 公共关系传播：树立负责任的良好的企业形象

招商银行精于公共关系传播。热心公益事业是招商银行优良的品质，设立慈善基金、抗非典、扶贫、助学等只是招商银行热心公益事业的一部分，哪里有困难，招行人都会用爱心浇灌"心与爱的绿洲"。这一系列有效的公共关系活动提升了招商银行的声望，得到了客户乃至社会的认可。

4. 事件传播：借势传播品牌知名度

招商银行借各种有影响力的事件多层面展开深度关系营销传播，从而提升整体品牌形象。例如，2007年4月，在银行成立20周年之际，推出整体品牌营销传播活动，以音乐、慈善、关爱、祝福、分享，构筑整体品牌的"感恩营销"。2008年北京奥运会带来的全民体育热，以此为契合点银行发行Visa奥运信用卡，正式启动"和世界一家"信用卡品牌理念的宣传活动。

5. 口碑传播：开拓新市场

招商银行在推出"一卡双币"信用卡之初，组织了一些客户到香港旅游。客户在香港消费的过程中体验到"一卡双币"信用卡带来的方便和实惠,就充当意见领袖的角色,很快把招商银行信用卡具有的众多优势告知其他人,充分发挥了口碑传播的效应。

6. 独辟传播蓝海,出奇制胜

招商银行根据自身的特点和金融产品的特殊性,独辟传播蓝海,出奇制胜,取得了非常好的品牌传播效果,例如,音乐营销传播;论坛营销传播,在"每日财金"栏目中采取新闻植入性营销,达到"润物细无声"的境界;高端对话,聚焦财富人群,借力罗杰斯成就招行品牌形象;招商银行吹响《集结号》,片尾字幕为"金融合作方——招商银行",借该片高公映率取得了很好的品牌宣传效果。

7. 联合品牌传播,借助合力,实现双赢

近年来招商银行迅速与各行业杰出品牌联合,发行"招行——三星联名信用卡、国航知音卡、百盛联名卡"等一系列的卡。

招商银行利用联合品牌传播的方式,跨越到各个不同的年龄段、各个不同的兴趣圈里面,全力抢占市场,到2007年年末累计发卡突破2008万张,再次确立了信用卡市场领先品牌的地位。招商银行利用品牌盟军策略提升品牌渗透力,通过强强联合的品牌传播战略,建立品牌联盟,有利于留住老客户和开拓新市场,实现品牌传播"1+1>2"的效果。

资料来源:刘燕,祁婷婷. 招商银行:整合品牌传播策略. 企业研究,2008,(8):32. 据此改编。

讨论与思考

1. 什么是服务产品组合的宽度、长度、广度和一致性?
2. 服务包模型中包括哪些层次?
3. 服务包的定价策略包括哪些?
4. 如何理解服务之花的八个花瓣之间的关系?
5. 影响附加服务选择的要素包括哪些?
6. 如何进行有效的服务品牌传播?

第7章 服务定价策略

内容提要

各种有形产品定价的概念、原理、模式和技巧均适合于服务产品定价，但由于服务产品的特征，且与顾客之间的关系比较复杂，从而使服务的定价策略有其自身的特点。本章首先指出服务定价的特殊性以及各种因素对服务定价的影响；其次，探讨服务企业的定价目标、方法，以及具体策略；再次，阐明服务产品的顾客感知价值是其有别于有形产品的重要因素，基于感知质量的定价在服务定价策略中也占据重要的位置。

主题词

服务定价　定价影响因素　定价策略　顾客感知价值

引导案例

淘宝的"秒杀"

一元钱就可以买到几百甚至上千元的商品,这不是神话,而是实实在在发生在淘宝商城的事情。最早出现于 2009 年 9 月 25~30 日,用户只要上淘宝商城,花 1 元钱就有机会买到惠普笔记本电脑、飞利浦液晶电视等电子产品。淘宝将这样的实惠带给了大众,也出乎意料地让"秒杀"一词走红网络。

所谓"秒杀",就是网络卖家发布一些超低价格的商品,所有买家在同一时间网上抢拍的一种销售方式。抢拍与竞拍完全是两个概念,竞拍是看谁出价最高,而抢拍是价格固定,看谁先拍到,由于商品价格低廉,往往一上架就被抢购一空,有时只用一秒钟,"秒杀"一词便是由此而来。

淘宝的"秒杀"活动一经平面媒体广告,网络媒体宣传,立即就受到了上千万网友的热捧。每晚 8 点,数千万网友纷纷敲击键盘,以最迅速的操作进军那些平日里价格高不可攀的商品。在活动的六天时间内,据淘宝网后台数据显示,共有 18 亿人次网友参与,很多淘宝网友见面的问候语已经变成"今天你'秒'了吗?"

有趣的是,2009 年 9 月 26 日,在河北保定的一个网吧里,一位淘宝发烧友以每人 50 元的报酬聘请了近 30 余人,于当天晚上 8 点左右为其集体参加淘宝商城秒杀活动,在 8 点 03 分左右,角落里突然传出惊喜,一位当地大学生为雇主秒到了一台千元笔记本电脑。整个过程全部以视频和照片的形式在网上报道出来,立即引起众网友的热议。在这场雇人"秒杀"后期的延续中,"秒杀专员"、"网络杀手"成为一种新兴网络职业。

2010 年,在淘宝同湖南卫视合作推出的"越淘越开心"栏目中,"秒杀"定价活动得到了继续推行,"秒杀"概念通过电视媒体传播给了更多的消费者。根据淘宝网提供的数据,"越淘越开心"首播当晚就有超过 100 万人参与了"秒杀"活动,有幸运观众以一元的价格秒杀到了苹果 Ipad 平板电脑、佳能 500D 数码单反相机,甚至是比亚迪 G3 中档轿车等惊喜商品,而该参与数字,同时也创造了电视与网络互动的最高参与记录。

资料来源:根据淘宝社区(http:∥bbs.taobao.com)资料整理.

价格同商品的使用功能一样,是用户能直观感受到的商品属性,对许多顾客尤其是消费能力不高或者追求高性价比的顾客来说,价格是他们决定购买某种商品的最重要影响因素之一。价格杠杆,也是商家最常用的刺激顾客购买欲望的营销工具。

在服务营销市场上,适用于有形产品的各种定价概念和方法均可使用,但由于服务产品自身特征的影响,企业与顾客之间的关系通常比较复杂,企业定价不单单是给产品一个价格标签,服务定价策略也有其不同的特点。例如,服务的无形性特征使顾客对其缺乏像有形产品那样的充分感知，缺少了直接"触摸"的环节，顾客对服务质量的感知和购买决策更大程度上是基于价格、有形展示等因素。因此，我们必须重视定价在服务营销中的作用，研究服务产品定价的特殊性，同时也要对传统定价方法在服务市场营销中的应用给予一定的重视。

7.1 服务定价的特殊性及影响因素

对于购买者而言，服务价格传达着服务价值的信息，购买者希望用自己的购买力换取至少等值的服务效用。但顾客的价值判断要在获得服务利益和满意的综合感受之后才能做出，因此，更多的消费决策是在对价格信息的感受基础上直接做出的。如果顾客感受到价格更多意味着成本或代价，此时的价格便具有一种负面的决策促进作用，不少顾客会望而却步。如果顾客感受到价格更多意味着一种好处或利益，那么此时价格便成为一种正面的购买吸引力，是需求的激发因素。

与有形产品的价格策略相比，服务价格策略具有明显的特殊性，从价格术语、定价目标、定价方法，再到服务定价的战略战术以及服务定价的影响因素——服务产品市场表现出来的规则和特征要比有形产品市场更加复杂多变，其间能够凝聚企业更多的战略战术目的。

7.1.1 服务定价的特殊性

服务特征对服务产品的定价有很大的影响，在不同的服务形态和市场状况下，这些特征所造成的影响也不同。因此，在制定服务价格时，必须对服务特征加以考虑。

1. 所有权的不确定以及无形性导致成本难以确定

在服务的生产和消费过程中不涉及任何物品所有权的转移。消费者没有"实质性"的拥有服务，服务是无形的，这与消费者在购买有形产品后拥有实实在在的物品有本质的区别。对管理者而言，识别与有形产品的生产成本相联系的原材料、人工费用、制造费用、储存运输费用等是非常容易的，然而，有关服务提供的成本的计算，远比有形产品的成本计算困难和复杂，这是由服务的固有特征所导致的。不能深刻地理解成本，就不能有效地定价。一般来说，服务企业的固定成本对变动成本的比率要远远高于生产制造企业，服务领域里的可变成本占总成本比例很小的一部分。

2. 服务输入与输出的多变性使定价缺乏足够的根据支撑

一方面，服务的输入和输出与有形产品有很大区别，尤其是在缺乏信息的条件下，很难对一种服务消费之前的输入和消费之后的输出结果做出标准化的界定，定义单位服务比较困难，这就对什么是服务定价的依据提出了质疑。而更复杂的问题是许多看似相同或相近的服务，其价格却有很大差异，而这些服务给潜在顾客带来的价值却是相似的。另一方面，由于服务质量比有形产品质量有更多难以把握、难以标准化的特征，服务与服务之间缺乏统一的质量标准来作比较。消费者很可能将价格作为衡量服务成本及其质量的指标，尤其当服务质量的线索难以查明、一组服务的质量变化很大或购买服务相关的风险较大时，顾客会相信价格是质量最好的指标，将价格看做质量的替代物。因此，企业必须小心制定服务价格。除了要支付成本并与竞争者抗衡外，价格的制定还必须传达适当的质量信号：定价过低，会导致对服务质量的不准确的推断；定价过高，可能会造成在服务过程中难以达到期望。

3. 服务质量难以衡量使定价过程缺少统一标准

服务的无形性特征和服务系统中顾客无法看到的后台活动，使得顾客在购买服务产品时无法客观、准确地检查无形无质的服务，第一次购买某种服务的顾客甚至不知道产品里面到底包含什么内容。再加上很多服务产品是按各类顾客的不同要求，对服务内容作适当的添减，使得顾客只能猜测服务产品的大概特色，然后同价格进行比较，但对结论却缺乏信心。这就解释了为什么服务产品价格的上限与下限之间的定价区域一般比有形产品的定价区域宽，而且最低价格与最高价格差距很大的现象。

4. 时间价值对服务价格的影响

影响服务定价的另一个重要因素是时间因素，即排队等候服务的时间和整个服务过程所耗费的时间。时间因素构成了顾客购买服务的一项重要成本。一般来说，长时间的等待就像劣质产品一样会损害公司与顾客之间的良好关系。很多顾客宁可为减少等待时间而支付高的价格，如邮政快递服务。有时，更快的速度意味着更高的成本，要使用更先进的设备和更熟练的员工；而另一种情况下，对急需某种服务的顾客，只需其支付高价位即可享受优先权或获得加急服务。

5. 电子渠道和有形渠道的有效性

随着科学技术日新月异的发展，电子化、网络化的服务传递渠道将给传统的有形传递渠道带来挑战。例如，在金融服务业，这些先进的服务传递方式不仅给金融服务产品的成本结构带来巨大变化，还极大地改变了服务接触的方式，金融服务企业应根据顾客购买服务渠道的不同，采取不同的定价方法。

7.1.2 影响服务定价的主要因素

按照价格理论，影响企业定价的因素主要有三个方面：成本、需求和竞争。成本是服务产品价值的基础部分，它决定着产品价格的最低界限。如果价格低于成本，企业无利可图；市场需求影响顾客对产品价值的认知，进而决定着产品价格的上限；市场竞争状况调节着价格在上限和下限之间不断波动，并最终确定产品的市场价格。不过，服务行业由于自身的特殊性，其定价过程还受到一些非成本因素的影响。

1. 成本因素

成本费用是传统定价的基础。从企业角度看，产品成本成为产品价格的重要决定因素，只有当价格超过单位成本时，企业才能盈利。从定价的角度看，服务产品的成本费用可以分为三种，即固定成本、变动成本和准变动成本。

（1）固定成本，即无论产量如何都要负担的成本与费用，在产品的全部成本中占主要比例，如金融服务的固定成本占总成本的60%以上，因此，固定成本的分摊对服务企业意义重大。一家新开张的咨询公司一个月里有几个或十几个客户不会使其成本费用发生太大的变化。开办费的摊销、固定资产的折旧、管理人员的工资、其他人员的成本都是固定的。因此，在最大服务承受能力范围内，为越多的客户服务，越能在弥补固定成本的基础上获得更丰厚的收益。如果客户数寥寥，那该企业就可以一直支撑着；如果这种形势无法扭转改变，企业就得做关门大吉的打算了。

（2）变动成本，是指随服务产出的变化而变化的成本，如电费、运输费、邮寄费等。变动成本在总成本中所占的比重往往很低，甚至接近于零，如火车和戏院等。

（3）准变动成本，是指介于固定成本和变动成本之间的那部分成本，它同组织所服务的顾客数量或生产的服务数量相关。例如，所支付的职员加班费、服务场所的清洁费用等。对于不同的产品而言，这些成本差异很大，取决于所提供的服务的类型、涉及的服务人员和需要额外设施的程度。

在产出水平一定的情况下，服务产品的总成本等于固定成本、变动成本和准变动成本之和。在产出水平不确定的情况下，公司可以选择以高价出售较少的服务，或以低价出售较多的服务。不论采取哪种定价方式，有些成本在总量上是不变的，因而对不同定价的利润水平没有影响。而另一些成本则由于定价不同，其总量会提高或降低，从而直接影响利润水平。由于这些成本反映了定价策略不同而导致的成本的变化，因此被称为增量成本，正确识别出增量成本是十分必要的。

▶ 案例7.1：美发店的成本

对于美容美发店而言，成本可分为固定成本、变动成本和准变动成本三种。固定成本指不随产出而变化的成本，在一定时期内表现为固定的量，如美发店房租、仪器设备、家具、员工保底工资等。变动成本是随着美发服务产出的变化而变化的成本，如美发产品费、水电费、运输费、广告费、邮寄费、员工提成工资等。美发店的固定成本在总成本中所占比重较大；而变动成本在总成本中所占比重不大，一般美发店的美发产品成本应该只占总成本的10%。准变动成本指介于固定成本和变动成本之间的那部分成本，它同顾客的数目有关，也同美发服务的项目有关。如维修用度、员工加班费、员工提成工资等。这种成本取决于服务的类型、顾客的数目和对额外设施的需求程度，因此，对于不同的项目其差异性较大。

2. 竞争因素

服务的无形性迫使顾客在消费时采用各种各样的参照系，其中，竞争者的同类服务就是最佳参照系；服务的同质性使这种参照更容易导致激烈的价格竞争。一方面，对生产相近服务产品的企业来说，谁的价格高，谁就要失去顾客，试想两个同处闹市中心的同等档次的电影院放映同一部电影，如果一个价格太高会怎样呢？另一方面，越是独特的服务，卖方越可以自行决定价格，只要买主愿意支付此价格。因此，服务企业必须在与竞争对手相比较的基础上来制定自己的价格策略；若自己的产品无差别不必考虑采用主导价格，而采用行业中各服务提供商可接受的共同价格，避免价格战的产生；若服务产品具有很高的差异性，则可采用在相对垄断条件下的定价方式，如差别定价法、认知价格定价法等（如旅游产品的垄断性可以较好地利用这种定价方法）。

通过低价抢占竞争对手的市场份额有时是非常有效的市场竞争手段，但低价策略也有局限性。在服务市场竞争中频繁打折并不是好的价格策略，原因是：第一，竞争对手可以立即效仿；第二，顾客会对产品的质量产生质疑；第三，价格战的恶性循环不利于促进整个产业的发展。例如，我国某省会城市在某一特定时期建设了很多高级宾馆，这些酒店在淡季时期大打价格战，五星级的标准间客房在恶性降价竞争的怪圈中卖到20美元的价位，结果使该市的酒店经营陷入极大的困境，后来政府与行业协会介入，限定了其价格底线并强制实施，效果仍然不佳。另一个例子，某运输服务企业打算以降低价格来扩大业务量。咨询人员通过对市场和顾客需求的周密调查，发现当时的市场需求很旺，而且顾客对该公司的服务也非常满意，即使适当提高价格，这些老客户也不会离去。于是咨询人员根据统计分析方法，为这家运输公司制定出一个略高的新价格。采用新价格以后，企业的利润大幅度增加。咨询人员又建议企业将多出的利润抽出，投入到设备更新换代和提高服务质量上，该公司进而以更高的质量和更好的服务吸引了更多的客户。这一实例说明了采用科学的管理咨询建议，能够在价格提高的同时，不仅不减少业务量，而且随着服务质量的提高，还可以使客户数量有所增加，销售额也随之有大幅度的增长。

对于服务企业来说，在市场上除了从竞争对手那里获得价格信息外，还要了解它们的成本状况，分析它们的利润率，这不仅有助于企业分析评价竞争对手在价格方面的竞争能力，而且可以帮助企业预见对手对自己价格策略的反应及对手可承受的刚性大小。

3. 需求因素

市场营销理论认为，产品的价格下限取决于该产品的成本费用，而在该下限之上产品定多高的价格即企业能获得多高的利润率，则很大程度上由市场需求、行业属性以及顾客收入等因素决定，其中需求对价格的影响作用可以借鉴微观经济学中的供需理论。而反过来，产品的价格又能影响市场对产品的需求，对大部分产品（除一些奢侈品和供应量极少的产品以外）而言，当定价发生明显变化时市场需求也会呈现相应的变化。由价格因素变化而引起的需求的相应变化率,称为需求价格弹性,它反映了需求变化对价格变化的敏感程度,通常用弹性系数来表示。在服务产品的定价过程中,必须详细考虑该类产品的需求价格弹性。

在正常情况下,市场需求会按照与价格相反的方向变动(图 7.1)。价格提高,市场需求状态会减少;价格降低,市场需求就会增加,所以需求曲线是向下倾斜的,这是供求规律发生作用的表现。需求价格弹性通常用弹性系数(E_d)来表示,它是服务需求量(Q)变化的百分比同其价格(P)变化百分比之比值,用公式表示为

$$需求弹性系数 = \frac{需求量变动百分比}{价格变动百分比}$$

为便于分析,通常取 E_d 的绝对值。当 $|E_d|<1$ 时,表示缺乏弹性,表示价格变化时,

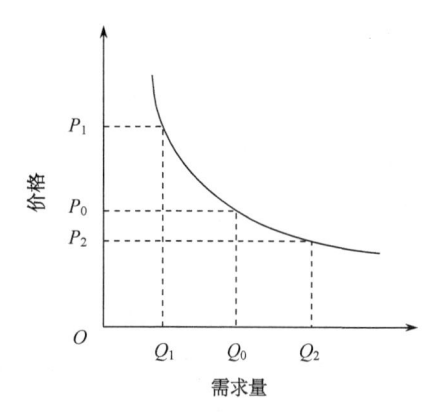

图 7.1 需求与价格的关系

需求的变化不明显;当 $|E_d|>1$ 时,表示富有弹性,意味着价格变动一点,需求就会发生较大的波动。在现实生活中,不同服务产品的需求弹性不尽相同,如果对服务需求是有弹性的,那么其定价水平就特别重要。在某些市场上,需求受到价格变动的影响很大,如市区公共交通服务、旅游娱乐等;而有些市场则受到的影响较小,如医疗、中小学教育等。

在以下条件下,需求可能缺乏弹性:
(1)市场上没有替代品或者没有竞争者;
(2)购买者对较高价格不在意;
(3)购买者改变购买习惯较慢,也不积极寻找便宜东西;
(4)购买者认为产品质量有所提高,或者认为存在通货膨胀等,价格较高是应该的。

如果某种产品不具备上述条件,那么这种产品的需求就有弹性。在这种情况下,企业高层管理者需考虑适当降价,以刺激需求,促进销售,增加销售收入。反之,如果顾客可选择余地越大则需求弹性也越大。选择余地的大小来自于顾客对服务产品有关信息和知识获得程度的大小以及他们对产品特征认知的多少,这些特征包括可寻找特征、经验特征和可信任特征。如果顾客能够根据可寻找特征评价产品,顾客选择的余地就比较大,产品需求就有较高的弹性。价格本身就有一种可寻找特征(图

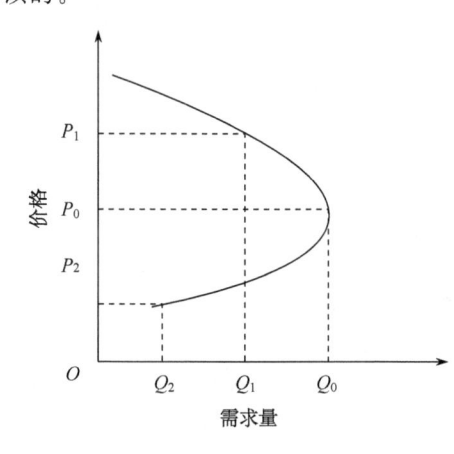

图 7.2 服务产品需求与价格的关系

7.2），在缺乏服务产品信息的情况下，顾客往往把价格高低作为衡量产品质量的一个指标，因此，他们对价格的敏感性也就比较高。当价格作为顾客唯一可以判断服务产品价值的指标时，此时需求与价格的关系已经改变。价格过低，人们怀疑其价值，价格过高，人们又无钱支付，只有适中的价格才能带来最大的需求。

▶ 案例7.2：香港迪斯尼乐园的定价策略

香港迪斯尼乐园是全球迪斯尼主题公园中票价最低的一家，这是考虑到其客源市场中香港、内地及外国各占1/3，除香港居民收入相对高以外，香港迪斯尼乐园针对内地及东南亚游客收入较低的情况制定了全球迪斯尼主题公园中最低的票价，意图以低票价策略广拓客源市场。

香港迪斯尼乐园对于不同年龄段以及不同时间段实行不同的定价策略：星期一至星期五，成人票295港元，小孩票210港元；星期六、星期日及特别日子票价则分别上涨至成人票350港元，小孩票250港元；长者（65岁以上）进园可享优惠，星期一至星期五票价为170港元，星期六、星期日及特别日子则为200港元；3岁以下儿童免费入场。

同时，受通货膨胀、物价上涨等外部因素影响时，固定不变的门票价格会影响主题公园的持续盈利能力。迪斯尼乐园解决这个难题的方法是实行长期的价格调整政策，将票价的增幅略高于通货膨胀率，这样既保证了公司盈利又使消费者可以承受。

4. 非货币成本因素

顾客购买商品或服务时，货币价格不是他们付出的唯一成本，还要受其他非货币成本的影响，包括时间成本、搜寻成本、便利成本和精神成本等。它们常常成为是否购买或再次购买某种服务的评估因素，有时候比货币价格更为重要。

时间成本是指提供服务时顾客参与的时间和顾客等候的时间。由于服务商无法完全控制顾客的数量或为每位顾客提供服务所花的时间，顾客很可能要花时间等待接受服务。例如，储户在银行排队等候服务，等待时间越长，储户会认为自己付出的时间成本越大；邮递业务中，平邮比快递耗时更长，时间成本更大，因此定价更低。

搜寻成本是指花在确定及选择所需服务上的努力，服务的搜寻成本比花在实物商品上的高。服务的价格很少在服务场所陈列出来以供顾客考察，这些价格常常是在顾客决定了接受此项服务之后才为其所知。而且，服务场所一般只提供某项服务的一个"品牌"，因此，顾客必须到几个不同的公司进行联系来了解卖方的信息。例如，某用户准备首次购买一个手机号，他会先对移动、电信和联通三家提供产品和资费方案进行详细的了解，并结合自身需求进行分析后才能确定最适合的选择。

便利成本是指由于不便利获得所需服务而产生的成本。例如，顾客必须经过一段旅途才能获得服务，为此必须支付一定费用；一旦行程困难，花费就会增加。再如，如果服务时间同顾客的时间不一致，顾客就必须按服务公司的日程来安排自己的日程。例如，游客为了到达某个遥远的旅游胜地所必须支付的机票费用，机票价格偏高时，游客会更倾向于参加旅行团，因为旅行团往往能获得较高的机票价格折扣。

精神成本是顾客购买及使用服务时感受到较大的风险而付出的精神成本。这是顾客感受到的最为痛苦的非货币成本。服务公司可以通过关怀、质量保障等手段降低顾客接受服务过程中的不良感受以减少其精神成本。例如，服务市场营销人员通过将服务穿插于其他活动中，可以降低顾客对时间和便利成本的知觉，降低其产生消极情绪的倾向；通过提供上门服务，使顾客更便利地获得服务。

7.2 服务定价的目标与方法

企业在制定价格战略时要考虑到企业的营销战略，整体性营销战略意味着企业营销组合中任何战略的制定和贯彻执行都要与企业的营销战略目标相一致，价格决策也不例外。所以，在企业制定价格策略之前，要先明确本企业欲通过定价实现什么样的目标，根据目标的可行性和需求来选择适当的定价方法和策略，真正做到有的放矢。目标确定后就要选择定价方法，定价方法首先要有助于企业经营目标的实现，其次还要能够与企业自身特征以及行业属性相匹配，不过有的时候企业也会采取多种定价方法的综合分析结果来确定产品价格。

服务企业在确定定价目标和选择定价方法之前，还必须从以下三方面加以考虑。

（1）服务的市场地位。市场地位表示服务所想要在市场中占有的地位以及与竞争对手相比较，它在顾客心目中目前占有的地位，也就是指一种服务的顾客感知地位。有形产品可以凭借其产品的实体特征在市场上占据一席之地，给顾客带来非常直观的感受，而顾客对服务产品定位的感知所依靠的则是一些无形的特征。显然，价格是服务产品属性中影响顾客感知的一项重要因素，它强烈地反映出服务的市场定位。

（2）服务的生命周期阶段。服务的价格也与其生命周期有关。例如，在引入一种新服务时，公司可用一种方法即低价政策去渗透市场，并在短期内快速争取市场占有率。另一种办法是，公司一开始就采取高价政策，在短期内尽量攫取利润，因此也成为"撇脂策略"，不过，这种策略只有在没有直接竞争者以及存在大量需求的情况下才能采用。

（3）价格的战略角色。定价决策的实现在企业整体目标实现的过程中具有战略性的地位，因为任何服务的定价决策都要与企业的战略目标相一致。例如，一家新开的假日旅游公司为了树立在市场上的形象，可能有意采取低价政策来争取较高的市场占有率，虽然这意味着一段时期内企业可能无利可图。以渗透性价格作为策略手段，往往可以获得最大的销售量。当然任何价格政策都必须配合营销组合的其他要素，以实现更多的策略目标。

7.2.1 服务定价的目标

作为成功的服务企业，它的定价目标必须是实现一定的销售额，或者取得一定的市场占有率。具体来说，服务企业的定价目标主要包括以下方面。

1. 以刺激服务需求为主要目的

"薄利多销"是这一目标策略的高度概括。由于服务企业的劳动生产率较低,它的发展又受到社会生产力发展水平和人民消费水平的种种限制,因此,单位服务产品或有效服务的价格可能只含有较低的利润。为此,服务企业一方面要努力刺激需求,另一方面要努力提高本企业的市场占有率,尽力扩大销售。

这样做的措施之一,就是把价格控制在最佳的销售数量界限内。对大多数服务企业来说,这样做也是可能的,因为这些企业的经营一般都是大批量、少品种的,这为企业核算边际生产费用提供了方便,也为"薄利多销"策略的具体运用创造了条件。

2. 以调节短期需求为目的

顾客对许多服务的消费需求带有明显的时间性,而服务企业的经营时间一般来说却是相对固定的。因此,服务供求在时间方面的矛盾,只能主要靠价格的变动来调节。

实践证明,在同一服务项目上制定出价格时间差的效果是很好的。如通信企业采取价格时间差,对晚间长途电话实行半价收费,就能有效地缓解白天打长途电话的紧张状况。

当然,时间差价的实行必须以平均价格的大体稳定为前提,高峰时提价和低峰时降价的幅度要大体一致。

3. 以协调连带消费为目的

服务产品的经营往往离不开工农业实物产品的经营,一项服务与另一项服务之间的连带或相关消费的情况更是比比皆是。

因此,企业可以把一些服务项目的价格定得低一些,吸引顾客在购买这些服务的同时,购买其他产品。例如,游乐场的入场券可以定得低一些,但进场以后的分类游乐服务的价格可以定得高些;旅馆客房的价格可以定得低些,旅馆其他服务的价格可以定得高些。这样可以给顾客带来一种价格低廉的印象,以刺激其他连带性的消费需求,使企业在多种经营中获取利润。

7.2.2 服务定价的方法

服务产品的定价方法从类型上看与有形产品基本一样,但是在具体的实施过程中必须根据服务产品的特性予以调整。

1. 成本导向定价法

企业根据原材料和劳动力,加上间接成本和利润,确定价格。此方法广泛用于公用事业、承包业、批发业及广告业中。成本导向定价法的基本公式是:

$$价格 = 直接成本 + 间接成本 + (边际)利润$$

服务企业的定价工作开始于全部成本的详细计算，然后再加上一个合理的边际利润，即可得到服务的价格。服务企业只有将价格定到足以覆盖其总成本的高度上，才有可能获得利润。在成本导向之下，包括两种具体的定价方法。

1) 公共服务定价法

并非所有的服务组织都可以任意地制定价格，在很多领域会受到一些限制。大多数公用事业，如航空运输、广播电视、养老保险、水电煤气等行业，在价格制定和服务水平的要求上一般都受到政府机构的管制。这种定价方法以保护消费者为目标，按照成本加上合理的利润为标准，制定固定价格。如果企业发现其运作成本正在上升，并且使边际利润迅速减少，传统的做法是以同等比例提高服务价格，除非在该行业引入竞争机制或有强硬的价格管制。在这种情况下，该服务组织才会产生动力去寻找节约成本的方法。在公共服务领域，服务价格的制定一般都是政府控制的。

2) 活动成本定价法

这种定价方法目前已广泛用于有形产品和服务的价格制定上。该方法将各种资源的耗费与生产制造产品或服务过程的多样性和复杂性联系起来，生产流程或服务蓝图中的每一环节就构成了一个与成本相联系的活动。每个活动的实施都耗费一定的直接成本，并且包括一定的间接管理费用。活动成本定价法目前在西方非常流行，很多企业从以往根据传统的会计成本来定价而转向这种价值驱动的先进方法。

以往人们认为成本与顾客价值毫无关系，顾客价值只是消费者在市场中最终决定购买与否时，根据其接受的程度来判断的，消费者并不关心产品生产出来之前的活动，而只关心其价值。基于这种指导思想的管理者在进行成本管理时忽略了消费者的价值，实质上是将价值活动与其他活动割裂开来。实践证明，那些存在不必要的冗余活动的企业注定将会被强有力的竞争对手所击败。

起初活动成本定价法被用于生产制造行业，尤其是生产多种产品的企业，因为它提供了一种准确计量不同产品成本的方法。后来发现，这种分析方法同样有助于为服务业的活动和过程提供准确的成本信息。这种方法首先是识别服务传递过程中的各项活动，其次是分别决定与每一活动相联系的各项成本，最后形成一个成本层次图，反映各项活动所需成本的水平，管理者可根据活动的重要程度来进行成本管理。简言之，活动定价法考虑了各项活动与完成活动所需的成本。更关键的是，这种方法在列举各项活动时，将顾客价值加入公司正在出售的服务当中。

管理者必须识别出哪些是必不可少的关键活动，哪些是可以斟酌使用的活动。传统的定价方法很容易使企业减少那些关键活动的成本，而这些关键活动正是保持服务质量和维护品牌声誉所必需的，这种做法只会是事与愿违。例如，某航空公司为节约成本而解雇服务人员，最后导致大量不满意的顾客纷纷转向别的航空公司，使该公司蒙受巨大损失。

成本导向定价法主要存在以下缺陷：

(1) 成本不易确定,服务业的成本很难计算,特别是在公司提供多种服务的情况下;
(2) 劳动比材料更难定价;
(3) 服务的真实成本不等同于提供给顾客的服务的价值。

2. 竞争导向定价法

执行这种导向的服务企业应密切关注竞争对手,以此决定它们的成本、价格和利润率的基准。应通过展开细致的市场调查研究等工作来获得有关竞争对手的准确资料,并对竞争对手所提供的服务做出质量价格比。如果市场上所提供的服务彼此之间差异很小,营销组合非常接近,此时,消费者对价格非常敏感,谁的价格高,谁就会失去顾客。

1)随行就市定价法

所谓随行就市定价法,是指企业按照行业的平均现行价格水平来定价。在以下情况往往采取这种定价方法:
(1) 难以估算成本;
(2) 企业打算与同行和平共处;
(3) 如果另行定价,很难了解购买者和竞争者对本企业价格的反应。

无论市场结构是完全竞争的市场,还是寡头竞争的市场,随行就市定价都是同质产品市场的惯用定价方法。在完全竞争的市场上,销售同类产品的各个企业在定价时实际上没有多少选择余地,只能按照行业的现行价格来定价。某企业如果把价格定得高于时价,产品就卖不出;反之,如果把价格定得低于时价,也会遭到降价竞销。

在寡头竞争的条件下,企业也倾向于和竞争对手要价相同。这是因为在这种条件下市场上只有少数几家大公司,彼此十分了解,购买者对市场行情也很熟悉,因此,如果各大公司的价格稍有差异,顾客就会转向价格较低的企业。所以,按照现行价格水平,在寡头竞争的需求曲线上有一个转折点。如果某公司将价格定得高于这个转折点,需求就会相应减少,因为其他公司不会随之提价(需求缺乏弹性);相反,如果某公司将其价格定得低于这个转折点,需求则不会相应地增加,因为其他公司可能也会降价(需求有弹性)。总之,当需求有弹性时,一个寡头企业不能通过提价而获利;当需求缺乏弹性时,一个寡头企业也不能通过降价而获利。

在异质产品市场上,企业有较大的自由度决定其价格。产品差异化使购买者对价格差异的存在不甚敏感。企业相对于竞争者总要确定自己的适当位置,或充当高价企业角色,或充当中价企业角色,或充当低价企业角色。总之,企业总要在定价方面有别于竞争者,其产品战略及市场营销方案也尽量与之相适应,以应对竞争者的价格竞争。

2)投标竞争定价法

投标竞争定价法即在服务的交易中采用招标和投标的方式,由一个卖主(或买主)对两个以上并相互竞争的潜在买主(或卖主)的出价选优成交的定价方法。当有两个或多个企业为争得一项提供劳务的机会申请投标时，就要实行相互保密的投标方式，此时市场投标竞争定价法又叫密封投标定价法，这种定价方法在公共服务业中很常见。目前，很多制造业企业也决定集中资源在核心业务上，而将服务交给外部机构去做。这种外包合同经常包括提供饮食服务、设备维护或货运服务。在这种情况下，这些竞标者必须仔细分析买方最看中的服务属性，并且对竞争对手的成本结构、竞价策略、优势和劣势做出合理判断，评估投资回报率，以获取一个能够覆盖固定成本的业务机会。

竞争导向定价法的缺陷包括：

（1）服务的异质性限制了可比性，这是由于服务提供者之间所提供的服务及相同提供者提供的服务所具有的异质性，使此方法变得复杂；

（2）价格可能反映不出顾客的价值观，由于顾客很难识别不同服务商提供服务之间的差别，因而很难比较不同服务品牌的价格。

➤ 案例 7.3：家乐福的定价方法

家乐福所采用的定价方法主要就是成本导向定价法和竞争导向定价法。

成本导向定价法

家乐福的商品价格是以成本价加上一个固定的毛利率。其商品的一般毛利率，食品、饮料、日用品类为3%～5%，鲜活类为17%，服装类为30%，玩具类为20%，家具类为20%～30%，家电类为7%，文化用品为20%。

这种方法首先保证了商场的盈利性，同时在竞争日趋激烈的市场上，也缓和了与对手的相互对抗。但如单纯使用这种方法，则不能适应市场需要的变化，很容易被对手在价格上占优，因而它同时也采用了竞争导向定价法。

竞争导向定价法

家乐福的竞争导向定价法在前期相对来说用得比较多。开业初期，它采用低价策略成功打开市场后，下一步便是针对主要对手来制定价格。每周三它都要派出大量人员到两个主要竞争对手燕莎望京、普尔斯马特去采价（尤其是地处同一区域内的燕莎望京），然后迅速汇总，星期四晚上调整价格，迎接双休日的销售高峰。

在竞争导向定价法中，它主要运用了随行就市法，它以燕莎望京的价格作为基础，只是稍微进行下调，从而既保证了价格的优势，也不致使收入过分降低。

然而随着万客隆的开业，它在价格上就无法与其进行全面竞争，也正是这样，家乐福趋向以成本导向定价为主，同时把价格的主要竞争放在食品、饮料、干果类上，这样做，一方面保证了价格优势；另一方面也突出了商场的经营特色，迎合了当前的商场发展趋势。

资料来源：吴承芬. 家乐福的定价策略. 百度空间. 2010-11-15. 据此改写.

3. 需求导向定价法

以上讲述的两种导向定价法是以公司及其竞争者而不是以顾客为导向的，没有考虑到顾客可能对非货币价格比较敏感，可能缺少参考价格，而且可能以价格来判断质量。所有这些因素应在公司的定价决策中得以解释。而需求导向定价则是以顾客对服务价值的理解和认知程度为依据，价格以顾客会为提供的服务支付多少为导向。这种导向强调定价与顾客的价值感受相一致。在实践中，最常用的方法称为感知价值定价法。

感知价值定价法是根据顾客认知的服务产品价值及对该价值肯定程度的高低来定价。感知价值定价法认为，某一服务产品在市场上的价格和该服务的质量、服务水平等在顾客心目中都有特定的价值，企业制定的该服务的价格和顾客的认知价值是否一致，是产品能否销售出去的关键。因此，运用这种方法应做到以下两点：

第一，服务产品的价格应尽可能地靠拢顾客的认知价值。这需要运用各种市场调研手段和试销实验，尽可能全面了解顾客对服务产品价值的评价，从而为制定顾客可以接受的价格提供客观依据。

第二，改变顾客的主观价值评价。这需要运用各种市场宣传手段改变顾客既定的价值评价以及对企业制定现行价格的认可。

感知价值定价法的步骤如下：

（1）让顾客以自己的方式对价值下定义，考虑到所有的因素；

（2）通过确认其价值定义，寻求关键的利益以及与其相关的质量内容，帮助顾客明晰其对价值的定义；

（3）捕捉具体层次上要求的信息，将其与其表示的关键利益相联系，这样，定义变得有理有据；

（4）确定顾客的货币与非货币价值含义；

（5）基于服务对顾客的价值，订立价格。

➤ 案例7.4：顾客定价法

在美国匹兹堡市，朱里奥开设了一家家庭餐馆。在餐馆的菜单上，只有菜名，没有价格。菜单上方写着这样几句话："在朱里奥餐馆，相信上帝会给我们带来好运，故菜单上没有价格，您自己决定您吃的菜价值多少。"顾客根据对饭菜的满意程度付款，无论多少，餐馆都无异议，如果顾客觉得不好，可以分文不付。

克雷斯夫人和她的女儿到这家餐馆吃了一顿玛雷卡迪套餐，包括消费在内，一共付了15美元。她满意地说，"如果不好，我不会付这么多钱的。"顾客的这类反应使朱里奥非常兴奋，因为一顿玛雷卡迪套餐在他原来的菜单上定价只有5.75美元。"无价"菜大大高于"有价"菜。

也有极少数顾客付款大大低于原定标准，甚至在狼吞虎咽之后，分文不给，扬长而去。对此，朱里奥只是微笑着说："上帝祝福你。"

处于对"顾客定价法"的好奇，34个座位的朱里奥餐馆天天门庭若市，食客盈门，已成为当地的一个热点，其营业收入每月平均增长25%，顾客之多使朱里奥应接不暇，不得不添雇帮手。

7.3 服务定价策略的类别

定价决策是企业争夺市场的重要武器,是影响产品销售的关键性因素。定价的重要意义在于使价格成为服务促销的有效手段,因此,服务业必须善于根据市场状况、产品特点、消费心理和营销组合等因素,正确选择定价策略,保证价格的适应性。

7.3.1 新产品定价策略

新产品定价策略是指为新产品上市敲定基本价格的定价策略,为新产品定价时一般没有政府的限价措施,因此在制定过程中可以比较灵活,但是必须要考虑市场开发成本或已有竞争限制等因素。新产品定价策略,可采用以下五种。

1. 撇脂定价策略

新产品进入市场时,需求弹性小,竞争对手少,企业有意识地将产品价格定得偏高,然后根据市场供求情况,逐步降低价格,赚头蚀尾,犹如从牛奶中撇取奶油一样,由精华到一般,故此定价策略被称为撇脂定价策略。采用这种定价技巧可使服务在短期内收回产品与服务的开发费用,迅速积累资金。另外,可以在部分求新欲强又有支付能力的顾客中树立独特的、高价值和高质量的产品形象,以期达到开发特定市场的目的。

> **案例 7.5:柯达胶片的价格**

柯达公司生产的彩色胶片在 20 世纪 70 年代初突然宣布降价,立刻吸引了众多的消费者,挤垮了其他国家的同行企业,柯达公司甚至垄断了彩色胶片市场的 90%。到了 20 世纪 80 年代中期,日本胶片市场被富士所垄断,富士胶片压倒了柯达胶片。对此,柯达公司进行了细心的研究,发现日本人对商品普遍存在重质而不重价的倾向,于是制定高价政策打响牌子,保护名誉,进而实施与富士竞争的策略。他们在日本发展了贸易合资企业,专门以高出富士 1/2 的价格推销柯达胶片。经过 5 年的努力和竞争,柯达终于被日本人接受,走进了日本市场,并成为与富士平起平坐的企业,销售额也直线上升。

2. 渗透定价策略

新产品上市后,企业以偏低的价格出售,只求保本或微利,用低价吸引顾客,提高市场占有率,使产品逐步渗透,从而扩大销路和销量,占领市场,挤掉竞争对手,然后再将价格提高到一定高度,即"蚀头赚尾"。这种定价策略有利于企业产品迅速打开销路,占领市场,树立和提高企业的信誉。采用此策略时,应注意所面对的服务者必须是价格敏感型的,对产品或服务的需求弹性大,从而带来更多的需求。此外,企业必须保证有足够的消费需求,以使平均成本下降,达到规模效益。例如,淘宝网刚刚进入 C2C (consumer to consumer）市场时，将渗透定价策略做到极致，完全免费，而当时行业领头羊易趣坚持采取收费政策，结果淘宝在短短两三年内就挤掉了包括易趣在内的所有对手，获得了绝对优势的市场份额。

3. 温和定价策略

该策略亦称"君子"定价策略。新产品上市后，按照企业的正常成本、国家税金和一般利润，定出中等价格，使企业既能获得一般利润又能吸引购买，赢得顾客的好感。这种定价策略介于"撇脂定价"和"渗透定价"之间，避免了"高"、"低"定价策略的弊端，故称"温和定价"策略。例如，目前发展如火如荼的经济型酒店业，市场上任意一家新开张的经济型酒店，其客房定价都会处在现有酒店的定价范围中。

4. 反向定价策略

企业通过市场调查或征询分销渠道的意见，预测消费者对某种商品所期望的价格来确定新产品的上市价格，再按照上市价格预测出消费者的需求和购买力。这种定价策略有利于建立和提高企业的信誉，其缺点是带有一定的主观性，因为预测与实际总会存在某种差距。例如，苹果公司在发布新产品之前，都会认真听取其大量"粉丝"（忠诚用户）的意见，根据用户的接受情况来确定产品上市价格。

5. 随行就市定价策略

新产品投入市场时，亦可完全依赖供求状况，灵活定价。这种定价策略要求价格不固定在某个点上，而是让买卖双方当面协商，满意成交。这种定价策略有利于企业从价格中及时把握市场行情，生产、经营适销对路的产品，它适用于小商品生产经营的企业。例如，普通房屋的出租价格，通常是由房东（或中介）与租户根据市场行情互相协商确定的。

7.3.2 统一定价策略

统一定价是指企业不分市场差异，同一产品均统一价格销售，如一些名牌产品的全国统一价。这种策略既可用于提货制条件下的产品定价，也可用于送货制条件下的产品定价。这种定价策略既有助于企业树立童叟无欺、远近一价的企业形象，也有助于企业对产品价格的管理。

7.3.3 折让定价策略

折让定价策略就是降低产品价格，给购买者一定的价格折扣或馈赠部分产品，以争取用户，扩大销售。

（1）付款方式折扣。服务业为了鼓励购买者采用指定的付款方式，而对按此方式付款的购买者进行价格折扣。如果企业鼓励消费者用信用卡结算，就会对持特定信用卡付款的消费者给予适当的价格折扣。

（2）数量折扣策略。卖方根据买方购买产品的数量多少，给予不同的折扣。购买产品越多，折扣越高，买方获利也越多。实行这种策略的目的在于鼓励买方大批量购买产品。数量折扣可分为累进折扣和非累进折扣。顾客在一定时间内（如一月、一季、半年等）购买产品总量达到一定额度时，按其总量的多少给予折扣叫做累进折扣。同一顾客在一次购买的产品达到一定额度时，按其总量多少给予的折扣叫非累进折扣。

（3）季节性折扣策略。企业向提前购买季节性强的产品的顾客给予一定的价格折扣，称为季节性折扣策略。使用此策略的目的在于鼓励顾客早期预订，减少企业的资金负担，加速资金周转。

（4）交易折扣策略。根据中间商在商品流通中的不同地位和作用，给予不同的折扣，称为交易折扣策略，如给予批发商的折扣大于零售商的折扣，以鼓励中间商努力销售本企业的商品，如旅游企业鼓励中间商大量购买其产品。

（5）组合折扣策略。企业将彼此密切相关的商品组合配套，对购买系列服务产品的顾客给予价格折扣，使之比分别购买的价格更低一些，如世界杯足球赛出售的套票、配套的茶具及餐具等。这种策略既有利于顾客一次购齐所需产品，节省购买时间，享受优惠，又有利于企业增加销售。

（6）预订折扣。如旅游预订是旅游产品销售中心重要环节，也是旅游购买的主要方式，提前预订会给企业在运营安排及现金流量等方面带来众多好处；为了鼓励顾客提前预订，企业可对提前一段时间预订者进行价格折扣。

▶ 案例 7.6：沃尔玛的折价销售策略

沃尔玛能够迅速发展，除了正确的战略定位外，也得益于其首创的折价销售策略。每家沃尔玛商店都贴有天天廉价的大标语。同一种商品在沃尔玛比在其他商店要便宜。沃尔玛提倡的是低成本、低费用结构、低价格的经营思想，主张把更多的利益让给消费者，为顾客节省每一美元是他们的目标。沃尔玛的利润通常在 30% 左右，而其他零售商如凯马特的利润率都在 45% 左右。公司每个星期六早上召开经理人员会议，如果有分店报告某商品在其他商店比沃尔玛低，可立即决定降价。低廉的价格、可靠的质量是沃尔玛的一大竞争优势，吸引了一批又一批的顾客。

7.3.4　差别定价策略

差别定价，也称为弹性定价，是指企业根据顾客支付意愿的不同修改自己的基价而制定不同价格的定价方法。这些价格并不反映任何的成本比例差异。

差别价格法主要运用于：第一，建立基本需求，尤其是对高峰期的服务最为适用。第二，用以缓和需求的波动，降低服务易消失性的不利影响。

服务产品差别定价的形式主要包括以下几种。

1. 顾客细分定价策略

理解这种策略，需先介绍"顾客剩余"，它是西方经济学中的概念，是指顾客意愿为某产品付出的最高价格与其实际支付价格的差额。顾客由于购买力水平的差异，对服务的需求程度不一，或对抽象服务的感觉价值不一样。在这种策略下，收入是细分的一个重要依据。对于收入高的顾客，可将服务的价格适当抬高，不仅不妨碍其购买积极性反而会给他们带来心理上的满足；对于低收入顾客，适当降低价格，却可以提高其购买兴趣。在美国，医生、律师、经济与管理顾问等行业，对穷人和富人提供同样的服务，但收费却大不相同。除此之外，还可按顾客的年龄、职业和阶层来细分顾客，分别定价，如参观博物馆的学生票，老年人进入公园免费等。采用顾客细分定价策略的条件，在于目标市场可以细分，而且表现出不同的需求程度；在本企业进行高价的市场范围，竞争者不可能低价进行对抗；价格差异不会引起顾客反感；分割和控制市场的费用，小于差别定价所获得的额外收入。

2. 产品附加价值定价

产品附加价值定价，就是根据产品增加的服务利益，对同一类产品制定不同的价格。服务产品增加的服务利益是差别定价的一个重要基础，如银行推出的信用卡和储蓄卡，二者的成本相差无几，但是定价的差异很大，就是因为二者虽然都可以异地取钱，但是信用卡还具有透支功能，因此储蓄卡一般免费即办，而信用卡不仅有办卡费用，而且每隔一定的年数还得缴纳更新费用；豪华间的舒适感及快速结账服务承诺使客户心甘情愿地掏出更多的钞票。又如地理位置差异，如旅馆房间的定价以及剧院的座位定价。

3. 服务的可获得差异定价

在可获得性方面，主要考虑的是时间和地点。时间差别策略是以时间区分的差别定价策略。其目的不仅是增加企业收入，还可通过调整价格来抑制需求的波动，从而降低生产和经营成本。如长途电话局，如果不采用时间差别定价，人人都在白天高峰期打电话，那么电话局就不得不增加营运设备，而这些设备在高峰期后又被大量闲置，造成设备的浪费。而采用时间差别定价，利用晚上的低价来分流一些并不急于白天打电话的顾客，就可以使原有设备得到最充分利用，在降低营业成本的同时满足顾客需求。目前，时间差别定价法在服务业中运用较多，海滨城市在7~9月的旅游旺季，各种服务如酒店服务、餐厅服务和海滨浴场服务的收费价格都比旅游淡季高许多；出租车收费的价格也是如此，白天载客按标准价格收费，夜间按一定比例加价。地点差别定价则按地点区别进行定价，在不同的地点同种服务的附加值虽不同，但差别还是主要在于服务的可接近差异。饭店和酒吧里的饮料、小吃等都比商店里的要高，环境幽雅带来的附加值纵然不同，更由于顾客在可接近性方面的需求强烈程度不同。

4. 服务的形象及品牌差异定价

企业形象的定位和塑造以及企业品牌价值的差别都是差别价格法的主要基础。现在我国有很多国有大酒店软硬件设施实际上都超过了某些国际知名的连锁酒店，但是对同样的标准间，顾客愿意支付给香格里拉的价格往往大于愿意支付给国有酒店的价格，就是因为香格里拉是一个已经经营了几十年的酒店品牌，它标志着一种优雅的服务。

7.3.5 心理定价策略

心理定价策略，即根据顾客的不同心理，采取不同定价技巧的策略，常见的有以下四种。

（1）尾数定价策略。尾数定价策略又称非整数定价策略，即企业给产品定一个接近整数，以零头尾数结尾的价格。例如，某产品的价格为 0.98 元，接近 1 元，就是利用顾客的求廉心理和要求定价准确的心理进行定价的。保留了尾数，一方面可给顾客以不到整数的心理信息；另一方面使顾客从心里感到定价认真、准确、合理，从而对价格产生一种信任感。

▶ 案例 7.7：尾数定价法

心理学家的研究表明，价格尾数的微小差别，能够明显影响消费者的购买行为。一般认为，5 元以下的商品，末位数为 9 最受欢迎；5 元以上的商品末位数为 95 效果最佳；百元以上的商品，末位数为 98、99 最为畅销。尾数定价法会给消费者一种经过精确计算的、最低价格的心理感觉；有时也可以给消费者一种是原价打了折扣，商品便宜的感觉；同时，顾客在等候找零期间，也可能会发现和选购其他商品。

如某五星级宾馆客房一晚住宿费标价 998 元，给人以便宜的感觉，认为只要几百元就能享受一晚的五星级服务，其实它比 1000 元只少了 2 元。尾数定价策略还给人一种定价精确、值得信赖的感觉。

尾数定价法在欧美及我国常以奇数为尾数，如 0.99、9.95 等，这主要是因为消费者对奇数有好感，容易产生一种价格低廉、价格向下的概念。但由于 8 与发谐音，在定价中 8 的采用率也较高。

（2）方便定价策略。方便定价策略也称整数定价策略，是指企业给产品定价时取一个整数。这是利用人们一分钱一分货的心理和快捷方便的心理定价的。它特别适用于高级消费品、优质品和交易次数频繁的产品，如袋装食品、快餐店的饭菜等。

（3）声望定价策略。这是根据服务产品在顾客心中的声望、信任度和社会地位来确定价格的一种定价策略。声望定价可以满足某些顾客的特殊欲望，如地位、身份、财富、名望和自我形象等，还可以通过高价格显示名贵优质，因此，这一策略适用于一些有知名度、有较大的市场影响、深受市场欢迎的品牌服务企业。例如，满汉全席的定价、北京皇城老妈火锅的定价等。为了使声望价格得以维持，需要适当控制市场容量。

声望定价必须非常谨慎，估计不准，市场容易被竞争者抢去。

（4）招徕定价策略。一般顾客都有以低于一般市价的价格买到同质产品的心理要求。企业抓住顾客这一心理，可特意将产品价格定得略低于同行生产者和经营者的价格，以招徕顾客，这种策略称为招徕策略，如在节假日实行"大减价"销售，又如在中国香港经常见到大大小小的店堂贴满了花花绿绿的大减价字条，如"减，减，减，减得你笑，减得你跳"等。这种廉价招徕顾客的策略，往往会吸引不少顾客在购买这种产品时，同时购买其他产品，从而达到扩大连带产品销售的目的。

7.4 基于感知价值的定价

服务业顾客对服务定价的感知影响着他们的购买行为，而顾客对服务定价的感知是比较复杂的，它涉及顾客的价值观念以及服务产品的具体特征。不同的价值观念对服务定价的感知是不一样的，而服务产品有别于有形产品的特征也会影响顾客对价值的感知。

7.4.1 顾客感知价值

顾客感知价值具有很强的主观性，感知价值的大小不是由企业来决定的，它取决于顾客对价值的感知，或者说，只有顾客感知到的价值，对顾客来说才有意义，才会影响顾客的价值决策与价值评价。

顾客感知价值是顾客感知利得与利失之间的权衡与评价，分为购中感知价值和购后感知价值。顾客感知价值包括以下构成要素：

（1）对顾客价值各价值属性的感知。顾客价值属性是指那些具有满足顾客某项需求功能的属性。例如，轿车具有满足顾客载人运输的功能，它具有安全性、舒适性、可操作性、质量可靠性、品牌、节能环保、价格等价值属性。

（2）对价值属性重要性的感知。价值属性的重要性是指不同的价值需求导致顾客注重不同的价值属性，如有的顾客购买轿车注重品牌，有的注重质量，有的注重安全性能，有的则注重价格因素。

（3）各种属性价值的总和。顾客感知的各种属性价值的总和就构成了顾客感知价值。

需要说明的是，顾客感知价值的过程是消费者的心理过程，甚至消费者不会意识到产品具有哪些具体的价值属性，也不会真正衡量它们究竟有多重要，但仍会形成一个总和的判断，并直接反映到货币形式或它们愿意支付的价格上。

7.4.2 如何提升服务产品的感知价值

坚持"销售价值"。企业应切记它所出售的不只是商品、劳务或效益，而应是价值，企业必须按照顾客期望的眼光来看待自己的服务产品。如果在售后出现任何影响顾客获得他们所期望的价值的因素，顾客就会觉得他们并没有得到与他们的付出相应的回报。因而，企业坚持"销售价值"，就必须为顾客提供尽善尽美的服务，用好的服务产生更大的价值。同时，便利整洁的营业环境、良好的销售、优质的产品、意想不到的附加收益、高效的人力资源管理等同样能增加顾客的感知价值，而这一切都要求企业坚持"销售价值"。

树立良好的企业形象。当今时代，企业形象战略已被公认为是"赢得战略"，有研究表明：在企业形象上投资1元可以得到27元的回报。企业形象设计师借助各种信息传达手段，让社会公众正确理解企业的经营概念、产品和服务的感知价值，如海底捞火锅店、苹果电脑等，都是通过企业形象设计，树立企业的新形象，从而取得了良好的业绩。因而，在现代交易市场上，以形象决定价格，至关重要。

与其他销售行为的配合，提供顾客的满意度。如欧米茄手表作为奢侈品营销，公司开展了全球129个国家的统一宣传活动，摆放在一流的钟表店，维持昂贵的价格，限制销售量，形象瞄准的方向是最高级、最精确、最富情调的手表。因而，欧米茄作为奢侈品的营销活动组合里，动用了除价格以外的其他3P工具。一个企业若想在市场竞争中取胜，必须使用营销组合，也只有使用营销组合，才能使消费者的感知价值有所提高，才能使消费者觉得"买了值得"。

借名出位。企业的商品若能跟名人、名店相联系，自然也就成了名品。如北京的长城饭店借尼克松访华出名，钢琴家郎朗为蒙牛的高端牛奶品牌"特仑苏"代言，利用的就是明星效应。因为消费者在消费时有求名心理，当消费者在得到某种特定的服务、购买到某名牌产品时，心理上的满足感会大大超出所支付的价格。因而，企业应想方设法树立品牌形象，以提高顾客的感知价值。

7.4.3 基于感知价值的定价

服务企业给服务定价的最恰当方法之一是基于消费者对服务的感知价值来确定价格，营销人员要实现基于客户价值感知的定价策略必须认清以下几个问题：消费者如何看待价值的含义？如何将价值用货币来量化以便为我们的服务确定适当的价格？价值的含义在消费者之间以及在服务之间是类似的吗？价值感知如何被影响？

企业必须做得最重要的而且通常是非常困难的事情是评价企业服务对消费者的价值。由于个人喜好不同，对服务所具有的认识不同，购买力及支付能力不同，消费者对价值的感受可能也会不同。在基于感知价值的定价法中，消费者认为值多少，而不是其支付的多少，构成了定价的基础。因此，其效力仅在精确确定市场对服务价值的感受时才能发挥，步骤如下：

（1）在考虑到所有因素的前提下，让消费者以自己的方式对价值下定义；

（2）通过确认消费者对价值的定义、所寻求的关键利益以及对服务质量的预期，帮助消费者明晰其对价值的表述；

（3）捕捉具体层次上的需求信息，将需求信息与其所表示的关键利益相联系，从而使需求信息具有可操作性；

(4) 量化消费者的货币与非货币价值；

(5) 基于服务对消费者的价值确定价格。

无论消费者对价值的定义和重视的程度如何不同，企业想要消费者为产品付出货币，就要求消费者感知的利益大于消费者感知的成本，这之间的差额我们称为"净价值"。经济学家使用"消费者剩余"这个术语来定义消费者实际支付的价格与他为了获得产品提供的预期利益（或效用）而愿意支付的更高金额之间的差距。如果一项服务的感知成本高于收益，那么它就会有负的净价值，消费者可能把这项服务描述为是"没有价值"的，而且不愿意购买它。营销人员要通过积极的行动增加消费者感知利益或削减成本来提高产品的净价值，最常用的方式如下：

(1) 减少服务购买、传递和消费过程中耗费的时间；

(2) 把获得服务的过程中消费者不愿意承受的脑力支出或心理压力减少到最低程度；

(3) 消除为获取服务而要消费者承受的任何他们不愿意承受的体力支出；

(4) 通过一些手段将不愉快的感官经历减少到最低限度，如减少噪声、舒适的视觉环境、减少刺鼻的气味等。

对服务企业来说，最复杂也是最困难的任务之一是全球范围定价。如果服务企业要根据客户感知价值定价，但同时感知价值或者消费者根据自己的感受愿意支付的价格在国与国之间存在差别，那么服务企业会提供基本相同的服务，但是在不同国家采取不同的价格。关键在于不仅要确定不同消费者的感知价值，还需要确定世界不同地方不同消费者的感知价值。

▶ 案例7.8：珠宝品牌卡地亚——奢华有道的造梦者

卡地亚是在中国内地运作最为成功的国际顶级珠宝品牌，连续5年蝉联胡润"中国千万富豪品牌倾向调查"珠宝类冠军。来自奢侈之都巴黎的卡地亚（Cartier），自164年前诞生之日起，一直备受各国皇室贵族和社会名流的推崇。

作为顶级的珠宝品牌，卡地亚进入中国伊始，就采取了与众不同的品牌战略，它高调突出卡地亚的皇家血统——"珠宝商的皇帝，皇帝的珠宝商"。以顶级奢侈品面貌出现的卡地亚，其价值肯定不仅仅在于产品本身，更重要的是它所代表的价值内涵和品牌精神。"在珠宝等奢侈品行业，抛开了品牌，什么都不是。"

(1) 悠久的品牌历史。品牌历史是品牌的重要资产，能够为品牌带来信任度和丰富的联想。164年的历史，赋予了卡地亚独特的文化内涵，为瑰丽无匹、巧夺天工的珠宝、钟表历史写下辉煌的篇章，光芒不可逼视。

(2) 奢侈品的诞生地。英雄可以不问出处，奢侈品却要看产地。法国巴黎、英国伦敦是生产奢侈品的地方，只要一提到这些城市，就会有丰富的产地联想。来自法国巴黎的卡地亚，具有天然的优势。

（3）皇家血统。卡地亚的皇家血统使其成为上流社会的象征，成为区分富有阶层与普罗大众的特殊标志。卡地亚最初以创新的彩色宝石饰物声噪皇庭，深获拿破仑三世称许；英皇爱德华七世曾任命他制作27顶皇冠作加冕之用，并誉之为"珠宝商的皇帝，皇帝的珠宝商"；欧洲多国皇室亦向他发出委任状。

（4）不断创新的品牌精神。创新是品牌在消费者心目中保持活力和新鲜度的源泉，品牌的历史也是不断创新的历史。卡地亚在产品的设计和创新领域一直走在前沿，引领当代艺术及时尚的潮流。

（5）独特的设计灵感、品质和做工。珠宝设计需要经典美学，但还要加上当代的精神演绎，才能更具时代感，从而被人们接受。历史悠久的卡地亚曾有过许多重要的设计专题，包括"系列主题创作"、"重现高级珠宝的艺术精粹"等，这些传统设计理念对卡地亚影响深远。在流畅的线条、明澄的色彩中，卡地亚演绎着美的真谛——美在于简单而不在于繁杂，在于和谐而不在于冲突。

除了这些坚固的、经得起反复推敲的理由支撑其高昂的售价，所有的细节——店铺的位置、店面的设计、陈列、服务人员的态度、产品的品质、印刷品的品质，都在不断丰富、诠释、强化着卡地亚这个奢侈品牌高价的理由，并使消费者在对卡地亚品牌不断审视、不断了解和体验中形成强烈的偏好，最终构成对卡地亚的品牌信念。

资料来源：品牌中国网．卡地亚：奢华有道的造梦者．2010-11-16．

讨论与思考

1. 相对于有形产品，服务定价过程中应当特别注意什么？
2. 成本、需求、竞争是影响定价的因素，它们都是怎样影响服务定价的？
3. 如何理解各种服务定价策略？
4. 经济学定价和营销学定价有何联系与区别？
5. 顾客感知价值如何衡量？

第8章 服务分销渠道

内容提要

服务渠道策略就是服务企业为目标顾客提供服务时对所使用的位置和渠道所做的决策，它包括如何把服务交付给顾客和应该在什么地方进行。本章首先论述服务分销渠道的概念及特殊性；其次，对不同渠道分类进行详细介绍；再次，结合服务产品的特点，对其分销渠道的设计作较深入的分析；最后，介绍服务位置这一重要概念，以及由此衍生出的服务业商圈聚集效应。

主题词

服务分销渠道　渠道分类　渠道设计　服务位置　商圈聚集效应

引导案例

中国移动的多渠道融合

中国移动通信集团公司（简称中国移动）的渠道体系由电子渠道、直销渠道、自有实体渠道、增值合作渠道以及普通代理渠道五大体系构成。目前发展最成熟的是自有实体渠道，主要是各级别的营业厅，承担了大部分的营销和服务职能。但随着社会的发展，单纯地依靠营业厅等实体渠道的现实已经远远不能满足客户需要。电子渠道的应用和推广逐渐占据了越来越重要的地位。

电子渠道是指移动公司与客户非面对面、通过信息化方式提供服务和销售产品的自有渠道，是公司整体渠道体系的重要组成部分，与实体渠道互为补充、相互结合，形成多层次、立体化的服务营销渠道体系。目前，成型的电子渠道包括自助服务终端、网上营业厅、掌上营业厅、短信营业厅、10086服务热线，各电子渠道各有特点，各有侧重，互为补充，形成了具有中国移动特色的电子渠道系统。

1. 不让客户在一件事上对移动公司重复两次

对于客户来说，移动公司所有的客户界面没有什么两样，最好的结果当然是一次解决问题。在现实中，往往是每个接触点各行其道，一个简单的业务办理可能在各个渠道界面之间推来推去，导致客户的抱怨与投诉。

让客户与移动公司的每一次接触都有价值，这是移动公司多渠道集成的目标。移动公司全力关注客户信息，如果一个客户在早上在线办理了一项业务，并在下午通过服务热线提出了相关的问题，那么客服中心对此应具备完善的相关信息。要重视传统实体渠道与电子渠道的配合与协调，构建营业厅、电子渠道、客户经理等渠道间的信息共享和协同工作流程机制等，推进各界面的协同管理，实现多接触点的一致体验。

2. 客户辨识在跨渠道融合中必不可缺

自动化的统一客户信息识别是多渠道集成的基石。客户必须能在所有具有互动数据的公共平台上被辨识和支持。这一信息可以使公司在所有与客户的接触点上不断积累加深对客户的了解。理想的情况是，移动公司有完善、统一的客户识别系统，通过成熟的客户识别模型对用户资料进行实时在线分析识别，各个渠道界面能够在一个平台上统一使用，协调共享。

3. 并不是所有渠道都同等重要

考虑每个渠道的独有特点以及它们将如何影响客户，对不同渠道在不同业务和服务领域采取区别定位。营业厅处于渠道的前沿，对于移动公司来说，店内渠道，包括自办营业厅、合作厅、专卖店、代办点等都直接反映了品牌的许多特性，在影响客户感知以及由此带来的客户满意度方面最为关键。但是，从长期来看，渠道的侧重点和重要程度也在转化。实体渠道营业厅的业务规模会下降，在线电子销售和服务的比例将逐步上升。如果移动公司能将适宜的策略运用到相应的渠道中，将是一个积极的发展。例如，据 Forrester Research 的报告显示，跨渠道的购物者（跨所有产品目录）购买的产品的频率比单一渠道购物者高出 48%，在调查的所有购物者中，65% 的购物者在线上了解到一款产品，然后在线下进行购买。同样，移动公司要关注和适应这样的趋势。

资料来源：马继华. 移动公司多渠道融合的服务营销模式探析. 中国移动. 2010-11-20.

尽管服务产品不能存储，销售渠道在所有服务行业中所发挥的重要作用却是显而易见。建立合理的服务产品销售渠道并对之实行有效的管理，正是管理服务产品这样具有易折损、难保存特征产品的关键所在。服务不能被运输的特性决定了服务产品实现销售的方式——或是顾客到服务地点购买服务，如餐饮、住宿、美容、服装干洗、银行储蓄、旅游、汽车修理等；或者是服务者上门提供服务，如家庭装修、安装电话和宽带网等。对于前一种情况，服务企业应选择方便顾客购买的地方；而对于后一种情况，有时候一些服务也可以通过分销渠道"运输"，如一些服务的分销可以利用电子媒介来进行。因此，服务企业必须结合服务产品特性以及所在具体行业的规则进行渠道设计，渠道的不恰当将会使服务产品的传递无法进行，而且消极影响远大于对有形产品的影响。

8.1 服务分销渠道的概念及特殊性

分销渠道是产品从生产向消费转移的整个过程中，涉及参与这个过程起点到终点的个人和机构。分销渠道可以作为信息传递的途径，对企业广泛、及时、准确地搜集市场情报和有关销售、消费的反馈信息起着重要作用。企业如果能正确选择销售渠道，采用适合的分销渠道策略，使销售畅通无阻，不仅能保证市场占有率，而且能加速企业资金周转，降低销售费用，提高企业的经济效益。在现实生活中，服务企业需要找到散布在各地的机构和居民便于接近的地点，使其产品接近目标消费者并为其所购买。

8.1.1 服务分销渠道的概念

针对目标市场对服务的特殊需求和偏好，服务企业往往需要采用不同的分销渠道策略。在过去，银行只通过柜台提供服务，然而由于用户增长和控制成本的考虑，银行推出了自助服务渠道；近几年随着电子商务的发展，各大银行又陆续推出了网上银行服务，方便用户在线结算；最新的发展趋势是银行同移动通信运营商联合推出的手机银行，目标直指用户在公交车、超市等场所的小额结算业务。

分销渠道决策主要考虑应在什么位置及如何将服务提供给顾客，位置指企业做出关于在什么地点经营和员工处于何处的决策。服务提供者和顾客相互作用的方式不外乎三种：顾客主动找服务提供者、服务提供者找顾客、顾客与服务提供者在双方可达到的范围内交易。在第一种情况下，服务地点坐落的位置特别重要，企业在选址时首先要考虑所能到达地域内潜在顾客及竞争对手的数量和分布,服务提供者的所在地以及其地点的可达性都是影响服务营销效果的重要因素。

一般而言,服务销售以直销最为普遍,而且渠道最短。此外,还有许多服务业的销售渠道,则包括一个或一个以上的中间商机构。中间商机构执行着不同的功能,如承担所有权风险;担任所有权转移的中间商角色(如采购);或是担当实体移动(如运输)的任务。总的来说,服务企业在市场上可选择的销售渠道主要有直销和经由中间商机构分销两类。如图 8.1 所示。

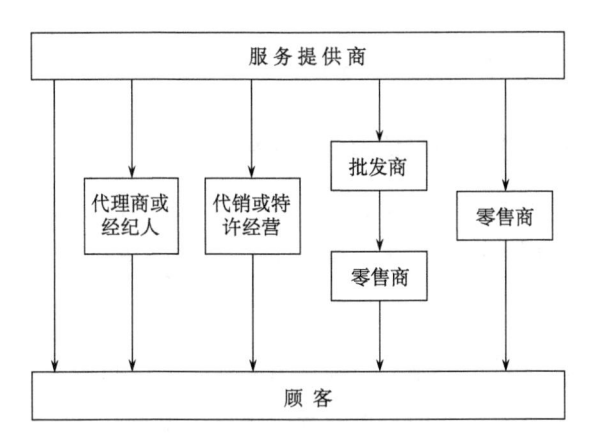

图 8.1 服务分销渠道类型

资料来源:张旭. 服务营销. 北京:中国华侨出版社. 2002:208.

案例 8.1:航空公司的销售渠道

20 世纪 90 年代前,国内民航服务产品统一由政府控制销售,属于计划经济的卖方市场。到了 20 世纪 90 年代,随着各地方航空公司的成立,航空公司各地营业部的建立,众多的代理商如雨后春笋般纷纷成立,航空公司的销售渠道也实现了多样化,卖方市场也开始向买方市场转变。到 21 世纪初期,随着民航业的进一步改革、重组,民营航空公司的加入,旅游市场的繁荣,以及电子商务的发展,销售渠道的整合,航空公司与旅行社等销售渠道之间逐渐形成了亦敌亦友的关系,市场经济调控下的竞争也在不断演变。

当前航空公司的销售渠道,大致可区分为三类:航空公司的直销、代理人/旅行社的分销、联盟/合作伙伴的联销。

第一类,航空公司直销渠道包括航空公司的呼叫中心、直销网站、各地营业部,作为销售环节航空公司与旅客的直接接触点,直销渠道对航空公司的作用不言而喻,通过直销渠道,航空公司能够直接、快速地了解市场的状况与变化。

第二类,分销渠道包括通过各种系统能够销售航空公司产品的代理人、旅行社、在线旅游网站等,是航空公司的重要销售渠道,其处于航空公司与最终旅客之间,成为航空公司的推销员、旅客的旅行顾问/信息经纪人。

第三类，联销渠道包括航空公司所加入的联盟成员伙伴、代码共享合作伙伴以及有 SPA（互联网服务提供商）协议的航空公司等，借助合作伙伴的产品和销售网络实现航空公司产品的联合销售，尤其对于国际航线，其作用更加明显。

此外，最近几年兴起的旅游搜索引擎，其并不直接销售航空产品，提供的是不同销售渠道所能销售产品的价格查询与比较服务，属于为销售渠道提供客源的渠道，因此这里没有将其直接列入航空公司的渠道范围之内，但并不否认其对航空公司的渠道管理会产生冲击。

资料来源：张亮亮．航空公司销售渠道管理的应用研究．航空保障，2009，(8)：76，77.

8.1.2 服务特性对分销渠道的影响

虽然服务产品的分销渠道大体分类与有形产品相同，但这并不意味着服务企业可以套用后者的分销渠道。服务产品自身的特性对分销渠道提出了特殊的限制及要求。

1. 服务特性对分销渠道策略的影响

（1）服务的生产与销售是同时的。该过程产生于顾客与服务生产过程的直接接触，即人员、程序、消费者进入服务的地方布局（设施、建筑）。这使得顾客接受的服务或者是由供应商提供，或由中间商介入分销。

（2）大多数服务是在生产地点被消费的。由于服务的无形性，它一旦生产出来就立刻被消费掉，因而不存在库存，使得仓储不再是一个必需的职能。这个特点使服务和有形产品的分销渠道有很大区别。服务不能像产品那样生产、存储，然后销售，许多适合产品生产者的渠道都不太适合服务企业。

（3）服务的生产和消费过程中不涉及任何东西所有权的转移。在有形产品的销售中，总是有产品所有权的转移发生，而服务却不是这样。服务分销渠道完成的实际上是服务的递送过程，不涉及所有权的转移。这些特点决定了在服务营销中，企业必须优先保证潜在购买者能接触到服务产品，即服务产品具有良好的可获得性，而其中起主要影响作用的就是渠道。是否需要中间商和选择谁做中间商的决定对于服务是非常重要的，这意味着要决定消费者进入服务的方式：在何地、何时、以何种方式接触服务，识别把顾客、委托人或其代理人联系在一起的方法。

2. 服务特性对中间商的影响

（1）由于服务缺乏所有权，服务中间商只能转移服务的使用权。例如，我们买邮票时，卖邮票的人并不提供服务，我们买的是邮局服务的使用权。

（2）由于服务是不可直接接触的，一般分销渠道提供的诸多主要功能，如存储、保管以及交换商品所有权等在服务营销过程中并不能发挥很大作用。服务中间商的作用因此而减弱。

（3）由于服务生产与消费的同时性，大多数中间商需要直接参与生产过程，替生产者发挥一些职能，从而成为服务系统的一部分。

（4）由于服务很难标准化，经常变化不定，因此很难通过中间商来控制服务质量。很多人员提供的服务由企业直接销售，而不需中间商来插手。搬家公司属于典型例子。

正是服务的性质使得服务中间商有别于有形产品的中间商。服务分销渠道几乎总是直接的，较少采用中间商，即使有，也不行使所有典型的中间商的职能。中间商的数量少，主要从事销售（预订、销售服务的使用权）。尽管他们的作用有限，但某些服务的中间商还是不可替代的，其主要作用在于扩大潜在购买者的进入范围。

▷ 案例8.2：实力媒体集团——连接媒体业与广告投资人的新兴渠道

统计显示，中国已经成为亚洲地区最大的广告市场。进入中国的英国实力媒体集团，在中国市场首次推出"媒体整体购买"这一概念，并迅速拓展市场，一跃成为中国广告界举足轻重的企业。在竞争激烈的广告市场中，由于媒体广告的买方市场已经基本形成，媒体业很需要一家专业的媒体购买公司，一方面，协助他们进行广告时间（版面）的销售和媒体自身形象的整合营销，提高广告收益，确立竞争优势。而另一方面，广告投资人也日益重视广告成本的预算控制。他们需要代理公司提供更多的主业策划，更权威、深入的调查分析，以及更专业的广告效应评估。"实力媒体"正是填补了这一空白，并成为链接媒体和广告业的中间渠道。"实力媒体"为了更好地发挥中间渠道的作用，还专设一个战略资源部，从事媒体调研、软件开发和数据分析以及为其工作的伙伴（广告主、媒体）开展公关宣传，如与宝洁公司共同举办了电视收视率调研会；与中央电视台合办了品牌营销与电视广告研讨会；在上海独立主办了电视媒体品牌营销研讨会，等等。这些活动在媒体业和广告业引起了较大的反响，达到了很好的沟通效果，也增强了"实力媒体"自身的权威性。

8.2 服务分销渠道的分类及特性

服务分销渠道的形式主要有直接渠道和间接渠道两种，不管是直接渠道还是间接渠道都可能是服务生产者经过选择而选定使用的销售方式，当然有的时候因为服务产品具体特性的限制，从而要求服务企业别无选择地必须采取直接渠道或间接渠道。

8.2.1 直接渠道

消费者进入服务的地点是由服务的生产企业直接管理的，销售点具有生产企业的品牌标志，这个地点就是服务生产系统的一个组成部分。服务企业要加强与潜在购买者的沟通，应采用便于感受的方式，着装统一，标志醒目。

直接渠道是服务分销中最有效的渠道，这是由于服务的生产与消费同时进行，通过公司自有渠道分销是最合适的形式。采用直接销售渠道的服务组织由于其分销区域有限，因此，一般限于一些地方性服务，如医院、干洗店、理发店等。但如果顾客很多而且很分散，则要求服务机构投资更大，组织更复杂，例如，由中间商在全国范围内经营若干连锁店。

1. 服务企业采用直接渠道的优点

（1）有利于服务的生产者与消费者的沟通、实现公司对顾客关系的控制。服务的生产者与消费者的直接接触关系有利于彼此的沟通，有利于改善服务，甚至能带来其他的好处。直接销售服务的企业拥有客户信息记录（如收入、职业、习性、购买态度等），可以建立信息管理体系，在此基础上提供成功的服务，能在标准化、一致化市场以外开发新的差异化市场。信用卡公司的情况很好地说明了这一作用，它们有客户的各种特点和消费态度方面的信息记录，可以建立信息体系，以此作为改进服务质量的基础。

（2）实现企业对销售渠道的完全控制、避免通过中间商产生的不利情况。这种控制方式可以实现在服务供给中的一致性，可以建立标准，并根据计划来实施标准，因为公司能够对提供服务的行为进行监督并奖励。对于员工的雇佣、解雇和激励的控制也是公司自有渠道的一个优点。另外，公司可以自愿增加或减少设点，而不受和其他实体合同协议的约束。而对于通过中间商进行销售的行业来说，由于中间商也需要投入一定的资源，他们也要承担失去顾客所带来的风险。为了保证自身能够获利，中间商可能在分销过程中采取短期性的行为，而这也许同作为供应方的公司的整体规划是相违背的。例如，中间商出于成本的考虑而不参与公司一次大型的促销活动。如果存在这种情况，中间商就失去了其在分销环节中的作用，服务的生产者就需要建立与顾客的直接关系。

（3）服务的生产者可以独享自己的利润。在某些领域里，直接渠道是一种规则。例如，顾客通常都不接受经过中间商购买银行服务，而是直接找银行，因此，没有其他选择余地，只有直接销售是可行之道，否则就会失去顾客或无法发展自己。同业的其他企业要想获得更高的营业额，也只能模仿这种直接销售的方式，事实上也没有其他选择余地。直接销售很少能有很大的好处，因为这样做的成本比较高，需要进行大量投资。

2. 服务企业采用直接渠道的弊端

（1）企业必须承担全部财务风险。当公司扩张时，必须全部由公司自筹资金，并承担全额财务风险。有时公司本应将资金投入更大利益的用途（如广告、服务质量或服务项目的开发），却不得不将资金用于商店数量的增加。直接渠道需要进行大量投资，需消耗大量的管理精力和企业资源，成本比较高，风险在于投资与收益之间的比例浮动很大。

（2）地域的局限性。在人的因素所占比重较大的服务项目中，如果供需双方之间没有有效的联系方法（如网络终端等设备联系、分支服务提供点等机构联系）作为中间桥梁时，服务提供者的不可复制性便造成服务市场的地域局限性。

（3）企业进入新市场需要较大的学习成本。企业虽然对其业务了如指掌，但却不是所有地区市场的专家。因此，当企业向另一种文化地域或另一个文化地域扩张时，这种自有渠道的弊端就暴露无遗。在这种情况下，即使习惯采用直接渠道的企业，也会倾向于通过对当地环境更熟悉的中间商进入市场。

3. 服务企业采用直接渠道需注意的问题

（1）员工的培训。如果采取直接销售方式，那么服务的接触就非常重要，服务企业需要首先意识到围绕顾客的语言、动作、现场环境或者服务机构与公众的接触都是由组织最基层的工作人员实施的，为了保障良好的服务质量，企业必须让每一个一线员工知道服务产品特性对顾客心理的重要影响，他们实际承担着服务销售过程中最为重要的责任。例如，在酒店、宾馆这样的服务企业中，最先与顾客接触的是门童、行李员和前台接待人员，经理只是"二线"人员，酒店要提高顾客的满意度，首要就要从培训每一位一线人员开始。

（2）内部营销。人员的培训从营销开始。机构要让全体员工和中间商人员干得有动力，目的是使他们的目标与动力和机构自身的目标相一致起来。内部营销计划很重要，当人员作为服务的生产主角时，服务的质量问题尤为突出。如果服务是靠人员与顾客的接触，这些人员就是服务的组成部分。他们不仅要在职业水平上，而且要在动机和目的上都达到应有的层次。

（3）动作设计。顾客对服务人员的感受是很重要的。我们进入一家邮局，看到挂号信窗口排着长队，而其他窗口的工作人员却在闲聊，我们就会觉得邮局的工作效率不高、气氛不好，心里就会产生厌烦。我们不会接受邮局关于无论有多少人排队各工作人员都必须遵守"各负其责"的原则。而我们常会感觉到，在顾客面前，每个麦当劳的工作人员都表现得很积极，因为麦当劳的工作手册上介绍了动作设计，体现着效率的概念。

> **案例 8.3：抛弃中介　7 天连锁酒店探索直销**

因高额的佣金日益侵占以低价为目标的经济型酒店的成本，以携程为首的第三方酒店销售渠道正在被一些经济型连锁酒店抛弃，7 天连锁酒店（以下简称 7 天）就是其中一员积极领导者。

在此之前，各大连锁酒店基本都与携程、艺龙或其他中小中介有合作，有些销售能力不佳的中小酒店很依赖中介渠道。因为渠道掌握在他人手中，不少酒店都抱怨定价权、营销权都被中介占据，酒店自身发挥的空间太小，而经济型酒店真正要掌握定价权并自主发展，必须要有直销能力。业界指出，7 天若今后实现全直销，会是同业的一个榜样，不过同业要拷贝也非易事，需要强大的会员和后台预订体系支持。

相比于行业 10%～15% 的中介预订比例，7 天把这个数字降低至 1% 左右，而对于未来，7 天连锁酒店集团 CEO 郑南雁表示，7 天会员已过千万，今后公司可实现近 100% 直销，不再依附任何中介。同时，如家和汉庭目前的会员开房率也超过 80%，直销实际上已经成为经济型酒店的主流模式。

实际上,7天连锁酒店早在2005年就建立了会员体系,截至2010年第一季度,7天会员数已达1100万,比2009年同期的700万净增57.3%,成为中国首家会员数突破千万大关的品牌经济型酒店。而同业平均会员数量一般为200万~300多万。庞大的会员数量成为7天全直销计划的坚实基础。会员的增多降低了来自中介的客户量,也节省了大笔的佣金。目前7天的中介客户仅占1%。如家、汉庭等经济型酒店也大力发展会员,降低来自中介的客户量。如家客源中,中介预订比重占到8%,汉庭客源中,中介占5%。这两家酒店均表示,尚不打算走完全直销的路子,但对中介的依赖程度已大大降低。

截至2010年3月31日,7天共有346家酒店投入运营,包括239家直营店和107家管理店。7天共有35家直营店处于筹建期,有66家管理店已签约但未开业。公司预计,2010年第二季度净收入为3.35亿~3.40亿元人民币。2010年,计划新开酒店为170~200家,其中包括70~80家直营酒店和100~120家管理酒店。预计2010年全年净收入增长率在29%~35%。

资料来源:凤凰网. 抛弃中介 7天酒店千万会员撑腰全直销. 2010-12-02.

8.2.2 间接渠道

服务产品从企业传递到最终的消费者手中有不同的途径可以选择。企业可以凭借自己的设施和资源直接向消费者出售产品而不与中间商合作,也可以借助于中间商向消费者间接销售服务产品。直接渠道的替代方式就是通过中间商销售服务的间接渠道。中间商是独立于服务生产者的组织机构,可以是代理(如保险公司代理、房产代理),也可以是零售商(如电影院、旅行社),也有较少的批发商(如旅游公司)。中间商的责任是间接的,它们负责销售,生产者负责生产,销售者可以为生产作贡献,但是责任要分清。

是否需要中间商和选择谁做中间商的决定对于服务企业是非常重要的,这意味着要决定消费者进入服务的方式:在何时、何地、以何种接触方式。服务业的中间商是特殊的,如上所述,服务分销通常没有中间商,即使有,也不行使所有中间商的职能,他们的作用有限;但在某些领域,中间商又是不可替代的。

1. 服务中间商的职能

尽管服务中间商的作用有限,但它还承担着一系列职能:

(1)在最合适的时间和地点将顾客引入服务销售系统。中间商帮助服务生产者在顾客方便的时间和地点销售服务,中间商地域分布的广泛性使服务可以在更长时间、更多地点进行销售。例如,金融机构总部设立为购买别墅提供抵押贷款项目,这一服务通过中间商在全国各地提供。再如,某歌星演唱会的门票在各音像店、酒店出售。

(2)提供各种信息引导顾客挑选。顾客往往对欲购买的服务不是很了解,仅靠报刊、电视、广播的宣传是不够的，需要服务生产（销售）者与顾客进行直接沟通。中间商能缓解生产者人手不足问题，帮助生产者向顾客提供各类信息，此时中间商变成了服务的共同生产者。

（3）提供使顾客可以挑选的不同服务品种。服务直销点上往往只有单调的一种服务，而中间商可以代理各种服务，包括竞争性的、互补性的服务，甚至可以将主要服务、附加服务打包配售，从而形成很强的消费吸引力。例如，大型百货商场，包括百货、超市、专卖店、小吃铺的组合。

（4）向顾客提供承诺。由于服务至少一部分是不可触知的，很难标准化，顾客不可能完全了解服务，是凭信任来购买的，中间商的介入具有很重要的作用，可以作为承诺者保证服务的良好品质。

（5）承担一定风险并为投资做出一定贡献。中间商的加入使流通环节外移，中间商承担了服务销售所需的部分投资，节约了服务生产者的固定成本投入，节省了管理精力，买断式的服务分销对服务商甚至具有融资的效用。另外，中间商在某种程度上承担了一定的市场风险。

（6）管理服务生产所需要的材料和其他可触知的物资的库存。服务是无形的，服务中没有库存可言，但是很多服务如餐厅、旅店，需要一些材料消耗，中间商要负责材料库存管理。

（7）将服务分解。这是批发商的典型职能，他们大量进货，再分散给零售商。例如，旅行社常常包下整架飞机或旅店的所有客房，为的是获取优惠的价格，然后再适当加价后销给旅行团或个人旅游者。服务很少通过批发销售。

（8）提供售后服务。服务生产者很难分散出必要的精力去跟踪顾客、解答疑问、取得反馈信息，中间商的加入可以改善这一情况，它能帮助顾客办理有关手续，解决签约中出现的问题，及时处理赔偿，而这些都将有利于保持顾客的忠诚。

2. 服务中间商的局限性

（1）中间商很难采取和服务生产者一样的经营原则。中间商与服务生产者经常存在着潜在的冲突，中间商愿为利润高的项目做大量投入，但对新项目的推出则不愿冒风险。

（2）顾客往往认为通过中间商所提供的服务质量不如直接得到的服务。这其实是一个顾客对服务的感受问题，顾客总是倾向于认为经过多重传递的服务产品在质量方面会有所损耗。

（3）中间商的服务质量是否稳定的问题。授权中间商完成工作使生产者丧失了对服务传递过程的部分控制权，又由于中间商提供的服务是多种多样的，顾客的态度也是多样化的，能否保证服务质量的稳定就成了一个问题。制造业的质量控制可以在生产过程和以后的产品销售中进行，但是对服务业而言，这往往是不可能的。

以下就服务性质与中间商的利弊作一汇总，如表8.1所示。

表 8.1 服务性质与中间商的影响

服务性质	中间商的影响
服务不涉及所有权转移	中间商转移的是服务的使用权
服务是无形的	没有库存,中间商的作用因此而减弱
服务很难标准化	难以通过中间商控制质量
服务的生产与消费是同时的	中间商有两种:一种不参与生产过程,如买邮票;另一种直接参与生产过程,属于服务系统的一部分,如销售电影票
一些服务很复杂,专业性强	中间商需要进行强化培训,不断更新知识,而中间商往往对销售这类服务不感兴趣
一些服务已成"商品",竞争激烈,边际利润低	中间商没有好处,只能由生产者直销
对一些服务有专门的立法	立法可以限制中间商的使用,如一些国家禁止银行通过中间商收集储蓄存款

资料来源:郑吉昌.服务营销管理.北京:中国商务出版社,2005:134.

3. 服务中间商的种类

服务业企业最常使用的中间商有三种,它们的结构不相同,而且有些还相当复杂。例如,在货币产品的销售渠道中,银行信用卡是信用服务的实体化表征,但并不是服务本身。通过信用卡,银行有能力克服不可分割性的问题,同时利用零售商作为信用的中介机构,而信用卡又有能力扩大地区性市场,因为,信用卡可使使用者将银行信用变成"库存",这样,银行就有能力维持远离交易地的信用卡客户。

1) 代理商

代理商指依据代理合同的规定,受服务提供者的授权委托从事某项服务活动的一方。代理商有权代表服务供应商签订顾客和委托人之间的协议,他们虽然不取得服务的所有权,但有合法的权利代表生产者出售服务,并完成其他一些营销功能。如保险代理人接受保险人的委托,代表保险公司依据保险合同的规定招揽业务,代收取保险费,接受投保人的投保单,从保险公司获得保险代理手续费。旅游代理人为旅游者的旅行活动做出安排,包括交通工具、食宿、游览、办理护照和签证等,收入来源主要来自航空公司、饭店、旅行经销商付给的佣金,在未收佣金的情况下,也可向旅行者收取一定数额的服务费。

代理商通常为委托人连续工作,而不是只完成一次交易。代理商比服务生产商更了解市场,所以他们接受委托,帮助生产商做出更有利的服务营销组合决策。代理人与购买者之间也有长期关系,他们可为客户提供有益的市场信息,使其获得最好的服务和合适的价格。

实际上代理商已经参与了服务过程,他们也是服务的组成部分,相当于服务于生产企业的一线人员，代理商最常见的报酬方式是按照销售额的某个百分比进行提成。

使用代理的主要好处是：①比直接销售投资更少，风险更小；②潜在购买者喜欢在购买主要产品的同时能选择其他辅助服务，而代理可以满足他们的这种需求，代理可以适应某一地区或某一细分市场顾客的特殊要求；③服务生产者不一定了解市场，特别是一个新市场，其成功往往要靠一个当地的好代理，在有些国家里，某些服务不允许外国生产者与本国顾客直接接触，必须通过某些得到授权的代理人，这类许可经常只授予本国的自然人或法人；④复杂服务产品成本的考虑，有时候，一种较为复杂的服务产品的销售要求销售人员职业水平较高，但是这样会带来较高的人力资源成本，如银行在一个离总行较远的新地区开设的分行要销售其少量金融服务，与其重新聘请人员，不如找当地代理更合适。

2) 经纪人

经纪人指在市场上为服务提供者和顾客双方提供信息，充当中介并收取佣金的一方。经纪人主要作用是为买卖双方牵线搭桥，协助他们进行谈判。向雇佣他们的一方收取佣金，一般不参与融资和风险，不作为买方或卖方的长期代表。比较熟悉的经纪人类型有保险经纪人、证券经纪人和房地产经纪人等。例如，电影明星聘请经纪人，通过他们去选择剧本、导演、演出场地和商定出场费，经纪人代理费用可由任一方或双方支付。

通过代理商和经纪人分销服务的挑战如下：①失去对价格和其他市场营销方面的控制。作为服务生产商的代理人和顾客市场的专家，代理人和经纪人常常被授权谈判价格，确定服务形式，改变服务生产商的市场营销活动，从而使服务生产商失去对价格和其他市场营销方面的控制。②代表多个服务生产商。代理人经常经销多个供应商的服务，为顾客提供选择，然而，对服务供应商而言，这意味着代理人代表一种竞争性的服务产品，即多个服务供应商彼此之间展开竞争。

3) 经销商

经销商指将服务产品买进后再售出的中间商，利润来源于进销差价的一方，包括批发商和零售商。

批发商主要是从事批发业务的服务中介机构，如旅行社、旅游公司，其业务是将航空公司或其他交通运输企业的产品与旅游目的地旅游企业的地面服务，组合成整体性的旅游产品再推向旅游者。服务产品的可分性决定了批发商的存在，他们大量购进产品，再分散销售给零售商。一个成批购买连锁旅店房间或床位的旅行社可能在价格上获得很大的优惠，然后再设法做适当提价后转手分销给其他团队、单位或自己的顾客，获取一定的利润。它实际上就是服务的批发商。同样，一家保险公司就一个大航空公司的所有飞机签署保险合同，然后再作为中介，把部分保费和保险责任转让给其他保险公司，这也可以看成是一种"掮客"（代理）。

零售商面向广大顾客从事服务产品的供应,如旅游零售商,他们熟悉多种旅游产品情况,也了解旅游者的支付能力和消费需求情况,可帮助旅游者挑选适宜于其要求的旅游产品。零售商则是独立经营,零售商与顾客和生产服务者之间的关系都是直接的。这类中间商仅限于销售服务的使用权,顾客也并不认为服务的质量要由零售商负责。

顾客的感受有复杂的标准,更多情况下取决于顾客对服务的了解程度。旅行社出售机票,因为大雾造成飞机停飞,顾客不会认为是旅行社的责任,但是如果旅行社未及时通知顾客飞机延误或停飞,或将顾客的姓名或预订的航班时间登记错误,顾客就会认为是旅行社的责任。自动销售机或许是将生产与销售责任分开的最好方式。

8.2.3 特许经营

特许经营是目前服务业中一种极为普遍的中间商分销方式。它是一种根据合同要求、约束条件进行的互利商业合作关系。特许者将自己所拥有的服务商标、商号、产品、专利和专有技术、经营模式等以特许经营合同的形式授予被特许者使用,被特许者按合同规定,在特许者统一的业务模式下从事经营活动,并向特许者支付相应的费用。国际特许经营协会将特许经营定义为特许人与受许人之间的契约关系,对受许人经营的如下领域(经营诀窍和培训)由特许人提供并有义务保持关注;受许人的经营是在特许人控制下按一个共同标记、经营模式或过程进行,并且由受许人以自己的积累对业务进行投资。

在服务行业,特许经营适合于那些可以标准化或者实际上可以被复制的服务,典型的是通过供给过程、服务政策、授权、促销和品牌来实现。服务越复杂和专业化,就越难以准确地按照授权需要的方式复制。特许经营实质上是一种关系或合伙经营,在这种关系中,服务供应商即特许人完成了一项服务设计,并使之尽可能完善,允许其他人即被特许人来提供这项服务。双方就如何分享利益、承担风险达成协议。

这种方式在许多领域非常盛行。例如,快餐业特许人所拥有的独特的烹制方法或过程和商标名称;健康中心的特许人具有在消费者中已树立好的营销模式、价格模式以及雇佣和激励员工的模式;旅馆、饭店的特许人具有已建立了全国性的名称和声誉。目前世界上规模最大的特许连锁企业为麦当劳公司。

1. 特许经营的具体特征

(1) 特许经营的核心是知识产权的转让,包括商标、专利、商业秘密、技术诀窍、经营模式等;

(2) 特许经营是特许人利用自己的专有技术与他人的资本相结合来扩张经营规模的一种商业发展模式,是技术和品牌价值的扩张而不是资本的扩张;

(3) 特许经营是以经营管理权控制所有权的一种组织方式,经营管理权集中于总部,各受许人对自己的店铺拥有所有权,独立经营,对日常经营活动拥有自主权;

(4) 特许经营双方的关系是通过签订特许经营合同来形成的,合同规定了双方的权利和义务，具有法律效力；

（5）总部提供许可和经营指导；

（6）商标或标志或字号是特许经营的基石；

（7）特许经营的特殊技术是特许人通过经验获得的，它可以被转让，不可被公众立即掌握，不受专利权保护；

（8）特许人提供营业前帮助（如工作人员培训，帮助选厂址，现场调研等）和营业后帮助（如销售方法、法律、税务等方面的建议，广泛宣传，供应原材料等），在合同有效期内还要向受许人提供持续的、不间断的技术支持与指导，以确保受许人能自始至终按总店的经营模式进行经营；

（9）经营模式统一，外在形象统一；

（10）成功的特许经营应该是双赢模式，特许人必须能够在给定的业务量水平上实现对预期成本和收益的承诺，才能吸引和留住特许经营者。

2. 特许经营对特许人的利益

首先，获得一种确保扩张和营业收入的企业模式。企业为了提高收益，获得更大的市场份额、更高的品牌认知度，或者得到附加的经济规模，需要采用市场扩张战略。当服务的生产企业靠自己的分支机构或代理无法达到某些地区时，特许经营就是很好地进入方式。服务的生产商无须投入资本，或者只用有限的投资，就可以扩大自己的销售网络，使其投资和财务风险最小化，营业收入最大化。

其次，有利于保持服务的一致性。特许人通过强有力的合同要求被特许人按照其规定提供服务。双方在合同中可以就店铺的设计、价格、雇佣员工和培训员工等各个方面达成约定。这样有利于保持服务的一致性。

再次，加强对主要营销职能的控制。特许人将经营的任务委托给乐于投资并经营的被特许人，特许人就可以扩大自己的服务网络，服务进入点更多，品牌更普及，服务更加统一化。特许经营者可以把资金投入核心服务生产设施，保持对主要营销职能的控制。

3. 特许经营对特许人的挑战

（1）激励和管理被特许人十分困难，对于特许人来讲，管理和激励被特许人根据合同建立的标准来定价、送货、促销和雇佣员工是一项很困难的工作；

（2）在控制顾客关系上，被特许人占优势地位，一家服务公司越接近顾客，就越能了解顾客的需要和想法，由于被特许人的介入，顾客和被特许人之间形成一种关系，而与特许人之间的距离比较远，这使得所有的顾客信息，包括人口统计因素的确定、购买历史和偏好等都掌握在被特许人手中；

（3）服务的不一致会损害公司声誉，由于很难保持服务质量的标准化，服务水平差的经销商会损害公司的整体声誉。

4. 特许经营对被特许人的利益

首先，获得一种作为经营基础的成熟企业模式。特许经营的基础就是由于特许人已建立了强有力的品牌形象、成熟的营销模式或独特的经营流程，特许经营者不仅有运行良好的业绩记录，而且其有效性也在实践中屡经考验。这为被特许人提供了一个发展事业的良好机会，其经营在一种已经测试证实的服务产品观念指导下进行。

其次，降低开办企业的风险。特许经营最显著的特点就是购买特许经营的风险要比开办自己所有的企业风险低。一份调查资料表明，新企业在6年内失败的比例是63%，而特许经营的企业的失败率却只有5%。

再次，利用特许人已有的品牌声誉进入市场。这会大大减少被特许人进入市场的障碍，使其利用成功品牌的声誉来开展市场营销工作，并不断从特许人那里获得技术指导、管理技能和营销技能。

5. 特许经营对被特许人的挑战

(1) 利润和收入的减少，由于特许经营的饱和导致被特许人之间竞争的加剧，特许经营费用上升，从而导致利润和收入减少；

(2) 高额的特许费，被特许人在前期一般要支付一笔昂贵的费用以获得特许，用以购买设备、支付培训费、提供抵押和保证金，交完这些固定费用以后，每年还要交纳一定百分比的毛利作为特许费；

(3) 失去经营的自主性，由于被特许人必须按照事先的合约来经营企业，因此经营的自由度受到很大限制。

8.2.4 渠道创新

近些年来，随着服务产品的衍变发展以及技术手段的持续进步，服务分销渠道也出现了很多新的形式和方法，同传统行业相比有着非常明显的特点，以下简单介绍几种新的服务渠道形式。

1. 租赁服务

服务业经济的一个有趣现象是租赁服务业的增长，也就是说许多个人和公司已经而且正在从拥有产品转向产品的租用或租赁。采购也正从制造业部门转移至服务业部门，这也意味着许多销售产品的公司增添了租赁和租用业务。此外，新兴的服务机构也纷纷投入租赁市场的服务供应。

在产业市场，目前可以租用或租赁的品种包括汽车、货车、厂房和设备、飞机、货柜、办公室装备、制服、工作服等。在消费品市场，则有公寓、房屋、家具、电视、运动用品、帐篷、工具、绘画、影片、录像等。还有些过去是生产制品的公司开发了新的服务业务，提供其设备作为租用和租赁之用。在租用及租赁合同中，银行和融资公司以第三者身份扮演了重要的中介角色。

2. 自动分销渠道

通过机器销售在服务领域里所占的份额很有限，但是发展却很快。在一些部门里，自动销售占主导地位。最有代表性的是 ATM，很多人喜欢在 ATM 上办理存取款，因此这种机器大获成功。如果顾客弄错按键，对自己是不会发脾气的，可以重新按键；如果机器不运行，顾客也不知道找谁发牢骚，就只好作罢，责任不在银行，而在于技术。

这种销售渠道成功的原因其实很简单。自动柜员机 24 小时全天候服务，几乎没有人排队等候，即使前面有人，你也能知道等候的时间。而到银行柜台前等候的时间就难以预料：我们可能排在前面只有一个人的队伍里，但是这个人办理的业务繁杂，等候的时间就会很长；还可能有其他因素的干扰减慢银行工作人员的操作，比如一个电话、需要找经理批示等。

心理学研究提出，我们在排队时，没有任何权利，因此就只能发展自己的敌意；而我们在按动一个机器的键盘时，由于亲身参与而感到权利，所以可以容忍等候和机器的运转不良。

AT&T（电信）、national rental（汽车租赁）和 american airlines（航空运输）都实验用机器进行服务的预订和出票，根本不用人工服务。在经过最初的实验之后，航空运输系统中普遍采用了电子售票。打算购买机票的顾客拨打一个电话号码，就可得到一个预订号码，登机时只需信用卡、身份证和预订号码就可以了。机场服务人员提供机票、登机牌，必要时还提供发票，这是运输量大的航线上短程飞行常用的方式。

3. 网络渠道

进入 21 世纪，信息高速公路变成了现实。在有线电视网、广播网和计算机网络服务，特别是基于计算机网络即互联网的服务，对很多企业而言都是在当地市场上竞争的工具，更是全球市场上的制胜手段。互联网络为企业提供了一个广阔的信息平台，进一步来说企业面临的实际是一个电子化的全球市场，互联网缩短了服务企业与顾客之间的时间和空间距离，服务企业通过互联网进行产品分销必须注意营销活动与互联网特性的结合。

互联网的第一个好处就是以很低的成本实现全球的沟通，这对小企业特别有利。第二个好处就是可以 24 小时全天候联系潜在的购买者和供应者。第三个好处是可以针对标的顾客群决定联系的时间和方式。第四个好处是沟通的效果好，因为通过互联网，可以按照标的的不同而选择不同的时间和信息进行沟通。有了新的通信技术，互联网成了多数广告宣传的载体，使用范围很广，针对的细分市场也很多。另外，互联网能显示出有多少用户接收了信息，甚至是什么时候（月、日、时）接收的信息。第五个好处是通过互联网把"地球村"里的中小企业相互联系起来。最后，互联网可以迅速得到顾客对所提供的服务的反映,因此能够抓住机遇,对服务感受、价格、销售和促销形式的结果都有所掌握,有利于决策。

但是互联网也有其弊端,最棘手的是对知识产权的保护问题和信息的安全问题。在互联网上,企业与顾客相互联系的风险很大,很多软件企业为网上销售更加可靠而增加投资。例如,喜来登饭店开通网上预订业务以后,经常有未认证顾客在全球各地通过互联网预订房间,而许多被预订房间都会被退掉,这使得喜来登饭店失去了上百万美元的收入和很多潜在顾客,喜来登饭店因此不得不采取相应的措施来保护网上预订。

▶ 案例 8.4:邮政贺卡 渠道"跨界"亲近消费者

贺卡是人们最常用的祝福方式之一,每到喜庆之日,老百姓都喜欢用一张贺卡传情达意。然而,随着手机、互联网等现代通信技术的发展,短信与电子贺卡的兴起,传统贺卡从 20 世纪 90 年代开始呈现萎缩态势。

然而,就在众多贺卡厂商停滞不前之时,中国邮政贺卡发行却逆市上扬。数据统计显示,邮政贺卡连续三年保持 10% 以上的增长率,2008 年发行达到 7 亿枚,预计 2009 年将达到 8 亿枚。中国邮政究竟是采用了怎样的营销策略使贺卡重新焕发活力?

首先是产品价值的提升,在传承传统贺卡文化的同时,邮政将当今世界最流行的"跨界"思想引入产品开发。例如,将刺绣工艺、电子光盘、光电技术等传统技艺与现代电子技术融入贺卡,提升贺卡的品质感;将植物种子及现代栽培技术融入贺卡,推出了植物贺卡,通过浇灌能够长出草;结合社会时政,推出名人贺卡、"神六"飞天纪念贺卡,等等,提升贺卡的收藏价值。

其次便是渠道创新,利用互联网拉近了贺卡同消费者的距离。

对于快速消费品而言,占领了商超,就占领了市场。然而,邮政贺卡的营销渠道并不这么简单,其特殊的产品属性决定了其营销渠道具有两大特点。第一,消费者选购贺卡和使用贺卡(寄发)是在同一个地方,即邮政营业厅;第二,这一渠道几乎是唯一的、垄断的,而且持续了上千年的历史。这一特殊的渠道模式,也奠定了中国邮政在贺卡市场的绝对领导地位。

然而,随着时代的发展和科技进步,贺卡替代品的不断涌现,邮政渠道模式慢慢成为贺卡发展的"枷锁",其烦琐、费时的寄发方式已经不能适应人们高效率的生活节奏,尤其是热衷于网络的年轻一代,对贺卡的接触率越来越低。

为提升贺卡发行的便捷性,中国邮政开始寻找新的发行渠道。例如,在大中城市的商场超市开设贺卡专柜,允许商店经销邮政贺卡。然而最具革命性的渠道变革应该是"邮政贺卡网上发行"模式,这一模式与增加销售网点的本质区别在于,彻底摆脱"消费者只能通过邮政窗口寄发贺卡"的传统,实现了从传统渠道到网络渠道的"跨界"。通过邮政贺卡官方网站,消费者可以在线完成贺卡的选购、支付及投递业务,而不再需要到邮政营业窗口办理。

与此同时，截至 2009 年年底我国网民规模已达 3.84 亿，网民数量的持续增长也为贺卡网络发行渠道创新增添了信心。

资料来源：王猛. 跨界营销 定制为王. 搜狐财经. 2010-12-05.

8.3 服务分销渠道的设计

8.3.1 影响服务分销渠道的因素

企业在选择销售渠道时会受到许多因素的影响和制约，在做出销售渠道决策之前必须对下列几方面因素进行系统的分析和判断，进而才能做出合理的选择。

(1) 产品因素。产品的性质、种类、档次和等级以及所处的生命周期阶段直接影响企业分销渠道的构成。高档产品宜采用直接渠道，反之宜采用间接渠道；刚刚问世的新产品宜通过直接渠道结合人员推销来进行；当新产品为市场所接受，进入成长期或成熟期，则可通过建立广泛的销售渠道来销售产品。另外，产品组合的广度和深度也是影响销售渠道决策的因素：对于产品组合单一的企业，最好通过批发商间接销售；而产品组合丰富的企业可采用较短并且直接的销售渠道。

(2) 市场需求因素。销售渠道的设计要受到市场规模大小、消费者购买频率高低、市场的地理分布及对不同营销方式的反应等因素的影响。在市场规模较大时，为了便于消费者购买，需要服务产品在市场上广泛分布并具有区域延伸性，所以应选择较长和较宽的销售渠道，以覆盖市场，广辟客源；反之，对于较小的目标市场，服务企业最好采用较短的销售渠道或直接销售渠道。例如，管理咨询公司向客户企业提供咨询服务，销售方式基本上就是由咨询公司的销售人员参与项目竞标。

消费者购买服务产品的频率高意味着消费需求旺盛，企业的工作量相应增大，可以利用中间商通过间接销售渠道来完成营销工作；如果消费者不经常购买产品，企业可减少中间环节，采用短渠道或直接渠道。消费者地理位置相对集中，则企业渠道可短一些；否则，只有选择间接渠道。

(3) 企业因素。企业因素指服务企业的资金能力、销售能力、可向中间商提供的服务水平等。如果企业资金雄厚，就可以较为自由地选择或建立渠道，可以自设销售点，也可以采取间接销售渠道，如果企业资金缺乏，则主要靠中间商来销售产品。企业若拥有较强的销售能力、丰富的销售经验和优秀的销售人员，则宜选择直接销售渠道；反之，则需要借助中间商选择间接分销渠道。中间商也会希望服务产品的提供企业能提供广告、交易展示等方面的合作，为销售产品提供良好的条件。企业若能较好地满足中间商这方面的要求，中间商会乐于销售该企业的产品，这对采用间接销售渠道较为合适；如果企业做不到这一点，就最好自己直接销售。

(4) 竞争者因素。竞争者因素对渠道设计的影响是巨大的，优秀的厂商可以据此建立竞争优势，企业在满足消费者服务需求方面必须比它的竞争对手做得更好，尤其面对强大的竞争对手时,才会有生存的可能和突破,戴尔电脑就是通过分析康柏、IBM、惠普等竞争对手的渠道体系,采用电话直销模式来获得发展,继而借助互联网建立竞争优势。

(5) 中间商状况的影响因素。中间商的影响因素包括:其一,可选的中间商资源的状况,要开发地区的渠道资源状况会影响渠道设计;其二,服务生产企业对中间商的吸引力,许多厂商不能够吸引中间商,只好采取直销的方式,以吸引客户,逐渐提高影响率。例如,联想在最初的时候,只能采取直销的方式,主要是因为渠道并不认同这个品牌,直到后来逐步建立了在顾客心中的品牌形象,才改为分销的模式。

8.3.2 服务分销渠道设计的基本原则

销售渠道设计应遵循以下一些基本原则。

(1) 畅通高效的原则。合理的销售渠道首先要符合畅通高效的原则,做到"物"畅其流,经济高效。尽管服务产品是无形的,但销售渠道要保证信息、资金、使用权等的流通顺畅,并以流通时间、流通速度和流通费用来衡量销售效率。畅通高效的渠道应以消费者需求为导向,将服务尽快、尽好地通过最合理的销售渠道,以最优惠的价格送达消费者方便购买的地点。不仅要让消费者在适当的地点以适当的价格购买到适当的产品,还要努力保证销售渠道的经济效益,设法降低销售费用,节省销售成本,提高经济效益。

(2) 适度覆盖的原则。企业在设计销售渠道时不能只考虑渠道成本、费用及产品流程,还要考虑销售渠道能否将产品销售出去,并保证一定的市场占有率。因此,单纯追求销售渠道成本的降低可能导致销售量下降,市场覆盖率不足,只有在规模效应的基础上追求成本的节约才是可取的做法。当然,如果企业过度扩展分销网络,造成沟通和服务障碍,也会使得销售渠道难以控制和管理。

(3) 稳定可控的原则。设计和建立企业的销售渠道需要花费大量的人力、物力和财力。在销售渠道基本确定之后,企业一般不希望轻易地对它做出更改,如更改渠道成员、转化渠道模式。所以,必须保持销售渠道的相对稳定,这样才能进一步提高销售的经济效益。但是在销售渠道运作的过程中受到环境变化及各种因素的影响,销售渠道难免会出现一些问题,这就需要对销售渠道进行一定的调整,保持渠道的生命力和适应力,以适应市场的变化。

(4) 协调平衡的原则。企业在设计销售渠道时考虑自身经济利益是理所应当的,但是如果为追求自身利益最大化而忽视渠道成员的利益,可能会适得其反。因此,在渠道设计时应注意协调、平衡各成员之间的利益。企业对于渠道成员之间的合作、冲突和竞争要具备相应的控制和管理能力,有效地引导渠道成员之间进行良好的合作,鼓励成员之间进行良性竞争,减少渠道摩擦和冲突,确保企业目标的实现。

8.3.3 如何设计分销渠道

在渠道设计中要考虑顾客需求因素,但它并不是决定渠道设计的唯一因素,如果只是考虑这个因素，就会成为闭门造车，渠道的体系设计将无法落实。企业服务产品销售指向的是一个复杂的社会系统，顾客藏身其中，很多因素会阻碍产品走到顾客面前，企业必须经过精确的设计才能获得好的市场反应。在设计之前除了要考虑目标市场的需求外，还要考虑企业受到的限制条件等诸多因素的影响，影响渠道设计的几大因素在前文中已经分析过，此处不再赘述。

不同因素对渠道会产生不同的影响，在分析时不一定要考虑所有的因素，只需要找到重点因素。例如，SAP公司的ERP（企业资源计划）系统，影响它们的渠道结构因素重要性依次是产品的技术复杂性、规格、价值、消费周期，最后是界面友好性，ERP软件的技术复杂性和它很多个性化的定制，决定了只有厂家才有足够的技术实力很好地销售产品，另外产品的高价值和高价格不是渠道所能够承受的，风险很大，消费周期非常长对于渠道来说也不利于渠道发展，而剩余的因素基本可以不予考虑。再比如，小型的个人应用软件，价值较低可以使渠道大量进货、技术复杂性小可以使渠道不需要很强的技术实力就可以销售，常规性、重量轻便于运输分销，渠道选择可以较长，但是因为它时尚性较高，所以过长的渠道无疑降低了进入市场的速度，考虑时尚性，应该设计两层或者一层的销售渠道长度。

从产品角度来看，渠道的密度也会受到影响，价值低、常规用途、没有技术复杂性、频繁购买的产品选择密集分销更合适，如软饮料产品和食品等，因为重量轻便于运输，价值低则会有更多渠道销售，常规性和技术含量低减少了渠道销售的复杂性，消费周期频繁则显示消费者更喜欢就近购买，而消费者是分散的，所以渠道密度越大就越有利于消费者购买。软件产品多属于选择多家分销商或独家分销类产品，具有价值相对较高、有一定的技术含量、消费周期长等特点。

如何决定渠道设计的广度呢？渠道广度的类型往往取决于市场上已经具有的销售渠道和顾客的购买需求两个因素，并且将它们综合起来考虑，通过考虑顾客在顾客分布、购买批量、等候时间、花色选择和售后服务方面的需求，我们会发现顾客在渠道方面的购买特点，如网络游戏的游戏点卡，这是一个正在蓬勃发展的市场，分析顾客需求可以知道，它的顾客分布广泛，购买频繁而购买批量小，非常不愿意等候，因为游戏的吸引力很大，必须购买完后就可以使用，不需要售后服务，以上是顾客的购买特点，那商家就要考虑如何让他们购买点卡，随时随地可以买到就是客户的需求，再考虑消费者的使用，一定在家中或者在网吧中，最基本的渠道类型就必然有网上购买和网吧中购买两种方式，这将是最基本的两种渠道类型，一种是直销通过网上电子转账购买，一种是线下网吧分销方式，接下来扫描市场，已经存在的方式还有很多，像IP卡、IC卡的销售网点，书刊报亭、电子市场都在销售，那这些就是全部吗？当然不是，满足顾客购买的渠道还有很多，像与计算机、计算机配件、数码产品甚至是软饮料的捆绑销售，还有更多的可能，银行、手机店、超市和书店等，零售类型越来越多。当然，渠道的广度类型实际上只有三种，第一种是网上的直销类型，第二种是线下的分销类型，第三种则是产品的捆绑销售，这样就对渠道的结构有了大致的线索。

> **案例 8.5：保险行业的分销渠道设计**

保险行业渠道的选择受到保险公司所销售保险产品的直接影响。产品因素包括保险产品的类别即险种、保险产品的服务对象和保险产品的费率等。保险公司如何设计险种、设计什么样的险种、费率多少、面对什么样的顾客，这些都是营销渠道所要考虑的重要问题。例如，保险标的条件比较高、保险责任复杂的险种，保险费率越高，并且由于此类保险技术含量高，所以适合专业水平高、营销成本相对高的直接营销渠道来销售和服务。相反，保险费率较低的险种适合专业水平较低、营销成本也较低的直接营销渠道来销售和服务。

保险购买者的服务需求是市场情况应重点考虑的。渠道服务应考虑五个方面：一是市场分散化，保险购买者越分散，需求渠道提供的服务量越大。二是购买金额，投保人如果一次支付保险费多，通常希望获得专业化、高水平的指导和服务，以减少购买风险、买后退保个投保人带来的损失等。三是购买频率，保险期短的险种到期需要新购买或赎得，购买的频率大，需要渠道的服务保持长期一致，服务水准高。四是购买便利，投保人随时随地可购买合适的险种，而渠道服务水平也高。五是售后服务，保险消费者需要越多的附加服务，渠道服务水准越高。

保险公司自身因素将直接影响保险公司本身对营销渠道的选择。公司自身因素主要包括：①公司的实力规模。如规模大、财力雄厚、信誉好的公司通常有多种选择，可广设机构网点配置相应的外勤人员进行销售，也可选择其他的直接渠道。相反，如果一些新成立的规模较小的保险公司则要更多依靠渠道建设期投入较少的销售渠道，它就要更多地依靠保险中介人。②公司的管理能力。企业具有较强的市场营销能力和丰富的管理经验，则更有能力对各种营销渠道进行系统组合和优化。渠道控制标准包括保费收入、退保率、促销能力的发挥程度、合作态度等。

资料来源：冯霞. 论我国保险营销渠道的选择. 现代企业教育，2009，(9)：64，65.

8.4 服务位置

服务业渠道选择问题中，有关服务所在位置的选择是一个极为重要的方面。不论服务企业以什么渠道形态去获取顾客，顾客都必须通过具体的位置和场所获得服务产品。

8.4.1 服务位置的概念

服务位置就是服务企业与顾客之间所谓的接触点。银行、会计师事务所、法律顾问公司、餐厅、干洗店等服务业公司面临的位置决策，与销售实物产品的公司没什么两样。好的位置对企业的服务营销将起到重要的作用，好的接触点有"寸土寸金"之说，即比喻能为企业带来丰厚的回报。

服务位置是企业做出的关于它在什么地方经营和员工处于何处的决策。对服务业来说，位置的重要性取决于相互作用的类型和程度，服务提供者和顾客之间具有三种相互作用的方式，如表 8.2 所示。

表 8.2 服务提供者与顾客相互作用的方式和位置决策

相互作用的方式	行业示例	服务位置决策
顾客找服务提供者	剧院、美容院、快餐店	最重要
服务提供者找顾客	草坪维护、保洁、上门维修	较不重要
双方随手可交易	信用卡、电话公司、保险	最不重要

资料来源：郑吉昌．服务营销管理．北京：中国商务出版社，2005：122.

当顾客不得不来找服务提供者时，服务业的位置就变得特别重要，如餐馆的位置就是顾客光顾的主要理由之一。在这种交易类型中，服务企业可以通过增加不同位置的服务店来增长营业额，但同时还要注意服务的地域范围内的潜在顾客以及竞争对手所占据的位置。因此，选择适宜的位置成为服务企业一个十分关键的问题。

当服务提供者能够来找顾客时，坐落位置就变得不那么重要。例如，现在有些汽车修理工在顾客家中或其办公室提供汽车的调试服务，有些理发师和电视机修理工也实行上门服务；一些洗衣店通过将店面设置在非繁华地区的办法来降低成本，并通过上门收发衣物的服务来获取很高的利润。

服务提供者和顾客在随手可及的范围内交易时，位置是最无关紧要的。在这种情况下，顾客可以通过电话和互联网同服务企业进行交易，便不关心服务供应者的实际位置在什么地方，如电话、保险等。

8.4.2 不同位置选择的服务类型

之前已经分析过，位置的重要性根据所要营销的服务性质不同而有所差异，因此也可以按照这一标准对服务业进行分类。一般来说，服务业可依其所在位置分为以下三类。

（1）与位置无关的服务业。有些服务业，如住宅维修、汽车抛锚服务及公用事业等，其所在位置是无关紧要的。因为这些服务都要在顾客的处所实现。服务设备的所在位置与服务表现的特定地点相比较不重要。但是，这种服务最重要的是，当顾客需要服务时，服务如何能具有高度的可得性及可及性。就此意义来说，所在位置就不只是实体上的邻近而已。因而必须发展分支事务所，以接近客户（如广告代理、建筑师），为了使顾客顺利地获得服务，传送系统十分重要，通过此系统可使顾客的召唤能获得迅速反应。

（2）集中的服务业。有些服务经常是集中在一起的，主要原因是供应条件和传统因素。此外，促成集中现象的原因还有：由于某些点的地位关联、需求密集度低、顾客移动的意愿、邻近核心服务的补充性服务的历史发展以及需求导向的不重要。

（3）分散的服务业。分散的服务业所在的位置取决于市场潜力。有些服务业由于需求特性及其服务本身的特征，必须分散于市场中，但是，有时是机构可以集中（如企业顾问），但服务营运是分散的（如顾问走访特定客户等）。

8.4.3 服务业的商圈集聚效应

制造业的生产和消费在时间和空间上可以分开，其发展不依赖于本地的市场消费容量，为了寻求较低的土地、劳动力成本，就可能出现制造业基地进入郊区或农村，而产品销售却是面向全国甚至全世界的状况。而服务具有不可分离性，其生产和消费同时进行，同时服务又具有不可储存性，没有库存，必须在生产中被消费掉。因此，服务不可能像货物那样集中生产实现规模效益，如果不能及时消费将不可弥补地失去。也就是说，服务业规模对当地的市场容量依赖性很强，服务业基地需要聚集于城市，城市容量越大，市场容量越大，服务业规模越大，越能实现规模效益。

1. 服务业的商圈集聚效应

直接面对最终顾客的顾客服务产品具有满足居民日趋丰富的生活需要的功能，人们生活水平的改善、不断增长的生活需求满足程度的提高、人的个性全面发展，在很大程度上是通过有效消费这些消费型服务产品来实现的。产业运行主体和产业物质手段集中，同时产业服务对象集中，这是服务业的高层次的聚集要求。离开了密集的城市顾客群体，大型零售商业、餐饮娱乐业、文化体育业、宾馆旅游业等服务业就如离水之鱼一样难以生存。俗话说"店多拢市"，只有在人群密集、社会经济活动频繁的城市中，才会形成大量各种不同类型层次与风格的物质与文化需求，从而为商业、文化、科技、教育、信息、娱乐、大众传播等服务业的发展提供有效的动力与条件。

服务企业的聚集状况可分为以下几种情况：

一是不同业态零售企业的聚集。例如，百货商店同专业店、超级市场等的聚集。这种聚集，企业之间一般不会产生直接的竞争，而会产生一定的聚集效应，产生更大的市场吸引力。

二是同种业态商店的聚集。例如，在同一商圈内有多个百货商店的聚集，典型的如王府井大街的北京百货大楼和新东安市场等。同种业态、同等规模的商店聚集在同一商业区，其结果是使这一商业区商店之间既产生竞争，又产生一定的聚集效应，一方面，使顾客能在同类型商店进行商品质量、价格、款式及服务的比较，从而加剧了企业之间的竞争性；另一方面，由于同类型商店的聚集，又会产生集聚放大效应，吸引更多的顾客来商业区购物，从而有效地扩大了企业的销售商圈。

三是不同行业商业服务业的聚集。例如，零售业与餐饮业、服务业、娱乐业，以及邮电、银行的聚集。这是一种多功能型的聚集，有利于产生放大的聚集效应，从而有效地扩大该商业区的销售与服务商圈。

近些年兴起的商务中心区（central business district，CBD）概念事实上正是商圈集聚的一种具体表现形式。对于CBD，学者们从不同角度下了定义。武云亮（2003，

2004）从产业关联的角度，提出商业集群是指商业企业（主要是指直接以媒介商品交易为专门职能的营利性经济组织）以及金融、餐饮、储运、信息咨询等服务业的关联企业在空间上的集聚，从而形成在一定区域内商业网点密度和专业化经营程度很高的商业经营场所。蒋三庚（2005）借鉴了武云亮的研究，提出商业集聚是指大量相互关联密切的商业企业在空间上的集聚。邱小平（2004）从共生关系的角度，指出商业集群是在一个小区域范围内的商业发展中，形成由一家或几家核心企业带动，众多企业共同参与打造，形成多功能相配合、富有消费吸引力的综合性商业群体，并产生强大的共同发展效应现象。

2. 商圈形成的驱动力——聚集经济效益

可以把商圈的聚集效应归因于聚集经济效益，聚集经济效益主要由外在经济效益所组成。一个商家的经营活动会对其他商家产生影响，提高（或降低）其经济效益。在一般情况下，当商家在地理上彼此接近时，会给商家和顾客带来外在利益，即聚集经济效益，表现在如下几个方面：

（1）扩大市场规模。商家和顾客的集中，彼此形成市场，产生大规模的市场经济体，为工商企业增加了潜在市场，有利于它们扩大生产规模。在市场经济发达的地区，商业、金融、科技、信息机构条件更为优越，适合企业进行生产经营活动。

（2）降低顾客搜寻成本。大量商家集中在一起，为顾客提供了多种选择的可能。商家空间上的靠近便于顾客货比三家从而做出最有利的选择，而产品的多样性也满足了顾客一站式购买的需求。

（3）促进基础设施、公用事业的建立、发展和充分利用。商家开展经营活动，需要与之相适应的交通运输、邮政通信、水电供应等各项设施。集中建设、使用和管理这些设施，显然比各企业单独进行建设、使用和管理更加节约费用，而且这些公共设施又为商家和顾客所共享，使它们得到充分地利用，产生更大的社会经济效益和环境效益。

（4）商家的集中必然伴随熟练劳动力、技术人才和经营管理干部的集中。既使企业能够得到它们所需要的各类人员，同时各类人员也容易获得合适的工作岗位，发挥专长，从而创造出更多的社会财富。

（5）便于商家之间直接接触，彼此学习。商圈内的商家可以相互交流，广泛协作，推广技术，开展竞争，从而刺激企业改进生产、开发产品、提高质量，创造出巨大的经济效益。

然而，聚集经济效益并不是绝对的，不是集中的规模愈大愈好。当商家和顾客过分集中，即商圈规模过大时，同样会产生和扩大外在的不经济，明显地增加生产和流通费用，造成环境污染，破坏合理的经济结构和比例，最终导致聚集经济效益的下降，甚至出现负效益。所以，商圈聚集存在一个合理的"度"，也就是需要一个最佳的商圈规模。

▶ 案例8.6：银泰入驻　周边商圈热度迅速升温

2010年4月16日，宁波经济技术开发区天人房地产开发有限公司和银泰百货集团

服务营销

（简称银泰）合作拍得北仑中心区 C1 地块，这意味着又一家大型百货零售业态将进入北仑。

银泰是以百货零售业为主营业务的百货零售集团，是中国服务业 500 强、浙江省百强企业。银泰进驻北仑，对北仑来说不光是多了一幢百货大楼，作为在香港主板挂牌上市的百货龙头企业，银泰进驻北仑的意义重大。参照其他城市银泰引发的"鲶鱼效应"，不难想象，银泰入驻将在很大程度上影响周边商铺的发展。目前，北仑已经有了一些购物中心，但其对集聚人气的作用并没有真正发挥出来。而"拟建"的银泰百货，处于北仑中河路东、岷山路南。从未来北仑城区的发展来看，这里的商业业态日趋成熟，相信必将成长为新的商业中心。

业内人士分析，银泰进驻之后，众多品牌会形成"聚集效应"，带来超旺的客流，大型的餐饮店、品牌店都会相继进入，专卖店、特色店、餐饮店和百货店将互为补充，周围方圆 5 公里的商业企业都会面临一个升级的过程，重塑一个商圈的凝聚力。

站在城市的高度上，周边楼盘完成了与未来银泰百货的无缝对接：交通上，与银泰距离近、通畅的对外交通网为客户平添助力；周边配套上，未来银泰"聚集效应"带来的酒店、餐饮店、品牌店等应有尽有，提供了一站式服务；另外，周边的大型住宅区也正大幅提升居住氛围，同时联袂银泰的商圈中心地位。

资料来源：陈雯雯.北仑银泰入驻提升商圈热度.搜狐焦点网.2010-12-10.

讨论与思考

1. 什么是服务分销渠道？主要有哪几种类型？
2. 服务分销渠道的设计与有形产品有何不同？
3. 试举例说明特许经营的特征和利弊。
4. 零售、代理和批发各自有哪些优、缺点？
5. 请分析影响服务分销渠道策略的因素。选择某一项服务，分析它是如何进行进入渠道设计的。
6. 请举例说明服务业的商圈聚集效应，并分析其形成的内在机理。

第 9 章　服务促销策略

内容提要

本章对服务促销进行界定，阐述服务促销的目标和作用，并详细地介绍服务促销和产品促销的异同。在辨别有形产品和服务产品促销差异的基础上，本章着重讨论各种服务促销组合，并给以实例说明。

主题词

服务促销　服务沟通　服务促销组合　公共关系
口碑传播

引导案例

让大学生不再宅的麦当劳"见面吧!"暑期活动

暑假来临,全球知名的连锁快餐企业麦当劳餐厅(简称麦当劳)自然不会放过这个长达两个月的、能抓住年轻人并能提升店面销量的最重要时间段。

2009年6月14日,麦当劳首次采取和社交网站(SNS)进行网络合作的方式、携手中国最大的实名制网络互动沟通平台——校内网(后改名为人人网),启动今夏为期三个月的全国"见面吧!"主题推广活动。配合"见面吧!"主题,麦当劳提供了多种既有趣又有意义的线上线下互动促销活动,给这个夏天的朋友欢聚时刻,增添了轻松乐趣和缤纷滋味。

麦当劳"见面吧!"暑期活动得力的服务促销主要表现在以下三个方面。

1. 精准定位于大学生群体

年轻人和大学生既喜欢网络社交带来的便捷和娱乐,又渴望面对面交流的真实和亲密。麦当劳希望通过"见面吧!"主题活动,借助人人网这一广受大学生欢迎的互动沟通平台,在夏天这个社交时间比较充裕的季节,提供多种既有趣又有意义的见面理由,并用麦当劳清新可口的夏日特饮和美食来增加味道,让大家这个夏天"别宅了,见面吧!"在麦当劳和朋友开心聚会,共同品尝友情真滋味。

2. 充分利用人人网SNS的优势,注重分享与互动

宅是大学生群体里流行的词汇,许多大学生成为了宅男、宅女。同时,大学生也有很强烈的交友、分享和娱乐需求,而SNS恰恰对人际交往进行高度的拟真,是一个非常便捷的平台。

人人网凭借其在国内年轻人群体中的绝对垄断性、专业强大的SNS优势和实名制特点,成为麦当劳暑期"见面吧!"活动的最佳营销平台。

在整个活动期间,麦当劳在人人网征集"101个见面的理由",如果你的理由赢得最多网友赞同,便可以获得麦当劳颁出的特别奖项,即有机会免费邀请朋友来麦当劳见面。这既符合年轻人喜欢分享的特点,又激励每一个参与者成为传播源,进而扩大影响范围。

3. 线上线下齐动员

若是在网络上获得了一定的影响力,但在线下却没有相应的结合,那么这种影响力就会逐渐消散。为给中国消费者带来优质美味的食品选择和心动价格,麦当劳今夏主题推广活动"见面吧!"包含多款夏日优惠美食及礼品,本身就是诱人真见面的理由。"见面吧!"活动分三个阶段:

第一阶段是2009年6月17日到7月21日期间推出的"老朋友见面吧!"在校内网参与真朋友大测试,召集真朋友在麦当劳见面,消费者即有机会赢取

麦当劳总计 6 万元的"见面礼";

第二阶段是 2009 年 7 月 22 日到 8 月 25 日期间推出的"再远也要见面吧!"乘着暑期邀请远方的朋友见面体验家乡美,将有机会赢取麦当劳支持的见面路费;

第三阶段是 2009 年 8 月 26 日到 9 月 22 日期间推出的"甜蜜一刻见面吧!"选出你在校内网最知心的网上密友,分享和朋友在麦当劳的甜蜜时刻,上传照片分享见面故事,获最多朋友投票,即有机会赢取价值 1 万元的九寨沟双人旅游奖金。这一系列有趣实惠的活动吸引了大量消费者。

资料来源:鲨猴的博客. 2009 年度十大创意营销案例解析. http://blog.vsharing.com/shahou/20100506.2010-01-28.

促销可被认为是带有刺激的沟通。市场竞争越激烈,越需要采取有力的促销措施促使顾客理解、接受服务企业的服务。促销能够提高销售额(尤其是在需求较弱的时期),加快新服务的引入,加速人们接受新服务的过程。总而言之,促销可以使人们比在没有刺激的条件下更快地对服务做出反应。

9.1 服务促销概述

9.1.1 服务促销与服务沟通

服务促销是指通过人际、非人际或其他方法向顾客传递服务信息,帮助和促进顾客了解某种服务,并促使其对服务产生兴趣和信任,继而踊跃尝试购买的活动。例如,旅行社通过广告发布一些名胜景观的信息及旅行社的优质服务和合理价格,刺激更多游客愿意跟团旅行;各大学在网上发布培养人才和学校实力的信息,吸引更多考生前来填报志愿。

促销,实质上是一种沟通活动。服务的无形性使服务营销人员面临许多困难,如服务事前难以展示,导致顾客购买盲目,进而有可能产生不满。因此,服务组织经常有形化其服务产品,尽量与顾客沟通。提供服务的组织通过一切可以被接受的手段与顾客沟通,增加其购买服务的信心和兴趣。

提供服务的机构通过一切可以被接收的手段与潜在购买者进行沟通,整个服务沟通过程如图 9.1 所示。

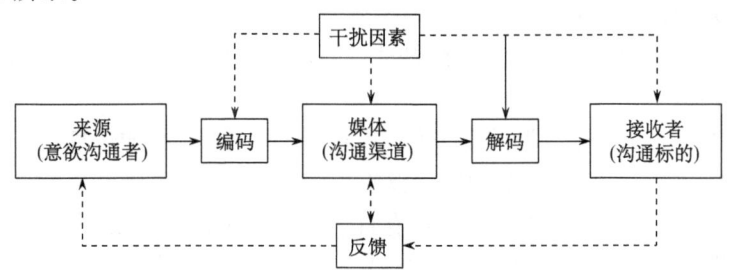

图 9.1 服务沟通过程

资料来源:郑吉昌. 服务营销管理. 北京:中国商务出版社,2005:150.

(1) 来源。来源是信息的发出者。在服务领域，来源至少有两个特点：第一，具有可信性。如果信息是真实的，就容易被接收者所接受。可信性源于职业性，如一个职业人士诉说自己的亲身经历；可信性还源于经济或政治地位，如某个提供服务的机构的形象、声誉。第二，具有吸引力。来源越具有吸引力，信息就越具有说服力。

(2) 编码。为了使沟通奏效，需要把概念翻译成接收者所熟悉的符号，这就是编码的过程。对于服务来说，鉴于其不可触知性，实施起来相对困难。而且，很多词汇是多义的，要避免产生误会。

(3) 媒体。要沟通就需要有渠道，需要有什么人或者什么工具来传播信息，这些人或工具就是媒体，如广播、电视、报刊等。

(4) 解码。接收者要把得到的信息编码转换成自己的概念，解码的前提是接收者与信息来源对编码有着同样的理解，才能使信息沟通达到预期目的。但是，有时会出现来源使用的编码与接收者的解码不同的现象。

(5) 接收者。信息的接收者可以是一个人，一群人，也可以是一个机构，他（们）是沟通的主角，凭借自己的经验和知识对信息进行解码。在整个的沟通过程中，来源要解决的关键问题是明确信息的接收者。接收者的选择主要取决于企业的营销战略，还取决于企业要谁来说、何地说、说什么、如何说、何地说、何时说等，如表9.1所示。

表 9.1 确定接收者的五个问题

要素	问题
谁（who）	我们要把信息发给谁？我们想引导什么人购买？
什么（what）	我们想得到什么样的反应？是改变对服务的了解还是有更大的兴趣购买？
为什么（why）	为什么要购买我们的服务？是服务的快捷、可靠性还是节约时间？
在什么地方（where）	我们的沟通信息要在何地传到潜在购买者那里？在家里、办公室还是在经常去的地方？
什么时候（when）	何时为信息传到潜在购买者的最佳时机？

资料来源：郑吉昌. 服务营销管理. 北京：中国商务出版社，2005：151.

(6) 反馈。反馈是信息接收者向信息来源发出的信息，这时原信息接收者成了反馈信息的来源，原信息来源成了反馈信息的接收者，反馈信息同样需要经过编码和解码过程。反馈可能是当即做出的，也可能更迟一些。如果反馈不理想，就说明沟通过程中某些环节出现了问题，如解码不是按照预料进行的，或者沟通方式不适合接收者，这就需要对沟通做出调整。

(7) 干扰因素。在服务企业所要宣传的和潜在购买者所理解的信息之间，经常有难以完全排除的干扰因素。与有形产品相比，服务宣传沟通的干扰更多，提供服务的机构很难排除这些干扰。①社会因素。很多消费者有自己的"参照集团"，这些"集团"有自己的评估态度和标准，有些人是"集团"的正式成员，有些人是"集团"的追随者，这会影响到其对服务的购买态度。②个性特征和个人经验。消费者在做购买决策时，要对接收到的信息进行筛选，由于受到的外部刺激很多，只能依据自己的兴趣或过去的经验进行选择。

性格和经验会影响他们对信息的理解，对于同一个信息，不同的人会有不同的理解。

9.1.2 服务促销应遵循的原则

服务产品与有形产品在促销上有许多相似之处，但是服务促销的特殊性不容忽视。服务企业在进行促销时，应遵循下列原则。

（1）注重展示有形服务。服务的无形性特征增加了顾客购买的风险，因此，服务宣传策略应当为服务提供有形的线索，以消除顾客疑虑，增强顾客对服务产品的信赖。一般而言，企业可以通过服务环境、品牌标记、员工形象和业务信息等有形展示，让顾客抓住服务的有形线索。

> **案例9.1：莫泰连锁旅店的有形展示**

上海莫泰连锁旅店管理有限公司（简称莫泰连锁旅店）为了突出其旅店服务的舒适性，不开设地下室客房和暗房，不惜减少黄金区位的有效使用面积，在建筑物的一些部位开通采光天井，确保所有莫泰连锁旅店客房全部实现自然采光。房间硬件产品全部选用同类设施中较好的国际品牌，如热水器用美国的史密斯、电梯用日本的日立、空调用日本的松下、电话交换机用法国的阿尔卡特、门锁用非接触感应的。这些有形的线索强烈暗示了该旅馆的优质服务，消除了顾客的顾虑。

（2）注重树立企业形象。消费者态度是影响购买决策的关键，消费者在购买服务时，往往是凭着对服务提供者的主观印象去购买。服务提供者的形象与声望是不少消费者选择服务的依据。例如，沃尔沃汽车给人的印象是安全，DHL给人的感觉是赫尔墨斯的"人间使者"。企业形象越好，声誉越高，顾客就越认同其服务水平，对其就越有信心。

（3）注重宣传服务利益。宣传服务给顾客带来的好处比宣传服务形式、特征更有效。与购买有形商品一样，顾客在购买服务时，都有其动机和需求，但不同顾客个人关注的诉求是不同的，若能满足这种个性化的需求，就会形成与竞争对手的差异。

> **案例9.2：台新银行玫瑰卡——最女人的信用卡**

长久以来，玫瑰即代表女性对爱情浪漫的憧憬，尤其在对女人来说最重要的日子"情人节"，玫瑰花更代表爱情永恒的誓言。玫瑰好听、好记，是日常生活中经常购买的花种，除了女性喜爱之外，也非常受男性欢迎。因此，台新银行将产品命名为玫瑰卡。

台新银行在宣传玫瑰卡时塑造了这样一种用户个性写真：喜欢煮咖啡，不喜欢煮饭；工作全力以赴，表现一流，男人开始习惯；渴望有女强人成就，又渴望如小女人般受宠；热情、爱冒险，却又心思细密；喜欢出国旅游，会赚钱，也会花钱，高兴就好；有自己的生活品位，有自己的消费主张，有专属于女人的信用卡——台新银行玫瑰卡。

通过电视以"首创普通卡附加400万元旅游平安险"为主题，接一段5秒的玫瑰花绽放的画面，传达新卡上市及"最女人的信用卡"信息。通过报纸，传达都市女性对现代爱情、生活、两性关系的看法，建立玫瑰卡为都市女性代言人的形象。通过杂志以女人第一次收到玫瑰花的心情，传达台新银行玫瑰卡的浪漫特质，并建立玫瑰卡为女性爱情代言人的形象。通过在公车广告上制作车厢内大型海报，张贴满车厢内一侧，只要搭乘台北市公车，便会被台新银行玫瑰卡灿烂的花海所包围。

"最女人的信用卡"，清楚地表达了玫瑰卡的属性。投放的广告展现出玫瑰卡的气质，其塑造玫瑰卡独特的个性取得目标群体的广泛认同。目标消费群接触到广告宣传时被诉求所感动，相信自己便是那一位拥有玫瑰卡的独特女人。

台新银行玫瑰卡在上市的短短一年半时间里突破了10万张的发卡量，并以独特的诉求和服务利益建立了其女性的、认真的品牌个性，一跃成为台湾女性信用卡的领导品牌。

（4）注意宣传服务理念。服务促销虽然能吸引其他服务品牌的顾客，但很难形成顾客对自己的品牌忠诚，没有适当的服务理念、服务质量作支撑，促销吸引的新顾客又会成为竞争对手促销手段的吸引对象。

9.1.3 服务促销的目标

服务营销的促销目标与产品营销大致相同，其主要的促销目标是：
(1) 建立对该服务产品及服务公司的认知和兴趣；
(2) 使服务内容和服务公司本身与竞争者产生差异；
(3) 沟通并描述所提供服务的种种利益；
(4) 建立并维持服务公司的整体形象和信誉；
(5) 说服顾客购买或使用该项服务。

对服务促销目标的具体表述，如表9.2所示。

表 9.2 服务促销的目标

顾客目标	中介机构目标
增进对新服务和现有服务的认知 鼓励试用服务 鼓励非客户 　参加服务展示 　试用现有服务 说服现有顾客 　继续购买服务而不终止使用或转向竞争者 　提高顾客购买服务的频率 　改变顾客需求服务时间 　沟通服务的区别利益 　加强服务广告的效果，吸引受众注意 　获得关于服务如何、何时何处被购买和使用的市场信息 　鼓励顾客改变与服务递送系统的互动方式	说服中介机构递送新服务 说服中介机构努力销售更多服务 防止中介机构在销售场所与顾客谈判价格 竞争目标： 对一个或多个竞争者发起短期攻势或进行防御

资料来源：曹礼和. 服务营销. 武汉：湖北人民出版社, 2000：238.

总之，任何促销努力的目的都在于运用传达、说服和提醒等方法去销售服务。显而易见，那些一般性目标也由于每一种服务业及服务的性质不同而有所不同。

9.1.4 服务促销的作用

基于服务本身的特性，服务促销与产品促销在产品销售上的作用有相同之处，但也有很多区别。其相同之处主要表现在以下五个方面。

（1）传递产品销售信息。在产品正式进入市场以前，企业必须及时向中间商和消费者传递有关的产品销售情报。通过信息的传递，使社会各方了解产品销售的情况，建立起企业的良好声誉，引起他们的注意和好感，从而为企业产品销售的成功创造前提条件。

（2）创造需求，扩大销售。企业只有针对消费者的心理动机，采取灵活有效的促销活动，诱导或激发消费者某一方面的需求，才能扩大产品的销售量，并且通过企业的促销活动来创造需求，发现新的销售市场，从而使市场需求朝着有利于企业销售的方向发展。

（3）突出产品特色，增强市场竞争力。企业通过促销活动，宣传本企业的产品较竞争对手产品的不同特点，以及给消费者带来的特殊利益，使消费者充分了解本企业产品的特色，引起他们的注意和需求，进而扩大产品的销售，提高企业的市场竞争能力。

（4）反馈信息，提高经济效益。通过有效的促销活动，使更多的消费者或用户了解、熟悉和信任本企业的产品，并通过消费者对促销活动的反馈，及时调整促销策略，使企业生产经营的产品适销对路，扩大企业的市场份额，巩固企业的市场地位，从而提高企业营销的经济效益。

（5）服务的无形性使得服务促销有其特殊之处。在服务促销沟通中应当描述所提供服务的种种利益，强调观念沟通、宣传信任品质。由于顾客的参与性加大了服务促销的复杂性，因此，促销作用发挥的程度与顾客是否愿意互动直接相关。除此之外，服务企业的有形设施也是促销的重要组成部分。

9.2 服务促销与产品促销的异同

9.2.1 服务促销与产品促销的相同之处

有形产品和服务产品在促销上有许多类似点，主要包括以下五个方面。

（1）促销在整体营销中的功能。促销在企业营销活动中是不可缺少的重要组成部分，无论是在有形产品促销还是在服务产品促销当中，促销均具有传递信息、诱导需求、扩大销售、形成偏爱、稳定销售的作用。

（2）建立各种有效促销方式的问题。有形产品促销和服务促销都面临建立有效促销方式的问题，促销方式多种多样，种类繁多，如何选择搭配，以更低的成本获得更多的效益是有形产品促销和服务促销都要面临的问题。

（3）促销执行管理的问题。假如一个促销方案缺乏执行力，犹如纸上谈兵，将会损兵折将，甚至全军覆没。促销方案的有效执行，不仅需要促销方案的可行性、完善的监督管理绩效考核，还需要建立通畅的促销信息交流平台。

（4）为了促销目的而使用的各种各样的方法和媒体。虽然有形产品促销和服务促销两者的促销产品存在差异，但两者为达成促销目的而使用的各种方法以及媒体都是通用的，只不过偏重会有所不同。

（5）可利用的协助促销的组织团体。两者可协助促销的组织团体存在很大交集，很可能建立一个能够协助促销有形产品的组织团体并不会排斥协助促销服务产品。

9.2.2 服务促销的独特之处

与产品促销相比，服务促销由于受其本身特征的影响而具有许多差异。这些差异大致存在于以下六个方面：服务表现的无形品质、顾客参与生产和消费、顾客对服务评价的困难、供给和需求管理、接触人员的重要性、中间商作用的削弱。

（1）服务表现的无形品质。服务是一种表现而不是一个物体，必须寻找更能确信服务和使服务有效完成的方法。有形线索可以有很多途径向外传递组织期望的服务形象。设备、设施、工具的选择，装饰物的搭配，能表明所提供的服务是传统的，还是时尚的；气氛是欢快的，还是典雅文静的；是自助服务，还是全方位服务。例如，银行所提供的服务明显不同于酒吧所提供的服务，即使就同属于一个服务领域的餐饮业来讲，快餐业与豪华酒店所提供的服务也有巨大差异，在我国以西餐为主的西式餐馆和以中餐为主、带有浓郁风味的地方餐馆差别更大。顾客会通过差异判定其服务的内涵。

（2）顾客参与生产和消费。有形产品的生产无须顾客介入，可以在生产车间完成，生产出成品。在服务组织里，提高生产效率通常强调的是在服务传递上的技术革新，而在服务传递时与顾客息息相关，如果顾客愿意接受把技术作为人力劳动的替代品或者顾客愿意承担完成更多的工作，那么服务企业的成本会大幅度降低。顾客若抵制新的、以技术为基础的传递系统或者沿用旧有传递系统，那么服务组织的革新利益就无法实现。对于那些具有革新性服务的组织来讲，一个主要的任务就是要教育他们的顾客有效地使用新技术，当顾客确实成为生产的一部分，他们也应像内部职工一样，接受有效的培训，以便更好地享受服务。总之，服务营销者一定程度上应是一个教育者。因此，广告专家建议做服务广告应显示正在进行的服务过程，电视媒体是最佳选择，因为它能展现出服务的全过程。

（3）顾客对服务评价的困难。对有形物品的评价相对容易，如冰箱的外形、色彩、耗电量，计算机的稳定性、清晰度等较为直观。一件衣服的质量、一辆自行车的功效等，顾客均能评头论足。但服务却不同，即使顾客知道某一服务是什么类型、如何消费，但很难区别两个服务企业的服务水平。因此，前面我们提到了一些策略：提供有形线索（必须与该服务表现相关），提高所用设备的质量，出示服务员工特长的凭证，如资格证书、经历、能力。在低接触服务中，服务企业的特长多隐蔽在人们视线之外，因此，有必要运用促销手段展现其设备、过程和员工的积极性以及他们在后台的表现。这些都是通过广告等其他促销手段进行的。此外，广告的另一个作用是能够产生积极的口头舆论，不论是从媒体上看到的信息，还是从已经使用过该服务并感到满意的顾客那里得来。在服务营销中，由于评价服务的难度较大，因此，口头舆论的促销力量似乎比其他媒体都要大一些，选择牙医的患者一定会首选他周围的亲朋好友曾选择过并感觉不错的牙医或者寻找一些有形证据。服务组织应努力做好眼前的每一份工作，使顾客对其服务有好的口碑，这会大大降低其促销成本，相反，如果口碑不好，那对这个服务企业将是致命的打击。

（4）供给和需求管理。服务无法储存，导致在服务市场上供给与需求经常会出现矛盾。当然，企业会从其他方面实施管理，其中，促销就可以帮助协调供给和需求：在需求高峰时，力求减少对服务的使用；在需求淡季，努力刺激对服务的使用，如降价或延长享用服务时间，以充分利用服务生产能力，否则过剩的生产能力就浪费了。服务促销是以平衡需求为目的的，因为很多服务企业很难在短时期内对生产能力作大幅度的改变，我们不可能让一个理发师由一天理几十个人的头发而一跃要求其一天理几百个人的头发，而有形产品的促销很少会出现这种情况。因为增加有形产品的生产能力要容易得多，并且能储存，以应对预期的需求增长。从供给和需求矛盾的角度看，服务促销难度更大，但服务营销者要尽可能发挥服务促销在管理供给和需求方面的积极作用，通过促销调节需求，以同其生产能力相匹配。

（5）接触人员的重要性。在有形产品市场上，大多数产品通过中间商的操作，销往其目标顾客，其中涉及少量的销售人员，交易的都是已成型的、有质量标准的有形产品，人们进行的是技术谈判或商务谈判。在服务市场上，服务员工和顾客的接触直接影响其服务质量与服务体验，在接触服务中，服务员工是服务传递的中心环节。服务员工的表现使得服务更加有形且更具个性。一个显示员工正在工作中的广告可以使潜在顾客更好地理解服务的本质和人们所期望得到的个性化服务的承诺，同时也可以向服务组织的员工显示，应该给顾客什么样的服务承诺。此时，对促销的挑战是要保证其真实性，因为促销信息会形成顾客期望，如果促销尤其是广告表现上乘，显示出友好的画面，员工面带微笑，但现实生活中大多数员工表现出的却是萎靡不振，甚至态度粗暴，顾客就会感到失望，进而转移购买方向。因此，在服务营销中，顾客和与其接触人员之间的一种令人满意的交流，对于顾客满意度是很重要的。

（6）中间商作用的削弱。服务和有形商品之间的一个重要的差异是，服务极少是通过中间商渠道销售的，而有形商品的销售大多数是借助于中间商进行的。因此，促销有形产品时，必须在广告、消费者促进、商业促销之间分配资金，而服务企业是直接面对顾客的，如银行、餐馆、健身俱乐部、医院，无须考虑商业促销，当然有一些服务营销者在提供其服务产品时要依赖中间商作用的发挥，如大量使用独立的代理人与经纪人的旅行社和保险公司等。

9.3 促销手段选择的影响因素

服务组织进行促销，必须对每一种手段都有深入了解，慎重组合，最终使促销能够对整体营销活动有所贡献。因此，在选择使用哪一种或几种促销手段时，应当考虑下面这些具体的影响因素：①服务组织促销目标；②服务本身的特征；③目标顾客的特征；④竞争对手的促销活动；⑤成本效益比；⑥中间商的特征和态度。

当然服务促销手段本身没有优劣之分，关键是要抓住时机、合理利用，并进行适当创新，在满足目标顾客需求的同时，提高服务产品知名度、促进销售业绩提升。

(1) 服务组织促销目标。服务组织选择哪种促销手段，确定怎样的促销组合，需要考虑自身的促销目标。不同的促销手段会有不同的适应性。即使是同一种促销手段，在实现不同的促销目标上，其效果也会有所不同。例如，服务企业要实现对中间商的促销目标，会更多选择沟通手段，发展长期友好关系，适当情况下，也会从侧面刺激最终顾客以提高指名认购率，从而达到其促销目的，零售业的情况大多如此。再比如，保险业更多地采用人员推销，少量地辅之以广告业务。服务企业要实现对顾客的目标，大多会选择广告、营业推广、公共关系等手段。

(2) 服务本身的特征。服务组织选择促销方式及其组合必然要与其所促销的服务相适应。服务具有无形性、易逝性、不可储存性等共性特征，但每个服务组织所提供的服务又具有其个性特征，因此，必须根据自身的特性选择适当的促销手段，以利于有针对性地促销。对于根本无法展示的服务，尽可能通过广告、公共关系提供可信任品质；对于可借助有形物展示的服务，可以适当配上营业推广这种具有诱导性的短期促销手段，刺激需求。

(3) 目标顾客的特征。服务组织均有自己的目标顾客群体，不同的目标顾客对促销手段会有差异性反应。例如，有的顾客对广告感兴趣，有的顾客更信赖口头宣传沟通，有的顾客嗜好营业推广方式，有的顾客则注重服务组织是否建立长远关系，等等。总之，不同的顾客对各种促销手段各有爱好。因此，服务组织选择促销手段时，必须根据目标顾客群的特征，有针对性地选择。

(4) 竞争对手的促销活动。每一个服务组织都有自己的竞争对手，双方都希望提供更优质、更独特的服务产品，以最大限度地吸引顾客。除此之外，就是密切关注竞争对手促销"武器"的使用情况，再有针对性地选择自身要使用的促销手段，可以有两种基本策略选择。第一，雷同策略。为了更好地与竞争对手形成比较优势，可以选择与其相同的促销手段。例如，保险公司均选用人员推销和广告方式促销其保险业务，电信业务公司均使用广告、营业推广扩大其业务范围。第二，标新立异策略。为了区别竞争对手的服务内容，从促销手段上寻求与众不同。例如，华夏银行推出的华夏卡具有"计点积分优惠"的促销功能，一方面，可以培育忠诚顾客；另一方面，开发了新的促销方式。

(5) 成本效益比。所有促销手段的选择或其组合选择，对服务组织都意味着费用支出。每一项费用支付都希望有好的回报,因此,必须权衡各促销手段的成本效益比率,即各促销方式所需费用与其可能带来的收益之比。

(6) 中间商的特征和态度。大多数服务组织提供产品时无须中间商,但也有不少服务产品的提供必须通过中间商环节,因此,选择促销方式时要兼顾中间商的特征和态度。例如,旅游公司必须借助铁路、公路、航空服务,必须通过与旅游景点的有效配合方可提供完整的旅游服务;广告公司必须通过相应的媒体服务方可为其广告客户提供广告产品;网络公司要借助于第三方物流配送产品等,都有中间商在发挥作用。中间商的态度在很大程度上会影响其提供的服务产品的质量,因此,在促销过程中必须兼顾中间商的利益。

9.4 服务促销组合

服务促销组合包括广告、人员推销、公共关系、营业推广、口碑传播和直邮等。一个服务组织的促销措施,可以包括其中的任何一项要素或涵盖全部的各项要素,各要素之间也有多种组合方式。作为促销工具,每一个都有或多或少的可取之处,当一个服务组织目标发生变化时,它的促销组合也会发生相应的变化。因此,营销人员应该针对不同促销工具的优势和特点进行有效的促销。

9.4.1 广告

广告是借助一定的宣传媒体将企业产品和劳务的信息传递给消费者的一种宣传方式,具有传播迅速、覆盖面广、提供有价值的信息、提升形象的重要作用。服务组织的广告也具有同样的效力,通过广告,依赖媒介、资料、有形设施等,向顾客传递信息。广告是服务业贯穿始终的促销手段,并且服务广告常常用来刺激顾客对某项服务的兴趣,真正理解服务提供的是什么,如何使用服务,建立或巩固竞争优势、减少风险,以及帮助无形的服务尽量有形化。

1. 服务广告的指导原则

服务业的独特性——生产和消费的无形性、多样性、易逝性和不可分割性,使得顾客在购买服务时面临种种困难和很大风险。因此,服务广告必须有自己特有的指导原则。

(1) 使用标志、术语、标语口号。保险公司及其他一些高度无形的服务(如咨询、教育等)借用这些工具来对外传递其产品的关键特征,如旅行者保险公司用雨伞、美林证券用公牛。

(2) 提供数据和事实。展示令服务更为具体的每项技术都可能有助于服务感知质量的提升。服务机构的行业排名可以直接向顾客传达服务规模、质量和水平等服务信息,如现在我国广大高校在招生广告中经常列举的科研学术成果名次、高考招生成绩排名、毕业生就业率等，都对高校的宣传有重要的促进作用。

（3）采用有形比喻。形象生动的比喻会使无形诉求更容易被掌握，如新加坡航空公司为让顾客放心，便使用"丝绸般平滑"来形容该航空公司的飞行。

（4）只允诺能提供和顾客能看到的。在为服务做广告时，承诺什么是可能的相当重要，这样可使顾客抱有现实期望，同时服务企业必须实现广告中的诺言，这方面对于劳动密集服务业较为麻烦，因为这类服务业的服务表现，往往因服务递送者的不同而各异。这也意味着，有必要使用一种可以确保表现的、最低一致性标准的方法。对不可能完成或维持的服务标准所作的允诺，往往造成对员工的不当压力。最好的做法是，只提供最起码的服务标准，如果能做得比此标准更好，顾客通常会更高兴。

（5）强调服务利益。能引起注意的有影响力的广告，应该强调服务的利益而不只是强调一些技术性细节，如有形线索展示只是一种手段，只是要强调顾客可以从如此优良设备中获取更多的利益。强调利益才符合现代营销观念，它直接与满足顾客需要有关。服务广告强调的利益必须与顾客寻求的利益一致，因此，服务广告中所使用的利益诉求，必须依托于充分了解顾客的需要，才能确保广告最有利的影响效果。

（6）创作包含有关幕后业务操作方式、规则或政策信息的广告。因为服务性组织可能会有一些幕后的不为顾客所知的业务操作方式、规则或政策，将这些方面加以宣传，为顾客提供信息、线索，增加服务透明度，并可以作为评价服务质量的指标。

> **案例 9.3：BreadTalk 食品集团的服务透明展示**

BreadTalk食品集团（简称BreadTalk）以投资开设精品面包蛋糕连锁店为主。短短几年时间内，BreadTalk的品牌已深入人心，风靡了整个新加坡。2003年，BreadTalk来到中国，在上海来福士开始了快乐的面包之旅。

BreadTalk将大理石、落地玻璃等时尚的冷色调材质运用到了面包店，得到非同一般的视觉效果，门店设计为精致时尚的面包专卖店，店面全部采用玻璃和不锈钢结构，视觉通透开阔；开放式的厨房，可以清晰地看到面包的全部制作过程。

店面从明亮的室内设计风格、令人愉快的客户服务、菜单、包装到沟通，都经过精心设计，营造出友好热情的气氛，为消费者带来取悦多重感官的体验。

（7）建立口碑传播。口碑传播是一项营销者所不能支配的资源，对服务组织及服务产品的购买选择有较大影响。服务广告必须努力建立起一种沟通形态，可以借用以下方法：一是说服满意顾客让其他的人也知道他们的满意；二是制作一些资料供顾客们传递；三是针对意见领袖进行直接广告宣传活动；四是激励潜在顾客去找现有的顾客谈谈。

（8）针对员工做广告。由于认识到服务是一种表演而不是一件物品，因此，广告不仅应当鼓励顾客购买服务，而且应当把企业员工作为第二受众，鼓励他们传递高质量的服务；只有员工与顾客互动，才能提供出令顾客满意的服务。为了这个目的，在企业的印刷和广播广告中应尽量启用自己的员工，而不是专业模特。很多宾馆、航空公司的广告便体现出这点。笑容可掬的礼仪人员、穿着整齐的工作人员，不仅向顾客传递出保障，而且还很好地激发了员工的荣誉感。

(9) 发展广告的连续性。服务公司可以通过在广告中，持续连贯地使用象征、主题、造型或形象，以克服服务业的两大不利之处，即非实体性和服务产品的差异化。国联证券股份有限公司通过社区宣传手册、车标、巨幅广告、网站宣传等一系列连续的广告，将公司的品牌吉祥物形象——"金海豚"成功推向消费者，消费者甚至可从该吉祥物形象辨认出是什么公司。一项对于服务业公司使用的各种广告主题的研究调查中发现，有些主题最为突出，如效率、进步、身份、威望、重要性和友谊等。

2. 服务广告的任务

(1) 在顾客心目中创造公司的形象，包括说明公司经营状况、公司服务的特殊之处以及公司的价值等。

(2) 建立公司受重视的个性。顾客对公司及其服务的了解和期望，并促使顾客对公司产生良好的印象。

(3) 建立顾客对公司的认同。公司的形象和所提供的服务，应和顾客的需求、价值观和态度息息相关。

(4) 指导公司员工如何对待顾客。服务业所做的广告有两种诉求对象：顾客和公司员工，因此，服务广告也必须能表达和反映公司员工的观点，并让他们了解，惟其如此，才能让员工支持并配合公司的营销努力。

(5) 协助业务代表顺利工作。服务业广告能为服务业公司业务代表的更佳表现，提供有利的背景。顾客事先对公司和其服务有良好的倾向，就会对销售人员开展业务有很大的帮助。

3. 服务广告的媒介选择

服务广告与有形产品在对媒体的选择上较为相似，一般也是通过广播、电视、印刷媒体、户外广告、有形线索展示、电影院、戏剧场、互联网、电子媒体、直接邮寄等来进行信息传播。在不同的服务组织、不同的服务特征下，对媒体的选择有其侧重性。报纸和电视的覆盖面相对要大得多，信息量大且传播迅速，相反，杂志和广播被更多地集中运用在专业性极强的各个服务细分市场上，如《销售与市场》、《美食家》杂志，"健康之声"、"交通广播"等广播节目都是极好的专业性强的媒体选择。目前，出现了更多、更新的为服务组织传播信息的媒体，分众传媒控股有限公司（简称分众传媒）就是一个典型的例子。服务广告媒体的选择应基于以下标准：一是目标市场的特点；二是媒体自身的特点及对顾客的作用程度；三是媒体沟通效果持续时间的长短；四是媒体的成本。

▶ 案例9.4：分众传媒对目标受众的精准覆盖

分众传媒以中国都市人群为核心目标人群，覆盖中国最广泛的高收入群体，以独创的商业模式、媒体传播的分众性、生动性赢得了业界的高度认同。分众传媒产品线覆盖商业楼宇联播网、商旅人士联播网、影院广告媒体等多个针对特征受众，并可以相互有机整合的媒体网络。

分众传媒有效锁定企业主、经理人和白领等受众，重度覆盖25～50岁的都市高学历、高收入、高消费族群。他们是社会财富的主要创造者和社会最活跃的消费阶层，引领中高档时尚商品的购买者和意见领袖。这个群体总是试图将自己的生活打造成一种超凡脱俗的、脱离了低级趣味的及崇尚文化品味和小资情调的生活环境和氛围，因工作的繁忙与传统大众媒体日趋疏离。

分众传媒把目光汇聚在这部分中高端消费者的生活轨迹上，通过敏锐而准确的洞察，不失时机地抓住了以往被大众传媒所忽略的生活接触点，从消费者的生活轨迹中发现广告传播的机会，巧妙地设置新的广告媒体，吸引了大众的注意力，开辟了媒体市场的一片蓝海。

下面简要介绍分众传媒的商业楼宇联播网、商旅人士联播网和影院广告媒体。

(1) 商业楼宇联播网。锁定中高收入商务群体，25～50岁核心消费人群的重度覆盖。在电梯口采用17英寸液晶LED，在较大空间内采用42英寸等离子显示屏（PDP），每天滚动播放。

(2) 商旅人士联播网。锁定经常出差的高学历、高收入、高职位人士，在商旅途中（机场巴士、候机厅、宾馆酒店）重度播放每次节目时间总共50分钟，内容和广告穿插共30分钟，广告和旅游专题约20分钟。

(3) 影院广告媒体。观影人群青年化，20～40岁的人群比例占近70%；学历中高端，52.8%拥有大专及以上学历；中高收入水平，个人及家庭月收入都是社会整体水平的1.4倍；是高品质生活享受人群，普遍具有意见领袖倾向。分众传媒主动接触，通过最大屏幕的震撼力，达到高回忆率、高到达率和促进消费的效果。

9.4.2 人员推销

人员推销是指企业通过推销人员直接向顾客进行推销、说服顾客购买的一种促销方式。这种方式尽管古老但十分有效，在现代市场上仍有其他促销方式无法取代的优点，发挥着重要作用，始终是现代企业开拓市场不可缺少的重要手段。

1. 推销产品与推销服务

人员推销的原则、程序和方法在服务业与制造业上的运用大致类似，但也存在很大差异，应该说，推销服务比推销产品更困难。由于服务产品无法展示，顾客不能看、闻、摸，服务在没有提供时并不存在，销售人员必须（或只能）用一些其他的方法来令顾客相信服务的特性和质量，为其可能的出色质量提供证据。例如，可以引证满意的顾客或列出服务组织所拥有的著名顾客的名单，诸如某些著名节目主持人、影星都是某美容厅的常客，某重量级人物都是某保险公司某险种的购买者等。表9.3是推销服务与推销产品的差异的简单知识(对人寿保险业的一项调查结果)。

表 9.3 推销服务与推销产品的差异

顾客对服务购买的看法
- 顾客们认为服务业与制造业相比,缺乏一致的质量
- 服务购买比产品购买的风险高
- 服务购买似乎总有比较不愉快的购买感受
- 服务购买主要是针对某一特定卖主
- 决定是否购买时,对该服务组织的了解程度是一个重要因素

顾客对服务的购买行为
- 顾客受广告的影响较小,受别人介绍的影响较大
- 顾客对服务不太作价格比较

服务的人员推销
- 推销员往往需要花很多的时间说服顾客对购买的犹豫不决
- 在购买服务时,顾客本身的参与程度很高

资料来源:王超.服务营销管理.北京:中国对外经济贸易出版社,1998:153.

2. 人员推销的优势和特点

(1) 信息传递的双向性。人员推销是一种双向沟通的促销形式。在推销过程中,一方面,推销人员必须向顾客宣传介绍商品或服务的质量、功能、用途,以及售后服务等,为顾客提供有关商品信息,达到促进销售的目的;另一方面,推销人员还必须通过与顾客的交谈,了解顾客对企业及所推销产品的态度、意见和要求,在推销过程中不断地收集和反馈信息,为企业的经营决策提供依据。

(2) 推销目的的双重性。人员推销的目的不仅是为推销商品,还要帮助顾客解决问题,与顾客建立长期合作关系。因此,它具有推销商品和建立合作关系的双重目的,这二者相互联系,满足需求的多样性。人员推销活动中,不仅要通过推销商品,满足顾客对商品使用价值的需要,而且要通过宣传介绍商品,满足顾客对商品信息的需要;通过售前、售中、售后的服务,满足顾客对技术和服务方面的需要;通过文明经营、礼貌服务,满足顾客心理精神上的需求。

(3) 推销过程的灵活性。人员推销过程中,买卖双方当面洽谈,易于形成一种直接、友好的相互关系。推销人员可以通过交谈和观察,掌握顾客的购买动机,有针对性地从某个侧面介绍商品的特点及功能,抓住有利时机促成交易;可以根据顾客的态度和特点,有针对性地采取必要的协调行动,满足顾客的需要;还可及时发现,进行解释,解除顾客的疑虑,清除顾客的不满意感。

(4) 推销成果的有效性。人员推销过程是推销人员直接将产品"推"给顾客的过程,通过面对面地看货、议价、谈判来达成交易,使推销人员与顾客之间建立起长期的关系,比非人员推销更具有人情味,因而,常能当场成交,成功率较高。但是,由于人员推销的开支大、费用高,对推销人员的素质要求高,因此,人员推销的运用也有一定

的局限性，多用于对产业用户和中间商的销售。

3. 服务人员推销的指导原则

服务市场营销中个人接触的重要性和人的影响力已被普遍认同。因此，人员推销与人的接触已成为服务市场营销中最受重视的因素。据调查，服务采购所获得的满足，往往低于对产品采购的满足，而且，购买某些服务往往有较大的风险性。因而，服务业比制造业更应采取一些减低风险的策略。服务业的人员推销有许多指导原则，现介绍如下。

（1）发展与顾客的个人关系。服务企业员工和顾客之间良好的个人接触，可以使双方相互满足。服务企业以广告方式表达对个人利益的重视，必须靠市场上真实的个人化关心来协助实现。

（2）采取专业化导向。在大多数的服务交易中，顾客总相信卖主有提供预期服务结果的能力。在顾客的心目中，销售人员必须是一个地道的专家。因此，服务提供者的外表、动作、举止行为和态度都必须符合顾客心目中一名专业人员应具备的标准。

（3）利用间接销售。以下三种间接销售形式可以采用：第一，推广和销售有关产品和服务，并协助顾客更有效率地利用现有各项服务，以创造引申需求。例如，航空公司销售"假日旅游服务"，旅馆业销售"当地名胜游览"，电力公司销售"家电产品"以提高用电量。第二，利用公断人、见证人与意见领袖以影响顾客的选择过程。在许多服务业，顾客必须依赖他人给予协助和建议，如保险代理业、旅行社、投资顾问、管理顾问咨询、观光导游业。第三，自我推销。这种方式在某些专业领域，使用得相当普遍，包括较为非正式的展露方式，如对公众演讲、参加社区事务、参与各种会议讨论等。

（4）建立并维持有利的形象。有效的市场营销依赖于良好形象的创造与维持。人们和公司虽然会发展出各种各样的形象，但市场营销活动所试图达到的，是要发展出一种希望被人看得到的个人或公司的形象，而且要与顾客心目中所具有的形象相一致。消费者对企业及其员工的印象，将直接影响他们的惠顾决策。形象建立和形象维持在服务营销上是一个重要因素。推销人员的礼仪、效率、关心度和销售技巧，都会影响或提高既有的公司形象。销售多种服务而不是单项服务。在推销核心服务时，服务企业可从包围着核心服务的一系列辅助性服务中获得利益。同时，这也使顾客采购时较为简易、便利并省去许多麻烦。假期承包旅游服务就是一个明显的例子，即一系列的多种服务可以从顾客的立场合并而成为只需要一次购买的服务。

（5）采购简单化。顾客对服务产品，在概念上可能不易了解。其原因，可能是顾客并非经常购买（如房子），也可能是因为顾客利用服务是在某种重大情感压力之下（如使用殡仪馆服务时）。在这类情形下，专业服务销售人员应使顾客的采购简易化。也就是说，以专业方式照顾并做好一切处理工作，并告诉顾客服务进行的过程即可，尽量减少对顾客的要求。

9.4.3 营业推广

营业推广是一种具有诱导性的短时期能迅速推动销售的促销方式。在有形产品销售中，营业推广只在短时期使用，只是其他主要促销手段的补充，不是经常动用的促销方式，但它在服务促销中的作用却有所提升，这是由服务的特性所决定的。

1. 营业推广条件

（1）服务组织存在过量产出能力时，营业推广特别适合用来刺激需求。服务业中经常存在这样的问题，许多服务是季节性的（旅游、零售），有些服务是时段性的（餐厅、娱乐场、电影院），还有些服务是无规律的。处于不在季节上、不在时段内的状态时，必然存在产出大于需求，因而，有必要给予让利刺激。

（2）如果对于某项服务而言，使用人数不够多或者购买服务的量不够大，或者是在付款方面存在问题，也可以通过营业推广中的一些手段予以刺激。

（3）如果在市场上没有人使用该服务产品，或没有人知道或谈起该服务产品，可以通过短时间内的营业推广来扩大影响。

（4）如果是中间机构出了问题，如经销商对服务组织所提供的服务未给予足够的注意、重视和支持，应对中间商实施相应的推广措施。

（5）如果市场出现了竞争方面的问题，也可以借用营业推广手段加以调整。例如，竞争十分激烈，而且其趋势更加激烈，新产品开发速度日益加快，迫使服务组织尽快推销现有的服务内容。当竞争者实施营业推广，而其同类组织不加入时，则该服务组织面临的风险是大量顾客流失。

2. 营业推广形式

营业推广至少有六种方法对服务营销是十分有益的，具体包括样品赠送、优惠券、短时期价格折扣、礼品赠送、有奖销售、签约返利。

（1）样品赠送。样品赠送给了顾客免费使用更多服务的机会，如信用卡公司可以向信用卡持有者提供一定时期内的免费试用。

（2）优惠券。优惠券通常采用以下三种方式之一：直接降价、凭券享受折扣或费用减免、在基本服务基础上提供免费或价廉的延伸服务。例如，国内的好利来蛋糕店，给顾客免费赠送台历并配有每个月一次的优惠券，很受顾客欢迎。

（3）短时期价格折扣，即在短时期内可行的价格折扣。各大商场、购物中心等商铺集聚的地方在重大节假日一般都会有短时的打折促销活动。

（4）礼品赠送。其主要是为服务组织提供的服务增加有形的要素和为使组织区别于竞争对手形成一种独特的形象而作的努力。

（5）有奖销售。该方法主要被用来增加顾客对服务经历的参与和兴奋感，并鼓励顾客增加对服务的使用，如观看足球世界杯直播，拨打热线，就有机会获得幸运大奖；在商店购物金额超过某个数目之后有抽奖资格,并有机会获取商店所设奖项等。

(6) 签约返利。为了吸引新成员或会员,稳固老会员,其最初加入服务组织的费用可能被减免和返回,如学校学费、俱乐部入会费、电话安装费等。经过认真选择的营销推广手段可以给服务产品带来更新的个性,如果运用得当,能提升顾客对服务的整体感觉,吸引顾客,协调需求周期和增加服务的有形化。

9.4.4 公共关系

公共关系是指有计划地和持续地努力去建立和保持企业与其公众之间的善意。这里的"公众"是所有对服务企业感兴趣的人群和机构群。公共关系是一种促销方式,企业通过它在广大公众面前树立自己的良好形象。在服务业,这个目标比制造业更为重要,因为,服务在很大程度上受主观评价的影响,沟通宣传的主要载体是口碑,公共关系的目的是加强这种主观评价的过程。

1. 公共关系的优势

公共关系的优势主要体现在三个方面:

(1) 可信度。新闻特稿和专题文章往往比直接付费的报道具有更高的可信度。

(2) 解除防备。公关是以新闻方式表达,而不是以直接销售或广告方式表达,更容易被潜在顾客所接受。

(3) 戏剧化。公关工作可以使一家服务企业或一种服务产品戏剧化。

2. 公共关系的对象与手段

公共关系有两大类接收者:内部接收者和外部接收者。对内部接收者要定期沟通,他们是员工、股东、销售员、供应商和顾客。外部接收者是与企业没有直接关系的人们,如各级政府机构官员、记者、金融机构、企业协会代表等。公共关系可以通过发布新闻、举办记者招待会、举行盛大运动会、赞助由媒体举办的有新闻价值的活动,还可以利用特殊事件生成服务产品的特有魅力。这就要求服务组织要处理好与各种媒体之间的关系,否则会给企业带来一些不利的影响。如果处理好与方方面面的关系,包括与顾客、员工、政府、媒体、社会等的关系,就可以很好地维护服务企业及其服务产品的形象。

> **案例 9.5:美亚保险的公共关系处理**

作为首家进入中国市场的外资保险机构,美亚财产保险有限公司(简称美亚保险)的市场规模和市场渗透率及品牌知名度都要远小于国内的财产保险公司。

美亚保险认识到公关对于提升品牌声望的意义正在变得越来越重要。广告对于提升品牌声望的边际效应正在快速递减,而公共关系对提升公司形象和品牌影响力则在快速上升。

洞察当下社会热点、及时把握最新事件，在第一时间为主流网络媒体以及平面媒体提供间接引入涉及核心事件的相关产品或服务，站在读者或消费者的立场提供保险解决方案的新闻稿，是高效媒体宣传的"不二"法则。最重要的是，该策略能实现最大范围的宣传效果、动用最低的宣传成本甚至零成本，切实有效地控制公关预算。以下几个标题是美亚保险众多新闻稿中的几个典型标题。

首个"甲型 H1N1 流感隔离津贴"问世，美亚保险称，旅行期间感染甲型 H1N1 流感可获赔医疗费用；

"点钞机"造成失误谁买单？美亚保险称，假币损失在承保范围内；

超售航班被拒登机乘客增多，保险公司赔还是不赔？美亚保险表示赔偿不仅适用航班超售拒载情况，而且适用航班取消；

国际贸易中应收账款和责任险等风险上升，金融危机凸显企业风险管理的重要性，美亚保险专家建议不能"头痛医头，脚痛医脚"。

2008 年 9 月，受美国次贷危机的影响，美国国际集团（AIG）一度陷入财政危机。此次危机事件迅速波及 AIG 在中国的成员公司——美亚保险。

美亚保险积极果断地采用了保持信息透明度，并通过与监管机构——中国保险监督管理委员会（CIRC）积极合作的危机应对策略；积极果断地采用了保持信息透明度，与媒体保持积极互动关系；同时，广泛利用平面以及网络媒体的覆盖面与知名度，及时地与公众媒体保持沟通，成功地在全国范围内实施危机公关。

美亚保险在第一时间通过各项声明、公告，与当地监管机构、媒体、保单持有人、业务合作伙伴和内部员工及时有效沟通：公司运营平稳、资本充足，完全有能力履行其对投保人的义务。

最终，美亚保险使此次危机事件对公司有可能造成的负面影响降低到最低。与此同时，美亚保险的品牌知名度循序渐进地得到提升，公众对品牌背后公司形象认知度也持续提高，而这一切无不得益于公司及时有效的公关处理，才能得到政府、客户、民众等多方面公共关系的广泛支持。

9.4.5 口碑传播

《营销全凭一张嘴》一书的作者 Emanuel Rosen 认为："口碑是关于品牌的所有的评述，是关于某个特定产品、服务或公司的所有的人们口头交流的总和。"口碑被现代营销人士视为廉价和可信度高的品牌传播方式。

在服务行业最突出的促销特征之一是非常重要的中介和口碑传播式的沟通，它突出了在服务促销中人员因素的重要性。顾客通常紧密参与服务交付，然后会向其他潜在顾客谈论他们的经验。研究指出，口头传播式的个人推荐是最重要的服务信息来源之一。

1. 口碑传播对促销的影响

口碑传播对营销的影响是巨大的，如果在口碑信息和促销信息之间存在矛盾，那么这两种信息交织在一起同时向顾客造成一种沟通效应时,广告及其他促销就会失去影响或至少只有一点微小的影响。从一方面来说,口碑越不好,营销沟通如广告活动、直接沟通,以及推销等努力效率就越低。如果要消除口碑的消极影响,就必须加大对这些沟通类型的投资。但是,如果口碑交流中的消极信息太多,并且公司的形象受到严重的损害,那么营销沟通预算的任何增长都无法扭转局面,至少从长远上来看是这样的。从另一方面来说,积极的口碑,减少了利用广告和推销进行营销沟通的庞大预算的需求。积极的口碑会有利于得到大部分所需的新业务。从理论上说,良好的相互作用,包括顾客感知到的高质量和互动沟通,会使大众沟通的必要性降低,而且使定价有了更大的自由。只有当开展完全崭新的服务的时候,才需要系列广告这样的大众沟通。总之,好的口碑会使顾客以更积极的态度配合外部沟通努力,反之亦然。

2. 口碑传播的"蝴蝶效应"

口碑传播的"蝴蝶效应"就是指口碑传播的乘数效应,这种效应在不同行业和不同情况之间差别很大。作为一般常识,消极经历通过口碑方式增值比积极的经历更快、频率更高。乘数值可能会是3和30之间的任何数字。在服务领域中经常引用的乘数是12,也就是说,一位顾客经历一次不好的体验,通常情况下,他不仅会停止购买,还可能告诉其他12人,而对于那些他所告诉的人,他们一般也会取消购买打算或不愿进行同类购买。因此,坏口碑严重阻断了企业客源。相反,一位顾客通常也会将一次好的经历告诉他人,但告诉的人可能会少一些。尽管没有什么实例可以论证这一数字,但是趋势十分明显。因此,营销人员必须记住:不要拿口碑当儿戏,让它在各种情况下为你服务,总是要尽可能地利用口碑。

▶ 案例9.6:高手必胜客

传统的口碑是通过面对面的交流形成的,随着网络的风行,口碑借助网络传递,出现了病毒营销。病毒营销是通过用户的口碑宣传网络,信息像病毒一样传播和扩散,利用快速复制的方式传向数以千计、数以百万计的受众。大众媒体发布广告的营销方式是"一点对多点"的辐射状传播。而病毒营销是自发的、扩张性的信息推广,它通过人际传播和群体传播的渠道,产品和品牌信息被消费者传递给那些与他们有着某种联系的个体,这种方式的传播速度呈几何倍数的增长。

更令人瞠目结舌的应该是病毒营销的高效接受,大众媒体投放广告信息干扰强烈、接收环境复杂、受众戒备抵触心理严重。而对于那些可爱的"病毒",是受众从熟悉的人那里获得或是主动搜索而来的,在接受过程中自然会有积极的心态;接收渠道也比较私人化,如手机短信、电子邮件、封闭论坛等。以上方面的优势,使得病毒营销尽可能地克服了信息传播中的噪声影响,增强了传播的效果。

还记得"吃垮必胜客"吗?

为了吸引更多的人来吃"必胜客",台湾必胜客餐饮连锁公司(简称必胜客)曾发动了一次名称叫做"吃垮必胜客"的网络营销活动。在这个题目为"吃垮必胜客"的邮件中，介绍了盛取自助沙拉的好办法，巧妙地利用胡萝卜条、黄瓜片和菠萝块搭建更宽的碗边，可以堆到15层沙拉，同时还配有真实照片。很多收到邮件的网友都在第一时间把邮件发给自己身边的亲友或同事，并相约去必胜客一试身手。

最终想吃垮必胜客是很难的，广告主看似自杀的背后有着坚强的利益。既满足消费者们贪吃的心理，又刺激了消费者想亲临店内体验的竞争心态。一个小小的病毒式电子邮件营销（EDM）或者再加一段惟妙惟肖的视频短片，相信，抱着一点点小阴暗的网友们一定不会"放过"必胜客，坏事变好事。

9.4.6 互联网上的促销服务

自从互联网进入人们的生活，便带来了巨大的变革，改变了人们的交流方式、消费方式以及工作方式，也成为服务促销的工具之一，而且来势凶猛。互联网作为一种与众不同的信息传递媒介，呈现出极强的互动性，使企业的营销活动可以深入到顾客个人。

1. 网上广告的强大交互沟通

通过设计和推出网上广告，借助鼠标的层层点击，可将顾客吸引和引导至有关服务组织的网上信息源，在网上观看广告更多地发挥了顾客的主动性，因此，只要网上广告针对顾客的兴趣和需求，就会实现顾客与组织间的"一对一"沟通关系，组织可以被更广泛了解，可以更及时传递最新消息，交互作用体现得淋漓尽致。同时，由于互联网提供的信息容量也十分广阔，几乎不受时间限制，它可以让受众自由查询，遇到基本符合自身需求的内容可以进一步详细地了解，并向公司的有关部门提出要求，让他们提供更多的自身所需要的信息。网络广告是一种即时互动式的广告，即"活"的广告，查询起来非常方便，由一般受众感兴趣的问题，一步一步地深入到具体的信息。

2. 网上广告与其他促销手段的配合

事实上，对服务业来说，网上广告是一种正在演进过程中的促销工具，它经常和其他各种各样的营业推广措施相互配合。一些服务组织为网上顾客提供一些能够下载或打印的赠券。顾客也可参加网上的竞赛，如必胜客的美国大学体育总会（NCAA）大学生篮球年度竞赛的获胜者竞猜。有时，一个服务组织可用电子邮件来配合网络功能，以形成强有力的促销组合。例如，美国大陆航空公司（Continental Airlines Inc.）、美国航空公司（American Airlines）和美国航空集团（US Airways Group Inc.）等航空公司，皆通过电子邮件来向已经注册的旅客发送特价机票的信息。假若机票价格能激起顾客的兴趣，旅客就可与航空公司的网站联系并设法购买机票。一旦涉足航空公司的网页，就可获得各种各样的信息和促销资料。对服务营销人员而言，互联网充满了具有诱惑力的机遇。

案例 9.7：雀巢咖啡玩上"饮"，漫画总动员

2009年8月13日至2009年10月8日，雀巢（中国）有限公司（简称雀巢）发起"咖啡玩上'饮'漫画总动员"活动，倡导消费者创作雀巢咖啡即饮饮料和你的趣味故事，并奉上众多时尚大奖，借雀巢咖啡即饮饮料更换新包装之机，以网络为平台掀起新一轮品牌推广。

雀巢咖啡即饮饮料的目标消费群以18～35岁的大学生和年轻白领为主。而要吸引这群追求创意、个性、喜欢网络分享的年轻人，必须创作具有创意与趣味的话题，以引发他们的自发传播，扩大影响力。

雀巢通过自主开发的四格漫画在线创作程序，利用雀巢卡通素材创作漫画，进行网络评选。无论是网站设计的风格，还是各种活泼生动的卡通人物题材，都展现出符合年轻人口味的时尚酷感和原创性。

比赛机制中人气和累计积分的进阶标准使得用户更多邀请朋友加入，既确保了参与用户的黏度，又能拉动更多网友参与、引发口碑传播。

在比赛中，创作的漫画中必须包含场景、咖啡产品、品牌Logo三种元素，融入品牌形象。这样使得雀巢咖啡即饮饮料"无论到哪里，和你在一起"的产品特性深入人心，提升了品牌好感度。

本次活动是以活动网站为平台的一次全方位的互动营销。除了在以知名图片分享社区"POCO"和第一娱乐门户"猫扑"进行广告投放吸引POCO庞大的年轻用户参与，还与最具人气的新浪博客上的草根名博进行合作，利用意见领袖的影响力进一步制造活动热度；与知名漫画形象"刀刀"合作，创作加入刀刀角色的雀巢系列漫画及视频，用于活动专区展示及网络BBS、视频网站传播，提高网络关注度。

在分享社区、主流BBS论坛、视频网站、SNS网站、知名博客等传播渠道上的网络炒作与广告投放，都有助于让消费者记住产品品牌信息，是非常成功的营销手段。

资料来源：鲨猴的博客.2009年度十大创意营销案例解析.http://blog.vsharing.com/shahou/20100506.2010-01-29.

讨论与思考

1. 服务促销与有形产品的促销有哪些异同？
2. 服务促销的目标是什么？
3. 服务广告的主要任务是什么？
4. 人员推销要有哪些优势和特点？
5. 如何理解公共关系在服务营销中的作用？
6. 在服务促销中，口碑传播有哪些重要作用？
7. 互联网的兴起给服务促销带来哪些机遇和挑战？

第 10 章　有形展示与服务场景设计

内容提要

　　本章介绍了有形展示和服务场景的内涵，在此基础上，详细阐述了有形展示和服务场景的类型和功能。此外，本章还特别介绍了服务场景和顾客反应之间的关系，并对服务场景设计的关键因素、设计原则和设计工具作了详细说明。

主题词

　　有形展示　物质环境　信息沟通　服务场景　服务场景设计

服务营销

引导案例

携程网的有形展示

携程旅游网站（简称携程网）由携程计算机技术（上海）有限公司于1999年5月创建，并于当年10月正式开通。该公司是一家吸纳海内外创业投资成立的高科技旅行服务公司，在北京、上海、广州、深圳和香港设有分公司。在不到一年的时间内，携程网迅速成长并实现了旅游产品的网上一站式服务，业务范围涵盖酒店、机票、旅游线路的预订及商旅实用信息的查询检索。从该公司的网站我们看到该网站具有宾馆、机票、度假、目的地指南、社区、VIP专区等几个功能大项。携程网通过与业务伙伴和旅游产品供应商的策略联盟，已建成了快捷有效、体贴周到的服务体系，并一直坚持"以客户为中心"的原则。该网站结合网上服务平台和网上的各种软、硬件设施，满足顾客的旅行需求，不断创新和前瞻性的思考保证了携程网能快速成长，推陈出新的产品、服务和设施使其在日新月异的因特网时代能够满足日益多样化的客户需求。

携程网将其网站综合定义为四种角色，即一站、一社、一区、一部，在此基础上建立起携程网颇具特色的3c旅游网站模式。

一站：携程网站，Crip.com，Crip就是Chinese Trip，成为中国人的旅行网站，又成为中国的旅游网站。携程网提供在线预订服务，包括在线机票预定、酒店预定、旅行线路预定。

一社：建立一个虚拟的网上旅行社。在网上提供吃、住、行、游、购、娱六个方面的产品。携程网有覆盖中国及世界各地旅游景点的目的地指南频道，其信息涉及吃、行、游、购、娱以及天气等诸多方面，堪称一部日益完善的网上旅行百科全书。

一区：旅行社区为用户发表点评、相互交流提供场所。网站社区频道深受网民欢迎，社区为旅游者提供交流和获取信息的场所，兼有趣味性和实用性于一体的栏目，如"结伴同游"、"有问必答"等。俱乐部开展各种特色旅行活动；对商旅客户按企业的需求定制，实行有效的出差费用管理，随时随地享受服务；对休闲旅游者提供完全个性化的服务，信息实用全面化，旅行、交友、娱乐并重。

一部：网友俱乐部，让网友们上网下网都能感受到携程带来的快乐。

信息内容设计主要包括以下几个方面：①景点、饭店、旅游路线等方面的信息；②旅游常识、旅游注意事项、旅游新闻、货币兑换等；③会员的自助旅游倡议、旅游观感、游记、旅游问答等；④与旅游相关的产品和服务；⑤服务信息；⑥各种优惠和折扣；⑦旅游工具箱；⑧自助旅游线路介绍；⑨主题旅游路线介绍。

根据网络营销战略理论，可以看出该网站实施的是宽深营销战略。在网站进入渠道的宽度上，网站采用了与多家大型门户网站联盟，提高在各大搜索引擎上的排名、激励会员主动宣传、向会员定期发送信件，在门户网站上刊登广告的方式，大大拓宽了消费者进入网站的渠道；在网站深度上，网站通过建立大型的数据库、预定中心的技术设施和旅游景点介绍，开展社区活动等方式，加深网站的内容、服务项目与质量。

资料来源：携程旅游网站案例分析，成都信息工程学院旅游电子商务案例选编．

服务因其无形性而极大的不同于物品，物品以物质形态存在，服务以行为方式存在。服务的非物质特性对于顾客如何完成市场营销任务具有重要启示。顾客看不到服务，但是能看到服务工具、设备、员工、信息资料、其他顾客、价目表等，所有这些有形物都是看不见的服务的线索。因为顾客必须在无法真正见到服务的条件下来理解它，而且要在做出购买决定前，知道自己应买什么、为什么买，所以他们一般会对有关服务的线索格外注意。或好或坏，这些有形的线索传递了一些信息。如果不加管理，这些线索可损害整个市场营销战略。如果管理得好，这些线索能增加顾客对有关服务的知识，并增强整个市场营销战略的活力。

10.1 有形展示概述

有形展示是服务市场营销组合策略的七大要素之一。产品营销首先强调创造抽象的联系，而服务营销则将注意力集中于通过多种有形的线索来强调和区分事实。而对于服务营销商来说，服务展示管理是第一位的。服务营销商通过对服务工具、设备、员工、信息资料、其他顾客、价目表等所有这些为顾客提供服务的有形物的服务线索管理，增强顾客对服务的理解和认识，为顾客做出购买决定传递有关服务线索的信息。因此，了解服务有形展示的类型和作用，加强有形展示的管理，创造良好的服务环境具有重要战略意义。

10.1.1 有形展示的定义

在传统的产品营销过程中，产品本身具有展示性。而服务由于具有无形性特征，消费者在进入服务企业前后将利用各种感官对服务企业的各种有形物体进行感知，并将由此获得对服务企业及其服务的印象，而这将直接影响到消费者对服务质量及服务企业形象的认识和评价。在购买和享用服务之前，消费者将会根据有形物体所提供的信息对服务企业及其服务做出判断，并做出是否购买和消费服务的决策。因此，服务过程中的各种有形要素将会对消费者的消费决定产生重要影响，甚至是决定性的影响。

在服务营销中，我们把为进行服务传递、公司与顾客进行交互所处环境以及有利于服务执行或传播交流的任何有形商品称为有形展示。

有形展示通过对服务工具、设备、员工、信息资料、其他顾客、价目表等所有为顾客提供服务有形物的服务线索的管理，增强顾客对服务的理解和认识，为顾客做出购买决定传递有关服务线索的信息。

有形展示对服务的传播十分重要。首先，对于具有明显信任特征的行业，如金融行业的银行、证券、保险，专业程度较高的咨询服务行业，如律师、会计等都很重要。双方在信息掌握上不对称。银行顾客不知道自己的钱托付给银行后，银行实际会做些什么。其次，对于饭店、医院和主题公园等体验特征占主导的服务也很重要。迪斯尼乐园就是有效利用有形展示来激发游客兴致的典范。

▷ 案例 10.1：迪斯尼乐园的有形展示

走进迪斯尼乐园你首先会受到米老鼠、唐老鸭等迪斯尼明星们的欢迎，他们会主动向你招手、和你拍照。漫步乐园到处都洋溢着快乐的笑脸，动听的音乐始终围绕着你，时不时地就有一个充满创意的雕塑在等待着你，跳跳虎和维尼小熊偶尔会从你身边经过，而只有在电影中才会看到的美丽花车就行驶在你的身边。在乐园地面上你看不到任何饮料罐与包装纸，就连卫生间都永远是芬芳四溢、宽敞明亮、一尘不染的。

为了排除破坏环境的因素，迪斯尼毫不吝啬甚至不惜血本。例如，在东京的迪斯尼乐园，他们为了营造"梦与魔幻王国"的氛围专门将乐园旁的火车站改装成海水似的蓝色外观。为避免园外出现与迪斯尼无关的建筑，他们甚至收买了周边的土地，拆除了超高建筑，以免入园后，看到外在的干扰物。

10.1.2 有形展示的类型

对有形展示可以从不同的角度作不同的分类。不同类型的有形展示对顾客的心理及其判断服务产品质量的过程有不同程度的影响。

1. 从有形展示的构成要素进行划分

这主要表现为三种展示类型：物质环境、信息沟通和价格，它们不是完全排斥的。例如，价格是一种不同于物质环境和信息沟通的展示方式，然而，必须通过多种媒介将价格信息从服务环境中传进、传出。

1）物质环境

物质环境有三大类型：周围因素、设计因素和社会因素，如表 10.1 所示。

表 10.1 物质环境的类型

周围因素	不易引起顾客立即注意的背景条件	空气的质量 • 气温 • 湿度 • 通风情况 噪声 气氛 整洁度

续表

设计因素	顾客最易察觉的刺激	美学因素 • 建筑 • 颜色 • 尺度 • 材料 • 结构 • 形状 • 风格 • 附件 功能因素 • 陈设 • 舒适 • 标志
社会因素	环境中的人	听众（其他顾客） • 数量 • 外貌 • 行为 服务人员 • 数量 • 外貌 • 行为

资料来源：郭国庆．服务营销管理．北京：中国人民大学出版社，2009：247.

周围因素指消费者不会立即意识到的环境因素，如温度、通风、气味、声音、整洁等因素。如果服务环境中缺乏消费者需要的某种背景因素，或某种背景因素使消费者觉得不舒服，他们才会意识到服务环境中的问题。消费者通常假定服务场所的背景环境应该是比较完美的。因此，一般说来，良好的背景环境并不会让消费者感到特别高兴和惊喜，也不一定能促使消费者使用服务。然而，较差的背景环境却会立即引起消费者的注意，而使其望而却步。例如，在饭店音乐厅听交响乐时，如果空调坏了，空气又热又不流通，人们就会感到不舒服，这会影响人们对音乐会的感觉。再如，如果KTV包房里的温度过低，顾客在消费过程中感到很冷，果盘和啤酒根本无法享用，那么在金秋的黄金季节里经济效益就不会理想。

设计因素指刺激消费者视觉的环境因素，包括服务场所的设计及服务企业形象标志等。与背景因素相比，设计因素对消费者感觉的影响比较明显，属于主动刺激。设计精美的服务环境更能促使消费者使用服务企业的服务。设计因素又可分为艺术设计（如服务企业建筑物的式样、风格、颜色、规模、材料、格局、绿化及美化室内的装饰等）和功能设计（如服务企业各个服务窗口的布局、舒适、方便程度等）两类因素。

社会因素是指在服务场所内一切参与及影响服务生产的人，包括服务员工和其他在服务场所同时出现的各类人士。他们的言行举止皆可影响顾客对服务质量的期望和判断。服务员的外貌在服务展示管理中也特别重要。顾客一般情况下对服务和服务提供者不进行区分并常常把服务人员看做服务本身。因此，服务企业可进行恰当的服务场所设计，促进服务人员与服务消费者之间的交流，从而促进服务的推广。

很多银行的柜台越来越矮，香港恒生银行的非现金服务甚至采取开放式的岛形设计，消费者与服务人员可以面对面地进行交流。与那种齐及胸高的柜台和厚厚的玻璃相比，这无疑拉近了消费者与银行服务人员的心理距离，增进双方的关系，有利于双方深入地进行交流。消费者之间也会相互影响，服务企业也可利用服务场所设计对消费者的行为加以影响，以提高消费者群体对企业服务的评价。

2）信息沟通

信息沟通是另一种服务展示形式，这些沟通信息来自企业本身以及其他引人注目的地方，它们通过多种媒体传播，对服务进行展示。服务企业总是通过强调现有的服务展示并创造新的展示来有效地进行信息沟通管理，从而使服务和信息更具有形性。

服务有形化是指服务企业通过创造服务的有形展示，在信息交流过程中强调和服务相联系的有形物，这样就可把与服务相联系的有形物推到信息沟通策略的前沿，让顾客能够真切地感受服务。

➢ 案例10.2：日本一家餐馆的服务有形化

在日本，一家专卖各种品味蛋类、菜类的餐馆，生意十分红火。但老板并不感到满足，他突发奇想，将鸡蛋敲在一个方形盒子里，加调料蒸煮，制成了一种风味怪异的方形蛋，并申报了专利。该蛋以其奇特的形状引来了八方宾客，连外国旅游者也不顾路途遥远，络绎不绝，纷至沓来，要一睹怪味方蛋的风采。怪味方蛋营销的成功，说明了有形物对于帮助企业调动起顾客的购买欲望有着不可估量的作用。

资料来源：孙开功. 浅议服务有形展示的应用. 商场现代化. 2007, (13).

鼓励对服务企业有利的口头传播是信息有形化的一种方法。由于服务的不可感知性，消费者特别是那些没有经验或经常选错服务提供者的消费者，在做出购买决策时常会受到其他消费者的影响，因此，他们更易听取其他消费者为其提供的可靠的口头建议。这样，服务企业仅仅使现有顾客感到满意是不够的，最好使他们感到惊喜，因为惊喜的顾客更会重复购买企业的服务，并赞美其服务让他人来分享他的惊喜与快乐。不难发现，大学生在选择选修课之前，总要先询问学长的意见，口碑好的话，同学们多半会对这个选修课青睐有加。服务企业还可以通过服务保证和在服务推广活动中创造性地运用易被感知的展示来使服务信息有形化。

图10.1总结了服务企业通过信息沟通进行服务管理所使用的各种方法。

3）价格

在购买时，顾客通常把价格看做有关服务的一个线索。价格能培养顾客对服务的信任，同样也会降低这种信任。价格可以提高人们的期望（它们如此贵，一定是好

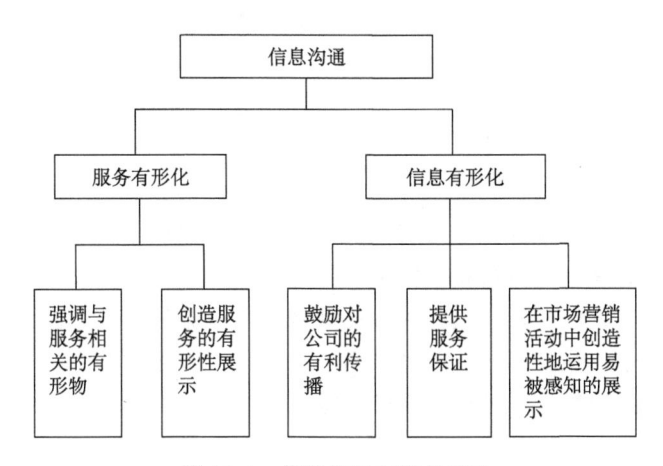

图 10.1 信息沟通与服务展示

资料来源：郑吉昌．服务营销管理．北京：中国商务出版社，2005：176.

货），也能降低这些期望（你付出这么多钱，得到了什么）。服务的不可见性使可见性因素对于顾客做出购买决策起到重要作用，价格就是一种对服务水平和质量的可见性展示。

在服务行业，正确的定价特别重要，因为服务是无形的，服务的无形性使可见性因素对于顾客做出购买决定起重要作用。价格是对服务水平和质量的可见性展示。价格成为消费者判断服务水平和质量的一个依据。

营销人员把服务价格定得过低就暗中贬低了他们提供给顾客的价值。顾客会怀疑，这样低廉的服务意味着什么样的专长和技术。犹如过低的价格会产生误导一样，过高的价格同样会导致这一结果。过高的价格给顾客以价值高估，不关心顾客，或者"宰客"的形象。

▶ 案例 10.3：中国消费者对奢侈品消费渐趋成熟

2010 年 6 月 23 日，全球四大会计事务所之一德勤会计事务所（简称德勤）发表的最新调查报告称，中国消费者渐趋成熟，商品是否物有所值正在取代品牌和价格因素成为购物决策中的关键因素。调查显示，逾半数受访者认为，名牌产品价格不合理，与产品实际价值或不相符。

德勤这份名为《赢得中国消费者青睐》的调查，收集整理了约 2000 名中国消费者的反馈，并对多位在中国的零售企业高管进行访谈。调查显示，中国消费者日益成熟。在中国一线及二线城市中，物有所值一致成为首要的购物决策因素，并且正影响三线城市消费者的购物模式。调查还发现，来自不同城市的受访者中约 70% 表示，有兴趣尝试新的高档品牌商品。一线城市消费者尝试新品牌时，首要考虑的是品牌的口碑和相应媒体的报道和广告宣传。

此外，报告指出，尽管可持续性发展问题日渐重要，但中国消费者并不愿意在抽象概念上(例如,"低碳"产品)支付溢价。大多数消费者认同"低碳"的概念,但并不会特意购买以"低碳"作为卖点的产品。

资料来源:张艳.数人认为品牌价格不合理.中国经济网.2010-06-24.

2. 以顾客是否拥进行划分

根据有形展示能否被顾客拥有可将之分成边缘展示和核心展示两类。

边缘展示是指顾客在购买过程中能够实际拥有的展示。这类展示很少或根本没有什么价值,如电影院的入场券,它只是一种使观众接受服务的凭证。在宾馆的客房里通常有很多包括旅游指南、住宿须知、服务指南,以及笔、纸之类的边缘展示,这些代表服务的物的设计,都是以顾客心中的需要为出发点,它们无疑是企业核心服务强有力的补充。

核心展示与边缘展示不同,在购买和享用服务的过程中不能为顾客所拥有。但核心展示却比边缘展示更重要,因为在大多数情况下,只有这些核心展示符合顾客需求时,顾客才会做出购买决定。例如,宾馆的级别、银行的形象、出租汽车的牌子等,都是顾客在购买这些服务时首先要考虑的核心展示。因此,我们可以说,边缘展示与核心展示加上其他现成服务形象的要素(如提供服务的人),都会影响顾客对服务的看法与观点。

10.1.3 有形展示的作用

服务有形展示的首要作用是支持公司的市场营销战略。在建立市场营销战略时,应特别考虑对有形因素的操作,以及希望顾客和员工产生什么样的感觉,做出什么样的反应。具体作用表现在以下五个方面:

第一,可以有效地帮助消费者建立起消费信心,消除顾客心理的不确定感和风险感,尽量消除顾客的心理差异,帮助企业向消费者传达正确的消费心理预期。

由于服务产品本身所固有的特性,顾客在消费时,尤其是初次消费时,往往会因为种种不确定因素而产生顾虑,进而影响他们的消费决策。再有就是由于顾客在消费前形成了错误期望,这里特指过高的消费期望值,导致消费后的不满意。而有形展示可以帮助企业解决这些问题。以著名的经济型连锁酒店——如家快捷酒店为例,如家快捷酒店所有连锁酒店的外形都采用黄色装修,给顾客以视觉的导入,从而加深顾客对品牌的印象,给人以专业的感觉。大堂的设计一改星级酒店的华丽,只预留出必需的周转空间,一来尽量减少不产生效益的空间,增加酒店的经济效益;二来与其经济型酒店的定位保持一致,帮助消费者形成正确的消费预期。

第二,宣传企业,提高企业知名度和顾客满意度。一个企业要被人们所熟知和牢记,仅仅靠口头的宣传是很无力的,必须有实体让消费者去记忆,进而形成一个整体形象。对于服务企业来说,良好的有形展示可以起到宣传企业、建立品牌形象、提高企业知名度的作用,进而使自己的顾客有归属感,将消费企业的定位与自己的定位相融合,从而提高消费者的满意度。

案例 10.4："江阿狗"的经典图案

宁波市有一老店名曰"缸鸭狗"。招牌上的三个图案吸引了众多的行人。这三个图案是：一个大水缸，一只白鸭子，一条小黄狗。不知底细的人，也许认为该店卖这三种东西，其实不然。这招牌图案是有来历的：新中国成立前有一个叫江阿狗的小商贩开了一家汤团店，主人不识字，依他名字的谐音画了三个图案挂在店门口。这些图案以其具象表达"江阿狗"这个品牌。这个奇特的招牌饶有风趣，老少皆识，一时声名远播，顾客盈门。

第三，让消费者得到美的享受。经过精心设计，充满了艺术感的有形展示可以使消费者从享用服务中得到美的享受。大到建筑物的造型、色彩、装饰，小到桌子上摆的一盆花、一张椅子，甚至是背景音乐、灯光，无不可以给顾客以美、艺术的享受。

案例 10.5：世界上唯一的七星级酒店

在迪拜王储的提议之下，知名企业家 Al-Maktoum 投资兴建了美轮美奂的伯瓷酒店集团（简称伯瓷）。

伯瓷是世界上唯一的建筑高度最高的七星级酒店（因为饭店设备实在太过高级，远远超过五星的标准，只好破例称它作七星级酒店），伯瓷糅合了最新的建筑及工程技术，用两年半时间在阿拉伯海填出人造岛，两年半时间用在建筑本身，使用了 9000 吨钢铁，并把 250 根基建桩柱打在 40 米深海下。饭店由英国设计师 W. S. Atkins 设计，外观如同一张鼓满了风的帆，一共有 56 层、321 米高，是全球最高的饭店，比法国埃菲尔铁塔还高上一截。

到过这里之后，你才能真正体会到什么叫做金碧辉煌。它的中庭是金灿灿的，它最豪华的 780 平方米的总统套房也是金灿灿的。客房面积从 170 平方米到 780 平方米不等，最低房价也要 900 美元，最高的总统套房则要 18 000 美元。总统套房在第 25 层，家具是镀金的，设有一个电影院、两间卧室、两间起居室、一个餐厅，出入有专用电梯。已故顶级时装设计师范思哲曾对它赞不绝口。

伯瓷酒店内部极尽奢华之能事，触目皆金，连门把、厕所的水管，甚至是一张便条纸，都"爬"满黄金。虽然是镀金，但要所有细节都优雅不俗地以金装饰，则是对设计师的品位与功力的考验。由于是以水上的帆为外观造型，饭店到处都是与水有关的主题（也许在沙漠国家，水比金更彰显财力）。例如，一进饭店门的两大喷水池，不时有不同的喷水方式，每一种皆经过精心设计，15～20 分钟就换一种喷法，跟水舞没什么两样，搭着电梯还可以欣赏高达十几公尺的水族箱，很难相信外头就是炎热高温的阿拉伯沙漠。

而金碧辉煌的酒店套房，则让你感受到阿拉伯油王般的奢华。所有的 202 间房皆为两层楼的套房，最小面积的房间都有 170 平方米；而最大面积的皇家套房，更有 780 平方米之大。而且全部是落地玻璃窗，随时可以面对着一望无际的阿拉伯海。最令人吃惊的是一进房间，居然有一个管家等着跟你解释房内各项高科技设施如何使用，因为酒店

服务营销

豪华尊贵的服务宗旨就是务必让房客有阿拉伯油王的感觉,在狠狠地让人感到吃惊之余,也让人感叹金钱的力量。以最普通的豪华套房为例,办公桌上有东芝笔记型计算机,随时可以上网,墙上挂的画则全是真迹。

让大家感受最 high 的,应当是雄霸 25 楼及以上楼层的皇家套房,装饰典雅辉煌,顶级装修和搜罗自世界各地的摆设,如同皇宫一样气派,家具是镀金的,有私家电梯、私家电影院、旋转睡床、阿拉伯式会客室,甚至衣帽间的面积都比一般酒店的房间大。已故顶级时装设计师范思哲曾对此赞不绝口。最特别的是睡房的天花板上有一面与床齐大的镜子,和自己面对面睡觉的感觉会不会很奇怪?浴室里的所有卫浴用具都是爱马仕的牌子,包括肥皂、古龙香水等。当然,淋浴设备也不同凡响,除上头的莲蓬头之外,还可选择上中下三段式喷水,旁边则是马赛克壁画陪衬下的按摩浴池,浴室门口还有皮质躺椅,可以让旅客休息。

12 餐厅更是让人觉得匪夷所思:酒店内的 AI-Mahara 海鲜餐厅仿佛是在深海里为顾客捕捉最新鲜的海鲜,在这里进膳的确是难忘的经历——要动用潜水艇接送。从酒店大堂出发直达 AI-Mahara 海鲜餐厅,虽然航程短短 3 分钟,可是已经进入一个神奇的海底世界,沿途有鲜艳夺目的热带鱼在潜水艇两旁游来游去,美不胜收。安坐在舒适的餐厅椅上,环顾四周的玻璃窗外,珊瑚、海鱼所构成的流动景象,伴随客人享受整顿写意的晚餐。

由于伯瓷这家超级豪华酒店实在是太特别了,很多外来访客只想来参观一下(对绝大多数人而言,也只能是这样饱饱眼福),不过请注意,踏进这家饭店可是要付参观费的,平日 100DHS、假日 200DHS(1DHS 约等于 2.25 元人民币)。

资料来源:世界上唯一的七星级酒店. 2006-08-02. 据此改编.

第四,影响顾客对服务产品的第一印象。对于新顾客而言,在购买和享用某项服务之前,他们往往会根据第一印象对服务产品做出判断。既然服务是抽象的、不可感知的,有形展示作为部分服务内涵的载体无疑是顾客获得第一印象的基础,有形展示的好坏直接影响到顾客对企业服务的第一印象。例如,参加被宣传为豪华旅行团出去旅游的旅客,当抵达他国时,若接旅客去酒店的专车竟是残年旧物,便马上产生"货不对路"的感觉,甚至有一种可能受骗、忐忑不安的感觉。反之,若接送的专车及导游的服务能让人喜出望外,则顾客会觉得在未来随团的日子里将过得舒适愉快,进而也增强了对旅游公司服务质量的信心。

第五,帮助服务人员进行自我定位,促使其为顾客提供优质的服务。做好有形展示管理工作,不仅可为消费者创造享用服务的良好环境,而且可为服务人员创造良好的工作环境,使服务人员感受到企业管理层关心他们的工作条件,进而鼓励他们为消费者提供更加优质的服务。正如一般人在进入高级场所,如五星级酒店,都会自然而然地放低音量,举止也会相对优雅,这就是环境的作用,或者说就是有形展示所营造出来的氛围的作用。对于员工也是一样的,同样一个员工,在不同的环境中所创造的服务是截然不同的。

10.2 服务场景

服务场景是服务企业创造的提供服务的特定舞台,是服务有形展示的综合物理环境。由于人类行为会受环境的影响,再加上服务的无形性、生产与消费的同时性等特征以及服务的体验属性,服务场景影响顾客和员工的信仰、情感、行为、身体反应。

10.2.1 服务场景的内涵

在实施有形展示策略的过程中,服务环境的设计往往是企业营销努力的重点,因为顾客在接触服务之前,他们最先感受到的就是来自服务环境的影响,尤其是对于那些先入为主的顾客而言,环境因素的影响更为至关重要。

所谓服务场景是指企业向顾客提供服务的场所,它不仅包括影响服务过程的各种设施,而且还包括许多无形的要素。因此,凡是会影响服务表现水准和沟通的任何设施都包括在内。例如,就旅馆业而言,环境意味着建筑物、土地和装备,包括所有内部装潢、家具和供应品。

从环境设计的角度看,环境具有以下特点:第一,环境的多重模式。也就是说,环境对于各种感觉形成的影响并不只有一种方式。第二,环境信息同时展现。作为环境重要组成部分的边缘信息和核心信息总是同时展现出来的,即使某些边缘信息并非特别引人注意,但人们还是能够察觉和感知出来。第三,环境延伸错综复杂。环境延伸所透露出来的信息,总是比实际过程更多,其中有些信息还可能相互冲突。并且,环境还隐含着各种美学特性、社会特性和系统特性等。

10.2.2 服务场景的类型

鉴于构成有形环境的多重要素,以及对达到公司的营销目的的重要性大小不一,一些专家试图以服务场景主角和服务复杂程度对服务进行分类,以便于有关服务机构进行有形展示的决策。通常服务场景中的主角有三种情况:只有顾客—自助服务情况、只有员工—远程服务情况、员工和顾客同时存在—交互服务情况,其中又分复杂与否两种类型,如表10.2所示。

表10.2 服务场景的类型

服务场景的用途	服务场景的复杂性	
	复杂的	精简的
自助服务 (只有顾客)	高尔夫球场 冲浪现场 自助(DIY)	ATM 中国移动通信有限公司10086电话查询 互联网服务

续表

服务场景的用途	服务场景的复杂性	
	复杂的	精简的
交互服务 （顾客和员工同时存在）	饭店 餐厅 保健所 医院 银行 航班 学校	干洗店 烧烤摊 美发厅
远程服务（只有员工）	保险公司 公共事业公司 众多的专业服务	自动语音信息服务

资料来源：Bitner M J. Servicescape: the impact of physical surroundings on customers and employees. Journal of Marketing, 1992, 56 (2): 59. 据此整理。

有形展示分类的营销意义可以从两个方面理解。

第一，不同的服务类型，服务场景的影响不同，因此，要分清楚是谁——顾客、员工分别或共同进入服务设施并受其影响。自助服务是一个极端，员工很少，顾客是操作的主角。另一个极端是远程服务，顾客参与很少，甚至不参与（完全自动化）。介于两者之间的是交互性服务，消费者和员工都要置身于服务场景中。对于自助服务环境，应该重点专注营销目标，如吸引细分市场顾客、便于使用等。在远程服务中，服务设施的设计可以专注于员工的需要和爱好，能激励员工、有利于提高生产力、加强团队合作等，不需要考虑顾客，因为顾客不在服务场景中。如果是顾客员工都需要进入服务场景，情况就比较复杂。服务场景的设计要兼顾顾客和员工双方，可以同时吸引、满足、便利于他们之间的活动，同时也要考虑顾客与顾客之间、员工与员工之间的交叉活动。

第二，服务场景可以分为简单和复杂两种情况。简单型的设计因素、空间和设施不多，如大型购物中心、ATM、出售彩票，都是相对简单的服务。复杂型的则包含很多因素和很多形式，如医院、通信服务、法律咨询。服务机构通过这种分类，可以认清自身属于哪一类，以便可以在决策中解决这样一些问题：

（1）明确调研对象。自助服务型应该了解顾客需求和偏好；远程服务型则重点放在员工身上；如果是交互服务型，则要对顾客和员工双方进行调研，尽量兼顾各自的需要。

（2）明确组织目标。自助服务型可以强调营销目标；远程服务型注意员工的满意度；交互服务型既要强调营销目标又要注意员工积极性，不能片面强调其中一个方面。

（3）明确决策复杂程度。当知道将面对复杂的服务场景决策时，应该考虑投入更多的时间、金钱和人力，操之过急往往欲速而不达。

10.2.3 服务场景的功能

根据环境心理学理论，顾客利用感官对有形物体的感知及由此所获得的印象，将直接影响到顾客对服务产品质量及服务企业形象的认识和评价。消费者在购买和享用服务之前，会根据那些可以感知到的有形物体所提供的信息而对服务产品做出判断。例如，一位初次光顾某家餐馆的顾客，在走进餐馆之前，餐馆的外表、门口的招牌等已经使他有了一个初步印象。如果印象尚好的话，他会径直走进去，而这时餐馆内部的装修、桌面的干净程度以及服务员的礼仪形象等将直接决定他是否会真的在此用餐。对于服务企业来说，借助服务过程的各种有形要素必定有助于其有效地推销服务产品的目的的实现。因此，采用"有形展示"策略，可以帮助服务企业开展营销活动。

有形展示作为促使服务组织提供的无形服务实现有形化和差别化的有效手段，在服务营销组合中占有重要的地位。其作用大致表现在四个方面：

(1) 包装作用。与有形商品的包装一样，服务场景和有形展示的其他因素基本上也是服务的"包装"，并以其外在形象向消费者传递内在信息。例如，美国联邦快递集团就曾经重新设计所有的有形物来革新形象，从投递箱到服务中心到邮递员的邮包。首先进行广泛的顾客、员工调研，其次建立地区规模模型，最后设计服务中心外观。所有一切包括统一的外观表达了这样一个情感："这儿的一切都很简单。"

(2) 辅助作用。服务场景也能作为辅助物为身临其境的人们提供帮助。环境的设计能够促进或者阻碍服务场景中活动的进行，使顾客和员工更容易或更难达到目标。设计良好的功能设施可以使顾客将接受服务视为愉快的经历，在员工看来也将提供服务视为快事一桩。与此相反，不理想的设计会使顾客和员工双方都感到失望。例如，旅行者乘国际航班时发觉自己经过的某个机场没有指示牌、通风不好。没有座位并且没有吃东西的地方，他会觉得非常不满意，而在那里工作的员工也会缺乏工作积极性。

(3) 交际功能。设计服务场景有助于员工和顾客双方的交流，它可以帮助传递所期望的作用、行为和关系等。例如，专业服务机构中新的员工会通过观察其办公室、办公家具的质量及其相对他人而言所处的位置等逐渐明白自己在公司中的地位。设施的设计还能让顾客了解自己和员工的职责是什么，迎接他们的服务场景应该怎样，员工所处的服务场景应该怎样，他们在该环境下的行为应该怎样及何种类型的应该给以鼓励等。例如，星巴克在一些地方实验转向更加传统的咖啡屋环境，顾客在这儿进行交际活动、而不是匆匆喝一杯咖啡而已。为了鼓励这种类型的社交活动，星巴克的这些试验点配备有舒适的长沙发桌椅以鼓励顾客间的交互、并在这儿停留更长时间。

(4) 区别作用。有形设施的设计可将一个组织同其竞争对手区别开来，并且表明该服务所指向的市场细分部分。因为它能起到区分作用，可使用有形环境的变化来重新占有或吸引新市场。在购物中心，装潢和陈列中使用的标志、颜色，甚至店堂里回荡的音乐等都能表明其期望的细分市场。有形环境的设置也使同一个服务组织中一个区域不同于另一个区域。在饭店业这一点很普遍，大饭店可以提供几种不同档次的宴会，其中的差异通过设计的不同来体现。价格差异也常常通过有形环境的变化而变化，有更多有形设施的空间价位往往更高一些。例如，电影剧场的豪华包间设有低背安乐椅，并配有服务生，鉴于这些有利条件，愿意付高价钱看同一部电影的客人可以在一种完全不同的环境中体验服务。

10.3 服务场景与顾客反应

环境心理学研究的是人们如何对环境做出反应。服务营销已经将这一理论应用于更好地理解和管理顾客对服务环境的反应上。

10.3.1 梅赫拉宾-拉塞尔刺激反应模型

感觉是顾客对服务环境做出反应的主要动因。图10.2展示了一个简单、基础的模型梅赫拉宾-拉塞尔刺激反应模型（mehrabian-russell stimulus-response model），它解释了人们是如何对环境做出反应的。该模型来自环境心理学，它阐述了环境以及人们对其有意识或无意识的感知和解释是如何影响人们在该种环境下的感觉的。相反，人们的感觉又会驱动他们对环境产生反应。感觉是这一模型的核心要素，正是感觉，而并非感知或想法，使人们产生后续的行为。例如，我们无法逃离某一环境只是因为我们周围有很多人。同时，我们还会受到那些令人不快的拥挤的感觉、妨碍我们行为的人们、缺乏控制感、不能像我们希望的那样很快获得想要的东西等因素的干扰。但如果我们有充裕的时间，而且觉得在节日的人流中挤来挤去很兴奋，那么面对同样多的人你就会产生快乐和兴奋地感觉。这会使我们愿意留在这种环境中，并不断挖掘这种环境的妙处所在。

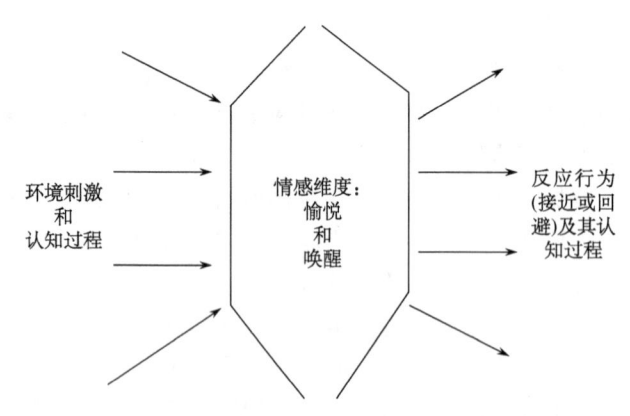

图10.2 梅赫拉宾-拉塞尔刺激反应模型

资料来源：Lovelock C，Wirtz J. 服务营销：管理员工、技术、战略. 郭贤达，陆雄文，范秀成译. 亚洲版. 第2版. 北京：中国人民大学出版社，2007：261.

在环境心理学中，典型的结果变量有两个：对环境的接近或回避。当然，在服务营销中，我们可以补充一系列公司关注的结果变量，如顾客在服务现场会花多少钱，以及在他们离开服务现场后对服务体验的满意度如何。

10.3.2 拉塞尔情感模型

由于感觉是人们对环境做出反应的核心要素，因此，我们需要进一步研究人们的感觉。拉塞尔情感模型被广泛地用于人们理解对服务环境的感觉。如图10.3所示，该图显示出人们对环境产生的情感方面的反应可以用两个维度加以描述，即愉悦和唤醒。愉悦是人们对环境直接、主观的反应，取决于个体对环境喜爱或厌恶的程度。唤醒是指个体感觉被刺激的程度，其范围是从沉睡（内部活动很低的水平）到人体内分泌的最高水平，如当人们在玩蹦极时，其内部活动达到很高的水平。唤醒与愉悦相比缺乏主观性。唤醒更多取决于信息量及环境中的压力。例如，复杂的环境具有很高的刺激性，因为此时环境提供的信息量很大。环境中包含了情感或变化，新奇或令人吃惊等因素。而信息量少且令人轻松的环境则具有相反的特点。

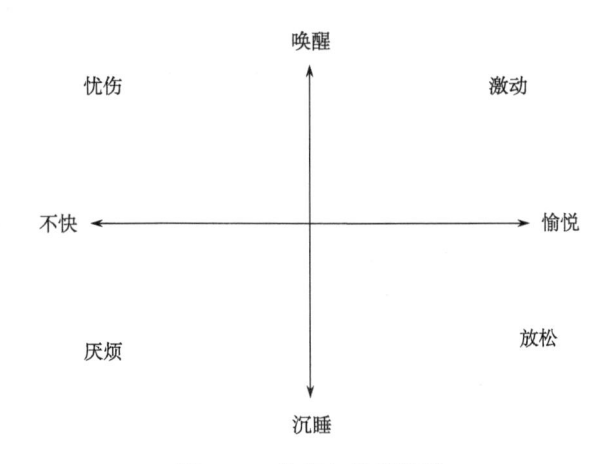

图 10.3 拉塞尔情感模型

资料来源：洛夫洛克等. 服务营销：管理员工、技术、战略. 郭贤达，陆雄文，范秀成译. 亚洲版. 第2版. 中国人民大学出版社，2007：261.

我们全部的感觉和情感如何能够只用两个维度加以解释呢？拉塞尔将情感中的认知部分从这两种基本的情感中分离出来。这样，某种服务失败给顾客带来生气的感觉可被解释为高度唤醒和不快，即在模型中定位于"忧伤"区域。因此，模型也整合了人们的认知过程。顾客把服务失败的原因归咎于公司（他认为是公司的失误导致了目前状况的发生，而这种情况还在公司的控制范围中，公司没有采取必要的措施防止失败的再次发生），这种强烈的认知过程直接激发顾客的不满。同样，大多数其他类型的情感也可被归类为认知的、有影响的部分。

拉塞尔情感模型的优点在于简单，它对顾客在服务环境中的感觉做了直接的评价。公司可以预先设定情感目标。例如，经营蹦极或过山车等娱乐项目的公司会希望顾客感到情感被唤醒（因为顾客在起跳前要鼓足勇气）。舞厅或主题公园的经营者希望顾客感到很开心。银行会希望它的顾客感觉到有信心，等等。

10.3.3 服务场景模型

在环境心理学理论模型的基础上，Mary Jo Bitner 提出了服务场景模型，如图 10.4 所示。Bitner 模型的重要贡献在于她把员工反应添加到服务场景的考虑因素中。毕竟，员工在服务场景中度过的时间要比顾客多很多。对于环境设计者而言，意识到具体的环境能够提高（至少不会降低）一线员工的服务产出和服务质量是至关重要的。

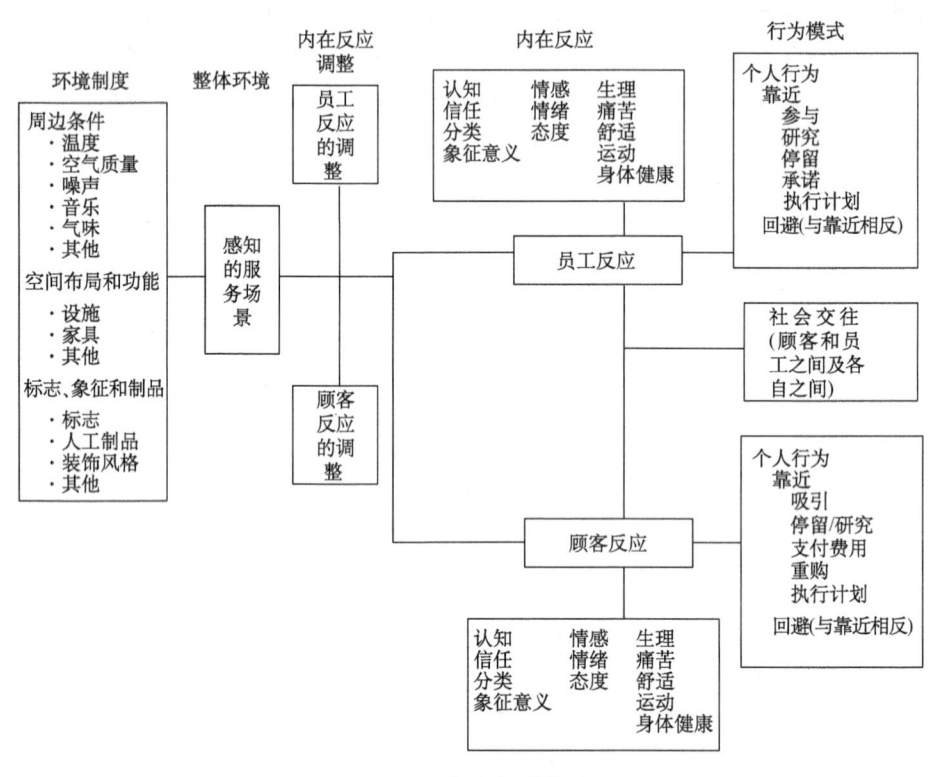

图 10.4 服务场景模型

资料来源：Bitner M J. Servicescape: the impact of physical surroundings on customers and employees. Journal of Marketing, 1992, 56 (2): 60.

服务场景的环境要素可大致分为三类。一是周边条件，包括温度、照明、音乐、香味和颜色等。这些因素会影响人们对特定服务场景的感觉和反应。例如，有音乐相对于没有音乐，购物者会觉得他们的购物时间更多一些，令人愉快的香味会增加顾客的停留时间。二是空间布局和功能。空间布局是指设施、设备和家具陈设的摆放方式，以及其大小、形状和空间关系；功能是指相同的设施有辅助顾客或员工完成服务活动的能力。在零售业里，布局的灵活性和可接近性可以影响顾客的搜寻行为、顾客满意度及商店的业绩。三是标志、象征和制品。它们可以暗示给使用者以某种含义，在受众的头脑中形成第一印象，并能够帮助传递新的服务概念。当顾客对一种新的服务设施不熟悉的时候，就会寻求环境的提示来帮助自己进行判断和分析，从标志和象征上面往往可以方便地获得有用信息，从而形成他们的期望。

内在反应是指顾客和员工对其所处的服务场景在认知、情感和生理上产生的反应。人们感知到的服务场景并不能直接引起他们的某些行为，这些行为往往是在各种内在反应的相互作用和联系下产生的，人们对某个环境在认识方面的反应会影响其情感反应，反之亦然。内在反应的调整是指那些引起不同个体对用一个服务场景产生不同反应的因素。这包括人们的个性差异和临时性状态，如当时的情绪和目的。

个人行为是指个人对一个地点或环境的不同反应，靠近和回避是两种基本的个人行为。前者包括愿意参与、停留、研究和执行计划等，后者则恰好采取与之相反的行为。服务场景不仅影响顾客和员工的个人行为，而且影响顾客与员工之间的互动和交往。例如，身体的接近程度、座位的安排、空间的大小和环境要素的灵活性等，限定了顾客与员工之间、顾客与顾客之间交流的可能性和限度。

10.4 服务场景设计

服务场景与实体设施的风格和外观以及其他体验因素有关。服务场景的设计也是一门艺术，需要投入大量的时间和努力，在实施过程中还需要高昂的成本。服务场景一旦设计装修好，就很难改变。

在实施有形展示策略的过程中，服务场景的设计往往是企业营销努力的重点，因为顾客在接触服务之前，他们最先感受到的就是来自服务场景的影响，尤其是对于那些易于先入为主的顾客而言，环境因素的影响更是至关重要。

10.4.1 理想服务场景的创造

要想设计出理想的服务场景并非易事。除了大量的资金花费外，一些不可控制因素会使环境设计困难重重。一方面，我们现有的对于环境因素及其影响的知识及理解程度还很不够。究竟空间的大小、各种设施和用品的颜色与形状等因素的重要性如何？地毯、窗帘、灯光、温度等因素之间存在怎样的相互关系？诸如此类的问题具有较强的主观性，很难找到一个正确的答案。另一方面，每个人都有不同的爱好和需求，他们对同一环境条件的认识和反应也各不相同。服务于各种各样人的服务场景，如旅馆、大饭店、车站或机场等尤其难设计，为了讨好各种不同的人，而必须采取折中的方式。尽管如此，服务企业如果能深入了解顾客的需求，根据目标顾客的实际需要进行设计，仍可以达到满意的营销效果。例如，虽然顾客之间需求各异，但某些顾客群体却具有需求共性，像同一年龄段的顾客、处于同一社会阶层的顾客或者是其他群体等。企业根据他们的需求共性来设计服务场景，无疑将拥有更多的顾客。

以一家餐厅为例。其服务场景的设计应该考虑如下几个方面：

(1) 适当的地点。适当的地理位置容易吸引更多的顾客。不过，适当的地点并非单纯是指餐厅应处于客流量较多的繁华商业区或交通便利的地方，更为重要的是使餐厅接近于目标顾客集中的地区。这说明了解各种地段的特点、了解顾客的消费需求是有效地推广服务产品的前提。

(2) 餐厅的环境卫生状况。环境卫生是餐厅经营的最基本条件。顾客选择餐厅前首先要看的就是餐厅是否清洁卫生。从外部看，它要求招牌整齐清洁、宣传文字字迹清楚、盆景修剪整齐；从内部看，要求顾客座席、餐厅摆设和陈列台、厨房、备餐间以及洗手间等整齐清洁。

(3) 餐厅的气氛。餐厅的气氛是影响餐厅服务质量的重要因素，因而，无论餐厅外部还是内部的设计与装饰都要烘托出某种气氛，以便突出餐厅的宗旨和强有力地吸引现有的和潜在的顾客。餐厅的设计、装饰、布局、照明、色调、音响等都会影响餐厅的气氛。以音响为例，餐厅中通常都要播放音乐，音量适中的音乐能使顾客心情舒畅，增加食欲；反之，音量过大则可能影响顾客的交谈，使人感到厌烦。不同的餐厅亦要选择不同风格的音乐，在快餐厅可能适合于播放节奏性较强的流行音乐，而格调高雅的餐厅则更适合旋律优美、速度缓慢的古典音乐等。

10.4.2 服务场景设计的原则

要想设计出理想的服务场景并不是一件容易的事。除了花费大量的金钱外，一些不可控制的因素会使服务场景的设计困难重重。一方面，我们现有对于环境因素及其影响的知识和理解还不够多；另一方面，每个人都有不同的爱好与需求，他们对同一环境条件的认识和反应各不相同。尽管如此，服务企业如果能够深入了解顾客的需求，根据目标顾客的实际需要设计场景，仍然可以达到理想的营销效果。例如，虽然顾客之间的需求各异，但某些顾客群体却具有需求共性，如同一年龄段的顾客、处于同一阶层的顾客或者其他群体等。企业根据他们的需求共性来设计服务场景，无疑将拥有更多的顾客。

在服务场景的设计过程中需要遵循以下原则：

(1) 设计理念集中于统一的具体形象，各设施要素必须相互协作，共同营造一种形式统一且重点突出的组织形象，一点小小的不和谐因素都可能破坏整体的形象。

(2) 服务的核心利益应该决定其设计参数，外部设计要为服务的内在性质提供暗示，如学校建筑表明装饰彩色瓷砖并且附近有运动场所。

(3) 设计必须适当，如加油站可以采用色彩亮丽的材料制作。

(4) 设计的柔性，以及考虑未来的需要。如果忽略此点，则顾客有可能拖着沉重的旅行箱走过长长的通道才能到达登机口。

(5) 美学与服务流程是服务场景设计中时刻要考虑的两个要素。

▶ 案例 10.6：必胜客 Logo 的重新设计

为了完成其从休闲餐厅到欢乐餐厅的升级转变，必胜客花费高达 5 亿美元的巨额费用，在全球推广其新的 Logo。PIZZAHUT 以及那顶小红帽的内容没变，只不过从印刷体改成了七扭八歪的书写体，很俏皮、很飞扬的样子，这么一改不仅很好的符合了餐厅欢乐餐厅的定位，而且突出了餐厅崭新的形象。

10.4.3 服务场景设计的关键因素

一家服务业公司所要塑造的形象，受很多因素影响。营销组合的所有构成要素，如价格、服务本身、广告、促销活动和公开活动，既影响顾客与当事人的观感，也成为服务的实物要素。影响服务环境形成的关键性因素主要有两点：实物属性和气氛。

1. 实物属性

服务企业的外在有形表现会影响其服务形象。一栋建筑物的具体结构，包括其规模、造型、使用的材料、所在位置以及与邻近建筑物的比较，都是塑造顾客客观感受的因素。至于其相关因素，如停车的便利性、可及性、橱窗门面、门窗设计以及招牌标示也很重要。因为，外在的观瞻往往能让顾客产生牢靠、永固、保守、进步等印象。而服务企业内部的陈设布局、装饰、桌子、家具、装修、坐椅、照明、色调配合、材料使用、空气调节、标记，以及视觉呈现如图像和照片等，所有这一切综合起来，往往就会创造出"印象"和"形象"。从更精细的层面而言，内部属性还包括记事簿、文具、说明小册子、展示空间和货架等项目。将所有这些构成要素合并成为一家服务企业有特色的整体个性，需要相当的技巧和创造性。有形展示可以使一家公司或机构显示其个性，而个性在高度竞争和无差异化的服务市场中是一个关键的特色。

2. 气氛

服务设施的气氛也会影响其形象。"气氛"原本就是指一种有意的空间设计，借以影响买主。此外，气氛对于员工以及前来公司接洽的其他人员，也都有重要的影响。以商店为例，每家商店都有各自的有形产品布局、陈设方式，有些显得局促，有些显得宽敞。每家店都会给人留下不同的感觉，有的很有魅力，有的豪华壮丽，有的朴素无华。商店必须保有一种规划性气氛，适合于目标市场，并能诱导购买。气氛由具有创造性的人所设计，他们知道如何将视觉、听觉、嗅觉与触觉上的刺激合并利用而取得所追求的效果。Kotler 认为，气氛可以变成一种适当的竞争手段，尤其在竞争者越来越多、产品与价格的差异较小以及产品针对特殊服务阶层或生活方式的顾客时。

案例 10.7：宜家对氛围的营造

宜家集团公司（简称宜家）从视觉、听觉、触觉、嗅觉等各方面给消费者提供了一道丰富的感官大餐。

信步走入上海的新宜家，不禁感觉眼前一亮：典雅别致的家具或立或卧，随意而又巧妙地散布在阔大的居室之中，个个都别具特色，散发着迷人的魅力。

在宜家漫步，耳边隐隐回荡着轻柔的曼妙音乐，鼻尖萦绕着瑞典肉丸的奇特香味，感觉就像一瑞典留学生所写的：

在森林与乡间行走，常使人有置身于童话世界的感觉。蓝天白云下，空气异常清新，到处是黄绿色的植被覆盖着。牛马在森林间的开阔地悠闲地溜达着，啃着草。远处，红色的小木屋点缀着这自然的景色……在宜家，即使你不买任何东西，哪怕只是逛逛看看，都是一种美好的享受，都会令你有一个好心情。

许多服务企业似乎都开始理解气氛的重要性，影响气氛的因素有如下四点。

（1）视觉。以连锁便利店为顾客呈现的"视觉商品化"为例，顾客从门店外观上可以看到洁净、明亮的大门，一尘不染的玻璃橱窗，整洁、干净的设施设备等；从门店员工身上顾客可以看到着重统一、整洁、规范的服务人员；从门店商品上顾客可以看到陈列别致、色彩层次分明的产品。这些一系列的视觉感受组成了连锁门店的"视觉商品化"，无时无刻的吸引着进入连锁门店的顾客。总之，视觉呈现是顾客产生购买欲望的一个重大原因。

（2）气味。气味会影响形象。零售商店，如咖啡店、面包店、花店和香水店，都可以利用香味来推销其产品。面包店可巧妙地使用风扇将刚出炉的面包香味吹散到街道上；餐馆或鱼店，也都可以利用香味达到良好的推销效果；至于那些事业服务业的办公室中皮件的气味和皮件亮光蜡或木制地板打蜡后的气味，往往可以体现一种特殊的豪华气派。

案例 10.8：香味促销

日本资生堂化妆品公司在总部所在地东京的一条大街上，设有4个香味电话亭，从电话亭里散发出来的香味弥漫在整条街道上，吸引了无数行人。该公司这样做的目的是宣传其化妆品。

香味促销在美国已成为热门研究课题。芝加哥某研究协会曾做过这样一个试验：在两间一模一样的房间里，陈列了两双一模一样的球鞋。其中一向房里施放了香气，另一间则没有，然后让参加试验的人对这两双鞋发表想法。结果发现，35名参加试验的人中，有80％的人对有香味的房间里的鞋表示喜欢；对鞋子估价的试验结果是，香味房间里的人对鞋子估的价比另一个房间里的人估得高。测试结果还表明，女性对香味比男性敏感；女性多喜欢花卉香味，男性多喜欢复合香味。

他们的结论是：香味可以成为有效的促销工具，商店可以利用香气来刺激、引诱顾客购买商品；产品制造者也可以考虑用香气包装法来达到某种市场目标。

资料来源：傅浙铭. 用案例学管理市场营销：广告、促销与推销策略. http：//www.du8.com/readfree/19/06624/5.html. 2010-06-05.

（3）声音。声音往往是气氛营造的背景。青少年流行服装店的背景音乐所营造出的气氛当然与大型百货店升降梯中听到的莫扎特乐曲气氛大不相同，也与航空公司飞机在起飞前播放给乘客们听的令人舒畅的旋律的气氛迥异。若想营造一种安静氛围，可以使用隔间、低天花板、厚地毯以及销售人员轻声细语的方式。

▶ 案例 10.9：一个小实验

某餐厅超过八年的实验证明，播放慢节奏的音乐比播放快节奏音乐时，饮料的销售额增加 41%，总销售额增加 15%。顾客在播放慢节奏音乐的餐厅里通常比在快节奏的餐厅里平均多逗留 15 分钟。

资料来源：洛夫洛克等. 服务营销：管理员工、技术、战略. 亚洲版·第 2 版. 郭贤达，陆雄文，范秀成译. 中国人民大学出版社，2007：267.

（4）触觉。厚重质料铺盖的座位的厚实感、地毯的厚度、壁纸的感度、咖啡店桌子的木材感和大理石地板的冰凉感，都会给顾客带来不同的感觉，并发散出独特的气氛。某些零售店以样品展示的方式激发顾客的感觉，但有些商店，如精切玻璃店、精致陶瓷店、古董店、书廊或博物馆，就禁止利用触感。但无论何种情况，产品使用的材料和陈设展示的技巧都是重要的因素。

10.4.4 服务场景设计工具

我们如何去发现是什么激怒了我们的顾客，我们又如何进一步提高服务场景中好的方面？可以使用一些工具去理解顾客的想法和他们对服务环境的反应。

通过管理者、监督者、分店经理及基层员工对消费者的行为和他们对服务场景的反应进行敏锐的观察。

通过使用从意见箱到焦点小组访谈和其他调查工具，从基层员工以及顾客处收集反馈意见和各类创意。

现场观察可以被用来加强场景设计中的某些方面。例如，我们可以将许多类型的音乐与气味搭配，然后关注一下消费者在这样的环境中所消费的金额，停留的时间和他们的满意度。在实验室中采用幻灯片或影像等途径去模拟真实的服务场景，可以用来有效地检验一些在真实环境中难以实现的设计因素所带来的影响，如检验不同颜色风格、空间设计或家具风格给顾客带来的影响等。

用描绘服务蓝图的方法描绘服务场景中的实体因素。顾客在服务传递过程中每一阶段所涉及的实体因素或有形展示都可以被识别。

表 10.3 所展示的一项分析结果显示出，当消费者享受电影院服务的每一阶段时，不同环境因素是如何满足或无法满足顾客需求的。服务提供方越能够站在消费者的立场

上进行思考和观察，就越能尽力改善在环境设计中出现的缺点，同时也能很好地保持现有的优点。

表 10.3 看电影：以消费者的角度感受服务环境

服务接触中的不同阶段	服务场景的设计	
	超过预期	低于预期
寻找车位	停车场灯光明亮，车位充足，离入口很近，有保安人员负责车辆及财产安全	由于没有足够车位，消费者不得不在其他地方停车
排队购票	合理布置即将上映的电影宣传片以及海报，排队时可以欣赏娱乐新闻。何时上映什么影片、是否还有票都一目了然	队伍很长，需要等待很长时间，何时上映什么影片、是否有票都没有明确的指示
检票进场	整洁的等待大厅，清楚地标明放映厅和检票处的方向	脏乱的大厅，垃圾随处可见，方向指示不清楚或容易误导顾客
电影开场去洗手间	洗手间明亮、整洁、宽敞，地板干净、不潮湿，设施良好，装饰美观，镜子都很干净	脏乱，散发出难闻的气味，设施被损坏，没有肥皂或卫生纸，拥挤不堪，镜子落满灰尘
进入放映厅，寻找座位	放映厅干净整洁，设计合理，坐椅完好，亮度足以方便找到座位，坐椅舒适，有放饮料和爆米花的地方，温度适宜	地上满是垃圾，坐椅破损，地面黏糊糊的，灯光昏暗，出口标志损坏
观看电影	完美的音响系统和影片播放质量，高素质的观众，总之是令人感到享受和难忘的经历	不合格的影音设备，鱼龙混杂的观众，由于没有明确的"禁止吸烟"标志以及其他标志，观众在看电影时不断交谈、抽烟；整个过程都让人觉得很糟糕
离开电影院，开车回家	友好的服务人员恭送顾客离开，顾客在指示牌的帮助下顺利从出口离开并到达停车场	顾客都拥挤在狭小的出口，由于没有灯光或灯光不足无法找到自己的车

资料来源：Adapted from Steven Albrecht，See things from the customer's point of view——How to use the "cycles of service" to understand what the customer goes through to do business with you，World's Executive Digest，1996，(12)：53-58.

成功的市场营销活动的关键是管理与无形服务相关的有形因素。顾客总是在服务环境、信息沟通和价格中寻找服务的代理展示物，用来指导其购买选择。加强对有形展示的管理，努力借助这些有形元素来改善服务质量，树立独特的服务企业形象，对企业成功开展市场营销活动是非常重要的。

讨论与思考

1. 有形展示在服务营销中的作用？
2. 有形展示有哪些类型？
3. 物质环境展示包括哪些因素？
4. 服务场景的功能有哪些？
5. 服务场景的设计原则有哪些？
6. 在服务场景设计中，应重视的关键问题是什么？

第 11 章 服务过程开发与设计

内容提要

本章主要介绍新服务的开发和设计以及服务流程再造等内容,包括新服务开发的内涵、类型、程序和成功的要素,介绍了两种服务设计的方法:服务蓝图和质量功能展开,最后还介绍了服务流程再造的概念和内涵,以及流水线法和授权法在企业中的应用。

主题词

新服务开发 服务蓝图 质量功能展开 流水线法 授权法

引导案例

麻辣小龙虾的服务开发

簋街是北京有名的餐饮一条街，麻辣小龙虾已成为簋街招徕八方食客的重要特色小吃，但它并非一开始便有。麻辣小龙虾的引入、发展与保护充分体现了新服务开发的特点。

1994 年以前，北京尚没有麻辣小龙虾的概念，当时北京很盛行吃基围虾。但基围虾价格昂贵，其客户群主要是一些高端消费者，无法满足中低端消费者的需求。创造出麻辣小龙虾概念的是簋街一家餐饮店的店主（绰号"傻柱子"），当时他的店仅靠每天 600~700 元的流水勉强维持。1994 年年初，"傻柱子"去江苏出差，发现当地都用小龙虾炖菜，味道不错也相当畅销。而当时，北京正盛行吃重庆火锅。"傻柱子"一直在琢磨如何将小龙虾用独特的工艺进行加工、做出适合北京人口味的小吃。看到重庆火锅的火爆后，他灵机一动，何不将小龙虾与重庆火锅的麻辣结合？为此，他专门请来川菜师傅进行麻辣小龙虾这道新菜品的开发。

但在开发初期，麻辣小龙虾的味道总存在不足，别说顾客，连"傻柱子"本人都觉得"口味还差点什么"。面对这种情况，"傻柱子"采用了"免费试吃"的办法，通过消费者的免费试吃提出不足和加以改进。1990 年代中期，北京出现了白领一族，这个群体具有冒险精神、敢于尝试，解决了缺乏试吃者的难题。通过近 2 个月的试吃、改进，麻辣小龙虾的工艺、口味、宣传等都已初步成熟，于是正式推向了市场。

麻辣小龙虾一经推出，便大受欢迎，它满足了中低端餐饮市场的大量潜在需求。前来品尝的食客中不乏学生、普通市民。麻辣小龙虾的火爆为"傻柱子"带来了丰厚的经济回报，以至于出现笑话性的漏洞长达两个月才被觉察。由于生意火暴，每天用来做麻辣小龙虾的罐装煤气都要早上和下午各供应一次，一天共计花费 500 元的煤气费。但由于疏忽，每天"傻柱子"都给送气员结两次账，这样一天就损失 500 元钱。这种情况一直持续了 2 个月才被发现和纠正。虽然损失总共 3 万元钱，但对于当时"赚钱已经赚得没感觉"的"傻柱子"来说，确实不算什么。

在每天络绎不绝的食客中，"傻柱子"发现有很多是在簋街开餐馆的老板，他们不仅当场品尝，还总要打包带走。为防止麻辣小龙虾被竞争对手剽窃，"傻柱子"开始约法三章。第一条是不准服务员进入厨房，不准与食客讨论麻辣小龙虾的做法；第二条是不准本店厨师与其他店的厨师私下交流；最重要的一条是，在发现食客是竞争对手后，"傻柱子"给他们提供的是经过勾芡的小龙虾，这种小龙虾拿在手里发黏，味道也不如正宗麻辣小龙虾鲜美。但这些措施并没有有效防止麻辣小龙虾被模仿,即便是那些做勾芡麻辣小龙虾的餐馆的生意也异常火爆。不到1个月时间,簋街所有餐馆里都出现了麻辣小龙虾的身影。由此,麻辣小龙虾逐步成为簋街的招牌菜,形成了独特的"麻小"饮食文化。

资料来源:服务管理小案例之一:新服务开发清华服务创新研究网. www.thirs.org. 2005-07-15.

目前,由于服务企业的资源有限,服务产品的创新难于有形产品的创新等原因,服务产品的开发日益引起企业的关注。不断开发服务产品是保持服务企业竞争力的需要,为维持现有的服务市场或扩大服务市场,企业必须进行服务产品开发。

长期以来,服务产品开发的问题并未受到企业的重视,许多服务企业甚至还没有建立起正规的新产品开发部门。但这不意味着服务企业不需要开发新产品。有诸多事实显示,尽管服务产品创新要比有形产品创新显得更加困难,然而许多服务业企业,如银行、旅行代理公司和保险公司目前都十分重视新产品的开发。

11.1 新服务开发

在市场营销中,凡是能给顾客带来某种新的满足、新利益的产品都可称为新产品。一个企业的兴旺发达只有两条途径:一是开发新产品;二是开拓新市场。同样,服务企业不可能一直依靠"现有服务产品"而成功,因此,开发新服务势在必行,其主要的原因如下:保持竞争力的需要;为维持现有销售成果获得足够资金。服务企业为了适应市场需求的变动,新服务开发相当必要。

开发新服务的好处有很多,首先,开发新服务是保持企业竞争力的需要。在服务产品组合中弃旧换新,取代已经不合时宜及营业额锐减的服务产品,利用超额生产能力。例如,多余的戏剧院座位或体育中心的未利用健身设施等。其次,新服务产品的引入,可以创造优势利益、抵消季节性波动。许多服务业公司,如旅游业可能存在各种季节性销售变动。再次,新服务产品的引入,有助于平衡销售上的波动。减低风险。目前的销售形态,可能只是高度依赖于服务产品领域中的极少数几种服务而已。最后,新服务产品的引入,可以平衡目前偏颇的销售形态,探索新机会。新机会往往是在一家竞争对手公司从市场撤退,或者在顾客需要发生变化时出现。

11.1.1 新服务开发的内涵

新服务开发指的是对新的无形产品提供方面的开发。新服务开发不仅仅是单纯的服务产品开发。例如,在金融服务领域,用合适的方式来支援核心绩效评价可以获得比竞争对手更加差异化的服务。

新服务开发是在企业整体战略和创新战略指导下的一种开发活动。因此,有意识、有组织和系统性的开发活动占据了主导地位;但开发活动也可能是一种偶然性的、非系统性的活动,如某些员工或某一部门为解决某个问题或在外界环境的影响下产生出创新概念和思想并进行相应的开发活动，不过这些创新概念和思想仍然受到企业整体战略和创新战略的影响。时间证明，有组织、系统性的开发活动更有助于提高新服务开发的效率。

11.1.2 新服务开发的类型

服务生命周期理论认为，服务在市场上总要经历一个从成长到衰退的市场发展过程，因此，服务企业要想在激烈的竞争中获得成功发展，必须不断地引入新服务，以适应不断变化的市场需求。服务营销学中新产品的含义要比制造业中新产品的含义宽泛得多。通常，新服务或者新服务创新包括以下类型。

（1）完全创新的服务，即采用全新的方法来满足顾客的现有需求，给他们以更多的选择。虽然采用这样的方式风险较大，但回报也会更高。

（2）进入新市场的服务，即一些已有的服务进入新的市场时也被视为新服务。

（3）服务扩展（line-stretching），即增加现有服务的品种。例如，在某个商业学校里增设一个新培训班。选择这种方式投资较少，因为技术和营销方式已经具备，但是创新效果不会很突出。

（4）服务改善，即用新技术对现有服务的特征予以改进和提高，实质上是对服务核心层次以外的各层次进行改善，以调整产品的期望价值、增加顾客的附加利益。

（5）风格变化，即通过改善有形展示来改变现有产品，如改变产品的包装等。

一般来说，创新程度越高，所包含的风险和费用就越高，服务开发管理工作相对就越复杂。实践中，公司应根据企业经营及资源（生产能力、设备和市场）状况，提出公司所能采取的服务策略及市场选择策略。这些选择及其对企业资源的影响如表 11.1 所示。

表 11.1 服务开发的策略

企业资源	策略
利用现有产能、设施及市场地位	企图向现有顾客销售更多的现有服务
利用现有产能、设施，但无市场资源	企图向新顾客销售现有服务
利用现有市场资源，但无既有产能及设施	企图向现有顾客提供新服务
无任何资源	企图向新顾客提供新服务

资料来源：郭国庆.服务营销管理.第二版.北京：中国人民大学出版社，2009：156.

11.1.3 新服务开发的程序

像有形产品的开发一样，开发服务产品也要遵循科学的程序。John Rathmall 认为，有形产品开发过程的七个步骤即构思、筛选、概念发展与测试、商业分析、开发试制、市场试销和正式上市等同样适用于服务产品的开发。也许在名称术语上有些不同，但其基本思想别无两样。

1. 构思

构思是对未来新产品的基本轮廓架构的设想，是新产品开发的基础和起点。这些设想可以通过许多方式产生，既可能来自企业内部也可能来自企业外部，既可以通过正规的市场调查获得亦可以借助于非正式的渠道。这些构思，可能是为公司提供递送新服务产品的手段，或者为公司取得服务产品的各种权利（如特许权）。从外部看，顾客、竞争对手、科研机构、大学和海外企业的经验等都是企业获得构思的主要来源；而从内部看，企业科技人员和市场营销主管人员是主要的来源，有时，甚至一般职工的设想对企业也具有启示意义。产生好的构思并不依赖于偶然的发现，也不是无穷尽的搜索，除了明确未来的市场地位、盈利前景之外，有许多好的方法可以利用。许多"创造性"的构思来源于个人和集体的灵感、勤奋和技术。为了协助新产品开发的创意产生，各种思考方式和技术，如专家意见法、头脑风暴法、侧面思维法等都可以采用。

2. 筛选

对于所获得的构思，企业还必须根据自身的资源、技术和管理水平等进行筛选，因为甚至是比较好的构思并不一定能付诸实施，通过筛选可以较早地放弃那些不切实际的和错误的构思。在筛选阶段，企业一定要避免"误舍"和"误用"两种错误。"误舍"就是让一个有缺点但能改正的优秀的构思草率下马；"误用"则导致一个错误的构思进入开发和商品化阶段。筛选的过程主要包括两个步骤：首先，建立评选标准以比较各个不同的构思；其次，确定评选标准中不同要素的权数，再根据企业的情况对这些构思予以打分。一些服务企业习惯于采用如下标准：市场大小、市场增长状况、服务水平和竞争程度等。这里必须强调的是，没有任何一套标准，能适合所有的服务业公司，各企业均应视其本身特殊情况而开发并制定出自己的一套标准。

3. 概念发展与测试

经过筛选之后的构思要转变成具体的产品概念，它包括概念发展和概念测试两个步骤。在概念发展阶段，主要是将服务产品的构思设想转换成服务产品概念，并从职能和目标的意义上界定未来的服务产品，然后进入概念测试阶段，其目的是测定目标顾客对于产品概念的看法和反应。此外，在发展和测试概念的过程中还要对产品概念进行定位，即将该产品的特征同竞争对手的产品作比较，并了解它在消费者心目中的位置。产品构思是企业希望提供给市场的一个可能产品的设想；产品概念是用有意义的消费者语言表达的精心阐述构思；产品定位是消费者得到的产品的特定形象。为了使产品概念既符合企业的构思，又达到树立与之相一致的特定产品形象目的，企业一定要对产品概念进行测试，这项工作可由合适的目标顾客服务小组完成。

4. 商业分析

商业分析也就是经济效益分析，了解这种产品概念在商业领域的吸引力有多大及其成功和失败的可能性。具体的商业分析包括很多内容，如推广该项服务所需要的人手和额外的物质资源、销售状况预测、成本和利润水平，顾客对这种创新的看法以及竞争对手的可能反应。毫无疑问，在这一阶段要想获得准确的预测和评估不切实际，企业只能作一个大体的估计。一些常用的分析方法，如盈亏平衡分析、投资回收期法、投资报酬率法等将非常有助于企业的商业分析。在此阶段经常需要一些开发性技术和市场研究，以及新服务产品推出上市的时机掌握和成本控制手段。

5．开发试制

产品构思经过概念发展和测试，又通过商业分析被确定为是可行的话，就进入具体服务产品的实际开发阶段。这意味着企业要增加对此项目的投资，招聘和培训新的人员，购买各种服务设施，建立有效的沟通系统。此外，还要建立和测试构成服务产品的有形要素。和制造品不同的是，新服务产品开发的发展阶段，除了必须注意服务产品的实体性要素之外，更须注意服务产品的递送系统。

6．市场试销

对于有形产品来说，当新产品研制出来之后通常要经过市场试销，因为消费者对设想的产品同对实际产品的评价会有某些偏差。实践表明，很多产品试制出来之后仍然会遭到被淘汰的命运。要想试销某些新型服务产品总是存在一些困难的。例如，一家航空公司推出某项为残疾人服务的新业务，它可以选择某个航线或者某些顾客进行试销，但是，如果它想在另外的某个城市设立一个办事处，就没有必要进行市场试销，因为这种服务从一开始就必须达到设计的标准和要求。事实上，由于服务的无形性特征，服务企业并无实体产品可供测试，而用服务的观念来对顾客进行描述则显得困难重重。所以，只有实际的市场销售，才是检验服务产品优劣与否的一个最为可行的办法。

7．正式上市

这一阶段意味着企业正式开始推广新产品，从而新产品进入其生命周期的引入阶段。尽管一开始业务经营可以采用适当的规模，但企业必须在新产品上市以前做出以下决策，即在适当的时间和适当的地点、采用适当的推广战略、向适当的顾客推销其新型服务产品。显然，企业市场营销组合战略正确与否将直接影响到新产品正式上市后的销售效果，就此意义而言，该阶段也是最重要的阶段。

11.1.4　新服务开发成功的要素

新产品开发是一件十分复杂工作，加上服务的特殊性，提高了新服务开发的复杂性。由于服务的无形性，不能触摸，不能测试，不能被试验，好的服务设想可能因开发、设计和描述的缺失而失败。成功的服务开发一定是在正确的战略领导下，为顾客提供更高价值的前提下实现的。

1. 新服务战略开发

如果没有明确的新服务战略，没有详细的新服务的组合计划，没有建立在现在沟通和跨功能责任分担基础上，促进产品开发的组织结构，前期决策就会失去作用。由此可见，产品组合战略与针对新服务开发所确定的组织结构对新服务开发尤为重要，更是成功的基石。

新服务的类型依赖于组织的目标、规划、生产能力和发展计划。通过制定新服务战略（尽可能用市场、服务类型、发展时间跨度、利润标准或其他有关因素来表示），组织更易产生具体的想法。例如，在某个时间段上，公司会集中力量在某一特定水平上使新服务增长，完成从重大变革到风格转变，或者组织会按特定市场或细分市场，根据特定的利润生成目标来定义更加具体的新战略。

开始制定新服务战略时，可以采用表11.2的结构识别增长机会。该框架能帮助组织识别出增长的可能方向，更是创意想法产生的催化剂。他还可以作为基本思路的导向。例如，组织可以在上面4个单元中选择一个或两个集中进行发展。该框架还建议公司可以在现有客户或更大的客户范围内开发增长战略，可以集中兵力于现有范围的服务或新服务。

表 11.2　新服务战略框架：识别增长机会

服务	市场	
	现有顾客	新顾客
现有服务	增加份额	开发市场
新服务	开发服务	多元化

资料来源：Zeithaml V A，Bitner M J. 服务营销. 张金成，白长虹译. 北京：机械工业出版社，2004：154.

2. 新服务开发成功的因素

有学者针对新服务的开发进行成功因素的研究。这些因素依领域的不同而异，也就是说，服务的性质不同，竞争中采取的战略不同，成功的因素也就不同。成功进行革新的企业是那些把革新放在战略优先地位的企业，就代表着一家企业可以力争做革新先锋，图11.1就代表着一家企业可以力争做革新先锋，或者力争迅速回答环境条件变化机遇（技术、解除管制、经济、消费者态度等），或者力争模仿或完善他人的革新成果。革新的成功是管理过程的结果，不是偶然事件的结果，成功往往是有计划的行动结果。新思想在构成阶段是很难确定结构并限定时间的。但是，以后的阶段可以按照明确的顺序、目标、标准加快进程并且检验其效果的。服务的标准（潜在购买者的预期和需求）和特点应该是设计者和所有参与其生产销售过程的人都非常明确。

成功只属于那些（与价格相比）更认同给消费者提供价值的企业。更高的价值以三种可以共存的革新产生：①消费者的新需求；②技术组织方式的更好利用；③服务的更好设计。这三种革新的成分见图11.1。

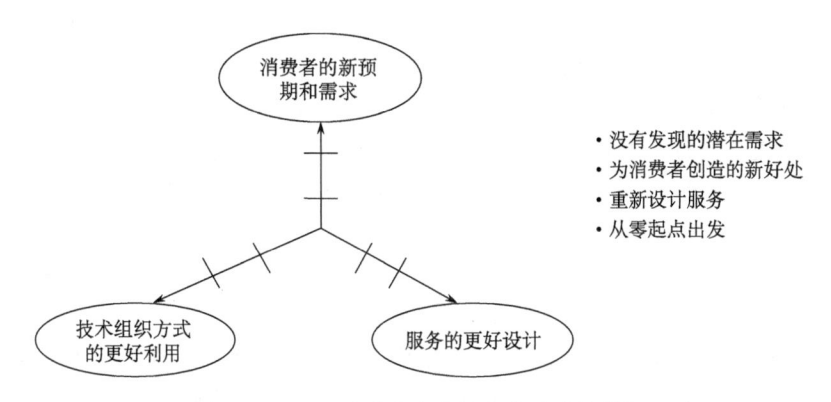

图 11.1 以面对消费者的价格为基础的革新

注：S 曲线就是一种新技术的好处的时间分布。一般在最初阶段里缓慢出现，第二阶段加快，然后再度放慢。资料来源：张旭．服务营销．北京：中国华侨出版社，2002：162．

对整个企业组织的服务生产彻底重新考虑而获得成功的例子不多。连续不断的改善更容易一些。不断改善的前提之一是拥有一个由具有不同职业经验的负责人组成的革新领导班子。跨职能的班子成效一般都更好一些。他们看问题的视角更宽、设计更简化，能把服务的各个因素结合为一个系统。

11.2 服务过程设计

人的行为在服务企业中很重要，而过程（即服务的递送过程）也同样重要。表情愉悦、专注和关切的工作人员可以减轻顾客必须排队等待服务的不耐烦感觉，或者平息顾客在技术上出问题时的怨言或不满。整个体系的运作政策和程序方法的采用、服务供应中机械化程度、员工裁断权的适用范围、顾客参与服务操作过程的程度、咨询与服务的流动、订约与侍候制度等，都是市场营销管理者要特别关注的事情。

服务过程是指一个产品或服务交付给顾客的程序、任务、日程、结构、活动和日常工作。服务产生和交付给顾客的过程是服务营销组合中的主要因素之一。因为顾客通常把服务交付系统感知成服务本身的一个部分。服务业公司的顾客所获得的利益或满足，不仅来自服务本身，同时也来自服务的递送过程。因此，服务体系运行管理的决策对服务营销的成功十分重要。

11.2.1 服务过程设计的含义

到目前为止，人们对服务设计的概念进行过一些不同的描述，其中，美国银行家协会的权威人士 Shostack 是最早提出服务设计的学者之一。在她的理论中，服务设计被称为"服务系统设计"，它由明确服务过程、识别容易失误的环节、经历时间框架、分析成本收益四个基本步骤组成，并强调了服务业运作流程和工作设计与制造业的不同。

服务设计是服务企业根据顾客的需要所进行的对员工的培训与发展，工作分派和组织，以及设施的规划和配置。著名企业管理学家 Fitzsimmons 等人也提出过"服务设计"的概念。服务设计主要包括服务系统中的流程设计、工作设计和人员安排，以及服务系统规划、设施选址与布局、设备的选用与规划等，其本质是服务提供系统的设计。

服务交付系统类似于制造业中的生产系统，服务业中有服务交付系统。为了确定适当的服务交付系统，服务企业必须确定提供什么样的服务，在何处提供服务以及对谁提供服务。因此，在确定目标市场的战略决策过程中，必须确定服务交付系统的设计及其运行方式。有时，服务的消费者并非购买服务的人，如电视节目的消费者是观众，但电视台的收入却来自广告费和赞助。这种情况使确定目标市场变得复杂。

在目标市场确定之后，第二步就是确定服务"产品"，或称"成套服务"。服务是通过服务台进行的，服务台是服务企业与顾客互动的界面。在各个服务台工作的员工好比是制造业第一线的工人，代表了服务企业形象，服务企业所设计的成套服务都是经过他实现的。因此，在服务企业要树立为在服务台工作人员服务的思想。确定服务内容时，要弄清楚顾客经过所有服务台后获得了什么。另外，由于服务的无形性，服务企业不能像制造企业那样，通过事先展示自己的产品来了解顾客的需要，只有在为顾客服务之后才能了解所设计的服务是否满足顾客的需要。潜在顾客往往是通过被服务过的顾客感受和推荐，来决定是否接受服务的。酒店和旅馆并不只是提供一个房间给顾客过夜，它还需要考虑顾客的舒适度、房间的清洁、服务人员的礼貌、人身和物品的安全等。顾客正是通过他们的感受来评价服务质量的。

设计一项服务并不是一件容易的事，尤其是那些在顾客必须在场情况下才能提供的服务。为了设计出既令人满意又能为公司带来效益的服务，营销人员与运营专家需要共同合作。在高度接触的服务中，公司员工与顾客之间会产生直接的相互影响，公司也可以让人力资源专家参与到服务过程的设计中来。服务设计有很多方法，比较常用的是图法和质量功能展开。下面将详细介绍这两种方法。

11.2.2 服务蓝图法

1. 服务蓝图的定义

服务蓝图（blueprint）是一种有效描述服务提供过程的可视技术，它最初是由 Shostack 在 1987 年提出的。它借助于流程图，通过持续地描述服务提供过程、服务环节、员工和顾客的角色以及服务的有形证据来直观地展示服务。经过服务蓝图的描述，不仅服务被合理地分解成服务提供过程的步骤、任务及完成任务的方法，而且更为重要的是，可以识别出顾客同企业及服务人员的关键接触点，从而可以从这些接触点出发来改进服务质量。

服务蓝图直观上同时从以下几个方面展示服务：描绘服务实施的过程、接待顾客的地点、顾客雇员的角色以及服务中的可见要素。它提供了一种把服务合理分块的方法，再逐一描述过程的步骤或任务、执行任务的方法和顾客能够感受到的有形展示。

2. 服务蓝图的构成

服务蓝图的主要组成部分如图 11.2 所示,整个蓝图被三条线分成四个部分,自上而下它们分别是顾客行为、前台员工行为、后台员工行为以及支持系统。

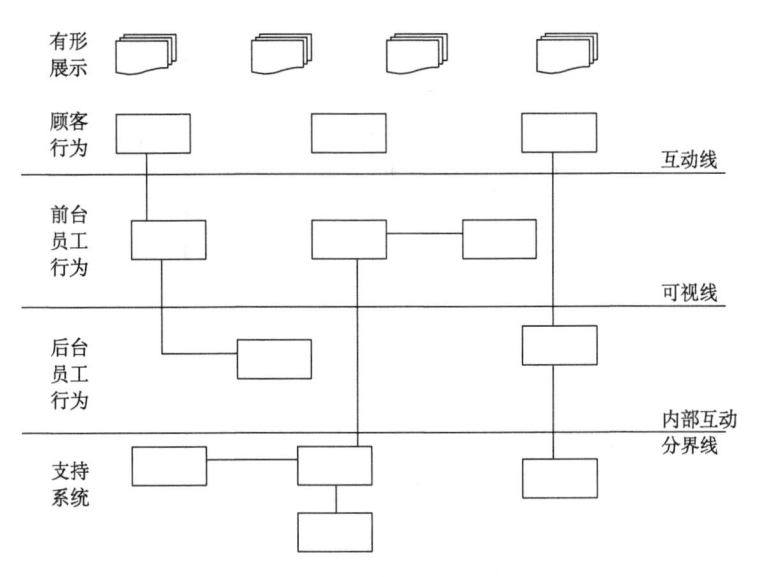

图 11.2 服务蓝图的构成

资料来源:Zeithaml V A, Bitner M J. 服务营销. 张金成, 白长虹译. 北京: 机械工业出版社, 2004: 159.

最上面的一部分是顾客行为,这一部分紧紧围绕着顾客在采购、消费和评价服务过程中所采取的一系列步骤、所作的一系列选择、所表现的一系列行为以及它们之间的相互作用来展开。例如,在一个出租车预约服务的例子中,顾客行为可能包括叫车的决策、打电话、等车、告知目的地、结算和下车。接下来和顾客行为相平行的那一部分是两种类型的接触员工行为:前台员工行为和后台员工行为。人员的行为和步骤中顾客看得见的部分是前台员工行为。例如,在上述的出租车服务的例子中,驾驶员的行为中顾客看得见的部分是乘客上车后的问址、选路、开计价器,车辆行驶过程中的驾驶,到达下车地点的停车、报价、打印,结算车费时的唱票、找零、给票,乘客下车时的提醒、检查与告别。

而那些顾客看不见的、支持前台活动的接触员工行为是后台员工行为,在上述例子中,电话接线员的接电话、某一驾驶员接受调度中心的呼叫及其赶往约定地点就属于后台员工行为。最后一部分是服务的支持过程,这一部分覆盖了在传递服务过程中所发生的支持员工的各种内部服务过程及其步骤和它们之间的相互作用。在上例中,这些服务支持活动可以是调度中心的呼叫、车辆的清洁、加油等。

233

图 11.3 百安居服务蓝图

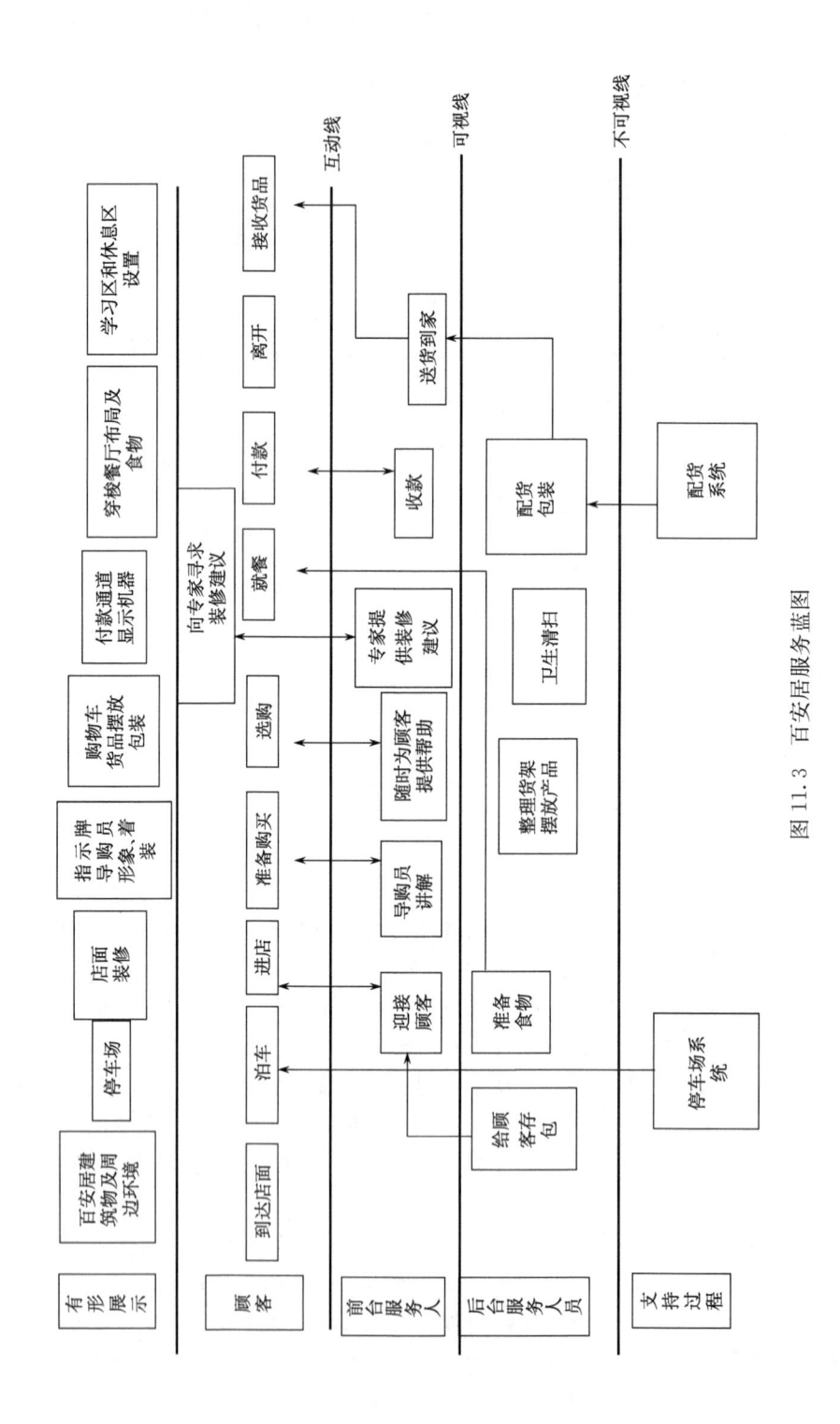

以上四个关键的行动领域被三条水平线所隔开。最上面的一条线是"互动分界线",它代表了顾客和服务企业之间的直接的相互作用,一旦有垂直线和它相交叉,就表明顾客和企业之间发生了一次服务接触。中间的一条水平线是可视线,它把所有顾客看得见的活动与看不见的分隔开来,通过分析有多少服务发生在"可视线"以上及以下,就可一眼看出是否已向顾客提供了较多的服务。可视线也区分了哪些活动是前台服务人员做的,而哪些活动又是在后台做的。第三条线是"内部互动分界线",也称"不可视线",它把服务接触员工的活动同对它的服务支持活动分隔开来,如有垂直线和它相交叉则意味着发生了内部服务接触。

另外,在服务蓝图的最上部,每个接触点的上面都列出了服务的有形展示。它表示顾客在整个服务体验过程的各步骤中所看到的或所接受到的服务的有形证据,如车、驾驶员的制服、计价器、发票等。

图11.3以百安居(建材超市)为例介绍了服务蓝图的构成。

3. 开发服务蓝图的步骤

服务蓝图的作用并不仅仅表现在当它绘制完毕后对于服务过程的指导意义,更重要的是开发服务蓝图的过程中会帮助服务提供商识别各种问题,实现许多中间目标。它有助于澄清概念、开发共享的服务规划、识别在设计之初所无法认识到的复杂性以及确定角色和责任等。值得注意的是,服务蓝图的开发不是一个人或一个部门所能单独完成的,它需要诸多职能部门的通力合作。图11.4展示了开发服务蓝图的基本步骤。

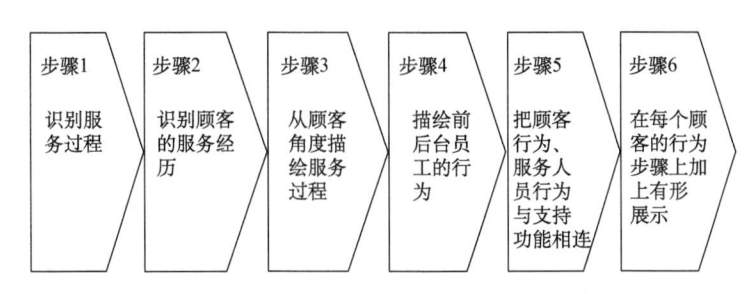

步骤1	步骤2	步骤3	步骤4	步骤5	步骤6
识别服务过程	识别顾客的服务经历	从顾客角度描绘服务过程	描绘前后台员工的行为	把顾客行为、服务人员行为与支持功能相连	在每个顾客的行为步骤上加上有形展示

图11.4 建立服务蓝图的步骤

资料来源:张金成,范秀成. 服务管理学. 天津:南开大学出版社,2006:147.

(1)识别服务过程,首先要对开发服务蓝图的意图做出分析。服务蓝图可以有不同的开发层次,蓝图的复杂程度和深入程度也会迥然不同。如果描绘的是顾客在旅馆住宿一夜时的服务蓝图,结构和步骤都相对较为简单。但如果是描绘为期一周和旅店度假或历时几天的商务会议,则整个过程就复杂得多,互动行为也会成倍地增加,此时,蓝图的复杂程度就可想而知了。事实上,如果需要的话,针对蓝图中的任何步骤都可以进一步细化为更为深入的蓝图,即子过程服务蓝图。

(2)识别顾客的服务经历。在理论上我们可以将不同的顾客纳入同一幅蓝图之中,但是如果服务过程因为细分市场而有所不同，就应该为某类特定的细分顾客群单独开发蓝图，此时，一定要避免设计的含糊不清，并使蓝图效能最大化。

（3）从顾客角度描绘服务过程，包括描绘顾客在购物、消费和评价服务中经历的选择和行为。从顾客的角度识别服务可以避免把注意力集中在对顾客没有影响的过程和步骤上。这要求必须明确顾客是谁，确定顾客如何感知服务过程。如果细分顾客群以不同的方式感知服务，则要为每个不同的细分顾客群描绘单独的蓝图。然而，服务提供商对顾客所感知的服务起点认识，可能同顾客的实际感知不同。例如，在去医院就诊的服务中，患者可能把开车去医院、停车和寻找挂号处及诊室也看做服务过程，而医生却并不把这些环节视为服务已经开始，结果是这种对某些服务环节的忽视必然会影响顾客对服务过程的实际感知。

（4）描绘前台员工的行为，要从画出互动线和可视线开始，然后从顾客和员工的视角出发绘制服务过程，分别出前台、后台服务。此时可以向一线员工具体询问她们的服务行为，分辨出哪些是顾客可见的，哪些行为有时是幕后进行的。

（5）把顾客行为、服务人员行为与支持功能相连。在蓝图的下端画出内部互动线，它可以反映出员工行为和支持部门的联系。若干垂直的直线穿过三条分界线，把具有相关关系的顾客行为、员工行为和支持过程联系在一起。

（6）在每个顾客的行为步骤上加上有形展示，这些有形展示列出顾客可以看到的事物，以及顾客在服务过程的每一个步骤中所得到的有形物品。这些有形展示必须有助于服务过程的提供，并且能够与服务组织的整体战略及服务定位相一致。

11.2.3 质量功能展开

1. 质量功能展开与质量屋概念

质量功能展开（quality function deployment，QFD）是一套开发服务结构的方法，是"一套把顾客需求转化为在每一阶段上企业合适的需求系统，其范围从产品设计与开发，到制造、分销、设备、营销、销售与服务"。QFD 的核心思想就是产品设计应该反映顾客的期望和偏好，它包括一套非常规范的操作指南：识别顾客需求及其相对重要性、提出满足顾客需求的各项设计特征、确定各项服务需求与各项产品设计特征之间的关系、确定设计特征之间的相关性、比较所设计的产品与竞争对手的产品在满足顾客需求方面的优劣势。QFD 通过形象的质量屋手段，将顾客需求与服务设计特点连接起来，通过直观的图解形式将服务特征、顾客需求和企业能力相互之间的关系有机地展示出来。虽然 QFD 起源于制造业，但作为一种有效地质量管理技巧，其思路对服务设计也是适用的。

简而言之，质量屋是一种能提高服务设计有效性的工具，它针对特定的服务产品用一个直观的矩阵将顾客需求与工程特点联系起来，用图示的方法将顾客需求、设计要求、目标价值和竞争者状况联系起来，从而为将顾客满意转化为可识别和可测量的服务设计提供了一个规范性的框架，由于这个矩阵框架的形状像一个屋子，为此称之为质量屋。

总之，QFD是一种整合的方法，它综合了以下几个原则：第一，QFD技术在企业不同领域之间提出了一个共同的质量关注点，鼓励在营销、人力资源管理、运营和信息技术等决策者之间的互相沟通，以便更好地理解各部门决策对于服务设计的意义；第二，QFD技术是由顾客需求驱动的，顾客需求不仅决定了企业所设计的服务特征，而且决定了服务的传递过程；第三，QFD技术有助于企业将服务接触和关键时刻进行分解，并开展深入的分析；第四，QFD技术有助于企业认识到所设计的服务特征之间潜在的权衡取舍关系。例如，为了提高效率，要求顾客使用ATM进行交易，可能会对顾客的人际交往等需求产生负面影响。

2. 质量屋的构成

质量屋（house of quality）是QFD技术的核心组成部分，狭义的质量屋也称质量表，赤尾洋二教授将其定义为"将顾客要求的真正的质量，用语言表现，并进行体系化，同时表示它们与质量特性的关系，是为了把顾客需求变换成代用特性，进一步进行质量设计的表"。一般作为QFD过程的第一个质量屋在产品规划阶段使用，而广义的质量屋是指QFD过程中的一系列矩阵，其形式如图11.5所示。

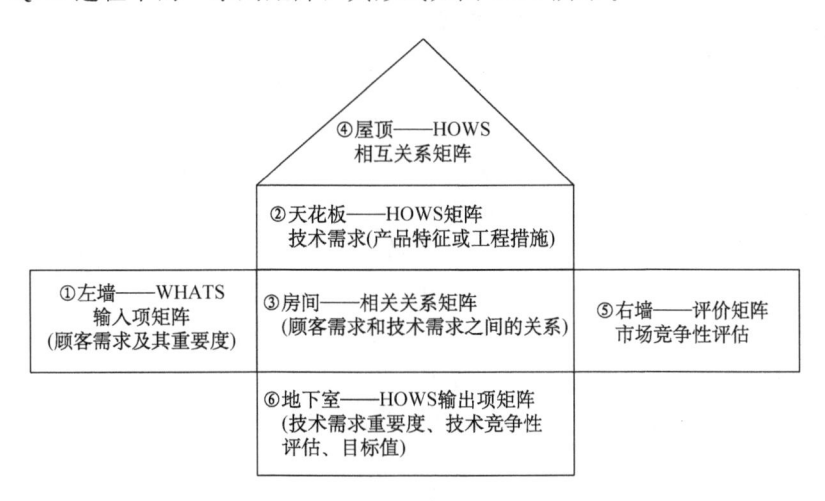

图 11.5　质量屋构成

资料来源：熊炜. 质量机能展开. 北京：化学工业出版社，2005：31.

质量屋的构成如下。

（1）左墙：顾客需求及其重要度。一般表现为WHATS输入项矩阵。

（2）天花板：技术需求。一般表现为HOWS矩阵，由顾客需求转换为可执行、可度量的技术要求或方法。

（3）房间：相关关系矩阵。表示顾客需求与实现这一需求的技术需求之间的关系。

（4）屋顶：HOWS的相互关系矩阵。它表示HOWS（技术需求）阵内各项目的关联关系。相关矩阵：表明各项技术需求（产品特征或工程措施）间的相互关系。

(5) 右墙：评价矩阵。评价矩阵指对竞争性或可竞争力或可行性进行分析比较，是顾客竞争性评估，从顾客的角度评估产品在市场上的竞争力。市场竞争性评估：对应顾客需求进行的评价，用来判断市场竞争能力，包括企业产品评价、竞争对手产品评价、改进后产品评价。

(6) 地下室：HOWS输出项矩阵。它表示HOWS项的技术成本评价等情况，包括技术需求重要度、目标值的确定和技术竞争性评估等，用来确定应优先配置的项目。通过定性和定量分析得到输出项——HOWS项，即完成"需求什么"到"怎样去做"的转换。技术需求重要度，表示技术需求（产品特征或工程措施）的重要程度。技术竞争性评估，企业内部的人员对此项技术需求（产品特征或工程措施）的技术水平的先进程度所做的评价。

技术竞争性评估与市场竞争性评估一样，它包括对本企业技术的评价和对手企业技术的评价及改进后技术的评价。它们所不同的是，市场竞争性评估是由顾客做出的，是对产品特性的评价；而技术竞争性评估是由企业内部人员做出的，是对技术水平的评价。

3. 通过质量屋实施质量功能展开

QFD可以为组织中的每一个人提供一幅路径图（map road），揭示从设计到服务提供过程的每一个步骤应该怎样做才能满足顾客的需求。

第一，实施QFD的第一个步骤是决定谁是顾客（who），再决定顾客想要什么（what），以及顾客的需求如何达成（how）。

顾客的需求或期望会随着时间的推移而改变，顾客的需求也很难用言语来确切形容。顾客需求通常都是以口语化的词语来表示，而非技术用语，如好用、舒服等。设计者必须将这些一般性的需求项目加以展开，变成更为明确的项目，获得顾客需求之后，可再将其加以分类，并以阶层化的方式陈列。

第二，实施QFD的第二个步骤是将顾客的需求转换成技术需求，以建立产品或过程特性的目标值。

这个阶段的内部技术用语称为设计需求，是满足顾客需求的how，最好用可测量的用语来表示，以方便管理并与目标值比较。同样，技术需求也可以分类并以阶层化的方式排列。顾客需求和技术需求之间可以用定量或定性的方式来表示其间的关系。

每项顾客需求必须至少与一项技术需求有强烈的关系，否则表示技术需求并未列举完整。如果顾客需求和技术需求之间没有任何关系，或者大部分的关系都很弱，则表示目前的服务设计将无法满足顾客的需求。

由于服务势必会有竞争者，因此，必须针对服务的主要特性和优势加以分析。也就是由顾客针对需求项目做重要性评比和竞争评估（competitive evaluation）。重要性评比可以知道改善项目的优先顺序，竞争评估则可以了解顾客对服务的看法和竞争优势。

第 11 章 服务过程开发与设计

第三，实施 QFD 的第三个步骤是进行技术评估。对服务质量进行评估，包括服务和过程的技术、可靠度和安全性的考虑，以及成本、数量和利润的评估等。从以上可以看出 QFD 方法运用到服务设计上的一些特点：

高品质的服务首先从顾客来，这是一种市场拉动（pull）的力量。这就需要进行深入细致的市场调查分析，以摸清顾客的真正需求是什么，这些需求能否用准确的语言描述，这些需求的重要性如何排序，能不能有效地转化为设计属性和设计规格。这是 QFD 成功的第一步。

公司内部员工的推动也是至关重要的，这是一种供给方推动的力量。因为对服务的认识最有发言权的当属提供服务的员工。因此，在服务设计时，同样要激发各个层面员工的创造热情。只有这样，才能把顾客的需求真正转化为可实施的设计属性，并通过设计人员头脑风暴等方法产生出新的组合概念或虚拟概念，可以很好地弥补市场调查的不足。

这些高品质的服务标准应从设计过程的早期开始进行，越早实施越好。如果是一个新成立的服务公司，从筹划公司之初就需考虑服务流程和服务环节设计问题，如果是一个老企业寻求重新定位或赶超竞争对手，在计划的早期阶段就应导入服务设计技术。这样就能有效地避免许多服务失误问题。

高品质的服务在整个生命周期内的所有活动中都要坚持高标准。不但是公司的高层需要意识到服务设计的重要性，一般的服务人员也要意识到服务设计的意义和方法，不仅在公司成立之初采用服务设计的理念，在日常的服务流程和服务改进等活动中都要应用服务设计理念。

如图 11.6 所示，一次服务设计的过程就是一个连续实施的过程。

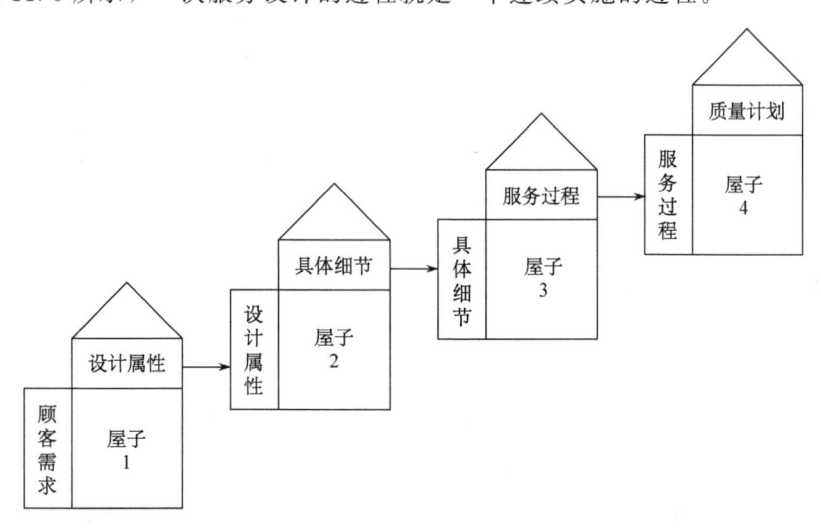

图 11.6　QFD 的连续与循环

资料来源：李乾文. 服务设计与质量功能展开. 价值工程，2004，(4)：7.

从调查顾客的需求开始，作为投入，上面的设计属性可以看作产出，两者形成第一个质量屋，设计属性又可以作为投入进入第二个质量屋，产出了具体的服务设计细节，服务设计细节又可以作为投入进入第三个质量屋，产出了整个服务过程（流程图），整个服务过程作为投入又可转化为第四个质量屋中的服务质量计划。在此基础上，如果经过服务模拟等技术，发现服务设计的缺陷和不足，就需要采用新一轮 QFD 过程，直到真正取得较满意的结果为止。整个服务公司的生命周期过程都要坚持这样的 QFD 循环。只要持之以恒，就会取得令人满意的服务绩效。

➤ 案例 11.1：浙江移动资费套餐的质量屋设计

中国移动通信浙江有限公司（简称浙江移动）质量屋的设计步骤如下。

第一步：市场预测。通过市场调研，收集顾客需求，并对其进行整理和分析，发现市场机遇；研究竞争对手的资费套餐策略，并结合自身经营情况，研究应对策略，决定是否需要进行相应的资费套餐设计。

第二步：目标界定。根据前期分析，锁定资费套餐的营销目标、目标客户群，并根据对顾客群消费特征的分析，明确资费套餐卖点。

第三步：设计资费套餐。通过对目标顾客群消费特征和数据库历史资料的分析，设计资费套餐产品结构；并根据产品的成本和顾客价格敏感度，预定资费水平。

第四步：设计营销策略。根据资费套餐的产品特点和目标顾客群的消费特征，选择营销渠道、销售方式，制定对外宣传策略。

第五步：收益预测。选取一定的顾客样本进行试销，并评估试销结果，通过对套餐销售的预评估，预测套餐收益、成本，确定资费水平。

第六步：审核批准。将资费套餐设计情况、收益预测结果上报总公司审核批准。

第七步：投放市场。培训销售人员，使之熟悉新业务，选择适当的时机将经审核批准的资费套餐投放市场，进行市场销售。

第八步：跟踪测评。定期联系套餐顾客、检查套餐销售情况，对投放市场的资费套餐进行效果评估。

第九步：反馈调整。根据对资费套餐的跟踪测评情况，对资费套餐进行调整优化。

为了清晰展示浙江移动如何发现套餐顾客的需求，进而设计出符合顾客需求的资费套餐，本文设计了资费套餐需求-设计质量屋（如图 11.7 所示），以了解顾客需求与设计流程间的相关关系。

资费套餐需求-设计质量屋的"左墙"是顾客需求（what），可通过调查问卷的方式获得，包括要素及组合、自由选择度、个性新颖度和价格四个维度；质量屋的"天花板"是资费套餐的设计流程（how），共包括 8 个主要步骤、13 个项目。需求与设计流程的关系系数、设计流程之间的关系系数是在经过多次深度访谈之后由企业发展部管理人员填写，并经过现场沟通，最大限度保证各答案的科学性、准确性。

资料来源：徐蕾. 基于 GAP 模型的质量功能展开：以浙江移动为例. 浙江工商大学硕士学位论文. 2007.

资费套餐设计流程 / 顾客需求		权重	市场调查发现市场机遇	研究全球策略	制定营销策略	分析营销特征明确套餐卖点	根据费率数据资料设计交费产品	根据资费套餐设计营销策略	小区试销，连行套餐评估	对资费套餐进行收费预测，确定资费水平	将资费套餐方案上缴总公司审核批准	特调人员使熟悉新业务	批准资费套餐投放市场、销售	跟踪评价投放市场的费产品	根据反馈调整套餐结构和资费水平
			市场预测		目标界定		统计资费计算套餐策略		收益预测		审核市场		投放市场	跟踪测评	反馈调整
要素及组合	需要的要素总能够找到	18.230	◎	◎	◎	◎	○	○	△	◎	△	△	△	◎	◎
	要素为间区分总能够明显	7.420	△	○	△	△	△	○				△		△	△
	套餐要素组合总能够全面	18.916	◎	◎	◎	◎	○	○			△	○		○	○
	套餐要素组合总能够简洁	20.356	○	○	○	○	○	○		△					
自由选择度	总能够自由选择要素	28.436	△	○	△	△	○	○				△		△	△
	同一品牌内部的套餐间总能够叠加	28.436	△	△	△	△	○	○				△		△	△
个性新颖度	公司推出新套餐的间隔总能比较合理	27.687	◎	◎	◎	◎	○	○						○	◎
	公司总能根据客户合理需求调整套餐	22.326	◎	○	◎	◎	○	○				○		◎	◎
	套餐内容总能够具有新颖性	15.918	○	○	○	○	○	○						○	○
	套餐总能够具有明显的形象特征	8.332	△	○	△	△	△	△						△	△
价格	套餐总能够具有优惠的价格	14.414	△	△	△	△	○	◎	◎	△				△	△
	套餐总能够具有清晰的价格	13.221	△	△	△	△		△		△				△	△
最终权重			444	498	425	425	315	225	259	43	121	99	256	443	443

注：◎=3，表示强相关；○=2，表示相关；△=1，表示弱相关；空白表示不相关

图 11.7 浙江移动通信资费套餐服务质量需求-设计质量屋

11.3 服务流程再造：流水线法和授权法

19 世纪末，管理理论中就有了"流程最优"的"再造"思想。"再造"概念最早出现在计算机软件工程领域，与现代信息技术紧密联系在一起，主要是针对竞争环境和顾客需要的变化，提出进行"根本的重新思考"和"彻底的重新设计"，再造新的业务流程，以求在速度、质量、成本、服务（TQCS）等当代绩效考核的关键指标上取得显著改善。

流程再造是基于信息技术的、为满足顾客需要服务的、系统化的、改进服务流程的一种企业哲学。流程再造是以流程为导向替代原有的职能导向的服务企业组织形式，为服务企业经营管理提出了一个全新的理念。从服务企业价值链的理念来看，一个业务流程就是一组以顾客为中心的、从开始到结束的连续活动，"顾客"可能是外部的最终顾客，也可能是业务流程的内部"最终使用者"。因此，流程再造本身就是一个使顾客满意的理念。这一理念的本质精神是降低顾客成本，培养顾客忠诚，实现服务企业价值。这就要求服务企业真正以顾客为中心，切实把顾客和供应商纳入"顾客满意"流程体系。

服务流程再造涉及两种理论和实践：一种是流水线法，它要求对服务员工进行统一的、规范的训练，让他们按照统一的模式为顾客提供服务；另一种是授权法，即给服务人员一定的自主权，让他们主动地、创造性地解决顾客服务中出现的问题。这两种方式各有利弊，各有其适用的范围。在服务设计或对现有的服务活动进行调整时，也应该采用一定的原则，如和企业的战略目标相配合、弹性原则等。对顾客服务活动进行安排，自然还要涉及成本和收益的矛盾问题，然而，更应该考虑到的是服务策略的战略性的长远利益。

11.3.1 流水线法

流水线法（the product-line approach）的服务程序涉及源于制造业的生产活动。流水线法要求提供给顾客标准化的、程序化的服务活动。采用流水线法为了实现服务的高效率和规范化，一般要采用如下做法：

（1）对工作任务进行简化；
（2）明确的劳动分工；
（3）尽量用设备代替服务员的工作；
（4）建立系统的服务制度和工作内容并使之标准化。
（5）使服务员工决策权尽量减少。

流水线法具有高效率、低成本、交易量大的优点。因为有章可循，工作内容已经标准化，工作方式制度化，又不用动脑筋去决策，所以，工作比较容易进行。再加上时间久了，工作熟练，服务人员的工作效率就会大大提高。因为经常重复同样的工作，所以服务人员不太可能损坏产品，这样也就降低了成本。当工作非常规范时，其交易量也会因效率高而剧增。而且，比较容易培训员工并使他们尽快投入工作，同时给顾客一种工作比较规范的感觉。

麦当劳是将流水线方式应用到服务作业设计中的典范。其薯条生产流程的细节设计充分体现了生产线方法的精髓。薯条经过切分、预选、半加工及冷冻，成为合适的尺寸以便一烹而得。薯条数量有严格的规定，太多容易受潮，太少则会在调味和烹炸中造成浪费。薯条放在靠近柜台的大而平的器皿中，以防装盛过程中落地浪费且污染地面。使用特制的漏勺保证每份薯条数量恒定，这一细节设计可以既不弄脏手，又不弄脏薯条，还保持了较高的工作效率和清洁的操作间环境。最后，在规定的时间内，一位微笑的员工从后台将喷香的薯条拿至前台顾客手中。

流水线方法把服务项目尽量转移向后台，并对每一个细节仔细策划。方便、高效的制造业观念通过这一方法引入服务业生产，以下是这一方法的特点所在，这些特点正是这种方法取得成功的关键。

（1）服务标准化。生产线方法明确了工作任务和固定工具，以丧失员工自主创造来换取生产高度的一致性。标准化和质量稳定是流水线的优势。对于一般性的服务类别，服务行为的稳定会受到顾客更多的关注和信赖。尤其是特许经营下的服务行业，顾客对跨场所高质量服务有更高的预期，所以将服务"产品化"生产几乎是必需的。

（2）劳动分工。流水线方法倾向于将工作内容分割为工作细节，由不同员工分工负责，以发展专业劳动能力，提高劳动效率。劳动分工同时对应按劳取酬，在生产线方式的服务企业中计件工资制的采用远多于计时工资。另外，分工条件下的服务大幅提升了消费者的效益。例如，病人经过一系列固定的医学检查后，将初诊结果交由医疗专家会诊会付出比由医疗专家完成全程诊断少得多的费用。

（3）服务项目有限。限制服务项目为半成品预制和事先规划提供了可能，服务由此成为按部就班的常规工作，这便于顾客的有序流动和服务的流畅提供。服务项目少会使过程更容易控制，工作方法创新更容易寻找突破口，并可借助特许经营克服服务半径有限性带来的供需矛盾。

（4）自动化程度高。由于人员决策任务极其有限，所以设备代替人力也不会使感知质量遭受损失，却大幅提高了劳动效率。而且，服务集中使用"软"技术进入到服务系统设计。线性规划、需求预测等在劳动量不变的情况下，使服务效果得以显著提升。

（5）服务后台化。这是流水线方法的明显外在特征。顾客在接受服务时对过程的感知越来越少，服务的实物化程度越来越高。在后台对服务进行全面的进程规划和工作监督难度远低于前台服务，且效果明显好于后者。

11.3.2 授权法

授权法（the empowerment approach）通过赋予服务人员一定权力，发挥他们主动性和创造性的方法，被认为是改善低品质和低效率顾客服务的方法。它强调对服务人员的尊重，重视"人性"的东西，反对让服务人员按照教条工作。授权法认为制度、工作程序等许多细节性的规定是对服务人员自尊的一种轻视和贬低。当企业通过制定一系列政策和工作规范要求员工进行规定服务时，服务员工不可能有高度的参与投入感，不可能竭尽全力工作，更不可能真诚地关心顾客和企业的长期利益。而授权法把服务人员从细枝末节的严格规定和规范中解放出来，让他们自己寻找解决问题的方式和方法，并对自己的决定和行动负责，唤起他们的工作投入感、责任感、创造性和对顾客的真切关怀。

1. 授权法的优势

授权法不仅使员工具有高度的工作投入感，而且也会使顾客更加满意。员工这种自我负责,对顾客热情而周到的服务将会使企业获得一种持久性的竞争优势。

具体来说,授权法具有以下优点:

(1) 对顾客的服务需求迅速做出反应。没有一个顾客不希望自己的服务要求能迅速获得满足或回应。如果一个授权的员工,他可以自动地采取打破常规的方式来尽量让顾客满意,特别是在没有充分时间对上级主管请示的时候。

(2) 对不满意的顾客及时做出反应。如果服务过程中出了差错,服务员工能够立即做出改正,顾客就会感到满意,甚至成为企业忠诚的顾客。一个授权的服务员工拥有权力、信息和知识来及时处理类似的问题,使顾客满意。

(3) 员工对工作和自身产生更高的追求。严格的规章制度对员工尊严是一种蔑视,影响到他们工作的积极性和创造性。而一个授权的员工会感到他们是工作的主人,不但对工作认真负责,而且认为工作是有意义的。这也可以减少离职率、缺席率和非正式小群体的数量。

(4) 员工和顾客的合作更加温馨和热情。顾客对企业服务质量的评价受到服务人员礼貌、理解及责任感的影响。顾客希望员工真切的关心他们的需要,因而,服务人员的态度对服务质量和顾客感受有很大影响,如果企业关心员工的需要,那么员工就会关怀顾客的需要,而授权法恰恰能起到这个作用。

(5) 服务人员可以提供很好的建议。因为服务人员直接与顾客接触,所以,了解顾客需要和现存服务体系中存在的问题。实际上,第一线的员工很想提出他们的建议。如果企业经常倾听他们的建议,询问他们如何更好地提供服务,他们会提出许多有价值的建议和想法。

(6) 良好的口碑和稳定的顾客关系。授权的员工提供的优质服务,不但会使顾客满意,形成良好的关系,而且顾客还会把这种喜悦传递给亲戚和朋友,为企业做广告。

2. 如何实施授权法

成功地在企业顾客服务中实行授权法,看起来是一件很简单的事情,实际上它是一件比较复杂的工程。不仅要求企业在理念上做出转变,还要求企业在制度、组织结构和行动上采取实质性的举措。员工绝对不会因为企业当局口头上的动员和激励,就感到拥有了自主权。相反,企业必须从政策和组织机构方面进行改变以及采取实质性行动,才能让员工真实地感到他们拥有更大自主权进行顾客服务工作。

为了实施授权法,企业要从以下四个方面采取行动:①在组织内部进行适当的分权(power);②组织信息共享(information);③组织内的知识共享(knowledge);④组织成员共享组织的利润和报酬(rewards)。

这四个方面必须都实现,授权法的作用才能发挥。我们可以用"授权公式"来表示四者之间的关系:

$$授权效果 = 分权 \times 信息共享 \times 知识共享 \times 报酬共享$$

需要注意的是,公式中用的是乘号,不是加号,因而,不管其他因素努力程度有多大，只要有一个因素是零，授权效果就为零。例如，有的管理者虽然给员工一定的权力，但却没有提供给他们足够的信息，或者在报酬方面不公平，都会导致授权法不起作用。

在分权方面，企业要给予员工自由处理日常工作和一些隐蔽问题的权力。特别是一些需要顾客参与的顾客服务中更需要如此，因为顾客不但直接受到服务错误的影响，而且注视着服务员是否改正。给服务员工这种自由和权力有两方面的好处：第一，及时更正服务中的错误。尽管在服务中杜绝失误是不可能的，但是服务员工及时更正错误的做法是最好的解决方案。不但令顾客感到真正受到了关怀，而且可以减少以后类似错误的发生。第二，超过顾客期望，使顾客快乐。如果服务人员解决了服务失误，并可以提供一些顾客需要的特殊服务，则会使顾客非常惊喜。

当然，企业在分权时，绝对不能忘记让员工共享信息、知识和报酬。这是因为，员工不但提供给顾客本职内的服务，还要担任顾客的向导，满足顾客要了解的其他方面的信息和知识。因而，企业应当使员工更多地了解顾客期望、反馈，以及企业生产、销售，特别是顾客服务方面的信息和知识。只有这样，员工才能提供一个令顾客满意的服务。同样，企业也要根据服务员工的服务质量和企业财务业绩，让他们共享企业的收益，激励他们。

授权法一旦为员工创造了一种授权的观念后，便会产生一系列积极的结果。由于员工处于满意状态，他们提供的优质服务就会使顾客满意，整个组织也会得益于顾客和组织之间的忠诚关系，形成高利润和竞争优势。

11.3.3 服务流程再造与企业文化

对于当前的服务企业来说，实施流程再造的重要条件是培养出适合流程再造需要的员工队伍，培养出一支眼光出众、观念领先、经验丰富、身居要职且沟通能力强的再造团队或中坚力量，改造那些阻挠者、绊脚石、热衷维持现状者并得到他们的深度认同与支持，结合流程再造，员工可以找到他们可以更多、更好、更充分地发挥作用的位置。或者说，处理好流程再造与服务企业文化的关系，从流程再造中催生优秀的服务企业文化。

服务企业文化价值观与经营理念的不同，必然导致相同流程的复杂程度与活动构成数量的不同。媒体介绍的大西洋贝尔公司的文化改变对流程影响的案例就说明了这一问题。大西洋贝尔公司的顾客与他们所选择的长途电话公司联系起来。过去大西洋贝尔公司是垄断经营，公司里流行的是一种"按部就班"的文化，公司强调的是员工行为的可靠性与可预见性，对员工该做什么，不该做什么，每一项业务的流程都在《服务手册》中予以详细的规定，因此，对顾客的需求，从来就是按自己的时间表做出反应，而不考虑服务质量和流程花费的时间多少。在这种文化的影响下，公司从接到订单到最后交货，需要转手13次之多，共有27种不同的信息系统，原来公司规定这一服务需要15天，而在"以客为尊"的企业文化倡导下，实际工作时间仅为10个小时。可见，在原有的经营理念下，服务速度慢，由此带来的高成本自不待言。

　　大西洋贝尔公司在大量竞争者面前，首先把"按部就班"的文化转变为"顾客为尊"的文化，使员工拥有一定的自主权，从信奉"顺从"转变为崇尚"投入"，积极发挥主观能动性；其次对中间服务流程的设计以追求零周期为目标。正是在这一新理念的指导下，公司的流程发生了重大的变化。仅仅几个月后，对顾客提供服务的新的流程就缩减到几天或几个小时。

　　流程再造特别需要一种充分考虑流程的作用与反作用的整体的、相互联系的服务企业文化，及其理念、观念，从而特别重视各项具体作业流程的交互作用。例如，再造是重新规范作业流程的有力武器，但并不意味着可以将各项作业流程作为独立的元素。在对各项关键流程本身进行改革的同时，应充分注意流程之间的相互作用。大多数成功服务企业的经营活动其实并不只靠各种关键流程的运转效率，而依赖作业流程之间的相互关系和作用方式。这种流程网络的交互作用构成了服务企业系统功能的动力之源。从这个意义上说，流程再造也将促成企业文化再造，包括管理主体再造、管理流程再造、管理制度规范和监督机制再造、部门行政（管理部门）再造、效率效益观念再造等。

讨论与思考

1. 新服务开发的程序是怎样进行的？
2. 新服务开发成功的关键要素有哪些？
3. 服务蓝图的构成包括哪些部分？
4. 如何进行质量功能展开的设计？
5. 授权法和流水线法各有什么优势？
6. 服务流程再造对企业文化有什么影响？

第 12 章 服务失误和服务补救

内容提要

服务的消费是一种过程消费,这个特征使服务失误的出现变得不可避免。本章将首先介绍服务失误出现的原因和服务失误的种类,其次将分析服务失误出现时顾客的反应以及顾客抱怨的相关内容,最后将阐述服务补救的实施策略和服务承诺的原则。

主题词

服务失误　顾客抱怨　服务补救　服务承诺

引导案例

Med-Cancun 的服务补救

好的补救可以使愤怒的、感到灰心的顾客变成忠诚的顾客。来看看巴黎 Mediterranee 俱乐部的一个分支：坎昆地中海俱乐部（Med-Cancun）如何在一次服务噩梦中补救并赢得一群度假者的忠诚。

这些度假者在从纽约前往目的地墨西哥的途中就一直麻烦不断：飞机起飞晚点 6 个小时，途中意外降落了两次，并在着陆前盘旋了近 30 分钟。由于这些耽搁和意外，飞机比计划多飞 10 个小时并且用光了食品和饮料。最后，飞机在凌晨 2 点到达目的地，由于着陆太猛，氧气面罩和行李都从头上掉了下来。当飞机停到候机楼时，这些可怜的旅客由于饥饿而非常虚弱，并且确信其假期在刚开始时就已经毁灭了。飞机上的一名律师甚至已经开始收集所有旅客的名单和地址，以便采取法律行动。

Cancun 度假村的总经理 Silvio de Bortoli，一个全组织上下都知道其具有使顾客满意能力的传奇人物，在得到这次可怕飞行的消息后马上制定了补救方法。他派遣一半员工去机场，安置一张摆满点心、小吃和饮料的桌子和一套音响系统，用以播放舒缓的轻音乐。登记出港时，旅客受到了单独问候，有人帮助他们搬运行李，同情地听他们诉说，并有专人汽车将他们送往度假村。当到达 Med-Cancun 时，迎接他们的是真正的墨西哥风味并有香槟酒的丰盛宴会。另外，员工还召集并叫醒了一些客人来欢迎新客人的到来，晚会一直持续到黎明。许多客人都说，这是他们大学毕业后最开心的一次晚会。

最后，这些度假者经历了一次比准点从纽约飞到墨西哥更好的经历。虽然公司无法具体估计，但 Mediterranee 俱乐部在那天夜里确实赢得了市场份额。毕竟，赢得市场份额战斗的胜利不是通过分析人口趋势、比率点和其他综合指标，而是通过能够一次取悦客户的行动。

资料来源：Hart C W, Heskett J L, Sasser W E, Jr. The Profitable Art of Service Recovery, Harvard Business Review, *July-August* 1990, (7-8)：148, 149.

获得顾客的长期满意对于服务企业来说至关重要。然而相对于制造业而言，服务企业要与顾客保持长期的关系却更为困难，这是因为服务的独特性质使得企业无法严格控制服务质量，服务失误也就在所难免。那么，服务企业应该采取什么措施应对服务失误呢？为了回答这个问题，本章首先概括服务失误产生的原因和类型，其次分析服务失误出现时顾客的反应和顾客抱怨，最后阐述企业应该采取怎样的服务补救措施，说明服务承诺对服务补救的作用，从而为企业应对服务失误提供系统的建议。

12.1 服务失误

与顾客保持长久的关系对于服务企业来说是至关重要的。要想获得顾客忠诚,在每次服务过程中,服务企业都应该尽量让顾客感到满意,甚至超出顾客的期望。然而由于服务的独特性质,服务过程中服务失误的出现又是在所难免的,服务失误可能会轻易地破坏企业好不容易建立的顾客满意,造成顾客的流失。本节将分析服务失误出现的原因以及服务失误的种类,帮助企业更好的理解自身的服务过程,预防服务失误的出现,并在服务失误发生后采取有效的措施。

12.1.1 服务失误出现的原因

服务企业管理者必须正确认识服务失误,了解分析服务失误的原因类型,这样才能有针对性地进行持续的改进。

服务失误是服务中由于各种原因造成的顾客不满意的状态。产品的质量问题可以通过生产过程的质量控制将次品率降到最低,甚至零缺陷;即使是出现问题,也能够很容易地找到原因。而在服务中,由于服务的无形性,很多情况下难以制定明确的质量标准,很难对其进行精确的质量控制;由于服务的异质性,不同人员提供的服务有很大差异性,不同顾客对同一种服务的感知也有很大差异,这就导致了服务质量控制难度的加大;服务的生产、传递和消费过程通常同时进行,问题常常是即时出现的;由于顾客或多或少的参与到服务的生产过程中,顾客本身的活动、与服务提供者的互动以及与其他顾客的互动,从而增大了问题出现的可能性以及确定问题的难度。因此,服务质量控制的难度比有形产品质量控制的难度大得多,服务过程出现失误的可能性也要大得多。

Pauasuraman、Zeithaml、Berry 的服务差距分析模型是分析服务失误原因的很好的方法。该模型有两大部分构成:顾客方面与营销者方面,它强调服务质量的产生与顾客和服务提供者有关。根据服务差距模型,顾客满意与否,取决于感知的服务和期望的服务之间的比较,这种比较形成了顾客认为的服务质量,即感知的服务质量。而顾客的期望受口碑沟通、个人需求和以前服务经历的影响。同时还受到服务提供者外部营销沟通的影响。因此,在实际服务提供过程中,由于服务提供者决策、活动以及外部营销沟通、顾客自身等不同的原因会产生一系列的差距,从理论上讲,这些差距是造成服务失误的主要原因。例如,前面的章节所述,这些差距主要包括五个方面:管理者感知与顾客期望之间的差距;管理者感知与服务质量规范之间的差距;服务质量规范与服务传递之间的差距;服务传递与外部沟通的差距;顾客期望的服务与感知的服务之间的差距。

12.1.2 服务失误的种类

服务失误是在所难免的,但是服务失误的类型是可以预见的。Bitner、Booms 和 Tetreault 从顾客、员工和企业的角度将服务失误原因归结为四类:①服务提交的系统失误；②对顾客的需要和请求的反应失误；③员工行为导致的失误；④问题顾客导致的失误。

表12.1 服务失误的主要类型

主要失误类型	失误子类
服务提交的系统失误	没有可使用的服务
	不合理的、缓慢的服务
	其他核心服务的失误
对顾客的需求和请求的反应失误	"特殊需求"顾客
	顾客的偏好
	被公认的顾客错误
	其他的混乱
员工行为导致的失误	注意程度
	异常行为
	文化惯例
	形态
问题顾客导致的失误	醉酒
	语言和肢体滥用
	破坏公司政策
	不合作的顾客

资料来源：Hoffman K D，Bateson J E G. 服务营销精要：概念、策略和案例. 第3版. 大连：东北财经大学出版社，2009：285.

1. 服务提交的系统失误

服务提交的系统失误是指公司提供的核心服务中的失误。例如，航班没有准时起飞，旅馆没有适当整理房间，保险公司没有理赔，这些都是服务提交的系统失误的范畴。

一般来说，服务提交系统的失误包含以下三种失误：①没有可使用的服务；②不合理的、缓慢的服务；③其他核心服务的失误。没有可使用的服务是指那些通常可用，但现在缺少或没有的服务。不合理的、缓慢的服务是指那些顾客认为在执行他们的职能时特别慢的服务。最后，其他核心服务的失误包括所有其他核心服务上的失误。这种分类有意地划分得比较宽，目的是反映不同行业所提供的各种核心服务，如金融服务、健康保健、保险、旅游、零售等。它们都有自己特有的核心服务问题。

2. 顾客的需求和请求的反应失误

第二种服务的失误，是对顾客的需要和请求的反应失误，包括员工对个别顾客的需要和特别请求的反应。顾客的需要可以是隐含的或者是明显的。有隐含的需要的顾客是不必要提出请求的。例如，在饭店，坐在轮椅中的顾客不应该被领至高处小室。相反，明显的请求是公开的要求，一位要求牛排五分熟、土豆泥代替菜单上的烤土豆的顾客就是提出了明显的请求。一般来说，顾客的需要和请求方面的失误是由员工在下列四种情景下行为不当造成的。这四种情景包括：①特殊的需要；②顾客的偏好；③顾客的错误；④其他混乱。员工对特殊的需要的反应包括满足顾客特殊的医疗上的、饮食上的、心理上的、语言上的或社会学方面等困难的请求。例如，为一个素食者准备饭菜就是要满足他的"特殊需要的请求"。员工对顾客的偏好的反应需要员工能够结合顾客的需求来修改服务提交系统。在饭店里顾客要求把一样东西替换成另一样东西就是顾客偏好的典型例子。员工对顾客的错误的反应包括员工对于最初是由公认的顾客错误所引起的情形的反应（例如，旅馆钥匙遗失，忘记告诉服务员"带上醋"）。最后，员工对其他的混乱的反应要求员工解决顾客中间发生的混乱。例如，要求电影院内的老观众保持安静，或者要求顾客不要在饭店的非吸烟区内吸烟。

3. 员工行为导致的失误

第三种服务失误是员工的行动导致的失误，它包括事件和员工的行为——好的和坏的——总体上是顾客所不期望的。这些行动既不是顾客通过请求提出来的，也不是核心的提交系统的一部分。这类失误中还可以再分类，包括：①注意程度；②异常行动；③文化惯例；④形态；⑤不利条件。

在雇员自发而多余的行动所引起的失误中，注意程度这个子类是指积极的和消极的两类事件。积极的注意程度是当员工主动满足顾客需求并预计顾客需求时发生的。消极的注意程度包括态度差的员工、忽视顾客需求的员工，以及始终表现出无所谓态度的员工。

异常行为的子类也反映了积极和消极的事件。例如，多米诺比萨店的员工在为本区域的另一个顾客送比萨饼时，看到有一家人在他们失火的房子的断垣残壁中寻找东西。这位员工把这件事报告给了经理，两人立即准备并免费向这家人提供了比萨饼。这家人被这种行动所震惊，从此以后一直也没有忘记过这种好意，在需要时自然也向他们购买。不幸的是，异常行动也可能是消极的。像粗鲁、辱骂和不适当的接触等员工的行为就可以看做异常行动。

文化惯例的子类有两方面的含义：一方面是积极地强化的文化惯例，如平等、公正和真诚；另一方面是违犯社会的文化惯例。违犯可能包括歧视行为，不诚实的活动，如撒谎、欺骗、偷窃，以及其他顾客认为不公正的活动。

形态这个子类是指顾客所做出的整体性评价，即顾客并不会把服务过程描述为一些具体的事件，而是会使用像"高兴的"或"可怕的"这样的总结性术语。以航空公司的顾客为例，他们不会说出导致服务失误具体事件，而只是说"你们员工的服务实在是太糟糕了，这简直就是顾客服务当中一个完全反面的案例"。这种抱怨就能归入为形态性评价这一类。

最后，不利条件这个子类包括员工在压力条件下的积极和消极的行动。如果当员工周围的其他人"丧失理智"时，员工采取了有效的手段控制了局面，则顾客对于这种不利条件下的员工表现会留下深刻的印象。相反，如果一艘船正在下沉，船长和水手在乘客之前就先登上了救生艇，这显然是不利条件下的一种消极行动。

4. 问题顾客导致的失误

最后一种服务失误的类型涉及的情形是，服务失误既不是员工过失也不是服务企业过失造成的。在这种情况下，服务失误是由顾客自己的不当行为造成的。服务失误涉及的问题顾客包括：①醉酒；②语言与肢体滥用；③破坏公司政策；④不合作顾客。醉酒的顾客的行为会对其他顾客、服务人员或服务环境造成了不利影响。例如，在一次航班事故中，一家公司的销售团体异常兴奋，开始在其他顾客面前暴露自己。机长迅速停止酒精饮料销售，但他们打开了登机前购买的酒精饮料畅饮。语言与肢体滥用指顾客对服务人员或其他顾客滥用语言和肢体。例如，一对情侣在饭店里争吵起来，开始尖叫和相互动手动脚，这种情形就可以定义为语言和肢体滥用。顾客破坏公司政策是指拒绝遵守员工施加的政策。例如，排队政策或不能代替政策被顾客忽视就会产生问题。最后，不合作的顾客是指那些粗野、不合作或提出不合理要求的顾客。尽管服务人员试图满足这些顾客，但往往是徒劳的，顾客就是不愉快。

➢ 案例 12.1：肯德基"秒杀门"事件

2010 年 4 月 6 日，肯德基特别推出了"超值星期二特别秒杀优惠券"，其中第一轮"秒杀"活动推出的产品是上校鸡块。优惠券上显示，原价 11 元起的上校鸡块，凭优惠券只需要 5.5 元，此外，在淘宝网上也出现了相关活动信息，淘宝上显示的是第二轮秒杀的产品是香辣/劲脆鸡腿堡套餐。同时显示，两种产品的电子优惠券库存设为 100 张，拍完即止。

第一轮秒杀是在 4 月 6 日下午 2 时开始进行的，第二轮和第三轮"秒杀"原定于下午 4 时开始。但是当消费者拿着网上下载的这张"特别秒杀优惠券"去消费时，店员却以这是假券为理由而拒收。原来，在第一轮"秒杀"还没有结束的时候，第二轮和第三轮的"特别秒杀优惠券"就已经出现了，这样的优惠券显然是假冒的。于是肯德基郑重声明："凡是目前市面上关于第二轮、第三轮秒杀产生的优惠券均为假券，肯德基餐厅一律拒收。"

针对优惠券是否造假一事，顾客、网友以及肯德基官方争论不已。顾客认为："优惠券上明明白白写着能复印，能打印，而且使用期限未到为何不能使用。""同一网站下载的其他券能用为何这张不可。"而肯德基工作人员将这种现象归结于"肯德基官网遭遇黑客袭击"，秒杀活动尚未开始，顾客便拿到了优惠券。

无论是谁的原因，这次失误造成的负面影响已无法控制，全国各地的肯德基分店都挤满了手持优惠券的消费者，这些消费者拿着从网上辛苦秒杀回来的半价优惠券，突然被肯德基单方面宣布无效，失落的心情可想而知，而且这些消费者大多得不到肯德基的合理的解释，这更是增加了消费者的愤怒，以致有些甚至与店员发生了冲突。与此同时，网上也出现了大量的抱怨肯德基的帖子。这次事件对肯德基的声誉造成了极大的影响。

资料来源：刘浏等.肯德基陷"秒杀门"拒给消费者兑换优惠券.腾讯网.2010-04-07.据此改编.

12.2 顾客对失误的反应以及顾客抱怨

在面对服务失误时，顾客的反应是不同的。有的顾客会直接向企业抱怨；有的顾客可能会向亲近的人抱怨；有的顾客可能会向第三方抱怨（消费者权益组织、政府机构）；另一些顾客可能不会抱怨，而选择直接离开。对于企业来说，明确顾客反应的类型以及顾客抱怨的原因是十分重要的，只有明确了上述的问题，企业才能相应的采取服务补救策略，获得顾客的长期满意。

12.2.1 顾客对服务失误的反应

当服务失误产生时，顾客就会产生不同程度的不满意或者否定的情绪。他们会产生生气、失望、不满、自怜和焦虑等负面情绪。在这些情绪的影响下，顾客可能会产生不同的行为（图12.1），他们可能采取行动，也可能保持沉默，并最终根据企业对他们行为的反应做出不同的决策：选择退出或者继续停留在该供应商的服务过程中。

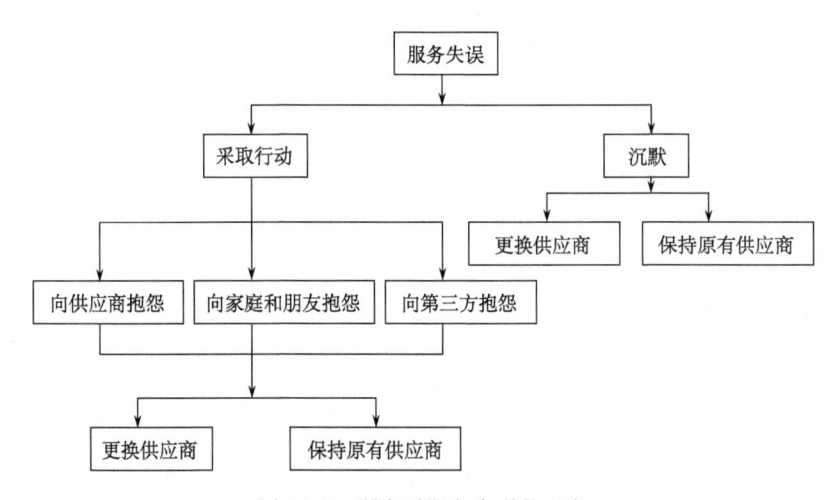

图12.1 顾客对服务失误的反应

资料来源：Zeithaml V A，Bitner M J. 服务营销. 张金成，白长虹译. 北京：机械工业出版社，2004：129.

在服务提供者出现失误后，如果顾客采取最为消极的态度——保持沉默，那么在一定程度上他们再次与服务提供者发生接触的概率相对于那些采取行动的顾客来说是比较小的。即使他们再次光顾，如果企业没有意识到上次的失误并再次提供使他们不满意的服务时，这些顾客最终的选择必然是离去。对于公司来说，消极面对不满意的顾客是不理智的。

对于那些可能采取行动的顾客，他们的选择也不尽相同。

一位对服务质量不满意的顾客，可能会当场对服务提供者进行投诉并等待公司的反应，或者顾客会选择间接的方式，如在这次服务之后通过电话或者信件向供应商投诉。只要顾客在遭遇服务失误后告诉企业他的不满和要求，企业就有补救的机会。对于公司来说，这往往是最好的情况，因为企业可以有第二次机会满足顾客的要求，保留住企业在这位顾客身上的长期收益，并避免了一些潜在的负面的口碑宣传。

在不同的情境下，有些顾客不会选择向服务提供者抱怨。即使有各种原因使他感受到了低劣的服务质量，由于情绪的控制、场面的不合适或者性格原因，他们都不会让企业了解到他们的负面情绪，而是宁愿向他们的朋友、同事和亲戚发泄他们的不满，传播有关公司的负面信息。这样的顾客行为不仅会加强顾客的负面情绪，还将这种负面影响传播给他人。如果公司没有接收到投诉并感受到这种负面宣传，公司就没有机会对这次失误进行补救，公司的顾客会慢慢流失并影响到公司潜在顾客的范围和数量。

顾客可能采用的第三种行动是向第三方抱怨，如消费者协会、行业协会等。

无论顾客采取上述哪一种行动或者根本不采取任何行动，既保持沉默，他们都将做出最后的决策，决定是否再次光顾该服务供应商或者转向其他的供应商。

12.2.2 抱怨顾客的类型

根据顾客对服务失误做出的反应可以将其分为四个类型：消极者、发言者、发怒者和积极分子。尽管这四种类型的顾客在不同的行业背景可能比例不同，但是对他们的划分是一致的，并且每种类型都能在所有公司或行业中找到。

（1）消极者。这类顾客很少会采取行动。与那些进行负面宣传的人相比，他们不大可能向服务提供者表达他们的情绪，也不会向第三方抱怨。他们经常怀疑抱怨是否有效，认为抱怨的结果和花费的时间不成比例；有时可能是顾客个人的价值观或者标准决定了他们不进行抱怨。与发怒者相比，消极者不会感到市场疏远。

（2）发言者。这类顾客乐于向服务提供者抱怨，不太可能传播负面信息、更换服务提供商或者向第三方抱怨。这类顾客对于服务提供者来言应该是最有益的，他们不传播负面信息从而不造成潜在顾客的流失；他们主动抱怨，从而给企业创造了弥补其服务过失的机会。这类顾客觉得向第三方顾客投诉或者向周围人投诉并不解决问题，他们更倾向于认为抱怨有益于社会，所以会直接说出自己的感觉，并认为向服务提供者抱怨将会使服务得到改进。与发怒者、积极分子相比，他们也不会感到市场疏远。

（3）发怒者。这类顾客与其他类型的顾客相比，更有可能极力向朋友、同事和亲戚传播负面信息并更换供应商。他们更倾向于向供应商抱怨而不太可能向第三方抱怨。他们会用更愤怒的方式对待供应商，虽然他们确信向供应商抱怨会带来社会利益，但他们不可能给服务提供者第二次机会，相反，他们会转向供应商的竞争对手，并向身边的人传播负面信息。相对于消极者和发言者来说，这类顾客不会给企业服务补救的机会并更容易造成负面影响，并且他们会逐渐感觉到与市场越来越疏远。

（4）积极分子。这类顾客的特点是，在各方面都更具有抱怨的习性，他们向供应商抱怨，向周围人抱怨，并比其他类型的顾客更有可能向第三方抱怨。抱怨符合他们的个人标准，他们对所有类型抱怨的潜在正面结果都非常乐观。就像发怒者一样，他们会比其他类型的顾客更疏远市场。

12.2.3 顾客抱怨与否的原因

从上文中我们得知有些顾客倾向于抱怨，而有些顾客更倾向于消极处理，这与他们个人的性格特征有关。然而在现实社会中，这些并不是影响顾客抱怨与否的唯一因素，顾客是否抱怨还受到许多因素的影响。

第一，抱怨求偿成功可能性，即当服务失误发生时顾客对企业没有任何借口且愿意补救损失的可能性的认知。服务失误发生时，有些企业为维持满意保证的信誉，会全力补救缺失；有些企业则局限于员工未被充分授权或政策僵硬等问题，而未对顾客负责任，或者根本不理会顾客的抱怨。也就是说，顾客求偿成功的可能性是顾客的一种认知，但这种认知是建立在企业的意愿和具体政策之上的。企业可能根本就没有补救顾客的意愿，而认为是顾客不对，或者企业有意愿但抱怨的程序设计复杂，让顾客望而却步。研究指出，当服务失误发生时，顾客认知抱怨求偿成功可能性越高，向企业提出抱怨的可能性越高。

第二，抱怨价值，即顾客抱怨后获得的利益与抱怨成本的比较。顾客抱怨后可能获得的利益往往是一个组合，包括物质的和非物质的利益。顾客的抱怨成本包括顾客的时间、精力、金钱、声誉等一切为抱怨所服务的代价。如果利益大于成本则抱怨价值为正，如果利益小于成本则抱怨价值为负，两者的衡量往往很难量化，往往仅是顾客的一种认知。抱怨价值会影响顾客的抱怨行为，顾客会衡量进行抱怨所需的成本与可能收到的利益，价值越高，越有可能进行抱怨。

第三，不满程度，是指顾客认知的服务失误对自己造成伤害的强烈程度，也可以视为问题的严重性。一般认为，不满程度越高越应重视其投诉。

第四，消费事件的重要性。在酒店进行的重大商业或政务活动、私人宴会等关系到公司、政府或个人的声誉问题，这类消费事件在顾客看来往往是重要的。一般而言，顾客对自己的旅居或宴会活动都期望酒店给予足够的重视，而酒店必须分清哪些是非常重要的，哪些是重要的，而哪些可以按常规进行。另外，也可以根据消费事件所涉及的金额的大小、参加人物的社会影响力等来区分重要性。

第五，顾客的购买知识与经验，如顾客的产品知识、消费权益、质量及满意度的认知程度、抱怨渠道。顾客的购买知识和经验受企业市场沟通活动的影响,也受顾客自身生活阅历、知识面等影响。随着社会的发展,顾客对酒店的服务和运作越来越了解,一些常旅客已经成为酒店"旅居专家",他们往往对酒店的服务非常清晰和敏感。

第六,顾客的转换成本,如果一种特定的服务提供商的数目很多,并且他们所提供的服务的差别并没有太大的差别,当顾客遇到服务失误时,很可能会选择离开。如果顾客为选择离开所承担的转化成本不高的话,顾客很可能不会抱怨,而是悄然离开。例如,如果在一个居民小区有很多便利店,并且它们的商品差不多时,一个小的服务失误很可能会导致顾客的离开,而这些顾客很少会抱怨。

此外,年龄、收入、教育、职业、果断性、自信心等也影响顾客的抱怨。

12.2.4 顾客抱怨对企业的益处以及抱怨处理原则

顾客抱怨处理一向被企业认为是一项麻烦的工作,它不但增加企业的成本,还会浪费员工的精力,影响员工的工作热情,甚至会破坏企业的运作秩序。总之,顾客抱怨曾一度是企业不想见到的现象,管理者认为它会影响企业的生产率,降低企业的效率,进而影响企业的利润。

然而,我们可以发现具有以上思维的企业往往不会有好的业绩,因为他们不是从顾客的角度出发思考问题,不是以顾客为中心;相反,他们只是从眼前利益出发,而忽略了顾客抱怨对于企业的真正含义。但幸运的是,大多数企业已经意识到顾客抱怨对企业的重要作用,他们知道没有抱怨并不代表没有不满,而顾客抱怨正是给企业带来了改正的机遇。首先,顾客抱怨可以让企业知道服务过程中有哪些不足,企业可以针对这些抱怨改进服务的提供过程,有时候顾客的这些"建议"还可以给企业带来服务产品创新的契机。其次,有效的抱怨处理可以消减顾客的不满情绪,对于服务企业来讲,顾客的满意和忠诚是十分重要的,因此,在顾客的不满升级之前,有效的缓解顾客的负面情绪十分必要。最后,有效的顾客抱怨处理是消减负面口碑的有效手段。口碑对消费者的影响是很大的,口碑营销已经成为企业营销的重要手段。研究表明,一个不满意的顾客会向12个人倾诉他们的糟糕的服务经历,而在互联网如此发达的今天,这个数字恐怕更加巨大,这些口碑对企业的影响是无法估计的。所以,在顾客抱怨出现时,应该采取有效的措施尽量防止他们将负面的口碑传播出去。

对企业来说顾客抱怨是有价值的,但是利用不好就会给企业带来更大的灾难。因此,企业必须谨慎处理顾客的抱怨,最重要的是企业必须从顾客的角度出发,为顾客着想,具体来讲,企业应该把握以下三个原则。

首先,顾客抱怨处理必须迅速。企业必须让顾客知道企业是关注他们的,所以,在顾客抱怨出现时,最重要的是迅速的行动。而且,如果企业没有迅速的行动,顾客的不满就会随着时间的推移而增加,企业要想达到同样的效果恐怕得花更大的代价。

其次,企业要真诚地对待顾客,稳定顾客的情绪。真诚是缓解矛盾的有效手段。当顾客抱怨出现时,企业员工应该体现出真诚的态度,为顾客着想,体会顾客的感受,这样就能够稳定顾客的情绪，有利于问题的解决。

最后，企业要关注顾客受到的伤害，理解顾客的意图。顾客抱怨是其不满情绪的发泄，在抱怨处理过程中，企业应该尽快发现顾客的不满意的原因究竟是什么，以及在这过程中究竟对顾客造成了多大的伤害（包括精神上的伤害）。在此基础上，企业员工还应该发掘顾客抱怨的真正意图，为企业提供服务补救做准备。

▶ 案例 12.2：鼓励顾客抱怨的英国航空公司

英国航空公司采取了新的方式倾听顾客心声和处理顾客抱怨，公司在机场设立了一个小录音室，不满的顾客可以马上在机场进入录音室向总裁投诉。在某些机场，公司还安装了一些录像机，这样顾客就可以直接对公司的总裁进行抱怨。除了设计机场投诉录音室和录像机以外，公司建立了12个不同的"倾听哨"和其他联系渠道，包括已付邮资的明信片、顾客集会、调查和一个"跟我飞"计划等沟通方式来提供顾客投诉的渠道。除此以外，为了使顾客的抱怨能够得到有效的利用，英国航空公司还对员工进行了充分的授权，顾客服务代表拥有各种工具和权力，他们被授权可使用任何必要的资源来保留住顾客，并接受新的培训如倾听技巧、怎样处理愤怒以及怎样争取谈判的双赢。公司所提出的"做最好的"、"赢得顾客"、"生命中的一天"等文化就是为了使员工以顾客满意为核心，关注顾客的需求，这无疑为员工处理顾客抱怨提供了有效的指导。在鼓励顾客抱怨的同时，公司还花巨资购买了系统分析顾客抱怨的计算机系统，通过这个名叫"抚慰"的系统，公司建立了一个顾客抱怨的数据库，在这里，任何一位特定顾客的信息很容易就找到，数据还可以根据各种类型进行分析，从而为公司有效地利用顾客抱怨提供了坚实的基础。

资料来源：Zeithaml V A, Bitner M J. 服务营销. 张金成，白长虹译，北京：机械工业出版社，2004：136，137.

12.3 服务补救的策略

前面的部分论述了服务失误的原因、种类以及顾客的反应，并说明了服务补救和顾客满意之间的关系。但服务补救的原则是什么、如何建立出色的服务补救机制以及如何实施服务补救，可能是企业更为关注的问题，在这一部分，我们将对这三个问题做出回答。

12.3.1 服务补救的意义

对于任何企业而言，没有服务补救或没有有效的服务补救策略会给企业带来相当大的副作用。顾客可能到处抱怨，积极寻找机会批评使其不满的公司，传播关于企业的负面信息。企业的无动于衷或者是态度冷淡的服务补救，很容易给顾客的负面情绪火上加油，这种糟糕的服务再加上低劣的补救，可能导致顾客极大的不满。

服务补救是企业服务质量管理的重要内容之一，与服务过程质量紧密相关，会影响顾客对功能质量的感知。有效的服务补救可以提高顾客满意度和顾客忠诚度，是顾客保留的有力工具。相对于那些遭遇服务失误但问题没有被解决的顾客，那些经历失误但经过公司努力补救最终感到满意的顾客拥有更高的忠诚度，这种忠诚度继而转换成为企业的利润。如图12.2所示，未投诉的不满意的顾客重复购买的可能性最小，而投诉问题很快被解决的顾客与那些投诉问题未得到解决的顾客相比，重复购买率更高。

类别	主要投诉（损失超过100美元）	次要投诉（损失1~5美元）
未投诉的不满意的顾客	9	37
进行投诉的不满意的顾客 投诉未被解决	19	45
投诉被解决	54	70
投诉很快被解决	82	95

再次购买的比率/%

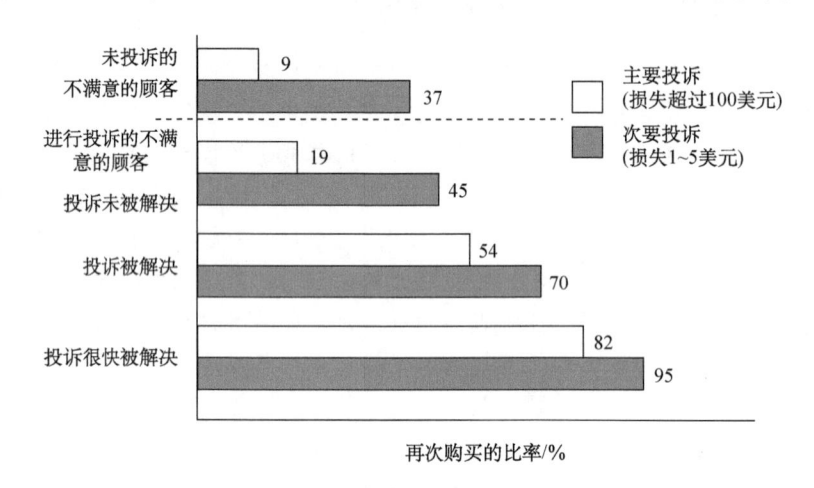

图 12.2　不满意顾客再次购买的比率

资料来源：转引自瓦拉瑞尔·A. 泽丝曼尔，玛丽·乔·比特纳. 服务营销. 张金成，白长虹译. 北京：械工业出版社. 2004：128.

服务营销的本质特性就是关系营销，创造长期的顾客忠诚是服务企业的最终目标。虽然服务失误是不可避免的，它会给顾客带来不愉快的因素，但是服务补救也给了企业一个令顾客满意的机会。企业的服务补救无疑让顾客感受到更全面的服务提供，顾客与企业之间的关系进一步牢固，这种关系一旦持久保持，顾客将对企业产生忠诚。另外，顾客还会不断通过口头宣传效应为企业带来良好的声誉和口碑，吸引更多的顾客，继而产生效益。

毋庸置疑，良好的服务补救能够弥补服务失误的过失、提高顾客的感知服务质量，并以此提高顾客的忠诚度、维持与顾客的长期关系。有人甚至提出，那些不满意的顾客若经历了高水平的、出色的服务补救，最终会比那些第一次就获得满意的顾客具有更高的满意度，并可能再次光临。例如，试想一位酒店顾客到前台登记房间时发现没有他想要的房间了，作为一种补救，酒店前台人员立即以原价格向顾客提供了更好的房间，顾客被这种补救措施所打动，对这次经历非常满意，甚至获得比以前更深的印象，并发誓成为忠诚顾客。这就是所谓的"补救悖论"，即公司应该故意让顾客失望，这样他们可以利用服务补救获得更高的顾客忠诚。

尽管有一些学者利用实证研究验证了"补救悖论"的合理性，但毫无疑问，"补救悖论"有它的适用范围，超过了这样的范围企业就可能弄巧成拙，毕竟服务的可靠性是服务质量的重要决定因素，所以企业应该以零缺陷的服务为目标。

"补救悖论"虽然并不完全适用，但是它还是验证了服务补救对顾客满意的重要作用。服务补救是维持顾客关系的重要手段，在本节接下来的内容中，我们将详细的介绍服务补救的原则以及服务补救系统的建立。

12.3.2 服务补救的原则

在采取服务补救措施之前，我们先要了解顾客能够在服务补救中获得什么，我们怎样才能使顾客在服务补救过程中获得满意。有研究显示，在服务失误出现时，能否获得公平感是顾客评价服务补救的关键，其中包括结果公平、程序公平和交互公平。因此，我们以这三个公平作为服务补救的原则。

1. 结果公平

结果公平性是指当事人感觉中的交换结果的公平程度。根据亚当斯的公平理论，交换的各方会根据自己和他人的得失之比来判断结果的公平性。消费者的抱怨通常伴随着经济损失，所以对顾客进行有形补偿至关重要。在这一过程中，顾客会采用不同的心理原则来判断结果的公平性。

第一，需求原则，即顾客要求企业的补偿能满足自己的要求。需求是驱动顾客抱怨的根本原因。服务企业在面临服务失败时，首先就要分析消费者到底损失了什么，满足消费者的哪些需要才能使消费者满意，如对候菜时间过长的顾客提供果盘，对登机困难的老人提供轮椅等。

第二，平等原则，即顾客以自己受到的待遇和其他顾客在相似情况下得到的待遇相比，这里的其他人既可以是本企业的其他顾客，也可以是其他企业的顾客，如入住宾馆后却发现其他顾客享受着低廉的折扣，就餐的顾客发现餐馆只对熟客提供果盘等。服务企业应清楚地认识到，这可能是顾客受到的直接损失，还包括在抱怨过程中付出的时间和精力等间接损失。因此，简单的赔付甚至是加倍的赔付都不能使顾客获得满意，还应通过真诚的道歉使得顾客获得精神上的补偿。

第三，横平原则，即顾客用自己在抱怨中的付出与自己通过抱怨所获得的补偿相比较，当他认为二者相当时，就会感到公平。顾客的付出，既包括所受到的直接损失，又包括在抱怨过程中付出的时间和精力等间接损失。因此，简单的赔付甚至是加倍的赔付都不能使顾客获得满意，还应通过真诚的道歉使顾客获得精神上的补偿。

2. 程序公平

补偿只是抱怨处理的最终结果，为了实现补偿需要采取一定的方法，依照一定的程序。所有在抱怨处理中的结构性的因素组成了抱怨处理的程序，包括抱怨的提出、处理、补偿以及做出相关决策的过程。程序公平性包括五个方面的内容：

(1) 倾听也就是在与补偿有关的决策过程中,服务商能否认真地听取顾客对事件的倾诉和表白。如果服务商能够与顾客自由地交换意见,顾客就会产生公平的感觉,并进而真诚地配合服务商共同解决问题。同时,顾客倾诉也是其情感宣泄的过程,人们往往在宣泄后会达到一个相对平静的情绪阶段,这往往更有利于服务商与顾客友好地解决争议。

(2) 顾客参与决策是指当做出一项决定后,顾客能在多大程度上自由地接受或者拒绝这一决定,也就是顾客对决策结果是否拥有自由的选择权,充分的选择权能够使顾客对抱怨处理过程产生公平感。现实中,厂商给予顾客的选择空间非常小,而且还经常用"这是我们的规定"作为剥夺顾客选择权的理由,因此,企业为了达到顾客对决策的控制,可以设计多种的补偿形式供顾客选择,使得顾客感觉双方是在公平的角度上处理争议。

(3) 信息的完整性和准确性指服务商在做出决策前是否对背景信息有一个足够的了解,如只听取服务员的反馈信息势必影响到对顾客的公平性。这就要求服务商应全面地向服务员、顾客甚至其他顾客了解真实信息,客观地评估事件本身,从而做出正确的补救方案。

(4) 补救速度是指企业完成补救程序的响应时间。经验告诉我们,如果企业缺乏对顾客抱怨的快速反应,就会加深顾客对抱怨处理过程的不满,对抱怨处理的满意度产生负面的影响。反之,快速反应会显著提高顾客对处理过程的评价。因为快速反应,一方面体现了对顾客的尊重,表达了企业希望将问题尽快地解决,以减少由此给顾客带来的不快;另一方面,时间是顾客的一种付出,反应速度慢,意味着顾客为了得到一个结果要付出更多的精力,因此,间接损失就高,所要求的补偿也就相应地提高。

(5) 补救柔性指抱怨处理程序能否体现出不同情况之间的差别。没有两个顾客是完全相同的,也没有两件抱怨事件是完全相同的。顾客的人格特征和抱怨发生的情境千差万别,顾客也会由原来的追求共性转为更注重个性,以完全标准化的抱怨处理过程去处理每一件抱怨自然无法做到顾客满意,更无法做到取悦顾客。柔性就是要求企业在处理抱怨中考虑到不同顾客和不同事件的差别,予以区别对待。表面上,柔性是通过过程中的因素来体现,如允许顾客对过程发表意见,给予顾客多种可供选择的决策结果,提供不同形式的补偿方式。在深层次上,柔性更多的是反应制度及管理上的灵活性。没有深层次上的柔性作保障,抱怨处理中的柔性就无法做到。

3. 交互公平

交互公平是指在抱怨处理的过程中,顾客在与服务商进行人际接触过程中感觉到的公平性。很多顾客不是将对抱怨处理结果不满意的原因归于结果公平和程序公平,而是直接归于对抱怨处理人员的不满,如态度恶劣、没有礼貌等。顾客不仅要通过抱怨获得经济上的补偿,还需要获得心理上的满足。虽然通过补偿,顾客可以得到物质上的满足,但是人们所关注的不仅是自己物质利益的得失,还有自己的人格和尊严。交互公平性就是要在抱怨的处理过程中,通过企业对顾客的尊重,使顾客获得心理上的满足。抱怨的处理不单单是企业为顾客提供补偿的一种物质上的交易,还要通过交互公平来实现顾客与企业之间情感的交流,消除隔阂,建立相互信任。这就要求企业在抱怨处理的过程中充分考虑顾客的利益,而不是片面强调自身利益。交互公平包含以下四个方面的维度:

(1) 解释即由企业对失误造成的原因做出合理的解释。企业的解释对顾客心理上的满足有较大影响。一方面,顾客蒙受服务失败对自身造成损失,有权要求知道引起问题的原因,合理的解释有助于取得顾客的谅解;另一方面,提供失误的原因反映了企业对抱怨的重视和解决问题的诚意,只有企业知道了引起抱怨的原因,才能避免类似事件的再次发生,使顾客放心地消费。但一定要注意的是,解释不等于推卸责任。如果把自身的原因推之于外因甚至顾客身上,反而会使顾客产生对抗和排斥心理,使得服务失败事件激化升级,更难于处理。

(2) 礼貌指员工在接受和处理抱怨过程中所表现出来的良好的举止。员工的礼貌行为是解决问题的润滑剂,轻松舒缓的语言、自然的微笑、深深地对顾客鞠上一躬,都会最大限度地缓解顾客的不满。礼貌表达了企业对顾客的尊重,显示了员工的素质,也展示了企业的形象。

(3) 努力指员工在处理抱怨中积极地投入。员工投入时间精力来帮助顾客解决问题。失败发生后,顾客往往对员工的态度非常在意。顾客受到损失,员工是全力弥补还是反应冷漠,对顾客的影响非常大。员工的努力,一方面会被顾客视为员工个人的行为,对员工本人产生好感,另一方面也会被顾客视为企业的行为,使抱怨得以顺利解决。

(4) 移情指员工为顾客提供个性化的关注,包括设身处地地为顾客着想,急顾客之所急。移情所包括的范围很广,在抱怨处理中,必须通过员工的行动来体现,以使得顾客强烈地感受到一种关怀和温暖,进而增进对服务商的满意度。

12.3.3　建立服务补救机制

服务失误是在所难免的,如何在服务失误发生时能有效地采取措施是企业应该关注的重点。建立系统的服务补救机制是应对服务失误的有效手段,这样的话企业就能快速准确地对服务补救做出反应,更好地满足顾客需求。服务补救机制包括:预警机制、启动机制、执行机制、反馈机制,下面我们将对此做出具体分析。

1. 服务补救预警机制

预警机制是在结果尚未发生之前就采取行动。预警的主要功能有两个方面:一是促使或限制有利或者不利的结果发生;二是为正确、及时地采取应对措施准备条件。所以,服务补救的预警机制就是对可能发生的服务失败进行事先预测,在判断和分类的基础上,认真剖析服务失败的特点及其影响,并有针对性地采取预防措施。服务补救的预警机制有下面三个方面组成。

1) 对可能发生的服务失误进行识别和分类

根据前面对服务失误原因的分析,服务失误原因可以归结为四类:①服务提交的系统失误;②顾客的需要和请求的反应失误;③员工行为导致的失误;④问题顾客导致的失误。

尽管服务失败是不可避免的,引发服务失败的原因也各有不同,具体到企业实践中,造成具体服务失败的原因可能千变万化,但并非无章可循。企业应结合自身服务的具体特点,对各种已发生的服务失败进行逐项剖析,对潜在的服务失败进行识别,以便预测和判断有可能发生的服务失败。

例如,美国汽车协会联合服务银行(USAA)是美国得克萨斯州的一家大型保险和金融服务公司,该公司建立了一个联网系统,称之为回音(echo,即每一次服务接触都存在着机会),它能使电话销售和服务代表及时将顾客的建议或怨言输入进去,自动联入数据网络。经理人员通过定期分析所有数据来寻找解决方案,纠正以前的错误程序,不断改进服务。由于公司对识别和解决顾客抱怨的重视,USAA几乎没有顾客流失,年顾客保留率达到98%。

2) 对各种服务失误所造成的顾客影响进行判断

在对可能发生的服务失败进行识别和分类的基础上,企业应进一步判断各种服务失败对顾客造成的影响,包括这些影响的性质和程度等。

服务失败及其补救,可被视为一个包括实用维度(utilitarian dimension)和表征维度(symbolic dimension)的复合式交换。实用维度与经济资源有关,如金钱、物品、时间等,表征维度与心理或社会资源相关,如状态、信念、同情等。顾客因服务失败的发生而遭受经济和心理上的损失,会因服务补救的实施而得到补偿性收益。因此,在进行服务补救之前,企业应对顾客遭受损失的性质和程度有个初步判断,这样才能保证服务补救工作的针对性与公平合理。

3) 采取积极有效的预防措施

前述两项工作的最终目的是为预防服务失败的出现。尽管有研究证实成功的服务补救能提升顾客对企业的忠诚,但企业不能因此陷入"服务补救悖论"的怪圈,而应尽量防止服务失败的出现,服务补救必须坚持预防在先的原则。

为有效预防服务失败,企业可采取以下措施:一是借助故障树分析找出潜在服务失败的根源及原因;二是通过服务设计改进来稳定地消除服务失败根源及原因;三是通过内部服务补救将服务失败消灭于给顾客造成损失之前。

2. 服务补救启动机制

大量研究表明,在遇到服务失败时,只有少数顾客直接向企业抱怨。因此,有必要在服务补救体系中设立启动机制,通过鼓励顾客抱怨和倡导员工观察与调查等手段,识别更多的服务失败和服务中存在的问题,及时启动服务补救。

发现服务失败是启动服务补救措施的必要前提,这包括依据什么标准来判断是否出现服务失败和通过什么途径来发现服务失败两大问题。因此,服务补救启动机制由以下四个主要环节构成。

1) 服务质量标准的设定

明确的、高质量的服务质量标准,对内可作为作业标准来规范员工行为和让员工明确努力方向,对外可作为服务质量保证来降低顾客感知风险并使顾客测量与监督服务企业表现的行为有据可依;而含糊的、低质量的服务标准,可能成为束缚员工主观能动性和顾客需求偏好的枷锁,成为服务失败频频出现的导火索。

因此,企业在制定服务质量标准时,应认真遵循以下原则:一是从顾客角度出发,坚持顾客导向;二是力求服务标准具体、明确;三是服务标准力争简明扼要、重点突出;四是服务标准要兼具可行性与挑战性;五是服务标准应兼具稳定性与动态性。

2) 服务承诺的设计与实施

服务承诺是服务组织就自身服务质量对顾客做出的承诺。由于服务承诺可促使企业聚焦于顾客需求和质量控制,能对服务失败的发生起到有效的预防作用。并且,服务承诺的赔偿承诺就消除服务失败对顾客的不利影响做出了明确的规定。因此,服务承诺构成服务补救管理体系的重要内容,尤其在服务补救管理体系的启动机制中扮演着重要的角色。

在企业进行服务承诺设计时,应对其所涵盖的质量承诺与赔偿承诺具体化和明确化,即明确质量承诺的范围、明确质量承诺的水平与标准、明确赔偿承诺的赔偿形式、明确赔偿的力度等。对制定的服务承诺,企业应无条件地履行承诺,否则,难以赢得顾客的满意和信赖,后果不堪设想。因此,企业在制定服务承诺时,要综合考虑企业声誉、服务特征和顾客等因素,确保服务承诺能够履行。例如,宝洁公司刚刚涉足中国市场时,曾推出"只要不满意,就全额退款"的服务承诺,后因大量顾客将购买的洗涤用品倒置于其他容器,然后拿着空瓶来要求退款而不得不取消。有关服务承诺的问题我们将在下一节中详细讨论。

3) 顾客抱怨的鼓励与信息收集

顾客抱怨是启动服务补救措施的最清晰、最明确的信号,但正如前面反复提到的,主动向企业抱怨的顾客毕竟占少数。为有效地得到顾客抱怨的信息,企业还应做好鼓励顾客抱怨、丰富和完善抱怨渠道、降低顾客抱怨难度、提升抱怨沟通质量等工作,具体措施包括:

(1) 建立多种投诉渠道,方便顾客投诉。多种投诉渠道能够尽最大可能捕捉到顾客投诉的信息，如投诉电话和热线电话、投诉信箱、值班经理、咨询台、顾客意见调查表以及网上信箱等。美国的一项模拟调查显示，企业设置免费投诉电话的投入产出之比为1∶2.1，投资收益率为19.1%。日本花王公司就是利用专门的回馈热线系统广泛收集顾客抱怨信息，并充分加以运用而取得巨大成功的。

（2）设立醒目的提示。国外相关的研究表明，情景中对顾客抱怨的提示物、现场的有关抱怨提示会促使和加快顾客的抱怨行为，通过醒目的提示消除顾客的畏惧心理以及投诉不值得、投诉伤"面子"心理，这对注重"面子"的中国顾客尤为重要。例如，对酒店来说，为鼓励顾客抱怨，除了设置投诉电话外，在酒店主要的面客区域，如前台、大堂副理处、宴会预定处等，应设置小立牌提醒顾客遇到不满可随时投诉。

（3）对投诉的顾客进行奖励。对投诉的或提出意见的顾客给予奖励表明了企业对顾客抱怨的态度，是一种承诺，是对不满意的顾客直接向企业投诉的一种激励。

（4）对顾客投诉进行培训。很多不满意的顾客不投诉是因为不了解投诉的效果、不知道投诉的程序或感觉投诉太麻烦等。因此，企业应对顾客进行培训，教会顾客抱怨，告诉顾客投诉对其权益的保障等。例如，向顾客宣传消费者权益及相关的法规、程序、案例等。让更多的顾客在遇到不满意时直接向企业抱怨，这无疑也增加了企业挽回顾客、获得顾客意见的机会。

4）员工观察与调查

员工，尤其是一线员工，在服务补救中起着重要的作用，他们通常是顾客抱怨信息最先的发现者、接触者和处理者。因此，他们最清楚企业经营中哪些环节容易出现问题、哪些是潜在的问题点。

处在顾客与企业交界处的一线员工通常面临着很大的角色模糊和角色冲突问题，对一些问题可能会采取回避的态度。例如，提出的改进措施可能造成企业费用的增加或其他部门会认为给他们工作带来麻烦等。所以，从内部顾客（员工）那里发现顾客不满意信息并非易事。鼓励员工发现顾客不满意信息，除了在企业形成以顾客满意为导向的文化和管理层的积极倡导及支持外，还应注意在员工中树立"从顾客抱怨中学习"的理念和建立相应的学习机制，要求员工不仅要正确认识顾客抱怨，还要从顾客抱怨中体会、学习，改进工作流程和服务方式等；在工作流程、规章制度中要求员工对各种顾客不满意信息进行记录并对一线员工充分授权，提高他们的工作积极性和热情，提高员工对工作改进的参与。同时，对员工提出的有价值信息进行适当的精神或物质奖励。

3. 服务补救执行机制

服务补救启动机制发现服务失败之时，也就提出了执行服务补救方案的要求。执行机制的目的是为了消除职务失败给顾客造成的不利影响，以防止其转化为促使顾客采取不利于企业的行为的动机。

服务补救策略和方案的具体执行受到组织资源状况和资源投入情况的影响，包括企业文化、员工技能、组织政策和价值网络等资源的影响，因此，服务补救执行机制的第一个环节，建立补救工作执行的基础；服务补救执行机制的第二个环节是根据具体的服务失败和具体的顾客的个性化的补救需求，提炼出一定的补救原则、策略，并让员工知晓、理解，以增强员工的应变能力；服务补救执行机制的第三个环节是在企业实施服务补救时，制定出相应的步骤或程序，以提高员工服务补救的效率。

4. 服务补救反馈机制

服务补救是一个反思失败教训的过程，是一个与顾客深度交流的过程。因此，在服务补救过程中充斥着大量有价值的信息，正如 Fornell 和 Westbrook 将投诉管理定义为"传播信息以便发现和消除消费者不满意的原因"，服务补救某种程度上可以看做是顾客不满意信息的收集、传递、处理和利用的过程。服务补救反馈机制要解决的是关于企业如何有效地接收、处理和运用反馈信息的问题。

随着计算机、网络和通讯技术的迅速发展，"信息与信息技术的影响将遍布整个服务业，服务行业的每一个角落都将被信息技术所涉足"。目前，信息和数据收集、处理、存储的能力已大大提高，很多情况下，人类面临的主要问题是如何利用信息，企业应通过如下方面充分发挥服务补救信息的作用。

(1) 信息集成。目前很多企业信息管理中存在的一个主要问题是"信息孤岛"现象，不同职能、不同部门、不同功能的信息系统被孤立存在，很难真正发挥信息的作用。如能将不同的系统集成在一起，不仅能减少不同系统的工作量，而且能实现信息共享，最大效益地发挥信息的作用。以星级酒店的信息管理系统为例，将服务补救信息系统同酒店的客户系统等模块联系到一起，顾客投诉时，投诉信息详细地记录、建立档案并自动转化，形成一个统一的档案模块，便于及时、准确地对服务补救进行跟踪和查询。同时，投诉过的客人档案可设计上标记，在客人以后光顾时，标记会自动弹出来，以引起服务人员的注意。

(2) 顾客管理。从企业管理的整体上说，服务补救信息属于顾客信息中的一部分。目前，多数企业顾客信息管理系统主要包括顾客基本信息管理、顾客订单信息管理、顾客需求分类管理、顾客报表输出等，如将服务补救信息融合到顾客信息管理系统中，企业可通过计算机及网络技术，进行全方位的顾客管理。在接到顾客投诉的同时，信息系统能将该顾客的购买、消费记录迅速调出，传送到解决投诉所涉及的相关部门，提高顾客投诉处理的效率；服务补救信息记录进顾客数据库后，信息系统在一定时间内会提醒业务部门，该顾客已经有多长时间没有光顾、是否超过消费周期等，提示业务人员回访；对反复投诉的顾客，系统会出现警示标志，员工会谨慎地对待该类顾客。

(3) 业务重组。通过对顾客满意度、顾客抱怨频率、业务利润率的分析，企业能识别最有效的业务机会，从而进行业务重组，实现最佳效益。美洲航空公司曾通过研究发现，商务旅客仅占乘客总数的 40%，却提供公司 72% 的收入，旅游者占乘客总数的 60%，却仅提供 28% 的收入，并且，频繁的商务旅客占乘客总数的 6%，提供了 37% 的收入，但他们是最不满意的顾客。根据这些数据，美洲航空公司通过投资向商务旅客提供更好的坐椅、食品，提供更多的折扣，增加预先登机而不需排队、中途可以洗澡等服务措施。这种业务组合的调整，改进了服务水平，也提升其服务业绩。

(4) 服务改进。顾客的不满通常是由于需要没有满足而引起的，顾客抱怨中往往能反映出产品或经营中的弱点，从而为企业产品和服务的改进提供重要信息和思路。早在20世纪80年代初，美国通用电气公司（简称通用电气）就使用"800免费电话"，听取消费者意见。如今，通用电气已拥有世界上最大的"客户记录资料库"与"解决问题资料库"，通过对消费者意见和需求的量化，通用电气源源不断地开发出适合顾客需要的各种产品。

(5) 流程优化。很多服务失败源于服务过程的失败，企业可以通过对服务补救信息的统计、分析，重新设计、优化服务程序，提高顾客的满意和忠诚，使企业处于持续的质量改进过程中。

12.3.4 服务补救的程序

与顾客接触的员工可以发现并解决服务失误，但解决服务失误必须依靠有效的服务补救系统，而不是一线员工。下列原则对企业建立这一系统可以起到帮助作用。

(1) 计算服务失误和服务错误的成本。服务失误会导致顾客流失，这样，就需要企业争取新的顾客来弥补顾客流失所造成的损失。更重要的是，顾客流失会给企业带来坏口碑，这些都构成服务失误的成本。争取新顾客的费用通常比维持老顾客的费用要高出好几倍。而坏口碑对企业的影响更是致命的，也使得企业争取新的顾客更加困难。良好的服务可以避免因服务失误而付出的额外费用，但企业很少能意识到糟糕的服务所带来的经济损失。所以，精确地计算出这笔费用对于提高企业的质量意识会有所帮助，只要顾客流失和服务补救的成本是比较容易算出的。出现服务失误后，即使对顾客进行超值补偿，对企业来说，也是有利可图的。

(2) 征求顾客意见。绝大多数顾客都不会把他们糟糕的服务体验告诉给企业，他们会投向企业竞争对手的怀抱。所以，当服务错误和服务失误出现后，一定要主动地向顾客征求意见，了解服务失误的原因、服务系统失误的原因以及顾客不满意的原因等。员工，特别是那些与顾客接触的员工，应当有能力控制服务失误的局势，让企业意识到服务失误的严重性，即使顾客没有提出这样的要求也应当如此。但是，最先发现问题的肯定是顾客，所以应当使顾客能够很容易地就服务过程中的失误或问题进行抱怨，这是企业能够获取的、关于服务失误的第一手资料。通过对这些资料的分析，可以找到解决问题的策略和方法。有些情况下，可以对顾客进行培训，如通过印发一些小册子或其他文字资料教会他们如何抱怨。有的企业利用信息技术来帮助顾客为企业提供服务失误的信息。员工必须对那些进行抱怨的顾客表现出应有的尊重和关怀。

(3) 发现服务补救需要。服务失误和服务错误可以在任何时间、任何地点发生。但是，通过对服务过程、人力资源、服务系统和顾客需要的详尽分析，我们可以寻找到服务失误的"高发地带",并采取措施加以预防。有些时候,一个服务失误会引发一系列反应(如航班的误点),对这一类的问题必须加以高度重视,做好预防工作。复杂的 IT 系统是引发服务失误的另一危险"地带"。通过引进新的系统可以较好地解决这个问题。寻找那些服务失误的"高发地带",采取措施,防患于未然可以使服务补救取得更好的效果。

(4) 服务补救必须迅速。一个不满意顾客可能会向 12 个人倾诉他们糟糕的服务体验,而一个满意的顾客在人群中传播企业好"口碑"的机会比这要少得多。服务补救越慢,口碑传播得就越快。同时,迅速进行服务补救对于挽回服务失误所造成的较差的质量感知比缓慢的服务补救要有效得多。

(5) 员工培训。与顾客接触的员工必须明确为什么要关注服务失误、为什么要对其做出及时的补救,也必须明白他们所担负的职责。企业必须对员工进行培训,让员工具备及时发现服务失误和不满意顾客并教会顾客参与到服务补救过程中的能力,并让员工明确自己的职责,即做好顾客的工作、迅速改正错误并及时做出赔偿。培训的目的是培养员工的顾客意识和处理此类问题的技巧。如果不这么做,员工对服务补救的看法可能就是五花八门的,难以形成统一的认识。

(6) 充分授权并使与顾客接触的员工具有服务补救的能力。培训可以使员工更明确服务补救的意义和自己在服务补救中应当扮演的角色,以及必须具备的技巧。但是,员工必须根据管理层的决策来决定对顾客如何进行补偿及补偿多少。他们必须首先了解上层对服务补救、顾客抱怨的看法。这显然不利于服务补救效率的提高。因此,必须对员工进行授权,并使其了解到关于服务补救的信息和赔偿方法等,以便具备服务补救的能力,如对遭受服务失误的顾客做出何种担保、能否给予顾客免费的票证或者是金钱的补偿等。

(7) 使顾客处于知情状态。顾客希望看到企业承认服务失误并知道企业正采取措施解决这一问题。如果不能当场解决服务失误,就应当坦诚地告诉顾客,企业正在努力,请给企业一些时间。当问题得到解决后,应当告诉顾客解决的结果,并同时告诉顾客,企业从这次服务失误中所得到的经验教训及其将来如何避免此类事情的发生。

(8) 从错误中吸取教训。企业必须拥有并创造性地运用服务补救系统。必须从组织、员工等各个方面来查找服务失误、质量问题及其他错误出现的原因。对于企业来说,寻找到失误根源并对流程做出相应的修正是一项非常重要的工作,唯有如此,才能避免此类事情的再度发生。

12.4 服务承诺

承诺是一种特别的补救工具,相对来讲,承诺的使用对于制造业产品比较普遍,它可以被定义为"是对于销售产品的期望质量和使用寿命的一种保证,常常伴有补偿的承诺"。如果顾客发现购买产品的质量没有像厂家承诺的一样,顾客可以退货。而对于服务来说，由于服务产品具有非实体性特点，并且服务生产和消费是同时发生的，并带有很大的易变性，所以，服务在很长时间里被认为是无法保证的。但是，随着经济的发展，越来越多的企业发现它们可以通过对其提供的服务作出承诺而得到巨大的益处，于是开始考虑服务承诺的内容和形式，利用服务承诺补充企业的服务补救策略，将其作为一种服务工具来帮助企业实现服务补救。

12.4.1 服务承诺的益处

服务承诺之所以被重视，是因为许多服务性组织机构已经意识到，承诺不仅仅可以作为一种营销工具，同时也是组织内部对质量进行定义、培养和维护的一种方法。一个有效的服务承诺不仅可以帮助实现企业服务补救，更能通过承诺提高企业内部服务质量的实现效率。有效的承诺对公司有以下几方面的积极作用。

（1）促使公司关注顾客。一个顾客导向型的企业要开发一个有意义的承诺，必须充分了解顾客的期望和价值，了解对顾客而言满意的含义是什么，从而让承诺更有效地发挥作用。企业只有了解顾客所希望的"满意"的内涵才有可能有针对性地提供相应的产品和服务，而且，只有在此基础上提出的服务承诺才有可能是最有效的。

（2）为组织设立清晰标准。有效的承诺促使公司清晰定义对员工的期望，并为此与他们进行沟通。承诺为员工提供了以顾客为导向的目标，让员工围绕顾客策略一起行动。承诺有时可以让员工确切地知道顾客抱怨时应该做什么，了解公司的重要目标，提高员工的服务补救效率，使公司能够采取快捷的行动进行补救，提高顾客感知服务质量并维持顾客忠诚。

（3）从顾客那里快速得到相关反馈。如前文所述，绝大多数顾客不会把他们不满意的情绪直接向企业宣泄，他们更容易投入企业竞争对手的怀抱，并传播负面口碑；企业必须重视顾客对企业的意见反馈，运用各种方法了解顾客对企业的意见、建议和要求。有效的承诺可以激发顾客来抱怨，并为他们进行的抱怨提供依据和引导，让他们了解到抱怨是他们的权利，从而为公司提供更具代表性的反馈；同时这些信息被追踪并汇总到持续的改善活动中，强化了顾客和服务运作决策之间的反馈联系，继而改善和加强企业和顾客之间的关系。

（4）塑造企业良好形象，提高顾客和员工忠诚度。有效的承诺可以强化企业在顾客心目中的信誉和形象，让员工产生自豪感，使员工的士气和忠诚度也得到加强，服务得以改进，可以说既能够使顾客受益，也能够使企业和员工受益。企业建立了有特色的服务承诺体系，能够在竞争对手无法达到的高度上为顾客提供服务，并通过履行这些承诺来证明企业的存在就是为了满足每个顾客的需求。对于顾客来说，有效的承诺降低了他们的风险感并建立了他们对服务组织的信任。自然而然地，在顾客满意的同时，企业赢得了竞争优势，提高了顾客对企业的忠诚度。相应地，员工在完成对顾客服务的同时也感受到这种忠诚，继而产生了自豪感，促使他们更加努力地工作，使顾客、企业和员工达到一种多赢的效果。

(5) 帮助顾客消除不确定感，变潜在需求为现实需求。承诺帮助顾客降低了由于服务的无形性和个性化特点带来的不确定感，增加了他们在消费前对服务的积极评估。由于信息的不对称，顾客在购买服务产品时可能对产品不熟悉，或者对产品的质量存在怀疑，或者因为担心产品无法满足自身需求而对做出购买决定犹豫不决。因此，如果企业最初郑重提出关于服务产品的相关承诺，就会有效地解除顾客的疑虑，将其购买欲望转换成为购买行为。

12.4.2 有效服务承诺的原则

服务承诺的实质是企业对顾客正当权益所做的一种保证，其目的是赢得顾客的信赖和好感，锁住现有顾客，吸引更多的潜在顾客。所以，服务承诺内容的确定应以顾客的需求为转移，绝不能凭借企业的主观想象，这样才能保证做出的承诺对顾客形成应有的影响力、震撼力和刺激力。为此，企业要详细调查和了解目标顾客在某一产品购买行为中期望的服务是什么，然后结合企业的条件和能力，设计出恰当的服务承诺体系。必须指出的是，企业在依照顾客期望设计服务承诺时，应使之尽可能超越顾客期望的平均水平，以对顾客形成更强的吸引力，取得超越对手的竞争优势。

Christopher Hart 认为，服务保证是提高企业声誉的一种营销投资，通常包括以下三个要素：确保顾客的希望实现；确保顾客在第一次感受服务失误的情况下能得到补偿；确保没有烦琐的手续。这些都保证了服务承诺是建立在使顾客满意的基础上的。毋庸置疑，有些确定的特性使得一些服务承诺相对其他承诺而言更为有效。我们可以通过表 12.2 了解有效服务承诺的特性。

表 12.2 有效服务承诺的特性

无条件的	承诺应该是无条件的——没有附加条件
有意义	要承诺的是那些对顾客来讲十分重要的服务因素
	赔偿应该抵消顾客所有的不满
易于理解和沟通	顾客需要知道能期待什么
	员工知道该怎么做
易于授用和赔偿	在承诺的授用和赔偿过程中不应该有过多的约束和限制

资料来源：Hart C. The power of unconditional guarantees. Harvard Business Review, 1988, (7-8): 54-62.

有效的承诺应该是无条件的——没有附加条件。企业在向顾客做出承诺时，一般不该带有"假如"、"除了"等内容。存在附加条件会给人一种情不真、意不实的感觉，继而会在顾客的心里形成一种无形的墙，顾客在感到不舒服的情况下接受承诺，承诺便失去了其应有的效用。不仅如此，设置附加条件往往还会给企业内部个别部门和员工不认真履行承诺带来借口，甚至使其将这些附加条件作为自己推卸事故责任的依据。一些带有各种约束和限制的承诺通常都不是有效的承诺。显然，这些都有悖于开展服务承诺、挖掘内部潜力以及促进服务水平的提高。

承诺应该是有意义的。这里的"有意义"包括两层含义：首先，对那些很显然的事情进行承诺于顾客毫无意义。所谓很显然的事情，是指在某一特定行业几乎每一个竞争者都可以做到的事情。例如，某家送水公司承诺当天送到，否则下次免费赠送一桶水。在这个行业，几乎每一个竞争者都可以做到当天送水到家，因此，该承诺对于顾客来说就不是很有意义。其次，赔偿也应该是有意义的。顾客希望在接受服务补救的时候，企业可以对其不满及花费的时间，甚至引起的争论给予充分的赔偿。因此，企业在做出服务承诺前应对服务失误出现的可能性和作用程度做出分析和预计，针对意外情况可能给顾客造成的损失，反复考虑顾客在接受服务补救时的可能需求，以设计合理的服务承诺和补偿措施。

承诺还应该是容易理解的，并同时传达给员工和顾客。服务承诺的内容要使人一看就懂，顾客能充分地利用它获得企业提供的附加利益，内部员工也能够从中明确自己的工作目标和职责。按照这一要求，服务承诺的条件应尽量能够量化，如承诺"迅速解决这一问题"，就不如"两天内解决这一问题"更易于顾客把握和员工贯彻执行。有时候承诺的词语令人迷惑不解，语句啰唆冗长，或者有太多的约束和条件，不论是顾客还是员工都无法理解企业到底在承诺什么。造成的后果便是员工在实施服务补救时质量低下；顾客从自己的角度理解服务承诺的内容，如果服务补救的结果与其理解的服务承诺不一样，顾客就无法真正满意，服务承诺失去其效用，甚至可能适得其反。

同时，承诺也应该易于授用和赔付。要求顾客写信或者提供关于服务失误的书面证明的承诺，使得授用承诺成为费时的工作，往往并不能得到适时的实践，特别是当服务的货币价值相对较低时，消费者就根本不值得提出证明。

▶ 案例 12.3：Acellion 的服务担保

埃克斯林公司（Acellion）是一家年轻的高科技公司，它在分布式存储、管理和传输方面拥有领先技术优势。它的目标是成为世界上最大的企业（"The global 2000"）和基于互联网的优质内容提供商，为了达到这个目标，公司的高管们意识到除了技术领先优势外，使公司战略性成长的关键因素是卓越的服务质量和高度的顾客满意。为了建设顾客导向的文化并向市场传达令人信服的优质服务的信息，埃克斯林公司决定采用顾客承诺这一方式。以下是埃克斯林公司的服务保证。

（1）性能担保。埃克斯林公司保证为顾客提供稳定的网络上传或下载服务，传输速度是一般网站的200%。为达到以上承诺，埃克斯林会对网络性能进行检测。

（2）有效性担保。除了不可抗力或定期维护所带来的暂停服务外，埃克斯林公司的网络具有100%的稳定性。

（3）顾客服务担保。一旦公司的服务没有达到上诉1、2条中所规定的标准，埃克斯林公司将在服务失误发生后将一个月的服务费用划入顾客的账户以弥补当月所受的影响，此担保只提供给那些在服务发生后的5天内给公司提供有关服务失误的书面通知的顾客。如果顾客没有做到此要求，将丧失此担保的索取权。埃克斯林公司将在安排维修之前的 48 个小时内通知顾客。如果服务是因为任何其他的原因失效，埃克斯林公司将迅速通知顾客并采取一切必要的措施来进行服务补救。

埃克斯林公司设有 24 小时支持服务中心，对顾客提出的任何与服务相关的问题在接到问题 2 小时内进行解答。

（4）安全和隐私政策。埃克斯林公司完全尊重服务器内顾客储存在本公司的任何隐私数据。埃克斯林公司也不会要求顾客提供终端用户的隐私细节。顾客向埃克斯林公司提供的所有数据都只是为了顾客的自身利益。埃克斯林公司不能分享、泄露或者出卖个人的识别信息给可能进入的人，并确保顾客信息与数据的安全性。

资料来源：Lovelock C, Wirtz J. 服务营销. 亚洲版·第 2 版. 北京：中国人民大学出版社，2007：547.

12.4.3 服务的特征与服务承诺的效果

从上文的论述中，我们明白了服务承诺是企业服务营销的一种重要手段，它可以为顾客消除不确定感、提高企业的形象。但是值得我们注意的是，服务承诺并不是万能的，服务承诺实施的效果与服务类型以及企业的特征有着紧密的联系，不同的条件下实施服务承诺会产生截然不同的效果。

1. 有利特征

Hart（1988）针对服务特征对服务承诺的影响作了明确的阐述，认为在满足以下一个或者多个特征条件下，服务承诺将对企业赢得和巩固市场产生比较大的作用。

（1）企业所提供的服务价格昂贵。5 元的擦鞋服务，几乎很少有人关注他们是否提供了保证。当你花上 3 万美元购买了"华尔街英语"提供的 8 个级别的课程时，几乎所有人都会很在意培训者提供的"成功保证"。

（2）消费者的形象和尊严冒着一定的风险。很少有人愿意被理发师剪个可笑的发型，如果发型师是个学徒，即便对方告诉你，他提供免费的服务，也很少有人愿意冒险尝试。

（3）消费者对所购买的服务了解甚少。在这种状况下，由于服务无法提前看到效果，消费者对服务的质量和结果一无所知，因此，消费者的感知风险相对较高，服务承诺降低消费者感知风险的作用也大大显现。

（4）服务失败引起的负面作用比较严重。例如，照片冲印失败，那么消费者将面临丢失周游欧洲的所有照片时，服务承诺就会起到很大的作用。

（5）所处行业所提供的服务质量的形象糟糕。我国网上消费的欺骗行为较多，消费者在选择网上服务时，有资金安全承诺的"支付宝"是众多网民的首选。

（6）公司所提供的服务主要来自回头客的重复消费。在一个市场容量较小的有限市场中，管理者们不得不更多地关注现有顾客的忠诚度和重复消费，前文已经探讨过，服务承诺能提升老顾客的忠诚度。

（7）公司的业务受消费者口碑影响较大。咨询公司、旅游景区、居民区附近的餐厅等，这些服务业者都需要尽可能减少消费者不满意带来的负面影响，好的业内口碑对这些公司业务影响至关重要。

2. 不利特征

就像前面讲过的，承诺不总是适用的。在实施一项承诺策略前，有许多重要问题需要考虑。在下述情况下，承诺可能行不通。

（1）公司现有服务的质量低劣。在建立一项承诺时，公司应该解决所有重大质量问题。当一项承诺确实引起对这些失误和严重质量问题的注意时，完成该承诺的成本会轻易超过任何收益。这些成本包括因为严重质量问题而付给顾客的实际货币以及与顾客改善关系有关的其他成本。

（2）承诺与公司形象不符。如果公司已经因质量高而拥有很好的声誉，并且实际上无形地保证着它的服务，那么一个形式上的承诺就好像没有必要了。举例来说，如果万豪酒店打算提供一项明确的承诺，很可能会使某些客户感到困惑，因为他们已经预料到在这家高级连锁饭店会得到无形中保证的高质量服务。

（3）服务质量确实无法控制。尽管这常常被用作不使用承诺的借口，但很少有质量真正失去控制的情况出现。不过，这里有两个例子可以证明这种情况的确存在。例如，对一个培训组织，当成绩合格更多的是依赖于学员的个人努力时，那么承诺所有参加者在课程结束时都能通过某个特定水平的认证考试就不是一个好做法，不过，公司可以保证培训本身或培训过程中某个特定方面会令人满意。类似地，在冬季飞离的航班可能不承诺准时出发，因为天气是不可控制的。

（4）承诺的成本超过利润。对于任何质量方面的投资，公司要仔细计算相对于预期收益（顾客忠诚、质量改善、新顾客开发和口头广告）的期望成本（对失误的赔偿和进行改善的成本）。

（5）顾客在服务中感觉不到风险。当顾客对公司或其服务质量不确定时，承诺常常是最有效的。承诺可以减轻不确定性、有助于减低风险。如果顾客觉察不到风险，如果服务价格相对比较低廉并且有大量潜在的替代者，如果质量相对来说是不可变的，那么承诺对公司可能产生不了什么效果，还不如促销的价值大。

（6）在竞争者之间的质量方面感觉不到什么差异。在某些行业中，竞争者之间在质量方面可能有极大差异，在这种情况下，承诺可能非常有效，特别是对第一个提供这种承诺的公司。而某些行业，竞争者之间质量水平普遍较低，这一招也很有效，第一个使用承诺的公司常常能脱颖而出。在对新加坡几家服务性公司提供承诺的研究中，人们发现，如果某行业中仅有一家公司提供承诺，那么较之于其他行业中承诺非常普遍的公司，它会把成功更多地归功于承诺的实施。

讨论与思考

1. 相对于有形产品的消费，为什么服务消费过程中会出现较多的失误？
2. 为什么服务企业会更加关注顾客的抱怨？
3. 服务补救的原则是什么，如何设计服务补救体系？
4. 举例说明有效的服务承诺有什么特征？

第 13 章 建立与维持顾客关系

内容提要

本章基于关系营销的视角去探讨如何建立和维持顾客关系。首先介绍了关系营销的产生背景和发展现状，以及其与交易营销的区别；其次在关系营销的范畴下阐释了关系型顾客的主要类型，以及顾客关系对于企业和顾客双方的利益；最后探讨了企业维持顾客关系的基础，以及维持顾客关系的基本策略。

主题词

顾客关系　关系营销　关系型顾客　双重利益　维持策略

引导案例

国联安基金的顾客关系管理

国联安基金管理有限公司（简称国联安基金）引进海外市场运作成功的基金营销管理信息系统，以此作为系统基础构建国联安基金的顾客服务体系。该体系由有形和无形两大体系构成：有形的服务体系由企业顾客服务中心、银行券商服务网点的服务人员构成，它们以有形的形式存在，直接面对终端顾客进行服务；无形的服务体系由企业的呼叫中心（call center）、网站与银行券商的呼叫中心、网站共同构成，借助网络的资源对终端顾客进行服务。

国联安基金在2004年年初分析后提出了"微笑定期定额投资法"。以满足不同类型的投资者，将投资风险降到最低。为了向投资者提供更多层次的个性化理财服务和其他增值服务，实现"建立最佳顾客关系"的战略目标，企业还特别成立国联安基金投资者俱乐部——"德盛理财俱乐部"。入会资格是持有国联安旗下基金累计达到3万份以上者，自动成为"德盛理财俱乐部"会员。会员参加俱乐部组织的各种活动，将获得意想不到的惊喜和丰盛的奖励；了解投资和理财知识，诊断理财需求，享受度身定制的个性化理财服务；参加俱乐部组织的理财讲座、基金经理见面会、行情说明会等活动。

为打造"最佳顾客关系"，国联安基金的网站不仅具有强大的交易功能，还特意为投资者提供了很多个性化和互动式网上在线服务。主要服务项目有：①个性化信息设定。根据顾客的需要，定制有兴趣的信息，包括企业公告、德盛每周视点、德盛资讯、基金市场、财经信息等各种资讯以及基金净值等信息。②专家在线咨询。专家为顾客详细解答关于基金的业务问题。③在线账户查询及通讯资料修改。顾客可以随时随地查询个人账户资料，而且还可以在网上查阅和打印电子交易确认书和对账单。④信息下载。投资者可以在网站直接下载各种业务单据、基金合同、招募说明书、基金中期报告和年度报告等。⑤个人理财服务顾客。投资者可以利用网站理财园地提供的各种理财工具，更加科学地找到属于自己的理财需求。

资料来源：胡斌. 我国基金管理企业服务营销案例分析. 华中科技大学学位论文. 2007.

几乎所有的企业都有这样一个共识：随着经济的发展，企业关注的目光由过去聚焦"产品"逐渐转移到"顾客"上。顾客是企业的衣食父母，企业的一切活动都应围绕顾客这个基本出发点。现实生活中，我们很难找到一个脱离顾客却能够生存的企业，无论是制造业，还是服务业。在未来经济发展中越来越重要的观点就是：成功的企业一定是能够倾听和关心它们的顾客，并建立与维持良好顾客关系的优秀企业，而关系营销被认为是服务企业建立和维持顾客关系的核心工具。关系营销认为吸引新顾客仅仅是营销过程的第一步，而更重要的是维护关系、把一般顾客转化成忠诚的顾客、像对待主顾一样为顾客提供服务，最终与顾客建立和维持长期、持久的顾客关系。

13.1 关系营销与构建顾客关系

20 世纪 80 年后期，随着服务业的快速发展，营销学者们积极探讨传统的营销组合是否能够有效地推广到服务领域，服务营销需要哪些营销工具等问题。营销学者逐步认识到"人"在服务的生产和推广过程中所具有的特殊作用，并由此衍生出两大领域研究：即关系营销和服务系统设计。在关系营销这个领域中，"关系营销"一词是 Berry 于 1983 年首先提出的。关系营销在某种程度上弥补了传统营销中只注重短期交易而忽略顾客关系重要性的缺陷，它的产生也是时代发展的必然产物。

13.1.1 关系营销概念的提出与发展

自从"关系营销"概念提出以来，理论研究者和实践家从各个方面对其展开研究。营销学家 Kut 将众多针对关系营销的研究成果划分为三大流派：一是建立在 Christopher、Payne 等研究的基础上，强调将质量管理、服务营销理念和顾客关系经济学紧密联系在一起的英澳流派；二是建立在以 Grönroos 为代表的工业营销的互动网络原理、服务营销理念和顾客关系经济学相结合基础上的北欧流派；三是以 Berry 为代表的主张在企业内部就买卖双方的关系进行强化教育，并相应地提高企业在这方面的经营管理水平的北美流派。无论是英澳流派、北欧流派还是北美流派的研究，大都围绕着解释关系营销概念而展开。

1. 关系营销的概念发展

自从"关系营销"引起学术界和实践界的广泛关注以来，很多学者都提出了"关系营销"的定义，但仍没有对关系营销概念统一的定义。这是因为作为相对新的一个概念，关系营销还没有形成一个完整的体系，很多研究关系营销的学者的社会政治渊源和学术背景有很大的差异。但是经过许多学者不断的努力，使我们进一步加深了对关系营销的定义和其他相关概念的理解。

学术界普遍认为，关系营销的概念是 1983 年 Berry 在一篇服务营销的会议论文中首次引入文献的："关系营销就是提供多种服务的企业吸引、维持和促进顾客关系。"1985 年，Jackson 在产业营销领域提出这个概念，认为"关系营销就是指获得、建立和维持与产业用户紧密的关系"。Copulsky 和 Wolf 提出"关系营销就是利用数据库去'瞄准'消费者，去保持消费者，与消费者建立连续关系"。Morgan 和 Hunt 指出，"关系营销是指所有目的在于建立、发展和维持与顾客的成功的交换关系"。

Grönroos 对关系营销的定义一般被认为具有普遍性，他将关系营销定义如下：关系营销的目的就是要发现、建立、维系和强化与顾客或利益相关者的关系。当然如果需要的话，也会中断与某些顾客或利益相关者的关系，以便更好地满足其他顾客或利益相关者的经济或其他需要。这个目的是在双方不断做出承诺和履行过程中实现的。

关系营销建立在顾客与企业互动的关系基础之上。关系营销不是营销的工具，相反，它是一种理念，一种与顾客共同创造价值（而不是将现成的价值分销给顾客）的全新营销理念。企业与顾客之间是一种合作并相互独立的关系，而不是冲突和相互依赖的关系。所以，关系营销首先是一种理念，它决定了产品或者服务提供者与顾客的关系，也决定了企业如何管理与顾客的关系。按照这种理念，关系营销被视为顾客关系（与供应商的关系、与分销商的关系、与网络合作者的关系以及与金融机构和其他利益相关者的关系）的管理过程。

关系营销的核心特性就是"关系营销是建立在关系、网络和互动的基础之上，而且关系营销存在于企业、市场和社会这样一个广泛的网络之中。关系营销的目的是让企业与顾客、利益相关者建立起双赢的关系，而且让处于关系链条上的各方共同创造价值，它超越了传统的专门职能和准则的界限"。

事实上，关系营销能否获得成功，在很大程度上取决于企业是否能够重新审视传统的业务职能，这是实施关系营销非常重要的方面。当然，这并不是说营销比管理其他要素更加重要。对顾客进行所有活动和投资的结果，都必须加以考虑，这是营销的出发点，但不是最终目的，这与传统营销有所不同。整个组织都需要有一种营销的理念，而不仅仅是营销部门。

2. 关系营销的内涵

为了清楚地剖析关系营销的内涵，Berry 将关系营销划分为三个层次，即战术层次、战略层次和理念层次。

（1）战术层次（tactical level）。在战术层次，关系营销主要是作为一种销售促进工具。信息技术的发展使得企业可以有效地开发和实施一些短期的忠诚度计划，刺激顾客的购买。但是，短期忠诚度计划本身或多或少带有一些机会主义的色彩，可能并不能培养顾客对供应商的忠诚。换句话说，"顾客产生忠诚的对象并不一定是供应商，而是忠诚度计划中的激励物"（Barnes，1998）。

（2）战略层次（strategic level）。在战略层次，关系营销被视为一个过程。在这个过程中，"供应商通过法律、经济、技术、地理和时间等方面的结合，将顾客纳入企业的经营过程中"。因此，从战略的角度考虑，"顾客关系应该构筑在互利合作、相互依赖和共担风险的基础上，只有这样的关系才更稳定、更持久"（Han. et al.，1993）。

（3）理念层次（philosophy level）。在理念层次，关系营销反映了营销哲学的核心思想。关系营销把战略重心从产品及产品生命周期转向了顾客关系的生命周期。Narver 和 Slater 将关系营销定义为"顾客导向、竞争对手导向和跨部门协调等三位一体的整合——在保障利润的前提下，调动企业内部所有员工的积极性，比竞争对手更好地满足目标顾客的终身需求"（Narver and Slater，1994）。

13.1.2 关系营销与交易营销的区别

很多服务型企业并不准确了解其顾客，因为它们没有关注顾客关系。就像这样的广告主题"尝试我们吧，否则你将错过，因为我们比竞争对手好"。它表明服务机构更趋向于获得新顾客，并往往落入短期促销、价格折扣，或那些虽能带来新顾客但不足以带来回头客的广告宣传等陷阱。从另一个角度讲，如果采纳顾客关系理念，服务机构将在较长时期和一定深度上了解顾客，更好地满足顾客不断变化的需求和期望。

关系营销本质上代表了一种营销理念由以获取交易为中心到以保留关系为中心的转变。在这种以关系为中心的营销战略中，顾客变成了伙伴，服务机构长期致力于通过质量、服务和创新来保留这些顾客。从表13.1可以看出交易营销和关系营销之间的显著差别。

表 13.1 关系营销与交易营销的差别

交易营销	关系营销
着眼于单笔交易	着眼于顾客的保持
不连贯的顾客联络	连贯的顾客联络
重视产品特性	重视顾客服务
短期销售	长期销售
对满足顾客预期作有限承诺	对满足顾客预期作高度承诺
质量是生产部门关心的事	质量是所有员工关心的问题

关系营销理念的核心是促使顾客愿意与同一服务提供机构保持已有关系，而不是为寻求价值不断转换游走于服务供应者之中。一般来说，顾客与服务机构进行大量业务往来的机会越多，越有可能成为老顾客，即忠诚的商业伙伴。老顾客使服务成本降低，在一定范围内对价格不敏感。

很多服务机构频繁地关注于获得顾客交易行为，之后却很少关注应该怎么做才能保留顾客维持行为。著名的"营销水桶理论"形象地描述了关系策略的作用。如果将顾客看成是水的话，营销则可看做一只大水桶，所有的销售、广告和促销计划都可用来造桶，并使水更多更快地从桶口倒入桶里，只要这些方案计划是有效的，水桶就可以盛满水。而服务问题就相当于"桶上有一个洞"。当服务者按承诺提供服务，生意状况很好时，这个洞很小，有很少的顾客流失。当运营管理不善，顾客对服务感到不满，洞大了，水就会从洞中大量流失，流出的比倒进来的还多。如果解决了问题，水桶不漏了，即使没有水进来，水桶也可以是满的。关系策略就相当于"给营销水桶补漏洞"。

过多关注获得顾客的传统，转向并实施关系策略，意味着服务机构在思想上、组织文化上和员工奖励系统上的一系列变革。例如，销售激励制度（包括对顾客和对员工），许多企业对获得新顾客进行奖励，却很少（或者根本没有）对保留现有顾客给予奖励。对营销人员的奖励，也习惯于"增量"考核，"鞭打快牛"。因此，即使人们认识到保留顾客的必然性，现有的组织系统对关系策略的执行也可能存在较大的障碍。

13.2 关系型顾客的目标与利益

建立持久的顾客关系，将新顾客转变为关系型顾客是服务企业获取和维持竞争优势的基础目标，而关系营销便是实现这一目标的关键手段。本节重点讨论服务企业运用关系营销手段获取关系型顾客的基本过程，以及关系型顾客对于服务企业和顾客双方带来的双重价值。

13.2.1 目标顾客

关系营销的基本目标是建立和维持一个对企业有益的并给予承诺的顾客群体，培养顾客对企业的忠诚度，即建立关系型顾客。为实现这一目标，企业运用关系营销手段关注于开发、维持和增强顾客关系。

图13.1显示出在服务企业关系营销过程中，关系型顾客的建立是一个从新开发的顾客逐步通过"忠诚度阶梯"向更有价值的顾客提升，直到阶梯顶端的渐进过程。

梯子的底部是"可能的顾客"，即目标市场。传统的市场营销倾向于把重点放在怎样使个人或组织转化为第二级的"顾客"上面。然而，在关系营销模式中，这一层次的顾客也许与我们只有一次或者不定期的业务往来。当顾客提高一层成为"主顾"，他将会与我们进行多次业务往来，但是可能对服务持中立甚至否定的态度。例如，零售商有自己的主顾，但是这些主顾对零售商的看法不肯定，他们没选其他零售商是因为惰性，而不是出于忠诚。

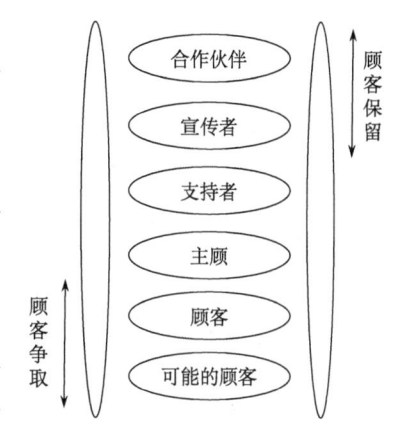

图 13.1 顾客类型与关系营销目标市场

资料来源：阎剑平．服务营销．北京：中国纺织出版社，2004：57．

当主顾变成"支持者"时，关系的力量就变得明朗起来。他们愿意与服务者经常联系，甚至可以说服他们做"宣传"，也就是积极向别人推荐服务商。阶梯的最高处是成为合作伙伴的顾客，他们常常与服务提供者一起寻找办法，使双方从关系中获益。在关系营销模式下，重点放在寻找适当的办法把顾客推向阶梯更高一级，且不降落下来。

13.2.2 六市场模型

当Berry第一次提出关系营销这一重要概念时，这个概念主要涉及顾客关系，关注企业与顾客之间如何发展和培育互惠互利的长期关系。随着大家认识到要成功地实施外部关系营销不能离开内部关系的支持，这一概念很快得到扩展，包括内部营销。Christopher等假设关系营销是市场营销、顾客服务和全面质量管理的整合，这一假设暗含着内部整合的概念，并强调关系营销的跨职能和基于流程的特征。这一假设还表明顾客满意和忠诚建立在向顾客创建卓越的价值之上。他们提出了关系营销的六大市场模型，考虑除了顾客关系以外的其他利益相关者，即推荐市场、供应商市场、内部市场、员工市场以及影响市场，即扩展的关系营销。但是即使将其他利益相关者都包括进去，关系营销的重点仍然在顾客市场上，即顾客仍然是关系营销所有概念的核心。

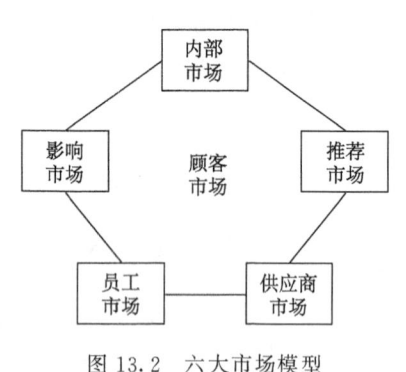

Payne等的六市场模型（图13.2）表明了这种组织层次上的关系营销。企业必须在若干个市场制订营销计划，展开营销活动。除了需要对现有或潜在顾客开展营销活动之外，还应考虑供应商市场、雇员市场、推荐市场、影响者市场和企业内部市场。当Payne等提出六大市场模型时，把内部市场放在该模型的中心位置，强调企业内部营销职能对其他市场的协调作用。随着对关系营销本质的深入理解，市场竞争的加剧，很多研究都把顾客市场放在中心位置，企业在其他市场上的关系营销活动都是为了更好地满足顾客的需要。

图13.2 六大市场模型

资料来源：Payne A，Christopher M. Relationship Marketing: Strategy and Implementation. Butterworth-Heinemann. 1999.

（1）顾客市场。顾客市场包括所有购买产品或服务的个人或组织。他们可以是最终用户/消费者，也可以是中间商。现在市场竞争越来越激烈，顾客服务是一家企业在同行中脱颖而出的唯一有效办法。

（2）供应商市场。供应商市场是为形成更多顾客价值而提供物资、产品和服务的组织网络。与供应商建立起良好关系，有利于改进产品和服务的质量、加快市场推出时间、增加新产品以及降低存货积压水平等。

（3）内部市场。内部市场指企业内部的个人和部门。它包含两个层次的意义：一是机构里每个职员和每个部门，他们彼此都是内部顾客或供应商，当每个人和每个部门都提供或受到最好服务时，可以确保机构最佳运转；二是确保全体员工认同机构宗旨、目标和任务，以协调一致的方式共同工作。

（4）推荐市场。推荐市场可以成为开发新业务的有效渠道。推荐者可以来自诸如医生、律师、会计师等专业咨询渠道，也可以来自现有的对服务感到满意的顾客。例如，房屋地产开发商、中介企业、房屋购买者可以成为银行按揭服务的推荐者，他们组成一个推荐市场。

（5）影响市场。影响市场由独立的实体、组织和个人构成，他们能够积极或消极地影响市场的竞争环境。成功的服务机构一般都与有影响的主要渠道保持良好的关系。

（6）员工市场。员工市场是关系营销的焦点，因为服务机构非常需要聘用和挽留那些愿意为实现其市场目标努力的员工。员工的满意，直接影响顾客的满意。服务机构应该通过内部营销，使自己成为有吸引力的组织，使员工满意并与企业价值观保持一致。

总之，从各个方面强调顾客关系的长期维护与发展，建立一批忠诚的顾客市场，不仅能为企业提供当前的业绩基础，还可以构建一个坚实的长期成长基础。例如，服务机构有一份采购合同，如果将生意给某个特定的供应商，而不是平分给三家供应商，它与特定供应商的关系就得到了巩固和提高。事实上，近年来很多供应商已经在追求成为某位顾客的某种产品或服务的"独家供应商"。这些增强的关系长期发展下去，可以提高服务商的市场占有率和利润。

13.2.3 关系型顾客的双重利益

运用关系营销手段，建立和维护一个忠诚的顾客基础不仅对企业有最大利益，而且顾客本身也可从长期关系中获得利益。这种"双赢"利益模式是关系营销得以发展的动力。

1. 顾客利益

当顾客从企业得到比企业的同行更多的价值时，他会选择与企业保持关系。价值代表的是顾客在"获得"与"付出"之间的差额，即顾客让渡价值。当获得（质量、满意度和特殊利益）超过付出（货币或非货币成本）时，消费者愿意保持与企业的关系。当企业不断从顾客的观点出发提供价值时，顾客会获益并得到激励，从而更加保持这个关系。

同样的核心服务可以产生不同的关系利益。例如，由于住宿原因不同，同住五星级宾馆的顾客，对各种服务成分的重要性感受不一。商人看中商务或秘书服务（翻译、传真、打字机），而游客认为吃住交通重要。在广州的外国游客喜欢住珠江边的旅店，若下次再来开会并做演讲，则喜欢通信便利、环境安静、会场效果好的旅店。报告结束后，他可再变为游客。有时，这种关系利益比核心服务的特性更能吸引顾客保持对企业的忠诚。

在长期服务关系中，顾客可体验的利益包括信任利益、社会利益和特殊对待利益。

1）信任利益

这种利益包含了信任的感觉或对供应商的信心，是一种减少焦虑和对期望较为了解的舒适感觉。对无形程度较高的服务，信任利益对顾客来说最为重要。例如，大多数广州人喜好中医，而且专找年长、有名的看病。中医院迎合人们的信任心理，总是高挂知名老中医的铭牌和介绍。假如某一个医生治好了一个多日咳嗽的小孩，家长下次一定会再带孩子来看病，一次、两次，久而久之便形成了固定的医患关系。因为患儿家长建立了对医生的高度信任，多次接触使双方了解不断加深，不仅沟通容易，而且治疗效果更好。

大多数人不愿更换服务提供者，特别是在这种关系上已经有相当大的投入时。服务转换成本通常较高，它包括金钱成本、心理成本和时间成本等。现代生活中，人们往往深陷时间和金钱的矛盾。大多数顾客（无论个人或商业团体）经常要权衡时间和金钱的关系，并且不断寻求平衡和简化两全决策的办法，以提高其生活质量。当他们与同一位服务提供者维持一种关系时，他们就能够以比较少的时间解决金钱问题或其他紧迫问题。

2）社会利益

经过长期来往，顾客同其服务机构或提供者形成了一种家庭式的感觉，同时建立了一种社会关系。这些关系使得顾客们很少更换服务提供者，即使他们听说竞争者可能提供更好的质量或更低的价格。全国劳动模范徐虎的例子说明了这种情况。徐虎是上海小区维修服务明星，在他负责修理养护的辖区里，一位妇女为调房跑了几年，好不容易找到一个适宜的调房对象。正待办手续，突然变了卦。原来她发现离开小区就离开了徐虎的优质服务，她实在舍不得，最后做出了"徐虎在，我就不走"的决定。此外，一些做美容美发的女士往往也固定于一个美容师或发型设计师，因为她们在得到服务的核心利益的同时也得到了其他利益，如"喜欢他非常风趣并且总讲很多笑话，就像个朋友一样亲切，同他交往非常愉快"等。

在一些长期的顾客与企业关系中，一位服务提供者可能成为消费者社会关系网络的组成部分。理发师，就像刚刚引用的例子中的那样，常常像知心朋友。类似的例子有：楼下的零售店主成了街坊邻居联系的中心人物；茶楼或体育场所经理认识了解在他附近住的常客；私立学校的校长了解一个家庭的全体成员及其特殊需要；汽车教练成了他来自各行各业学员的汽车顾问。

由这些关系形成的社会服务利益，对于提高顾客的生活质量（个人生活和/或工作生活）非常重要，甚至达到或超过服务所提供的技术利益。在服务提供者和顾客之间产生的亲密的个人和专业关系常常是实现顾客忠诚的基础。不过这种顾客关系的负面影响是，当一个有价值的员工离开企业时会带走他的顾客，带来顾客流失的风险。

3）特殊对待利益

特殊对待包括获得或有利益、得到特殊的交易或价格、得到优先接待等事项，就像一些顾客描述的："我总是按时付清我的信用卡账单。有一次，我的付款没有按时到账，我打电话给银行，在查过历史记录后，银行知道我总是提前付清欠款，然后就免去了我的手续费。""我的儿科医生允许我从后门进入诊室，这样一来我的女儿就避免了同其他生病的孩子接触。"

特殊对待利益是否重要，与社会制度和文化背景有很大关系。在西方国家显得不是很重要，消费者主要关注服务关系中获取的其他类型的利益。然而在亚洲的东方文化背景下，特权盛行的社会，人们比较注重特殊对待利益，不仅在于利益，还在于荣耀。有时满足顾客的炫耀心理的特殊对待，可以维持比较强烈而持久的关系。

2. 企业利益

对于企业来说，维护和发展一个忠诚的顾客所产生的利益有很多种。它的盈利来自：从顾客获得不断提高的收入，较低的营销和管理成本，无须降价就能保持边际收益率的能力。

顾客保留所带来的主要利益使销售额不断增加，当顾客渐渐了解一家服务商比其竞争对手提供的服务更令人满意时，他们会把更多的生意给这家服务商。并且随着顾客逐步成熟（如在年龄、生活经历以及业务增长方面），他们会不断要求更多的特别服务。

成本降低是老顾客带来的另一个利益。开发新顾客需要更多的启动成本，包括广告、促销费用、设置账目和系统的运作费用，了解熟悉顾客的时间成本。刚开始建立关系时，顾客接受服务可能会产生很多问题，并遇到一些麻烦。经过学习后，顾客的麻烦和问题就会减少，服务提供者在为顾客服务时的成本就会更低。因此，维持关系的费用经过较长时间后可能会下降。

举例来说，从事证券经纪业务的个人理财经理，开发新顾客的初始工作包括：多次见面沟通；介绍企业和个人业绩，建立顾客信心；了解顾客需求；市场、产品基本情况介绍；研究和决策理财方案；委托合同条款、风险控制、授权等。当开始下一次理财周期时，如果顾客愿意继续交易，上面的许多步骤就可以省略或简化了。

老顾客的口碑可以产生免费广告的利益。当一种产品很复杂，很难进行评价，做出购买决定可能冒一定风险时，顾客常常让熟悉的人推荐供应商。满意的忠诚顾客一般会为服务商做可信的口头宣传。

保留顾客的间接利益是保留员工。当一家服务机构拥有一个稳定、满意的顾客基础时，留住员工往往比较容易。人们更愿意为一家让顾客忠诚并感到愉快的机构工作，他们的工作令人满意，他们愿意花更多时间培养顾客关系而不是争夺新顾客。由此，顾客会更满意并成为更好的顾客，形成良性循环。同时，员工受聘时间长，就积累了许多服务质量提高的经验，进而减少了培训成本，也就带来了更多的利润。

13.3 如何建立与维持顾客关系

一旦已经识别了市场细分和确立了目标市场，并开发出高质量的服务，那么，需要采用哪些策略以实现保留顾客的目标呢？最成功的保留策略需要建立在服务质量、市场细分和监控变化中的关系需要的基础上。保留顾客的营销行为可在顾客金字塔不同层次发生，提升一个层次就拉近一些顾客与企业的联系，可持续竞争优势的潜能也就增加了。为实现层次化的保留顾客的思想，有三种可行的顾客关系维持策略。

13.3.1 顾客关系维持的基础

1. 核心服务的质量

如果核心服务没有建立在质量合格、顾客满意的基础上，顾客保留策略将很难取得长期成功。从竞争角度看，核心服务不一定意味着必须最好，或者在质量和顾客满意方面具有"世界水平"。但通常是好于对手，使自己具有竞争力才是重要的。

2. 市场细分与定位

市场细分也是关系营销的基础。市场细分程度不同，最极端的两种情况是大众市场与小众市场，两者产品的差别就是"薄利多销"还是"量少质精"。大众市场给所有可能的顾客提供一种服务，将他们的期望、需要和偏好视为同质。例如，电信通话业务，基本需求是发出或接受语音信息，差别在于数量多少，其营销方式是标准化的。因此，可以采用程控机提高效率。小众市场顾客量少，但每一位都非常重要，必须一对一提供个性化服务。例如，付费电视频道、计算机软件和网络工程服务、广告代理服务、法律顾问服务，甚至大型制造企业，如波音飞机企业，都会为其大的商业顾客提供定制化、特色化的服务项目。大量介于这两种极端之间的市场，往往是选择给不同的顾客群体提供不同的服务。市场细分和定位可以使机构的服务更有针对性。

（1）服务业市场细分特点。服务行业的市场细分和定位在很多方面和制造业是相同的，其步骤大同小异。制造业和服务业市场定位的主要不同在于区别市场共性与个性的需求。当一项服务被交付时，常有其他顾客在场，服务提供者必须识别并选择服务中带有共性的需求部分，而让个性的部分在另外场合得到，即定制服务。这正是服务供应商比制造业企业有更强的顾客吸引力的地方。

（2）个性化服务。服务业的内在特性决定了定制化程度较高，甚至细分到个体水平。因为服务是通过人提供给人的，很难标准化，其结果和过程在不同的提供者、不同的顾客、不同的时间、不同的地点场合是不一致的。这种固有的异质性既是祸根又是恩惠。一方面，它意味着服务的交付很难控制和预测，服务结果的不一致可能引起顾客质疑服务的可靠性；另一方面，它提供了定制化的机会，以及使用在制造业中无法使用的个性化方法来定制服务。服务本身经常通过真实的人在真实的时间交付，这就是一对一定制化服务的机会，利用服务对象的异质性，转化为有效的定制化策略。

仅拥有有限数目大客户的服务性企业，进行个体细分营销是必然的。例如，一家为航空企业提供服务的餐饮企业，会为每个航空企业按其具体需要配备小吃、饮料和盒饭。但在规模较大的顾客市场，服务机构每天可能有成千上万或上百万个真实瞬间，这就需要采用技术与员工授权相结合的方法，又称大规模定制方法。目前流行的"顾客关系数据库"信息技术，就实现了这种管理思想。它已经有效地运用在零售企业、电信企业话费统计、保险企业顾客保费与理赔成本记录、银行顾客存款、信用卡交易等大众消费产品中，以区分不同贡献率的顾客，为关系管理策略提供依据。

3. 监测关系

为了保留最有价值的顾客，关系营销还需建立另一个基础，即一种监测和评估长期关系质量的全面方法。

1) 监测当前顾客关系

通常采用的形式是年度顾客关系调查。调查需要一个完善的顾客数据库。了解谁是企业当前的顾客（名字、地址及电话号码等），他们的购买行为和习惯是什么，每年他们带来的收入，为他们服务所产生的成本，他们的偏好以及相关的市场细分信息，如人口统计、生活方式和使用类型等，这些构成了顾客数据库的基本内容。美国运通公司由于拥有详细的顾客数据，可以按照顾客的爱好和消费类型为某些类型的顾客提供时事快讯。

关系调查和顾客数据这两个方法，与其他各种类型的营销研究，如电话追踪访问、投诉监测、丢失顾客的调查和顾客来访等编制在一起，成为顾客关系管理信息网络。

2) 检测流失顾客问题

检测的另一个重要作用就是了解已经流失的顾客情况，一旦顾客离开企业，终止的信息应同时在数据库中表示出来。成功的企业十分重视顾客流失分析，找到问题根源。例如，IBM要求推销员对于失去的每一个顾客，必须写一份详细报告。

一个企业平均每年有10%~30%的顾客在流失，这是很多服务机构发展过程中常见的现象。很多企业常常不知道失去的是哪些顾客、什么时候失去的，也不知道为什么失去，更不知道这样会给他们的销售收入和利润带来怎样的影响。他们完全不为正在流失的顾客感到担忧，反而依然按照传统方式拼命招揽新顾客。

努力挽回顾客还是争取新顾客是一个关系选择的问题。实际上，回头重新经营那些曾经存在的顾客关系，将会是一个聪明的选择。花费同样的精力，有的可能争取到新顾客，有的可能重新挽回老顾客，因为最艰难的销售就是用新产品去征服新顾客。确保老顾客可节省推销费用和时间，维持关系比建立关系更容易。

咨询企业贝恩公司研究显示，减少顾客流失，保留顾客与企业利润有着很高的相关性。图13.3说明了在许多服务行业中，留住5%的顾客可以增加净现值25%~85%。

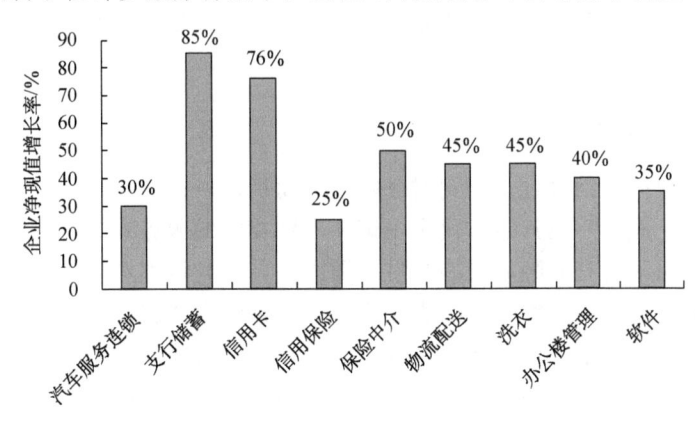

图13.3 留住5%的顾客对企业净现值的影响

资料来源：杨米沙．服务营销：环境、理念与策略．广州：广东经济出版社，2005：136．有删改．

13.3.2 顾客关系维持的策略

1. 建立财务联系

建立财务联系是指服务提供商制定价格优惠政策与顾客建立财务联系。财务刺激是企业在维系顾客时首先可能考虑使用的方法，原因是启动这类计划并不困难，同时它常常可以带来短期利润。但是它通常不能给企业带来长期优势，因为营销组合中最容易被竞争者模仿的就是价格。其中常用的工具有频繁营销计划、捆绑和交叉销售、俱乐部成员计划、稳定的价格。

1) 频繁营销计划

频繁营销计划就是服务提供商向经常购买或者大量购买的顾客提供奖励。频繁营销计划体现出20%的顾客占据了80%的企业利润这一事实。"积分"是企业频繁营销计划中经常运用的手段。积分是指商户为了维系顾客而在其消费的同时给予一定的记分奖励，当这些分值累计到一定数额时，可以换取奖品、或抵扣商户的消费金额或兑换某种服务。与我国涉足积分较早并已运作相对成熟的航空业相比，金融业的信用卡积分起步较晚，却在近几年发展迅速。招商银行信用卡于2004年先于同行业推出积分永久有效计划；2009年春夏，又因招行信用卡"99积分抢兑"而备受关注。招商银行信用卡掀起一场"积分易兑换"的革命：品类丰富，顾客选择多样——积分商品从99分就能抢兑到的百元礼品，到需要几百万积分才能换到的梦想大礼，从实体的物品到专享的服务，其品类之丰富令人从容选择；现金折抵，顾客实惠消费——除了银行精挑细选的商品，持卡人也可在实体店面消费时直接使用积分折抵现金；多种渠道，顾客便利兑换——持卡人可在网上商城、短信或电话多种渠道中进行兑换。

在某行业率先推出频繁营销计划的企业一般获利最多，尤其当竞争者反应较为迟钝时。竞争者做出反应后，频繁营销计划就变成所有实施此类政策企业的一个财务负担。例如，许多旅行者同时参加几家航空企业的"常旅客"计划，并毫不犹豫地在它们之间根据优惠的幅度进行转换。

2) 交叉和捆绑销售

服务的交叉和捆绑销售也是建立财务联系的途径。所谓交叉销售，就是发现现有顾客的多种需求，并通过满足其需求而实现销售多种相关的服务或产品的营销方式。简言之，服务提供商说服现有的顾客去购买另一种服务，这种根据顾客的多种需求，在满足其需求的基础上实现销售多种相关的服务或产品的营销方式就是交叉销售。

交叉销售在传统的银行业和保险业等领域的作用最为明显，因为消费者在购买这些产品或服务时必须提交真实的个人资料。这些数据，一方面可以用来进一步分析顾客的需求，作为市场调研的基础，从而为顾客提供更多更好的服务；另一方面，也可以在保护用户个人隐私的前提下将这些用户资源与其他具有互补型的企业互为开展营销。

捆绑销售是共生营销的一种形式，是指两个或两个以上的品牌或企业在促销过程中进行合作，从而扩大它们的影响力，它作为一种跨行业和跨品牌的新型营销方式，开始被越来越多的企业重视和运用。例如，携程旅行网与招商银行推出"联名信用卡"，持携程招商银行联名信用卡在携程网进行机票、酒店预订服务的顾客可以享受多重优惠，包括双重积分、双重回馈，享受携程独家推出的电子机票"1小时飞人通道"服务，免费获赠高额航空意外险等优惠措施。

3）俱乐部成员计划

为了与顾客保持更紧密的联系，许多服务提供商建立了俱乐部成员计划。俱乐部可能是开放的，顾客可以因其购买而自动成为该企业的会员。例如，2009年年初，我国最大规模的保健及美容产品零售商屈臣氏集团有限公司（简称屈臣氏）在全国范围内推出全新会员卡，引发热烈追捧。只要购买屈臣氏商品，再外加10元人民币即可轻松申办新屈臣氏卡。除拥有购物消费积分、积分抵扣现金和生日月双倍积分三重优惠功能外，新屈臣氏卡在功能上的最大创新在于其推出的"个性化消费定制服务"，让顾客感受到商家的体贴呵护。短短半年，屈臣氏俱乐部会员就突破了300万元。开放式的俱乐部在建立数据库或者从竞争者那里迅速争夺顾客方面具有优势。

同时，俱乐部也可能是限制式的。顾客必须通过购买一定次数的服务，缴纳一定的会费，或者具备一定的资格才能成为会员，如一些高档高尔夫会所、健身俱乐部、美容连锁店等。限制会员资格的俱乐部在长期忠诚度方面更强有力，费用和会员资格条件组织了那些对企业的产品或服务只是暂时感兴趣的人加入，并吸引和保留了那些带来最大一部分生意的顾客。

4）稳定的价格

在价格波动频繁的市场上，服务提供商为保留顾客，只需简单地向其最忠诚的顾客提供稳定的价格保证或相对于新顾客较低的价格增长。例如，某酒店为一些大型企事业单位提供低于门市价的"协议价"，而这些单位将该酒店列为"指定接待酒店"，双方建立起长期业务关系。运用这种方法，企业通过分享节省的费用报答顾客，并通过长期为他们服务使企业获得收入增长。

2. 建立社会联系

将财务刺激和社会联系策略结合运用，便产生了第二层顾客保留策略。社会联系指服务提供商的员工了解顾客偏好，将服务定制化以满足个体需要，从而增加顾客的社会利益。服务提供商想方设法与顾客保持接触以发展他们的社会联系。尽管社会联系不大可能永久地维系顾客，但这种联系对竞争者来说比价格刺激更难以模仿，并且融洽的人际关系会鼓励顾客保持在原来的关系中。例如，在对保险和证券行业的顾客/企业关系的研究中发现，通过保持与顾客接触以估计其不断变化的需要，提供个人接触如充满温情的短信息、优惠卡和小礼物，与顾客分享个人信息等行为，将有助于顾客与企业保持生意关系。

人际关系和情感交流在专业服务提供者（律师、理财顾问等）、个人关怀提供者（理发师、保健师等）及其顾客之间普遍存在。一名心理医生在会见顾客之前花几分钟查看该患者的资料，并通过在谈话中加入一些个人细节，可以表达他对患者的真实兴趣，并建立起社会联系。

人际关系在企业对企业的关系中也很普遍。工业企业的采购小组会同供应商的销售小组或者顾客支持部门人员通过长期的共事建立长期的人际关系。奥赛德科技有限公司是为集团用户提供计算机集成系统及其配套服务的专业企业。为了与客户保持良好关系，该企业专门组建了一支篮球队，找机会到政府机关和领导、办事员等一起进行篮球友谊赛。比赛结束后，由企业员工提议共进晚餐，这样使企业员工和客户方的人员得以更多地交流，有利于加深友谊。这种交流不涉及商业问题，大家感觉都很轻松，双方的关系也因此有了进一步的推进，双方的领导、员工成了朋友。该企业还经常举办文艺演出活动，邀请客户参加，共同排练节目、共同演出。客户都为拥有该企业这样的供应商而感到高兴，主动介绍自己的朋友和他做生意。他的许多新集团客户就是这些老客户介绍过来的。即使有竞争对手想插进来分一杯羹，也遭到了其客户的拒绝。

鼓励顾客之间的相互交往，也可以发展顾客与服务提供商之间的社会联系。这种情况常常发生于健康俱乐部、球迷协会、乡村俱乐部、工商管理硕士（MBA）班等顾客之间相互影响的服务环境。顾客之间的社会关系成为留住顾客使其不转到其他服务提供商的重要因素。来自不同行业的学员在同一个 MBA 课程班中接受名师的指点，可能会发展成为一种社会纽带和关系，将他们联系在一起并对主办学校产生归宿感。

通过加强社会联系，有思想和远见的企业将他们的顾客转变成了客户。Donnelly 等描述了两者的差别："对于某个机构来说，顾客可以是没有名字的，而客户则不能没有名字；顾客是作为某个群体的一部分为之提供服务的，而客户则是以个人为基础的；顾客可以是企业的任何人为其服务，而客户则是指定由专人服务的。"表 13.2 比较了对买卖双方的社会关系产生不同影响的行为。

表 13.2 影响买卖双方社会关系的行为

对人际关系产生良好影响的行为	对人际关系产生不良影响的行为
主动打电话联系对方	仅限于被动回复对方来电
做出介绍	做出辩解
坦率诚恳地阐述事实	敷衍几句
使用电话和对方直接沟通	使用信函与对方沟通

续表

对人际关系产生良好影响的行为	对人际关系产生不良影响的行为
积极努力追求得到理解	被动等待误会澄清
主动向对方提出服务建议	被动地等待对方提出服务请求
主动发现问题	被动地对问题做出反应
使用易于理解的行话或者短语	拿腔拿调
不回避个人问题	回避个人问题
使用"我们"等解决问题的词汇	使用"我们仅负担……责任"等法律措辞
讨论"我们共同的未来"	只谈过去的好时光
常规反应	救急和紧急反应
承担责任	回避责任
规划未来	重复过去

资料来源：梁彦明．服务营销管理．广州：暨南大学出版社，2005：265．

3. 建立结构化联系

第三层策略是最难模仿，就是将财务联系、社会联系和结构化联系结合起来，建立和维持顾客关系。结构化联系是通过为顾客提供特别设计和量身订制的服务传递系统，或使服务提供商和顾客之间产生结构性的相依关系而形成的。

企业可以向顾客提供某种特定设备或计算机联网，以帮助顾客管理他们的订单、工资、存货等。例如，美国著名的药品批发商美国麦克森国际集团（Mckesson Corporation）在电子数据交换方面投资了几百万美元，以帮助那些小药店管理其存货、订单处理和货架空间。

另外一个例子，从联合包裹服务公司（UPS）与联邦快递集团（FedEx Cor. P.）的长期竞争中可以看到。两家企业都试图通过提供免费计算机服务同顾客建立更紧密的关系。UPS 提供 Maxiships 系统，Fedex 提供 Powerships 系统，这些系统可以存储地址和邮寄的数据、打印邮件标签并帮助追踪邮件。接受任何一个系统，顾客都可以既节省时间又可以对每天寄出的邮件进行更好的追踪。

有的医院通过提供特殊的药品或治疗手段建立和保持患者的依赖感，医院的特殊药品或治疗手段是用于建立结构化联系的手段。通常，结构化联系手段都是竞争者难以模仿的技术性手段，因此，通过这种手段建立起来的相依关系难以被竞争者轻易打破，建立在此基础上的竞争优势可以持续的时间最长。

讨论与思考

1. 关系营销对于建立与维持顾客关系的价值？
2. 关系营销与交易营销的区别有哪些？
3. 关系型顾客包含哪些内容？
4. 关系型顾客对于企业和顾客自身各有哪些价值？
5. 顾客关系维持的基础有哪些？
6. 顾客关系维持的策略包含哪些内容？

第 14 章　内部顾客管理

内容提要

本章在服务利润链和服务三角形理论的基础上,介绍了企业内部营销概念以及为什么要开展内部营销,深入剖析了企业内部营销顺利开展的关键要素和实现途径,同时还详细阐述了内部顾客需求的识别方法和提高内部顾客满意度的措施,并有针对性地提出了内部顾客服务与管理策略。

主题词

服务利润链　内部顾客　内部营销　服务三角形

服务营销

引导案例

霍尔特豪泽的招聘"奇招"

几年前,希尔顿酒店集团旗下的 Homewood Suites(简称 Howewood)的品牌经理霍尔特豪泽(Jim Holthouser),想要聘请高人帮助他复兴这一低迷的酒店品牌。从第一天开始,他就知道在他的战略规划中,与复兴酒店占据同等重要地位的,是将这一品牌与其他品牌区分开来,不仅是在希尔顿酒店集团以外,还得在内部。

霍尔特豪泽说:"我们的确需要一些贤能之士来帮助我们发展。但是,我刚到 Homewood 的时候,招聘广告发出去后却没有一个来应聘的人。大家都想去客似云来的地方,而在公司内部,我们这个品牌默默无闻。所以,Homewood 必须激起内部员工对这个的品牌的兴奋度,这样就能够吸引一部分人才了。"霍尔特豪泽还说:"我们一直都在孜孜不倦地培养和推广 Homewood 的品牌个性。我们这儿不拘谨,员工在这儿工作很开心。我们把谢谢挂在嘴边,向员工提供很好的培训、发展机会和奖励机制。而且我们做了大量的沟通工作,使团队中的每一个人都能全心全意地工作。我们的团队成员都为 Homewood 的品牌感到骄傲,他们希望客户也喜爱这一品牌。"

霍尔特豪泽和手下的几位高层经理定期和公司一线的团队成员召开电话会议,同时也定期与每位总经理召开电话会议,以了解业务的最新进展情况。当有员工表现突出时,霍尔特豪泽会发去书面感谢信,并致电表示祝贺。

由于霍尔特豪泽为员工敞开了信息大门,他们的工作非常出色。不仅如此,员工在客户服务方面的表现也更上一层楼,因为他们真正担起了促使公司品牌成功的责任。霍尔特豪泽说:"我们一直认为内部营销同外部营销一样重要,而我在这里的经历证明了我的想法是对的。"

五年之后,霍尔特豪泽再也没有碰到招聘方面的问题了。他说:"现在发出招聘帖子后,应聘的人数超过了我们能够应付的程度。"酒店行业面临的最大问题是员工流失率高,但是 Homewood 的优秀员工却一直没有离开那里。

这些员工关心客户,而客户也回馈他们以支持和赞赏。霍尔特豪泽说:"由于客户的好评,我们赢得了三项行业大奖。这些奖励是我们致力于营造企业文化的直接结果,在这种文化氛围内,团队成员满腔热情地实现着我们的品牌承诺。"

资料来源:佚名.内部营销.MBA智库百科.

公司怎样对待员工,员工反过来也会以对等的方式对待公司的顾客。我们时常听到"人才是企业第一重要的资源"、"第一线的员工是真正能成就或毁灭公司的人"这样的话,很显然,服务企业的发展壮大,员工的作用绝不可轻视,可以说没有高质量的员工就没有高质量的服务，没有高质量的服务就没有满意的顾客，企业就会丧失竞争优势，所以，服务企业必须高度重视员工感受，切实做好内部营销工作。本章就来具体探讨企业内部营销工作的内涵和意义，以及如何做好内部营销工作，提高员工满意和员工忠诚，增进他们的工作热情和服务质量，从而让员工以饱满的工作热情，更好地服务于企业的外部顾客。

14.1 服务利润链与企业内部营销

知识经济时代也是服务营销的时代。近20年来，服务业在世界经济中所占比重越来越高，在众多行业中，服务利润几乎能左右制造商的竞争能力，甚至决定其生死存亡。今天，服务管理技能和水平的提高已经成为企业家们的日常功课，他们试图通过多种方式创造和发挥自己企业的优势。随着市场竞争的日趋激烈，企业的优势已不再局限于传统的产品或服务本身，与产品和服务紧密相关的企业内部服务质量受到了越来越多的重视。

服务利润链理论正是通过在企业、员工、顾客、利润之间建立一种平衡互利的关系，以此提高企业内部服务质量和员工、顾客的满意度与忠诚度。因此，深刻理解服务利润链的内在逻辑，深入贯彻实施服务利润链理论，将有助于企业提高营销管理水平，增强企业的竞争优势。

14.1.1 服务利润链分析

1994年，哈佛商学院的5位教授组成服务管理课题组，率先提出了"服务价值链"模型。这项历经20多年、追踪考察了上千家服务企业的研究，试图从理论上揭示服务企业的利润到底是由什么决定的。1997年，赫斯克特、萨塞和施莱辛格正式提出了服务利润链理论。完整的理论架构如图14.1所示。

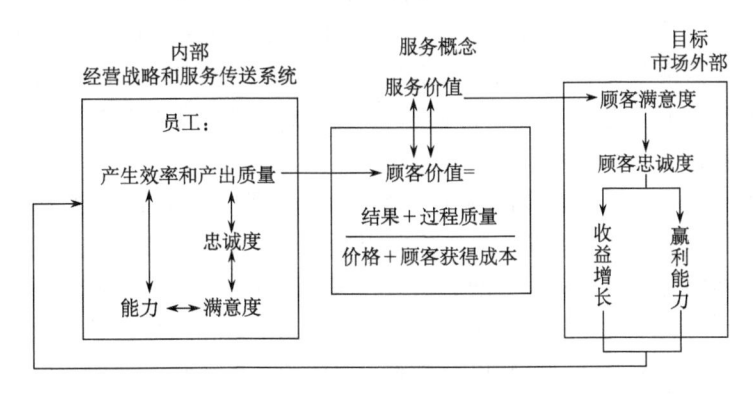

图 14.1 服务利润链

资料来源：李易津. 基于服务利润链的服务企业竞争优势培育的理论分析. 经营管理，2009，591：15.

服务利润链是一种阐述企业、员工、顾客和利润之间关系的完整链条。其逻辑内涵是指：企业获利能力的增强主要是来自于顾客忠诚度的提高；顾客忠诚是由顾客满意度决定的；顾客满意是由顾客认为所获得的价值大小所决定的；顾客所认同的价值大小最终要靠公司员工来创造；而员工对公司的忠诚取决于其对公司是否满意；员工满意与否主要应视公司内部是否给予高质量的内在服务。所以追根溯源，员工才是企业竞争力的核心。

从服务利润链理论，我们可以清楚地看到，要使这一正相关的"链条"能够顺利地联动起来，关键在于企业内部的服务质量，即企业管理层为一线员工所创造的工作条件和氛围。因此，要真正提高服务质量，降低用户流失率，企业管理层就要从员工身上着手，抓好员工的招聘、培训等工作，塑造一支具有较强服务技能的员工队伍，通过公开、公平、公正地激励制度设计，有序地工作分工及服务环境设计，提高员工对组织的凝聚力和组织认同，营造良好的企业服务文化氛围，使员工自觉提高服务热忱和质量。

在企业服务利润链的管理落实工作中，有几个关键要点需要明确。

(1) 顾客忠诚度推动着企业盈利能力。顾客忠诚度是指由于质量、价格、服务等诸多因素的影响，使顾客对某一企业的产品或服务产生感情，长期重复购买该企业产品或服务的程度。研究发现，忠诚的顾客每增加5%，所产生的利润可达25%～85%。因此，企业拥有了忠诚的顾客，便有了持续的竞争优势和利润增长空间，才能促进企业获利能力的增强。

(2) 顾客满意度推动顾客忠诚度。顾客满意度是一个人所感觉的愉快或失望的程度，是来自其对产品和服务的期望。只有当产品和服务超过顾客期望，顾客才感到非常满意，才可创造其对品牌的一份情感，而不只是理性的偏好，亦可获得更高的顾客忠诚度。顾客满意是实现顾客忠诚的有效途径，满意的顾客将会更长时间地支持企业，会与企业建立良好的关系，显示出更低的价格敏感性，向其他人推荐企业的产品或服务。

(3) 服务价值推动顾客满意度。现代营销观念认为，营销的职能是为顾客创造价值。服务利润链的核心是顾客价值方程式，顾客满意度是由其所获得的价值大小决定的。顾客所获价值指顾客总价值与顾客总成本之间的差额。顾客在购买商品和服务时，希望在最低的成本下获得最高的实际利益，因此，企业为顾客提供的所获价值越高，顾客的满意度也就越高。

(4) 员工生产力推动服务价值创造。员工生产力是企业价值与竞争力的直接来源，同时也是创造顾客满意度与企业获利的主要因素。由员工满意产生服务热诚和提供高质量的产品，顾客感受到的价值就会增加，顾客满意度才能提升；让顾客满意，方能为企业创造价值。因此，要把每一个顾客都当做企业长期的合作伙伴，不能随意应付，借由员工生产力所创造的企业价值，辅以企业对于服务内容的设计，便能全面提升顾客满意度与忠诚度，创造企业获利的契机。

(5) 员工忠诚度推动员工生产力。企业的技术、产品、组织结构和服务都可以被竞争对手复制，然而，没有企业能够复制你那些忠诚的、充满工作热情、不断进取的员工。只有忠诚、敬业的员工才能为顾客提供优良的产品和服务，才能提高工作效率。忠诚意味着员工对企业未来发展有信心，这种信心能够形成强大、持久的动力，促使其为企业努力地工作。相反，对企业缺乏忠诚的员工给企业造成的直接损失使生产力下降和顾客满意度降低。经验表明，员工不忠将会影响20%～50%的公司业绩。

（6）员工满意度推动员工忠诚度。对员工而言，满意指的是"对工作付出"与"从工作获得"之间的关系，并且"满意是经由对工作评价后，所产生的喜悦或正面的情绪状态"。将员工视如内部顾客，使其能感受到如同外部顾客一样的满意度，继而造就出更为忠诚的员工，甚至为企业带来实质的收益。由服务价值链可知，为使顾客满意成为一项事实，企业必须先让员工满意。只有员工拥有了这样一种对企业满意的正面情绪，才可能对公司忠诚。员工满意与忠诚，最终将决定顾客的满意度与忠诚度。

（7）内部服务品质推动员工满意度。研究发现，服务政策及投入的设备品质与员工满意度及生产力成正比关系。企业内部服务品质是提高员工满意度的主要因素，由员工对本身工作、周围同事、扮演角色、服务环境的看法及企业的感觉而定。具体来说，内部质量包括两个方面：一是工作本身。员工对工作本身满意与否取决于其完成预定目标的能力以及在这一过程中所拥有的权力。因此，设计一套能够让员工满意的工作目标、顾客服务体系、服务环境、培训和能力提升及奖励制度，以及完善的职、权、责制衡机制对于提高内部服务质量具有重要意义。二是员工之间的关系。这又表现为两个方面，一方面是员工之间的人际关系，如果同事之间能维持一种和谐、平等、互相尊重的关系，那么在这样的工作环境中工作，工作效率就会提高；另一方面是员工之间的相互沟通、服务、学习，是否有团队精神，"内在顾客"的重要性等。因此，要提高员工的满意度，企业就要从这两个方面入手，加强内部营销，不断提高其内部服务质量。尤其是通过建立学习型组织，使员工在多方面得以修炼，实现自我超越。

（8）企业盈利能力和成长能力推动内部服务质量。盈利能力和成长能力的不断增长为企业带来持续的利润增长，这些利润又可以拿来不断的改善内部服务质量，沿着服务价值链的路线，最终形成一个良性循环。

综上所述，企业获利能力的强弱是由以上各个环节相互作用来决定的，满意度每提高3个百分点，顾客满意度就提高5个百分点，而利润可增加25%～85%。此外，据《远东经济评论》联同《亚洲华尔街日报》和美国希维特顾问公司对亚洲9个国家和地区的355家公司，大约9.2万名员工的调查。调查结果显示：心情愉悦的员工能为公司带来更好的收益和更大的创造力。

服务利润链从企业内在服务的角度出发，帮助管理层在制定营销策略时，改进各方面工作，以提高服务水平和顾客满意度，最终拉开与竞争对手的差距。

服务利润链理论的提出，对于提高企业的营销效率和效益，增强企业的市场竞争优势，起到了较大的推动作用。企业通过对服务利润链的把握，有利于企业利润的增长。在公司、员工、顾客之间建立了长期的、共同的利益关系和价值链接，这样的关系鼓励员工提供高质量的服务，也激励顾客维持忠诚，从而实现服务利润链的良性循环。

14.1.2 企业内部营销

企业内部营销是指把员工看做是企业的内部顾客而采取的一系列营销方法和手段。任何一家企业，要想让外部顾客满意，它首先得让内部的员工满意，只有满意的员工才可能以更高的效率和效益为外部顾客提供更加优质的服务，并最终让外部顾客感到满意。内部营销管理的实质就是通过一系列相互协调的类似市场营销的管理活动，激发员工为顾客服务的积极性，并逐步在企业内部塑造一种新的以服务为导向的文化氛围，使全体员工都成为具有顾客意识和服务导向的服务人员，从根本上提高服务质量，最终提高企业的外部市场竞争能力。

实行内部营销的最终目的是为了外部营销能够更加有成效地完成，是一种为了企业竞争服务的方法手段。内部营销不仅能够理顺企业内部各部门的关系，更为重要的是，它能够调动组织的全部力量和情感，团结一致共同实现组织的战略目标。企业通过对员工实施知识和情感的组合激励，使员工保持饱满的工作激情，奉献出优良的工作质量，从而把这种热情传递给企业的外部顾客，得到顾客对企业服务能力的信赖与肯定。

美国世界通信公司（MCI）的专门研究发现，影响员工满意度的内部条件按影响程度的高低依次排列为：工作本身、培训、报酬、提升的公平性、在尊重和个人尊严方面所受的待遇、团队工作，内部营销管理做到位，可以大幅提高员工对组织的心理认同程度。

内部营销对于提高企业内外部顾客满意度，在激烈的竞争中获得相对优势是有益策略，但是如何成功在企业中引进和实施内部营销工作却是一个比较复杂的问题，内部营销涉及的内容非常广泛，关于内部营销的理论和实践都在不断摸索和完善的过程之中。因此，企业若想成功实施内部营销，必须针对本企业的特点，找出关键的控制点，对症下药，才能在实施过程中事半功倍，达到并超出预期效果。概括来说，影响企业内部营销顺利开展的关键要素有以下几点。

1) 内部营销应被视为企业整体战略的一部分

要想成功实施内部营销，必须将内部营销工作高度重视起来，提高到企业战略管理层面，这是内部营销取得成功的关键点。为了实现企业内部的全员顾客导向意识，企业要精心策划、制定内部营销管理战略，这主要包含两方面的含义：首先是人力资源管理战略层面，为充分调动企业员工的积极和主动性，企业首先要制定合理的人力资源管理规划，招聘合适人员，并将其安排在恰当的工作岗位上，力争人尽其才，对员工要进行岗位培训，并制定完善的奖惩政策，确保吸引企业想要且能够留住的员工在企业工作，人的要素是内部营销战略的第一步。其次是营销战略层面，在企业内部引进类营销的各种方法和策略，如借用市场营销的细分方法，首先对企业内部员工根据工作岗位和工作能力的不同进行有效地分类，然后借鉴市场调研方法去了解员工对工作产品的需求和想法，同时运用不同的市场营销组合工具调动内部顾客积极性，想办法满足员工需求。

企业的内部营销是外部营销成功的基础，只有将内部营销提高到企业战略管理层面，使其成为企业整体发展战略的一部分，全面整合评价与实施内部营销策略，才能够达到事半功倍的效果，否则内部营销就会流于形式。

2）内部营销应得到企业高层的全力支持

内部营销的实施应得到企业决策层领导的全力认可与支持，只有在高层领导的积极倡导推进下，内部营销工作才能排除障碍，顺利开展，引导全体员工形成顾客导向思维。在传统的企业管理工作中，不同部门的员工会产生一种"诸侯割据"的思想，习惯从本部门利益最大化角度出发考虑问题，进行工作，而内部营销就是要打破这种内部封闭的狭隘的部门工作思想，但在一定程度上会招致一些部门和员工的不解或反对，这时一定要有来自高层领导的坚定决心与支持，才能使内部营销工作推进顺畅进行。

3）培养企业服务文化

除高层领导的全力支持外，企业还要主动培养有助于实施内部营销战略的企业服务文化。服务文化是企业全体成员所共同持有的一种以提供优质服务为荣的价值观和行为导向，一旦这样的服务文化深入员工心中，员工就会自动按照文化要求规范自己的行为，这必然会有利于内部营销工作的实施。如果企业内部的所有员工都能向自己的客户和供应商提供周到的服务支持，无疑会在企业内部形成良好的互助服务氛围。

在培育企业的服务文化过程中，应注意几点：首先，企业管理层不仅要从思想上高度重视服务文化的培养，还要从行为层面积极采取措施让员工感受到服务文化的重要，让员工知道这样会给其自身带来的好处和实际利益。制定员工行为规范守则，并监督员工行为。其次，服务文化的培育是一个长期的过程，不是一朝一夕就能完成的，它需要沉淀和积累，不是一蹴而就的事情，这就需要企业要有耐心，把服务文化培育作为一个大的系统工程，不断强化员工服务文化意识，提高其对文化的认同，并最终转化为员工行为标准的一部分。

4）内部营销的实施要有企业组织架构、规章制度的保障

内部营销的成功实施要有企业组织架构和规章制度层面的保障。内部营销的基本目标就是在企业内部建立一支以顾客为中心的，具有顾客服务意识和理念的员工队伍。优质服务意味着当面对顾客需求时，企业能够快速反应，方便、及时地给顾客提供个性化的服务。因此，需要改变传统以来企业僵化的官僚科层制的组织架构，重新构建以顾客为导向的扁平化的组织，扁平化组织架构的优点就是使上下级之间的沟通顺畅，减少了层级汇报程序，使服务人员能够迅速对顾客问题做出反应。

传统的企业组织架构类似于金字塔，高层领导被认为是企业中最重要的人，被放置在最高位，而与顾客直接接触的一线员工安置在最底层，被认为是最无关紧要的人。这种组织形态下的管理流程存在的缺陷很多，如信息传递渠道长，容易产生传递偏差，另外就是指令下达速度较慢，不能快速对顾客需求进行反应。在当今激励的市场竞争中，顾客最能够直接感知到的往往是那些直接与其接触的一线服务人员，顾客对企业产品和形象的直接印象和评价也来自于这些人的服务质量，所以说，企业若想成功地开展内部营销工作，就必须重新建构组织架构，由金字塔形的组织变为倒金字塔形状，将一线员工放置在最重要的位置上，倾听他们的感受和建议，才能够形成以顾客为导向的服务企业。

另外，企业还需要有规章制度层面的保障，建立严格的奖惩制度，当发现有员工违背了企业的服务文化理念，没有做好本职工作时，要按照事先制定的规章制度予以考核，这样做的目的是为了给全体员工创建一个公平、公正的环境，并使员工认真对待自己的工作。

14.1.3 服务利润链下内部营销的实现途径

内部营销把企业员工看做是第一市场，认为满意的员工提供高质量的服务给顾客，从而提高了顾客满意度。当全体员工都具有这样的顾客服务意识时，员工与员工之间，各级组织之间就能够更加积极主动的沟通，协调配合工作，那么，在服务利润链理念下，企业应该通过以下途径实现内部营销管理工作。

1. 加强企业文化建设，形成深入人心的共同愿景

要顺利实施内部营销，必须彻底改变员工的价值观念和思维方式，打破传统思想的束缚。为此，需要塑造与之相适应的企业文化。企业文化的变革既是实施内部营销的条件，又是实施内部营销管理的结果，二者相互促进、相互强化。为有效开展企业内部营销，所构建的企业文化应具有如下特点：

（1）顾客导向文化。在企业内部，每一个人、每一个部门都有自己的服务对象，即内部顾客。同时，企业也要把员工看做自己的内部顾客，对待员工也要像对待外部顾客一样，做到以人为本。因此，具有内部营销特色的企业文化必须是顾客导向的企业文化。其一，服务型文化。内部营销强调的是顾客关系，而顾客关系的重要方面是服务关系。因此，内部营销要求的企业文化是服务型文化。其二，强调平等的文化。企业内部营销强调，在企业内部员工间没有等级，所有员工间的关系是一种平等相处的关系。因此，内部营销要求的企业文化是强调平等的文化，管理从领导到基层和一般员工是平等的顾客关系。其三，柔性的自我约束文化。内部营销强调自律，尽量减少刚性的规章约束。所以，内部营销导向的企业文化是柔性的自我约束的文化。其四，和谐文化。和谐文化是与自律相对应的，内部营销强调和谐管理，而不是强硬的约束。

（2）共同愿景通常是建立一个高远而又可以逐步实现的目标。传统意义上的公司愿景被公司高层领导掌握，普通员工即使知道愿景是什么，也不了解它的真正含义。这种意义上的愿景形同虚设，并不能发挥它应有的导向和凝聚人心的作用。因此，愿景应该广泛深入到企业各阶层，尤其是普通员工中。通过培训，使广大员工不仅熟知公司的愿景是什么，而且深刻领会到其内在的含义。

企业内部营销要求企业管理者确保企业的愿景成为全体员工的共同愿景。企业不光需要满足员工的生存需求，更重要的是要引导员工牢固树立值得持续努力追求的、有前途的愿景。这样才能充分地调动企业人员的积极性、创造性、主动性，并在企业内部形成巨大凝聚力和向心力，成为其他企业无法复制模仿的核心竞争力。

2. 细分企业内部员工市场，尊重员工并充分授权

企业内部市场也需要像外部市场营销一样进行细分，这是因为每位员工在教育程度、人生经历等方面的不一致，导致了工作能力、心理和性格上存在着差别。为了使企业真正做到人尽其才，物尽其用，使有限的资源发挥最大的效用，使组织内部的交流和沟通效果达到最好，企业应该通过市场调查，了解员工的工作能力、心理类型和性格，并针对不同的员工采取有效的沟通策略、管理方法和安排合适的工作岗位。根据个体在需要层次上的差异性，设计个性化的需求满足措施，并把员工的需要引向更高的内在需求方面。针对不同类别的员工，分别设计不同的激励组合，使企业投入的资源效用最大化，并且可以使员工的需求得到最大程度的满足。

在内部营销中，员工是企业最重要的资产。有研究发现，当员工感觉不到被领导或同事尊重时，他在为顾客提供服务的过程中往往显得易于急躁，常常有莫名的情绪需要宣泄。而感觉自己受到领导和同事尊重的员工，则经常表现出对工作的兴趣和宽容豁达的态度。根据马斯洛的需求层次理论，人有被尊重的需求，如被承认、有声望、领导的信任等，这些都会对员工的内心情感、工作态度产生很大的影响。

尊重员工主要体现在三个方面：民主管理，让员工有发言权；不把失败的责任推卸给员工；在日常细节中体现尊重。考虑到服务业的特殊性，每个服务提供者都可以被看成是企业内独立的管区，是直接面对顾客的企业代表。企业应当在提供广泛的内部培训基础上，对有经验、训练有素的员工充分地授权。员工站在服务的第一线，遇到的问题总是瞬息万变的，只有赋予其合理的权力，使其能根据现场情况做出判断并合理调度企业资源，才能够灵活地满足顾客需求，从而提升顾客满意度。

3. 建立合理的沟通机制，完善激励机制

企业内部员工的信息沟通的需要是内部营销的核心，为确保员工之间信息传递流畅，企业需要建立完善的信息沟通体系。内部信息沟通体系的建立重点要解决两方面的问题：沟通渠道的建立和沟通方式的选择。企业要将传统的沟通渠道与现代网络通信技术相互结合起来，发挥各自的优势，促进信息的多通道流动。在沟通方式的选择上，力求多样化。充分了解员工，根据其性格特点寻找适合的互动沟通方式。信息交流工具的有效运用，可在企业内部形成信息共享的环境和良好的人际氛围。内部营销要求企业管理者设计好纵向、横向沟通的渠道，在企业内部形成一个有效的沟通系统。

健全完善的激励机制。激励应具有两个方面的作用：保持员工的士气和帮助员工实现自我激励。常见的激励方式有外在报酬和内在报酬。外在报酬主要是货币收益上的包

括工资、福利等；内在报酬则更强调对员工心理上的回报，如赞赏、工作安全感、成就感等。

在各种激励方式中，物质激励是最基本的。企业应根据实际情况，努力提高员工的工资福利待遇，并根据员工成绩给予不同程度的物质奖励，使员工得到满意，从而提高企业的生产力。

另外还需要辅助采取多种形式的非物质激励，如充分尊重员工的服务性劳动，努力为员工提供合适的工作岗位，以及良好的工作环境和发展机遇等。企业要根据员工需求层次变化，并及时调整员工需求满足的内容及方式，采取灵活的措施。

4. 正确面对培训带来的好处，改变传统的企业组织形态

企业在内部营销中必须通过培训大力提高员工素质。要特别重视对直接接触顾客的一线服务人员的培训。在进行培训时，既要让员工充分理解和领会企业服务营销的总体目标，增强他们为顾客服务的责任感，又要注意培养他们同顾客打交道、与顾客建立良好关系方面的高层次技能。企业的培训除了向员工传授相关技能外，更重要的还有职业道德、工作规范和标准化培训以及向员工培训企业倡导的核心价值观念，在员工掌握自己的岗位知识技能的前提下，鼓励并引导他们了解其他部门所提供的服务以及他们之间是如何相互协调的，逐步让员工树立起顾客导向的思想。

14.2 服务三角理论与内部顾客导向

在企业的内部营销管理中，除全面了解服务利润链以外，还需要企业深刻领会服务三角理论内涵，正确处理好企业、顾客、员工三方的联系与平衡，舍弃单方面的外部顾客导向，回归企业内部寻找发展的原动力，重视内部顾客需求的满足。

14.2.1 服务三角理论

在服务营销领域，"人"的要素是比较特殊的一项，是指在服务传递中扮演角色、影响购买者感知的所有人，包括企业员工、顾客以及处于服务环境中的其他顾客。在顾客眼中，提供服务的员工也是服务产品的一部分。对于服务企业来说，对服务人员的管理，包括服务态度、服务技巧、服务质量以及相关的培训等，都是关注顾客营销体验的有效手段。

所以说企业内部员工是服务营销中的重要组成要素，员工的素质高低直接决定了企业的竞争力大小，企业应在满足顾客需求的同时，注重满足员工需求，通过实行内部营销策略，促使员工提高服务质量和工作效率，以饱满的热情和高质量的服务满足外部客户的需求，提高企业外部顾客满意度，增加外部顾客价值。

在企业、员工、顾客三者之间存在着交叉营销关系，Christian Grönroos 提出了著名的服务营销三角理论，理论架构如图 14.2 所示。

三角形的左边表明内部营销的重要地位，在内部营销中，管理者帮助服务提供者提供传递所承诺服务的能力，招聘、培训、激励、薪酬以及提供设备和技术。如果服务员工没有能力或不愿意传递所承诺的服务，公司就无法对外部顾客构成吸引力，就不会取得成功，而服务三角形也就无法支撑。

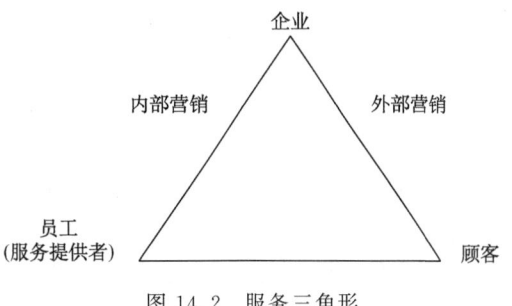

图 14.2 服务三角形

服务营销三角理论认为，企业、顾客和服务提供者是三个关键的参与者，服务企业要想获得竞争的成功，就必须开展外部营销、内部营销和交互营销，这三种类型的营销活动相互影响、相互联系，共同构成了一个有机的整体。而在这三种营销中，著名营销大师菲利普·科特勒曾说过，内部营销应当先于外部营销进行。

服务三角理论精炼地描绘了影响企业生存的各方关系，明确了内部营销工作的重要性，及其对服务企业发展的重大意义。在公司、服务提供者和顾客三方之间，忽略任何一方关系都会造成重大缺失，使企业发展不能平稳有序进行。只有深刻认识、理解了服务三角理论，妥善做好内外部营销工作，才能够使企业获得源源不断的发展动力，推动企业向前行进。

14.2.2　内部顾客导向

一般情况下，提到顾客，人们脑中马上联想到的就是一般意义上的消费者，即消费品的采购者或者服务的使用者，我们每个人都有作为顾客进行消费的经历，如在商场、酒店、机场、餐馆等。我们把作为消费者意义上的顾客称为企业的外部顾客，外部顾客的存在是企业生存的基础，正是大量外部顾客的消费才提供给企业源源不断的生存下去的资本。

但是对于企业的经营者来说，光有外部顾客的概念是远远不够的，在企业内部，还存在着一批重要的顾客资产，那就是公司员工。正是因为他们的辛勤工作，才能更好地服务外部顾客，吸引大批的外部顾客满意地接受公司的产品和服务，对公司忠诚。

在现代企业管理理论中，内部顾客包括公司内部结构中的所有员工，不仅仅包括进行服务提供的一线前台人员，还包括后方支持人员。在公司内部系统工作中的每个过程相对于前一个过程来说都是顾客，他们之间工作衔接配合的好坏都会直接影响公司整体工作的运转。

把顾客分为内部顾客和外部顾客，比单纯强调企业的外部顾客具有更大意义。通过实施内部顾客导向，能将外部顾客的需求逐步转化为对内部顾客的管理，从而有效满足外部顾客的需求。内部顾客导向的文化能让所有员工都认识到他们所进行的工作对满足外部顾客的需求具有重要的影响，增强他们的自我价值和成就感，从这个角度来看，内部顾客导向是企业满足顾客需求的手段，而不是它的目的。所以说，内部顾客导向和市场导向是两种经营哲学在企业经营中的表现，彼此相辅相成，企业强调内部顾客导向，将有利于市场导向文化氛围的营造。

内部顾客导向作为组织文化的一个重要组成部分，它将直接影响企业员工的行为方式，对于企业经营具有重要的意义，主要表现在以下两个方面：

(1) 有利于提高企业的市场导向程度。实施内部顾客导向有利于市场导向中顾客导向和跨职能协调这两项活动的开展。首先，通过实施内部顾客导向，能培养员工们解读他人的需求和满足他人需求的技能，进而促使他们将这些技能应用到为外部顾客服务的过程中，以正确的方式来满足外部顾客的需求。其次，通过实施内部顾客导向，内部供应者就会关注他们的内部顾客，经常相互沟通，交换各种信息，了解、满足内部顾客的需求。这些将有助于组织间进行跨职能部门的协调合作。所以说，一个企业的内部顾客导向程度越高，它的市场导向程度就越高。

(2) 有利于提高企业的外部顾客满意度。实施内部顾客导向的企业中，每一位员工都从内部顾客需求的角度考虑问题，每一位员工都能为处于其价值链下游的员工提供卓越的价值，也就必然会为外部顾客提供最优质量的产品和服务。因此，通过实施内部顾客导向，外部顾客能获得卓越价值的产品和服务，顾客满意度随之得以提高。

> **案例14.1：美西南的"制胜法宝"**

即使许多航空公司试图模仿美国西南航空公司（简称美西南）的很多做法，但他们无法模仿的是公司最重要的成功因素——员工队伍。员工是公司最宝贵的财富。正是他们的热情服务、对乘客的关心照料，以及永不停歇地帮助美西南成为全球最成功的航空公司之一。公司的员工对任何事情都充满了热情，他们真挚地关心公司的客户、所提供服务的社区以及公司，也正是这种热情让美国西南成为美国最令人尊敬的品牌之一。《财富》杂志已经连续几年评选其为美国最令人羡慕的公司。

公司花费了大量的时间和精力雇用、培训和保留那些聪慧的员工。虽然是低成本航空公司，但公司向员工队伍提供了极佳的福利方案。同时公司注重培养一种合作、信任和团队精神的工作氛围——鼓励员工具有创新性并且对所从事工作心怀高兴，如他们所具有的标志性的幽默感能让乘客拥有一段令人愉悦和令人回想的旅行经历。员工们清楚：每一次以热情、关怀的服务态度和客户打交道的过程就是向客户展现公司可靠产品的过程。整个航空公司行业在不景气的时候，有些公司就会取消一些免费提供的小食品、饮料、枕头及毛毯等来削减成本。但美西南不会，美西南效力于承诺提供舒适的旅行经历。公司继续向乘客提供免费的饮食和饮料。同时美西南投资引入新飞机，目前机队平均机龄只有9年。

公司运营的是飞机，但美西南实质上是一家客户服务公司。

资料来源：佚名. 美国西南航空公司. MBAlib智库百科.

14.3 内部顾客的服务与管理

企业内部顾客与外部顾客由于所处地位不同，对企业的期待也不一样。外部顾客期待能获得企业提供的高质量的产品和服务，而内部顾客因为与企业的劳动隶属关系，考虑到个人的职业发展，更愿意做到个人职业目标与组织发展目标的协同，渴望在工作中能够锻炼提高自己，实现个人价值，当然工作还要有经济上的回报。因此，只有深入了解到内部顾客的这些需求，才能够有针对性地做好对内部顾客的服务与管理工作，提高他们对组织的满意和心理承诺。

14.3.1 内部顾客需求的识别

内部顾客需求，简单地说就是作为公司内部顾客——员工来说，结合他们自身生存、工作和发展需要所产生的一些要求和愿望。

了解内部顾客需求、愿望是进行内部营销活动的第一步。内部顾客具有一些特殊的身份：首先，内部顾客是普通人，具有人类的一般需求；其次，内部顾客相对于企业所有者而言是顾客，因此，具有顾客需求的一些基本特征；再次，内部顾客的主体是企业内部的员工，作为企业内部的员工，从生存、工作和发展的角度考虑，需求具有特殊性。企业内部员工作为内部顾客，他们也有自己的需求，而且不同的员工的需求是不同的，甚至同一员工在不同时期的需求也会呈现出不同的特点。

1. 马斯洛的需求层次理论

依据马斯洛需求层次理论，作为企业内部顾客的员工，会有不同层次的需求：人最基本的愿望就是生理需求，即对衣、食、住、行的需求。企业提供给员工的薪酬回报和福利待遇等就是基本需求的范畴，只有基本需求得到满足后，员工才能够塌下心来在企业工作下去。试想，如果一名员工在企业的目标薪水为每月 2000 元，这是市场上通常的价格，那么当在发员工薪水时，仅支付给员工每月 1000 元，而且各种员工福利都没有，在这种情况下，想要留下员工几乎就没有可能，除非公司对员工还有其他方面的承诺。

在得到基本的生活保障的基础上，员工并不会满足于此，这时他们又会有安全方面的需求，即人身安全、生活稳定，以及免遭痛苦、疾病等的需求，这时他们就会在乎工作条件的好坏，工作的安全性等。社交需求是员工对工作中的团队合作，各部门之间的协调配合等方面的要求，内部顾客还会要求在业务中得到应有的尊重和成就感，能够得到培训学习的机会，并且要有职业发展前景。

马斯洛的需要层次论假定人的需要是分层次等级的，并且一般是按照从低到高的顺序发展，人虽然在不同的时期阶段需要的内容和结构不会相同，但每个阶段总会有一个主导的需求。因此，管理者在识别内部顾客需要时，要注意对员工主导需求的识别，从而有效进行激励。

2. 奥尔德弗的 ERG 理论

奥尔德弗的 ERG 理论也对内部顾客需求进行了阐述。美国耶鲁大学的 Clayton Alderfer 在马斯洛提出的需要层次理论的基础上，进行了更接近实际经验的研究，于 1969 年提出的一种与马斯洛的理论密切相关但不同的需求理论。他把人的需求分为三类：即生存（existence）、关系（relatedness）和成长（growth）的需要。由于这三类需要的英文名称第一个字母分别是 E、R、G，因此，奥尔德弗的理论又称 ERG 理论。

第一种生存需要与人们基本的物质生存需要有关，它包括马斯洛提出的生理和安全需要。第二种需要是相互关系的需要，即指人们对于保持重要的人际关系的要求。这种社会和地位的需要的满足是在与其他需要相互作用中达成的，它们与马斯洛的社会需要和自尊需要分类中的外在部分是相对应的。最后，奥尔德弗把成长发展的需要独立出来，它表示个人谋求发展的内在愿望，包括马斯洛的自尊需要分类中的内在部分和自我实现层次中所包含的特征。不同于马斯洛的需求层次论，该理论认为较低层次的需要满足之后，会引发出对更高层次需要的愿望。多种需要可以同时作为激励因素而起作用，并且当满足较高层次需要的企图受挫时，会导致人们向较低层次需要的回归。因此，管理措施应该随着人的需要结构的变化而做出相应的改变，并根据每个人不同的需要制定出相应的管理策略。

实际上，ERG 理论并没有超出需要层次理论的范畴，只是对马斯洛理论的一种修正，虽然对需要发展层次的理解上存在不同，但实际上两种理论有着非常紧密的关系。

3. 赫兹伯格的"双因素理论"

美国的心理学家 Frederick Herzberg 等于 20 世纪 50 年代末期通过对匹兹堡地区九个工业企业中的 203 名工程师和会计师的访谈发现，使员工感到不满的往往是公司政策、管理方式、上级监督、工资报酬、人际关系等几种因素，当这类因素缺失或不够完善时，往往容易招致员工的不满，但即使这些条件非常好，也很难使员工感到满意，据此，赫兹伯格提出了"双因素"理论，即在员工管理中的"激励因素"和"保健因素"。

保健因素不能直接起到激励员工的作用，但是却可以防止员工的不满。使员工真正感到满意的是工作本身和工作设计、内容等方面的问题，只有这些条件的满足才能真正让员工满意，激发他们工作的热情和创造性。

内部顾客需求的多样化特点决定了我们必须科学的对待内部顾客需求，既要考虑到内部顾客需求的不同层次，也得考虑到内部顾客需求内容上的差异，有的放矢，采取差别的沟通、激励方式，提供适合内部顾客个性和知识特点的产品（工作），唯有这样，企业才能吸引、留住员工，提高满意度和忠诚度。

14.3.2 内部顾客满意度的提高

企业内部服务质量涉及范围较广,主要指企业管理层为一线员工所营造的微观制度环境、工作条件与氛围,还与员工自身技能、素质有关。企业微观制度环境包括反映企业群体价值观、思考方式、行动习惯的企业文化软制度环境和企业建制成章的管理文件规定的硬制度环境,会在一定程度上受到产业（中观）制度环境和宏观制度环境的影响,但主要取决于企业创立者、管理者的指导思想、精神境界、经营哲学、管理理念和管理方式。"各师各法、扬弃不一。"管理者偏好什么样的制度,做出什么样的榜样,带出什么样的队伍,企业就会有什么样的微观制度环境。

内部顾客满意度是指员工对他从事的工作及环境因素感受到的一般态度。组织心理学家赫兹伯格认为,影响工作满意度的因素分为物理环境因素、社会因素和个人心理因素。美国组织行为学者认为工作满意度的影响因素主要包括工作自主权、工作压力、工作期望、自尊、个人价值观和性别等个体变量。

要提高员工满意度,大体上可从以下几个方面着手。

第一,在员工工作成本既定的情况下尽量提高员工的感知价值。员工感知价值包括薪酬价值、发展价值和人员价值。①薪酬价值是指员工从组织中获得的各种物质和心理收入。随着知识经济时代的来临,员工逐渐成为工作的主体,内在薪酬的给付质量渐渐成为影响员工感知价值进而影响其满意度的非常关键的影响因素。②发展价值是指员工感知到的组织可能给予的各种学习和成长机会。发展价值对提高年轻员工的工作满意度非常关键。③人员价值是指与员工接触的相关人员的素质及员工与其形成的人际关系为其所带来的价值,它主要解决员工在工作环境中的人际交往与情感方面的问题。工作中良好的人际关系是影响员工满意度的重要因素,现在国外一些组织也开始意识到这个问题并采取了相应的措施,如有的企业推行团队自愿组合来允许员工选择自己的工作伙伴。这些措施都在一定程度上提高了员工的心理感知价值。

第二,在感知价值既定的情况下尽量降低员工的工作成本。员工的工作成本包括时间成本、体力和脑力成本。①时间成本取决于工作时间的长短,而工作时间的长短又取决于工作任务量大小以及组织的相关管理制度等。可见要降低员工的工作成本,降低工作任务量只是一个方面,完善组织的相关管理制度同样可以达到降低员工工作成本的目的。②体力和脑力成本是指由于工作而产生的体力和脑力的消耗对身体造成的影响（主要是指负面的影响）。从这个角度看,如何通过制度设计让员工的体力和脑力付出保持在合理的负荷状态是提高员工工作满意度的重要途径。

第三,创造一个公平公正的环境,是员工满意度提高的基础。公正公平对提升员工满意度的重要意义是不言而喻的。建议从以下几个方面着手创造一个公正公平的环境:首先,是健全和完善管理制度,为营造公平公正的工作环境提供制度保障。随着环境变化,知识型员工需求的多样化,必须与时俱进,对原有的制度进行完善和修订,以更好的保证企业的发展需要。其次,要加大宣传,促进员工理解和了解公司制度,进而落实到日常的行为中。在满意度调查过程中发现很多体现对员工关爱的政策和制度不为基层员工所知晓,因此,一定要加大对员工的宣传力度,力争让每位员工都能知晓。再好的制度得不到有效贯彻就等于零,也必然丧失其公平公正性。最后,要建立必要的监督检查机制,确保公司好的政策和制度能够得到有效的贯彻执行。

第四,建立员工激励机制,并贯穿于日常管理中。员工激励是个重要而又较难的问题,从双因素理论中我们可以知道,真正能够激发员工的是那些激励因素如工作本身,工作带来的自我实现和成就感等。因此,在建立员工激励制度时,要注意:首先,注重物质激励的同时加强精神激励。从多方面、多角度开展激励,以增强凝聚力,提高员工满意度。其次,构建富有竞争力的薪酬体系、基于公平公正为导向的绩效评价体系、顺畅的晋升通道等激励机制。最后,运用强化理论激励,明确告诉员工什么是公司需要的,什么是要坚决摒弃的。对于正向行为进行奖励,负面行为实施处罚。

第五,帮助员工进行职业生涯规划,让员工得到更好的发展。了解员工自我发展规划,寻找其与企业目标的最佳切入点,形成与员工共同发展、共同成长的良好氛围。帮助员工有步骤、有计划、分阶段实现其职业目标。员工职业发展是不断提升自我的过程,企业必须为员工成长提供良好的制度保障、有效机制、正确的政策和宽松的氛围。通过管理体系的完善来有效保障员工工作机会和发展阶梯的顺畅。有效的激励机制、约束机制与自我发展机制要从尊重员工发展的需要出发,帮助员工制定人性化与理性化相结合的职业提升方案,给员工以发展的希望。

第六,探索员工参与企业管理的模式,构建员工参与机制。有效的员工参与会增加员工的自主性,加大他们对工作生活的控制,从而提高员工的工作积极性,对企业更满意。当员工能够亲自参与到工作中时,他们会更加具有主人翁精神,认识到工作与自己息息相关,并且愿意将自己的全部精力投入进去,以体现自身价值,同时会因为公司对自己能力的肯定和信任而心存感激,进一步增强对组织的认同。有经验的公司都非常注重认真听取员工意见,在工作中积极吸收员工参与进来。这一举措也是"人本精神"的充分体现。

第七,加强企业文化建设并落到实处,从而在根本上提高员工满意度。最先进的管理是用文化进行管理。对企业高层来说,如何让员工认同企业文化,并转化为自己的工作行为,是提升员工满意度的关键。如何提升员工对文化的满意度呢?可通过如下途径:积极听取员工意见,让他们参与到企业文化建设中,这是文化认同的基础。文化必须在制度与政策中得到体现,才能有价值。新的理念确立后,需要与员工的日常工作结合起来。文化建设中要做到管理者的分层级逐步推进,做到以身作则,用各级管理者的行为去影响所有员工。文化建设要想实现目标,必须注意从细微之处着手。企业文化凝结在公司的日常管理和员工日常行为中,作为企业的各级管理者,要从自己的工作实际出发,从小事做起,从身边事情做起,这样才能真正塑造公司文化。运用生动的方式展现文化,理念故事化、故事理念化,来宣传文化,使之逐步深入人心,进而影响员工行为的改变。通过各种渠道,加强沟通,推动文化建设的开展。充分利用企业的内刊、板报、宣传栏、各种会议、研讨会、局域网等，通过沟通渠道的建设，来让员工深刻认识企业文化是什么、怎样才能符合文化的要求，进而导致行为的逐渐改变。

14.3.3 内部顾客的服务与管理策略

要想提高内部顾客满意度，企业需要从员工进公司伊始，采取一系列的类营销手段，制定详细的内部顾客服务与管理策略。

1. 招聘与选拔

企业对内部顾客的管理，首先从员工招聘开始。企业在制订招聘计划时，首先要制定自己的招聘预算，由于招聘活动必须支出一定的成本，所以企业必须根据自己的预算确定招聘广告投放的媒体和招聘方式，如果企业有充足的招聘资金，那么就可以选择更多的招聘方法，扩大招聘的范围，可以花大量的广告来宣传自己的招聘政策和目标人员等，相反如果企业的预算紧张，则要选择那些花费较少的方式。

除了在招聘时考虑企业本身影响因素以外，企业重点要确定自己所需要的人员是哪些目标群体，需要具备什么条件，企业能够提供的工作描述等。在考察候选人时，企业不仅要考察他们的教育工作背景，还要重点考察面试者的工作理念和价值观是否与企业核心价值观相吻合，能够接受、融合进企业文化等。

企业的招聘活动不仅是一项日常管理工作，同时也是社会性、政策性较强的工作，因此，在实际操作过程中要注意：

（1）效率优先的原则。不管企业采用何种方法何种途径招聘人员，都是要花费成本的，所以一定要秉持效率优先的原则，即力争用尽可能少的招聘费用，录用到高素质、适应组织需要的人员，或者说，以尽可能低的招聘成本录用到同样素质的人员。

（2）双向选择的原则。招聘中的双向选择，一方面，单位录用到适合人员；另一方面，劳动者能遵从个人能力和意愿，选择理想的工作去从事，这样可以避免人才错位而带来的社会资源浪费问题。

（3）公平公正的原则。企业的招聘工作除了内部选拔以外，如果是面向全社会招聘，一定要选择正规渠道公开招聘条件，对应聘者进行公开、公平、公正的考核，择优录用，给每个应聘者创造一个公平竞争的录用环境。

（4）确保质量的原则。企业在选拔人员时，要遵从"合适的就是最好的原则"，不要不计成本，盲目追求最优秀的人，而是要根据企业实际业务发展和工作岗位需要，选择适合的人选，即"对"的人，这样才能使招聘收益最大化，有利于企业长远发展。

2. 培训与开发

培训已经成为能够为企业赢得内部顾客忠诚从而获得外部竞争优势的重要投资途径，很多企业把对员工培训提高到很重要的管理工作中。这不仅是因为知识经济时代对员工综合素质的要求不断提高，企业需要通过培训更新员工的知识结构，改善生产技能和他们的服务水平，企业将培训视为对员工的一项重要福利。员工也非常重视在企业内部培训机会的获得，并能够真正激励员工的工作积极性，培训影响着员工对企业的认同感、归属感和对个人发展前景的信心。

从世界范围来看，培训已经成为企业一项经常性的重要职能活动，企业对培训的投入在不断加大，培训的深度和广度在不断拓展，对培训的研究力度也大大加强。

培训为许多企业赢得了竞争优势（如美国通用电气公司和联邦快递公司等），培训能够帮助员工了解企业文化和使命、更新员工的知识和技能，改变员工的工作态度和行为模式，培养团队意识和合作精神，还能够塑造和传播企业文化，增强企业的核心竞争力。

企业的培训除了向员工传授相关技能外，更重要的还有职业道德、工作规范和标准化培训以及向员工灌输企业倡导的核心价值观念，在员工掌握自己的岗位知识技能的前提下，鼓励并引导他们了解其他部门所提供的服务以及各部门之间是如何相互协作的，逐步让员工树立起顾客导向的思想。

企业对员工进行培训，是为了改善员工的工作绩效，实现组织的战略和目标。因此，培训内容的设计应该与员工的工作本身密切相关，强调问题的针对性，并且培训的形式和方法要能够适应成年人学习的特点和要求，成年学习者一般都有较丰富的工作经验和人生阅历，理解能力、分析能力、动手能力和解决问题的能力都比较强，所以，培训应该具备较大的灵活性和实用性，更多地采用解决问题的学习方法，提供更多的实验或实践的机会给员工，及时提供反馈给他们以强化积极的学习行为等。

3. 授权

从内部顾客感知的角度来说，直接影响感知质量的举措主要有两个：一个是工作的产出回报，这包含工作报酬、福利等有形东西；另一个是员工在工作过程中的感知，授权给员工，让他们体会到自主决定的乐趣非常重要，授权是企业在内部顾客管理中非常重要的一个环节。

自20世纪90年代以来，向服务员工授权的管理思想引起了管理实践者的重视。他们期望通过员工授权来改变服务质量差、服务绩效低的状况。与实体产品的生产过程不同，服务员工经常出现在服务产品的生产现场，这使得员工的行为会对顾客的行为产生直接影响。因此，授予员工完成他们的日常工作及处理意外事件的权力，对于服务组织来说非常必要。

从服务的提供过程来看，一种极端的情况就是生产线式的服务。麦当劳是这方面的典范。按照这种方式提供服务，为保证稳定的质量和高效的运转，例行工作在受控的环境中完成，员工只有很少的自主权，组织为顾客提供服务的数量受到限制，对员工满意度和顾客满意度都产生了负面影响。顾客越来越重视个性化的服务，这使得员工授权非常必要。向给员工授权是使员工承担对组织应负责任的先决条件。

授权有利于提高员工的满意度。要有满意的顾客，首先要有满意的员工。拥有权力和自主性是员工的自然要求，人们有成长和自我实现的愿望。授权有利于提高员工的成就感和自豪感，提高满意度。

可以提高员工处理应急事件的能力。顾客的服务要求不同且难以预测，如果员工得到授权，对顾客特殊要求做出快速反应，就有更大的可能在短暂的"关键时刻"让顾客满意。当服务失误发生时，服务员工现场解决问题的能力，对于补救服务失败具有重要的影响。发挥员工的主动性和创造性，充分利用蕴藏在员工中的资源和智慧。一线员工和顾客直接接触，他们最清楚哪些政策和规定是可行的、哪些是不可行的、顾客对企业的反应如何。

可以提高服务的个性化程度。授权可以使员工有责又有权地去满足顾客的需求。一方面，可以使员工不必因为事事需向他的上级请示，而耽误了对顾客要求做出快速反应的关键时刻，另一方面，授权可以使员工产生为顾客服务的主动性。当一个员工被授权"可以全权解决顾客的问题"时，他就会产生被信任的感觉，从而激发员工的创造性，更好地为顾客服务。

对一项服务产品来说，顾客的参与程度越高，服务的个性化程度就越高，则适度的员工授权就越有必要。但强调员工授权的必要性，并不意味着对员工放弃约束，而是通过适度授权，授予员工在规定的权限范围内，按自己认为对的方式从事日常工作和处理意外事件的自由。成功的授权需要提供给员工必要的信息，通过培训使员工具备更好地为顾客服务的知识和能力，同时还要建立有效的奖励机制，将员工的工作业绩与奖酬紧密联系起来。

成功的员工授权可以用一个等式表示出来：授权＝权力×信息×知识×奖酬。等式用乘号而不是用加号来连接这四个要素，说明只要其中的一个条件不具备，则授权就难以取得预期的效果。

4. 严格奖惩制度

企业把员工当做内部顾客，但是绝对不是一味顺从他们的所有要求，而是有重点有区别的对待，根据80/20法则，只有能够给企业带来价值的员工才能够真正成为企业重点关注服务的对象。在员工的管理过程中，企业要建立严格分明的奖惩制度，当员工工作出色，圆满完成任务时，要及时的奖励表彰员工，这里的奖励不仅包括物质层面的，还包括精神层面的鼓励和肯定，如在员工大会上的公开表彰，或者是以员工名字命名公司所属资产等措施。

当员工违反了工作的规章制度，就要严格执行企业事先制定的惩罚条例，只有奖惩及时、得当，才能够给员工以工作动力，让他们明白哪些界线是绝对不能逾越的。

把员工视为企业内部顾客，不是要任意纵容、放任他们的行为，而是要充分使员工价值最大化，提高他们的工作热情和积极性，引导把他们把对工作的满意和热情积极传导给外部顾客，提高外部顾客的服务满意度。

5. 以尊重的态度对待员工

员工是企业最重要的资产,根据马斯洛的需求层次理论,人有被尊重的需求,如被承认、有声望、被信任等,这些都会对员工的内心情感、工作态度产生很大的影响。例如,美国的迪斯尼公司,他们的经营理念是"员工第一,顾客至上",把员工和顾客摆到了非常重要的地位。而对员工的不尊重,或者以高压的姿态对待员工,都将影响企业和员工的双向沟通,挫伤员工积极性,使他们在工作上消极怠工,这对组织的发展是十分不利的。企业不论是从经营理念到管理机制的设计,都要充分体现组织对员工的尊重和人文关怀,使员工能在企业文化中找到坚定的心理支撑。

6. 团队工作

团队工作的实质是从原来面向功能的工作设计转向面向过程、面向产品、面向结果、面向顾客的工作设计,员工不再只从事单一专业化的工作,而是从事与最终产出、与整个过程有关的多项工作。

团队工作对内部营销的作用,主要体现在使整个企业都面向顾客市场,抛弃了以工作和任务为中心的思维方式,加强促进了企业各部门之间的沟通合作,提高了信息在整个企业内部的顺畅程度,增进了团队成员的士气、工作满足感和成就感,同时,有利于员工的生理、心理健康。

对内部顾客的服务管理是一个系统庞杂的工作,只有综合运用以上几种管理策略,充分调动他们的积极性,创造更多的内部顾客价值,才能提高内部顾客对企业的组织认同和心理承诺,主动地将工作上的热诚和优质服务传递给外部顾客,提高外部顾客对企业的好感和认同,最终创造公司的竞争优势。

讨论与思考

1. 什么是服务利润链,企业落实服务利润链的关键点是什么?
2. 企业内部营销的实现途径都有哪些?
3. 企业为什么要开展内部营销?
4. 如何识别内部顾客需求?
5. 如何才能提高内部顾客满意度?
6. 内部顾客的服务与管理策略都有哪些?

第 15 章　网络服务营销

内容提要

本章介绍了我国互联网络的兴起和发展及网络服务营销的概念，同时介绍了我国企业网络服务营销现状，深入分析了网络服务营销的重要性和独特性，网络顾客独特的消费心理、动机和服务要求，并在此基础上详细阐述了企业网络服务营销的策略和服务工具。

主题词

网络服务　网络顾客　网络服务营销　营销策略

服务营销

引导案例

马云的"阿里巴巴神话"

1999年,马云凭借其对中国互联网络业务发展的敏锐嗅觉和精准判断,在杭州以50万人民币一手创办起阿里巴巴商务网站,目的是为了众多中小企业提供便利的交易平台,这听起来颇有些扶助弱小的侠义之气在里面。在十年前若是提起电子商务,还有很多人直称是个天方夜谭,并断言电子商务在中国前景渺茫。然而,十多年过去了,当初说风凉话的旁观者早已经哑口无言,马云和他的"阿里巴巴"非但没有消失,反而越办越大。

据阿里巴巴集团(简称阿里巴巴)财报数据显示,2010年上半年,阿里巴巴国际、国内两个交易市场共有5 340万名注册用户,780万个企业商铺和712 867名付费会员,注册用户和付费会员数均保持持续增长势头,受益于付费会员的持续增长和增值服务收入增加,阿里巴巴上半年的总营业收入为25.87亿元人民币,较2009年同期增长49%,净利润较2009年同期增长39.8%,达到6.93亿元。

由阿里巴巴投资创办,于2003年5月10日成立的淘宝网,经过6年的发展,截止2009年年底,淘宝拥有注册会员1.7亿人;2009年全年交易额达到2 083亿人民币,是亚洲最大的网络零售商圈。在当今的中国网民中,提起淘宝网几乎没有不知道的,有过网购经验的顾客更是对"支付宝"了如指掌。国内著名互联网分析机构艾瑞咨询调查显示,淘宝网占据了当今国内电子商务80%以上的市场份额。

除了可圈可点的财务成绩以外,阿里巴巴还有着更加宏伟的电子商务生态圈战略。今年四月,阿里巴巴正式推出网上跨境批发交易平台——全球速卖通(www.aliexpress.com),并迅速展开与UPS、PayPal的战略合作,为用户提供优质的国际物流服务和多样的支付方式,实现了用户活跃度和交易量的稳健增长。

2010年6月,阿里巴巴全资并购美国多渠道电子商务平台Vendio,服务于全球速卖通平台。摩根斯坦利高度评价全球速卖通平台,认为安全便捷的平台富有吸引力,有助于阿里巴巴在国际市场获得更多客户的青睐。而在8月17日上午召开的2010年中国互联网大会上,凭借全球首创的"担保交易"模式,极大地推动了互联网经济发展的"支付宝"被评选为中国互联网"价值之星",成为影响中国互联网发展的重要一员。

资料来源:根据阿里巴巴网站资料整理编写.

近年来,随着互联网络技术的普及和发展,中国的网民数量不断增长,越来越多的消费者选择足不出户在网上进行选购商品、预订服务等活动。互联网络的24小时全天候、不间断以及超越地域空间限制的特点使得顾客的要求能够得到最快速度的满足,企业与顾客之间在网络环境下的互动更为频繁,企业的服务提供能够更为便利,然而在面对网络这一新型的传播媒介时,很多企业尤其是中小企业却并没有做好充分准备,它们不清楚该如何能够理性、从容地面对网络进行服务营销,提高企业的竞争优势,有的企业甚至还没有意识到网络带来的巨大商机。那么,到底网上的顾客有哪些新的特点和要求,网络上的服务营销与传统的营销相比有何独特性,企业该采用怎样的营销服务策略和管理工具呢?本章将探讨这些问题。

15.1 网络服务营销的兴起与发展

提起 Internet,现在很多人都不陌生,但是在过去的 20 世纪七八十年代,这还是很新鲜的玩意。直到 20 世纪 90 年代初,随着电子信息技术的发展,计算机才逐渐被越来越多的人所认识和使用,而且这用起来就是一发不可收拾。当今,计算机早已经走进了千家万户,人们越来越习惯于有网络陪伴的生活。互联网络技术改变的不仅是人们的生产生活方式,更多的还有企业的服务营销策略。

15.1.1 我国互联网络的兴起与发展

从 20 世纪 90 年代开始,计算机和互联网技术得到日益普及和发展,这一先进的电子技术给人们的生产生活带来了翻天覆地的变化,随着通信技术、数据库信息技术的不断完善和发展,人们运用一台计算机,可以足不出户地预定晚餐、购买衣服,查询银行账户信息等各种活动,而不需要亲自跑到商场、银行等去落实。作为一名消费者我们也能感受得到,如果没有网络,我们的生活可能就难以为继,我们需要在网上采购化妆品,与朋友视频聊天,偶尔忙里偷闲在网上种种菜、玩玩游戏、看看八卦新闻等,网络已经成为了很多人生活中不可缺少的一部分。

根据中国互联网络信息中心(CNNIC)发布的《第 21 次中国互联网络发展状况统计报告》显示,截至 2007 年 12 月 31 日,中国网民总数达到 2.1 亿人(不包括港澳台地区),在美国之后位居全球第二,较上年同期增长了 53.3%,(上年同期为 1.37 亿人),互联网普及率为 16%。

2010 年 7 月 15 日,CNNIC 发布《第 26 次中国互联网络发展状况统计报告》(以下简称《报告》),《报告》显示,截至 2010 年 6 月,中国网民规模达到 4.2 亿人口,突破了 4 亿人口关口,较 2009 年底增加 3600 万人;互联网普及率攀升至 31.8%,较 2009 年底提高 2.9 个百分点(图 15.1)。

宽带网民规模为 36 381 万,使用计算机上网的群体中宽带普及率已经达到 98.1%。农村网民规模达到 11 508 万人,占整体网民的 27.4%,半年增长 7.7%,低于城镇网民相应增幅。我国手机网民规模达 2.77 亿人,半年新增手机网民 4334 万人,增幅为 18.6%。其中只使用手机上网的网民占整体网民比例提升至 11.7%。

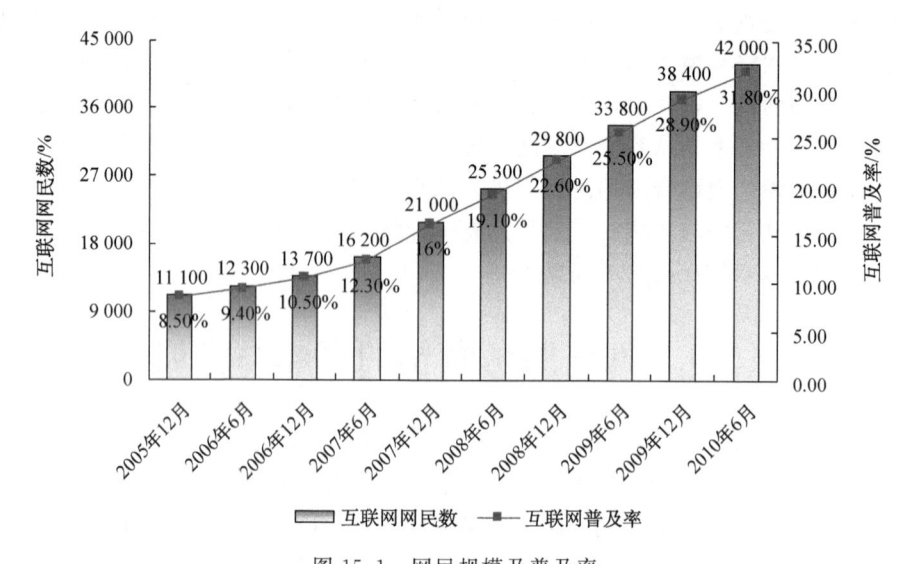

图 15.1 网民规模及普及率

资料来源：CNNIC 发布的《第 27 次中国互联网络发展状况统计报告》。

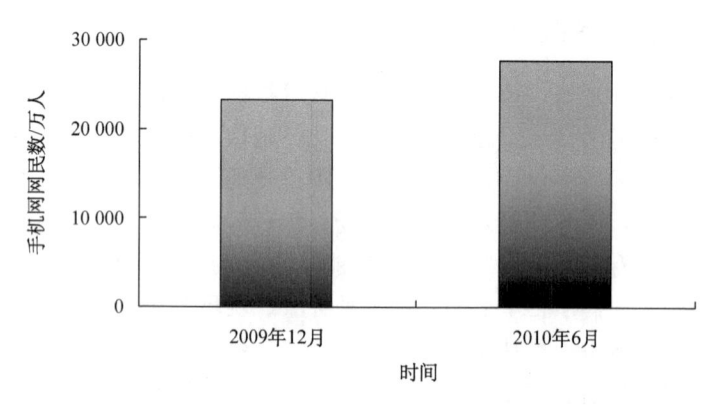

图 15.2 手机上网网民规模对比

资料来源：CNNIC 发布的《第 27 次中国互联网络发展状况统计报告》。

《报告》称，我国网民在家和单位上网的比例继续提升，2010 年上半年，有 88.4% 的网民在家上网，33.2% 的网民在单位上网。2010 年上半年，网民上网设备多样化程度加深。其中，台式电脑仍居上网设备首位，占 73.6%，手机上网占比攀升至 65.9%，笔记本电脑上网的比例达到 36.8%。网民每周上网时长继续增加，人均周上网时长达到 19.8 小时。

另《报告》显示，我国网民的互联网应用表现出商务化程度迅速提高、娱乐化倾向继续保持、沟通和信息工具价值加深的特点。2010 年上半年，大部分网络应用在网民中更加普及，各类网络应用的用户规模持续扩大。其中，商务类应用表现尤其突出，网上支付、网络购物和网上银行半年用户增长率均在30%左右，远远超过其他类网络应用。社交网站、网络文学和搜索引擎用户增长也较快。可见，互联网络已经成为人们生活的一种主流媒介，普通人不仅可以在新浪网或者 Twitter 上"开博"，在 Facebook 上交友，还可以通过 QQ 聊天，用"支付宝"远程付款，而不用担心银行是否已经下班。在信息网络时代，网络技术的发展和应用改变的不仅是信息的分配和接受方式，同时更改变了人们生活、工作、学习、合作和交流的环境，它使得"远在天边"的人们，做事犹如"近在眼前"，实现了"地球真正是平的"预言。

15.1.2 网络服务营销的阶段

传统的企业服务营销是围绕企业产品销售这一活动而进行，按照产品销售的阶段可以简单划分为产品售前、售中、售后的服务营销活动总和。

互联网络的发展，给人们提供了前所未有的平台，在这个平台上交易，人们可以跨越时间、地域的限制。例如，顾客在欧洲上网预订酒店，只要一张信用卡就能全部搞定，而且还能自由选择房型和折扣，这极大增加了人们生活工作的便利性，改变了人们持续了很长时间的传统消费行为，因此，网络吸引了越来越多的人加入进来。但是，面对互联网络这一新型媒介，企业的营销战略也必须全面革新，才能吸引留住更多顾客，取得竞争上的优势。

而当企业选择网络作为与顾客进行沟通、交易的主战场后，企业传统服务营销的重点就转移到互联网络上来。因此，企业网络服务营销简单说就是指企业在网络平台上针对消费者而进行在各种服务营销组合活动。这种新型的服务营销策略是适应网络技术发展与信息网络时代社会变革的新生事物，必将成为跨世纪的企业服务营销策略，面对庞大的互联网络商机，企业越早意识到网络服务的重要性，采取的策略越好，就越可能在竞争中获得先机，取得绝对的竞争优势。近几年，很多服务企业意识到网络消费者的重要性，针对这一部分顾客推出了许多服务措施，如招商银行的网银服务可以说在业界开展的最早，走的最远，在鼓励个人和企业客户使用网银服务后，不但可以节省很多的银行网点和工作人员的成本支出，同时也使得招商银行在同业竞争中获得先机优势，在招商银行之后，国有的几大银行如工商银行、中国银行、建设银行等也纷纷加入到网上业务的大军中来。

借助于网络这个媒介，网络服务可以克服许多原来传统服务市场的局限，使得业务开展更加快捷便利，并且由于互动性的特点实现对顾客的个性化服务，建立与顾客之间的紧密联系，最大限度地实现顾客保留。

15.1.3 我国企业网络服务营销现状

网络服务在发达国家开展的较为成熟，已经成为企业服务客户，建立竞争优势的一种必不可少的竞争工具。但是在我国，由于经济起步较晚，在新技术的认识和应用上大幅落后于西方发达国家，我国企业的网络服务营销工作并不是一帆风顺，经历了一个较为漫长的成长过程。

从20世纪90年代初起，伴随着互联网络的兴起和发展，企业才逐渐意识到电子商务在中国的前景有多广阔，在网络兴起初期，一度有很多人对电子商务持怀疑态度，认为网络的不确定因素很多，中国的经济还不够发达，不会有那么多的人愿意上网、相信虚拟网络、在网上采购做交易等。谁知信息技术发展得太快，很快一大批高新电子服务企业成长起来，如在1999年，马云创办了阿里巴巴电子商务网站，目的是为了众多的中小企业提供交易平台，如今的阿里巴巴不但已经是中国电子商务领域的翘楚，更将战略布局放的更远，收购了日本的一家公司，以在全球竞争格局中布下一局。

现在中国的网民数量不断壮大，越来越多的人喜欢上了网络生活，甚至已离不开。在这个发展过程中，敏锐的企业嗅到隐藏在互联网络上的巨大商机，纷纷开展网上服务业务。诞生了一大批代表性企业，如提供搜索引擎服务的百度公司，如今它在中国的业务已经超过了美国搜索引擎巨人谷歌公司，游戏玩家的乐园盛大网游、中国的门户网站新浪网及搜狐网，还有随着江苏卫视《非诚勿扰》节目一起声名鹊起、专为单身男女提供约会服务的网络红娘世纪佳缘网站等，除了这些高新技术的电子服务企业，传统上的服务企业如银行、酒店、航空、餐饮等也加入网络服务的行列，银行业推出了便捷方便的网银服务，酒店可以在网上订房间，机票可以在网上买，甚至在网上都能下载到一些餐饮企业提供的优惠券等，网络给顾客带来的便捷性不言而喻，这也给企业带来了丰厚的利润和人气。

开展网络服务是服务业的发展趋势，这一大环境不会因某些个人意志为转移，未来将有越来越多的服务企业加入到网络服务的竞技场上来，但在当前阶段，我国企业开展的网络服务还存着一些问题，主要体现在以下几个方面：

（1）网络服务技术人员储备不足。在网上开展服务营销，需要有专门的技术服务人员，能够解决各种网络技术难题，遇到顾客提出的各种技术故障能够予以解决，但是很多传统服务企业由于开展网络服务工作时间较短，在这类人员的招聘、培训和储备上还是有所欠缺，有的企业几乎没有网站维护管理人员、技术保障人员等，花钱请人做的网站内容也非常陈旧，鲜有更新，网站形同虚设，网络服务根本没有实际开展起来。解决途径还是要企业真正重视网络服务营销对于企业留住、吸引顾客，建立企业竞争优势的重要性，积极做好人员的配套安置工作。

（2）网络服务同质化。一方面，一些企业在开展网络服务时盲目跟风，没有自己的服务特色，别人干啥我也跟着干，别的企业推出什么服务我也跟着做，却没有自己的特色服务项目，因而也就没有自己的竞争优势，归根结底，除了企业网络专业人才不足之外，还是因为企业没有真正花大精力钻研网络这部分市场，动脑筋研发自己的专属服务项目。另一方面，可能存在的一个问题就是服务提供项目的进入门槛很低，非常容易模仿，企业一旦推出一个受欢迎的服务项目，看到顾客反应不错，其他竞争企业马上跟进，也加入到服务竞争中来。随着产品之间的竞争白热化程度越来越高，企业之间比拼的就是服务质量的高低，哪家企业服务项目贴心、服务过程到位，哪家企业就能够抓住顾客的心。这种情况下考验的就是企业的服务智慧。

（3）网络服务品牌建设薄弱。产品需要品牌，网络服务也需要品牌建设，想要获得好的口碑效应，较高的顾客满意和顾客忠诚，就要建设认知度和美誉度高的网络服务品牌。在这方面做得较好之一的就是携程旅行网。携程旅行网品牌创立于1999年，总部设在中国上海，目前已在国内多个城市如北京、广州、深圳、成都、杭州、厦门、青岛、南京、沈阳、三亚等11个城市设立了分公司，员工总数达1万余人。作为中国领先的在线旅行服务公司，携程旅行网成功整合了高科技产业与传统旅行社，向超过4000万名会员提供集酒店预定、机票预定、旅游度假、商旅管理、特约商户及旅游资讯在内的全方位旅行服务，被誉为互联网和传统旅游无缝结合的典范。凭借稳定的业务发展和优异的盈利能力，Ctrip于2003年12月在美国纳斯达克成功上市。

然而在目前，有很多企业还视网上服务为附属地位，或者仅是产品销售发布的一个门户网站而已，没有把网络作为可以给企业增值的一个服务途径来运作。

15.2　网络服务营销特性与网络顾客研究

由于网络服务营销的主要服务媒介是互联网，它不同于传统的服务渠道，有许多独特性。顾客在接受网络服务时，也有着很多独特的心理和行为需求，因此，企业在开展网络服务营销工作之前，一定要先弄清楚这些问题，才能使网络服务工作开展得更加顺利。

15.2.1　网络服务营销的重要性

网络服务随着互联网技术的发展慢慢引起人们的注意，基于网络的顾客服务可以突破传统服务的时空不可分离、易逝性等特点，给企业带来可持续的竞争优势，因此，开展网络服务的企业越来越多。

美国《哈佛商业评论》杂志曾经发表过一份研究报告："公司只要降低5%的顾客流失率，就能增加25%～85%的利润，而在吸引顾客再度光顾的众多因素中，首先是服务质量的好坏，其次是产品的本身，最后才是价格。"由此可以看出，服务对于顾客满意、顾客保留起着至关重要的作用。

1. 突破传统服务的时空限制，提高服务质量

互联网络最突出的特点就是它突破了传统沟通渠道的时间与地域空间的限制，高度发达的电子信息技术使地球真的变成了平的。通过一台小小的计算机和网络，中国的时装迷可以订购美国的高级成衣，所购产品完好迅速地送至公寓，详细的产品及付费、送货等细节都可以在网上迅速搞定，这在没有网络的过去是难以想象的事情，坐着飞机去纽约采购衣服曾是富豪的生活，但如今普通老百姓也可以实现。

比起传统服务，网络服务可以更加方便快捷，更能够针对用户的个性化需求，实现

真正的人性化服务模式，提高服务质量。

2. 改善企业的客户关系，提高顾客满意和顾客忠诚

网络给企业与顾客之间的沟通提供极端便利平台，用户可以足不出户就完成各种想要完成的工作。例如购买衣物、预订机票、酒店、交电话费等，网络大大减少了消费者的工作量，增加了顾客便利，增进了顾客价值。同时，企业可以及时通过网站发布、宣传企业产品和相关信息给顾客，增加顾客对企业的了解与信任。

另外，企业还可以经常在网上与顾客就服务质量、服务满意、产品需求、个人意向等问题进行沟通，及时跟进把握顾客的服务要求。当顾客在服务过程中有疑问或者在服务提供过程中出现问题时，顾客可以即时地在网上向企业提出解决要求。

企业更可以迅速、有针对性地对顾客提出个性化的解决方案，企业真诚的服务态度，可以打动顾客，增进企业与顾客之间的良性互动与信任，而大量公开信息、及时坦诚的沟通态度、高效的服务质量等措施都能深化顾客对企业的认同，提高顾客满意和忠诚。

3. 节约企业成本，提高企业竞争优势

网络服务可以减少或者替代企业的部分员工，为企业节省大量劳动成本。举例来说，传统的银行业务如存取款、异地汇款、转账等都要求消费者必须到专门的银行网点，由专门的工作人员予以办理，在推广网上银行服务后，用户只要登录企业网站，使用专门加密工具，就可以方便、安全、快捷、简单的自行办理，无需在柜台排队等候，也不必担心时间限制。

而这对于银行来说，也是利大于弊。开通网上银行业务，能够节约一大笔设柜台服务人员的人工成本，甚至缩减业务网点的设置。企业成本降低，又会给企业带来直观的竞争优势，同时利用节约的资源，企业更有精力研发、推出新产品，提供更周到的服务给消费者，增加了顾客价值。

15.2.2 网络服务营销的独特性

与传统的服务营销方式相比，借助于网络平台，企业开展网络服务营销，具备许多得天独厚的优势。

1. 跨时空的服务方式

互联网的远程链接，可以使企业突破地域时间限制，迅速快捷地提供给顾客24小时的解决方案，如新疆用户购买了深圳公司生产的电子产品，当遇到产品使用或其他问题时，顾客可以即时在网上向企业提出解决问题，商家更可以针对顾客需求迅速提供解决预案。再如，当顾客在使用笔记本电脑过程中，出现暂时计算机停止工作情况，用户可以迅速在企业网站上查找相关的问题诊断和帮助说明等。企业借助网络平台，大大突

破了有形限制,拓展了服务空间。

2. 即时的个性化服务

企业可以在网站上以图片、声音、视频、文本等多媒体形式发布详细具体的产品、服务信息给顾客,顾客可以根据自己的需要浏览、获取有用信息,并且在网上专门的问题解答区或者论坛等地方提出各种疑难问题,企业针对用户要求进行解答,并且通过实时的通信工具,企业可以与顾客实现即时的沟通,这些都增进了顾客与企业的互信了解。此外,顾客越来越向往个性的展现,重视个人兴趣、爱好的表达,高新技术的发展也使得企业这种个性化的服务成为现实,企业可以在服务方式、内容等方面根据客户喜好和要求区别提供,不再是千篇一律的模样,而企业的这些个性化服务又能够提高顾客满意和忠诚,反过来顾客忠诚又能提供企业利润和竞争优势。因此,网上的个人化服务对企业和顾客是个双赢的举措。

3. 弹性的服务价格

网上信息的公开透明和对称性,使得网上顾客对于价格更加的敏感,顾客更愿意寻找价格与质量最优化的产品和服务。因此,为了吸引、留住顾客,企业需要进行服务创新,如通过网上会员制,吸引顾客成为会员,并针对会员提高折扣更低的产品和更优质的服务,识别会员的购买交易记录、购买偏好等数据,提供分级别的会员产品价格,增加会员与企业的感情。越来越多的企业还积极开发使用限时网上竞拍工具,吸引顾客积极参与到购买过程中,这些措施都是为了通过弹性的服务价格、形式来吸引消费者的注意。

4. 整合的渠道管理

通过网络的产品销售,借助于网站平台,顾客的消费咨询、评估、订购和评价可以有效地与企业的产品消费、服务提供、银行结算、物流递送等整合在一起,顾客可以随时随地根据个人需要进行网上有形产品及服务的购买,产品分销可以真正实现以顾客为中心,企业可以广泛的在国内外目标市场建立分销网点,这些销售网点又与企业网站建立销售服务网络,并联合银行的网上服务提供安全、快捷、方便的网上结算系统。

5. 促销手段的多样化

企业在网络上进行促销时,可以广泛利用多媒体技术,借助丰富的网络传播方式进行企业品牌和产品促销。如企业可以借助于网站直接发布各种详细的产品信息,利用网络论坛吸引顾客积极参与,鼓励消费者发布自己的使用报告和心得体会等,借助口碑效应提高顾客对企业的认可和产品购买,开辟网络聊天室,在与顾客的密切沟通中宣传企业的积极正面形象。这些都能达到企业宣传、推广自己的目的。

6. 更有利于展示和宣传企业形象

随着互联网技术的迅猛发展，网络已经逐渐深入千家万户，中国互联网络2010年报告显示，截至2009年，中国网民数量已经达到4.2亿人（还不包括港澳台地区），网民数量呈现爆炸式增长，对于企业来说是个非常诱人的"大蛋糕"，哪家企业越早发展电子商务，哪家就能尽早占领竞争高地，拒绝采用互联网商务的企业，已经被网民视为"古董"企业，被认为是观念落后，跟不上时代潮流，也使得消费者对公司实力和发展前景保持怀疑，消费者也自然不会对企业产品感兴趣，所以采用网络来展示和宣传企业自身的积极形象已经是大势所趋，而不是企业愿不愿意以及成本高低的战术问题了。

事实上，互联网也提供给了企业绝佳的展示形象的平台，因为网络本身是一个功能非常强大的新型媒体系统，所包含的万维网（WWW）、文件传输（FTP）、远程登录（Telnet）、电子邮件（E-mail）、新闻组和电子公告板（BBS）等五大系统，实际上是五种全新的信息环境与传播渠道，具有文字、图片、色彩、声音、动画、电影、三维空间、虚拟现实等所有广告媒体的功能，把广告促销和即时在线购买融为一体，能极大地提高企业营销传播的快捷性、方便性和内容丰富性，更有能力不断容纳各项高科技新成果，而且成本低廉。

企业网络服务质量高低可以直接决定顾客对企业形象的认知。当企业的网络服务营销做得全面、到位时可以提升消费者对企业发展的信心，增强对企业的科技感知，并且能够在顾客心中创建极佳的企业形象和认同，这无形中能够增加企业的竞争筹码。

以竞争激烈的旅游行业为例，大大小小的全国旅行社不下百家，规模、水平不一，但是所提供的旅游产品却大同小异，消费者在选择旅行社上一直较为头疼，这一两年虽然也有政府部门牵头按照一系列标准对旅行社进行了评级，最好的被评为"五星级旅行社"，但是在实际的服务体验中消费者还是很难说出大多数的旅行社的特色。

但是有一家旅行社却在竞争中处于领先地位，这就是北京凯撒国际旅行社有限责任公司。这家主营旅游业务的公司凭借其精准的旅游市场定位，贴合实际的产品设计，特别是在开展网络服务方面的突出优势，确立了自己在旅游市场上高端旅行社的地位，得到了新老顾客的一致认可和赞誉。

首先，它将自己的竞争优势锁定在欧洲的出境游市场，针对国内很多高端客户喜欢轻松、舒适的休闲游特点设计出很多的深度旅游线路，并且在公司网上服务上投入很大精力。公司网站设计简约大方，内容更新迅速清晰。其次，顾客可以在网站上查阅最新的旅游线路和报名情况，同时可以在网上直接预订旅游产品，通过网上支付报名的顾客还能得到一定比率的优惠政策。再次，顾客可以随时登录网站查阅线路报名人数情况，同时凯撒旅游网还推出了各种贴心的旅游小贴士、出游宝典、导游日记等，并在线答复顾客疑问，这些措施给顾客传递了一种非常愉悦、专业的服务体验，通过企业网站平台，顾客也进一步增强了对北京凯撒旅行社的心理认同。其他也有些旅行社相继推出了网络服务项目，不是内容陈旧，就是无法直接预订旅性线路，在网络服务质量上略输凯撒公司一筹。

15.2.3 网络顾客特征分析

网络顾客不论是在需求特征方面,还是消费心理层面都有很多独特之处,企业只有真正了解、掌握这些特性,才能够更加有针对性地做好网络服务工作。

1. 网络顾客需求特征分析

电子商务的出现,使消费者的消费观念、消费方式和地位发生了重大变化,消费者更看重消费的便捷和舒适性,互联网商用的发展促进了消费者主权地位的提高。网络营销系统巨大的信息处理能力,为消费者挑选商品提供了巨大的选择空间,消费者的购买行为因而更加理性化,总体来看消费者的网络消费需求呈现以下特点:

(1) 消费者消费个性回归。21世纪的世界变成了一个计算机网络交织的世界,消费品市场变得越来越丰富,消费者产品选择的范围全球化、产品的设计多样化,消费者开始制定自己的消费准则,整个市场营销又回到了个性化基础之上,个性化消费成为消费的主流。

(2) 消费者需求呈现差异性。不仅仅是消费者的个性消费使网络消费呈现出差异性,对于不同的网络消费者因其所处的时代环境不同,也会产生不同的需求。即便在同一需求层次上,他们的需求程度也会有所不同。网民来自世界各地,有不同的国别、民族、信仰和生活习惯,因而,会产生明显的需求差异性。

(3) 消费的主动性增强。在社会化分工日益精细化和专业化的趋势下,消费者对消费的风险感知随着选择的增多而上升。在许多大额或高档的消费活动中,消费者往往会主动通过各种可能的渠道获取与商品有关的信息,进行分析和比较,从而做出购买决策。

(4) 消费者直接参与服务和流通的全过程。传统的商业流通渠道由生产者、商业机构和消费者组成,其中商业机构起着重要的作用,生产者不能直接了解市场,消费者也不能直接向生产者表达自己的消费需求。而在网络环境下,消费者能直接参与到生产和流通中,与服务提供者直接进行沟通,减少了市场的不确定性。

(5) 消费者选择服务的理性化。网络营销系统巨大的信息处理能力,为消费者选择服务提供了前所未有的选择空间,消费者会利用在网上得到的信息对各家服务商进行反复比较后,才会最终做出决定。

(6) 网络消费仍然具有层次性。在网络消费的开始阶段,消费者偏重于精神产品的消费,在网上大都只是浏览各种信息,但不会轻易接受服务体验。到了网络消费的成熟阶段,等消费者完全掌握了网络消费的规律和操作,并且对网络有了一定的信任感后,消费者才会接受网络服务方式。

2. 网络顾客的消费心理分析

消费者选择网上消费的心理因素主要有以下几方面:

(1) 认知因素。消费者选择网上消费的认知因素有多种表现。例如，消费者购物经验不足，或不习惯上街到人群拥挤的商店购物，或营业员态度不佳，对商品购物环境不满意，或不想让人知道自己所购买的东西，认为传统商店无法满足消费者的个人欲望等。而网上消费恰恰能够弥补这些不足。

(2) 人际因素。在互联网上的虚拟商店浏览和购物，还可以替代部分人际互动关系，减轻孤独感，借着上网冲浪的过程，寻找未来可能拥有的商品。同时，还可以满足消费者个人角色扮演的动机，如扮演社会所认可或接受的某一角色，家庭主妇、电影明星等。同时，网上虚拟商店的购物环境幽雅、色彩亮丽，使视觉感官得到刺激，消费者可以借助花钱减轻心理压力与疲劳感。

此外，网上漫游让消费者得到原始的放纵，因此，有人认为上网购物是一种原始角色的后现代表现。另外，在网上购物，除了能够实现实际的购物需求外，消费者在购买商品的同时，还能得到许多信息，并得到在各种传统商店没有的乐趣。在劳动生产率日益提高的今天，一部分消费者自由支配时间增多，他们也希望通过消费来寻找生活的乐趣。

(3) 时空观念重组因素。网络营销的范围极大突破了原有商品的销售范围和消费者群体的范围。商家不再通过产品订货会、发布会来传播商品信息，取而代之的是网址、网页；消费者可任意支配时间到网站浏览和访问，了解商品的途径也由完全被动式演变为主动上网搜索信息。

(4) 价格因素。价格也是影响消费行为的一个重要因素。网络购物之所以发展起来，很重要的一个原因就在于网上产品的销售价格比传统渠道要低。商务网站一般以打折后的价格出售，消费者对互联网的免费心理预期影响着网上消费行为。互联网在起步与发展阶段运用了免费策略，导致消费者已习惯免费待遇。目前，诸如信息查询、在线音乐享受等产品与服务，都是免费的。其他一些不能免费的产品，其价格也应较传统渠道低，否则消费者很难接受。

3. 网络顾客消费动机分析

购买动机是使消费者做出购买某种商品决策的内在驱动力，是引起购买行为的前提。网络消费者的心理性购买动机可以从情感动机、理智动机、信任动机来分析。

(1) 情感动机。消费者选择上网和在网上购物，有的是由于各种心理情感的作用，如新奇感、快乐感、满意感等，这就是基于情感的动机，往往具有不稳定与冲动的特点。例如，由于寂寞选择上网聊天的消费者，当心情转好时，可能就不会上网聊天。又如，当消费者在网上发现一个好的游戏软件时，他很可能由于冲动立即产生购买动机并做出购买决策。

(2) 理智动机。目前，网上消费者大多是年轻人，且其中大多数用户接受过大专以上的高等教育。他们一般分析判断能力较强，能在众多的产品信息中比较选择出最适合自己需要、性能价格比最优的产品。特别是因特网强大的信息搜索功能，一方面，使用户可以迅速获取丰富的产品信息，拓展比较选择的范围；另一方面，由于面对的是计算机显示屏，消费者不会受到在超市购物环境下琳琅满目的商品实体与其他消费者购买行为的刺激与影响，易于在一种平静的心态下做出购买决策。网上消费的这种特性，迎合了许多习惯于"货比三家"的谨慎购物者的消费心理。

（3）信任动机。有的消费者由于对特定的网站、图标广告、商品等产生特殊的信任与偏好而重复地、习惯性地光顾并在光顾的过程中产生了购买动机。这类消费者，往往是某一站点的忠实浏览者，他们不仅自己经常光顾这一站点，还会鼓动周围的消费者也去光顾它。

总之，在顾客至上的经营理念下，谁掌握了消费者的心理，谁更了解消费者，谁就可能在竞争中取胜，取得主导地位。这样的企业才能在激烈的竞争中稳占市场，成功地实现网上销售，创造出更大的效益。

15.2.4 网络顾客的服务要求

当顾客在网上进行消费等活动时，对于提供产品、服务的企业，他们会更注重企业服务质量的好坏，具体来说应注意以下几个方面。

1. 个人隐私的安全

个人隐私与网络安全始终是网络顾客所担心的最重要的问题，也是阻碍一部分网上浏览者最终购买的最重要因素。互联网络的博大精深，也造就了它的鱼龙混杂，神出鬼没、技术高超的"黑客"是网民最头痛的事，使用一些非法软件盗取顾客私密的个人信息，已经屡见不鲜，增加了顾客的脆弱性，当顾客感知到个人递交信息可能的不安全结果时，他们就会放弃递交，并拒绝采用网上途径购买产品和服务，根据网上信息交换水平的不同，顾客的担忧程度也不一样。

一般来说，网上的信息交换可以大致分为六个水平：第一水平的信息交换就是网络冲浪，代表了相对较低的信息交换，没有个人信息被捕获；第二水平的信息交换是匿名沟通，使用者对一项服务签了字，提供了有限的个人信息，但使用者保留匿名；第三水平的信息交换是未识别注册，需要使用者在网站上注册来浏览内容，但使用者能够提供虚假信息，仍然能够获得网站上提供的信息或者服务；第四水平的信息交换就是购物，这是典型的电子商务，需要使用者充分识别自己，提供精确的邮件信息等；第五水平的信息交换是银行服务，允许外面的一方接近个人身份数字或者潜在的更多个人信息；第六水平的信息交换代表了最高水平的信息交换，不顾一切的回答，个体需要暴露更多非常具体的个人信息。

2. 服务提供的个性化

个性化服务就是针对顾客的特殊个性化需求所满足的服务，不再是千篇一律，由一个模型来提供，随着物质文化生活水平的提高，顾客越来越重视产品的象征意义，以及消费产品所带来的心理和精神上的满足感，因此，更加关注个性化需求的实现，这对企业提出了更高的要求，但是互联网络提供了这个便利性，远程链接使整个地球的人民都可以联系起来，也使得根据每个顾客的不同喜好与特点区分服务成为可能，特别是对于礼品消费等产品的服务，个性化服务能极大提高产品的附加价值，增强顾客心理满足感，也使得顾客对企业的认可度得到提高。因此，个性化的网上服务势必成为现在及未来企业服务营销的发展方向，给顾客和企业做出不可磨灭的贡献。

3. 快捷高效的服务

网络的无时空限制，使顾客更重视网上购买产品的快捷性。例如，某顾客在当当网上买书，他可能更愿意在网上订单提交后的两天内就能收到货品，而不是要等五六天，因为如果企业不能保证快速送货的话，他就会改换其他售书网站进行购买。顾客通过网络收集了大量关于产品、价格及促销等信息，避免了信息不对称所带来的损失。为了最大限度地满足顾客要求，也需要企业的"just-in-time"，这能够有效地防止顾客流失，实现顾客保留。

4. 互动沟通服务

为了解顾客的真实想法，企业需要经常在网上与顾客进行沟通，理解他们的期待和所关心的事，并对服务进行说明，一些即时的通信软件使得这种互动沟通非常便捷，企业积极地发起沟通以及对顾客发起沟通表示关心，这都传递了一种愿意倾听、合作的诚意，而这是顾客非常渴望看重的。与顾客进行有效的沟通，能够避免、减少摩擦，增强顾客对企业的信任。

网络使顾客，一方面，通过网络直接将对产品的要求、期望、递送方式、如何付款、送货时间等信息直接传递给企业，并在使用后将相关意见反馈回来；另一方面，企业也可以积极通过网络向顾客传递企业经营理念、服务宗旨，规划愿景等信息，并及时处理顾客意见。

5. 问题补救服务

网络顾客还有一个关心的问题就是当网络服务出现状况，企业如何回应、处理。顾客通过企业的网站预订、或者购买产品，在产品质量、物流递送、服务承诺等方面出现偏差时，会向企业提出更换或者索赔等要求，那么企业能否及时、恰当地给网络消费者以交代事关重要。企业问题处理妥当，可能得到消费者的谅解和支持，但是如果在服务过程中出现不当，那么则可能彻底造成消费者的抱怨和流失，对企业形象造成不好的口碑影响。

服务企业要高度重视网络服务失败补救问题。问题出现后，要及时组织专人负责善后处理，与消费者进行坦诚沟通，商议后续补救问题，要给消费者传递一种负责任、真诚、积极的信号，增强顾客对企业网上服务的信心。在出现服务失败时，最不可取的行为就是遮遮掩掩、推诿搪塞，或者转移顾客要求焦点等，这样不正确的处理方式很可能激怒消费者，给公司带来很坏的负面影响。

服务企业还要在处理过程中及时向顾客通告问题解决进展情况，使处理过程变得公开透明，这样能有效减少顾客疑虑，平息顾客怒气，并真正把负面效应减到最小。问题处理妥当，一次危机会有可能变成企业的一个机遇，得到顾客的谅解和真心支持。

15.3 网络服务营销策略与服务工具

许多企业面对潜藏在互联网络中的巨大顾客源和商机，制定了周密的网络服务营销策略，并且开发了多种服务工具来吸引和留住潜在的网络顾客。

15.3.1 企业网络服务营销策略

由于网络顾客的多样性和差异化，企业在制定网络服务营销策略时，不能千篇一律，要充分考虑到不同顾客的服务要求，灵活制定服务营销策略。一般来说，可以根据用户特点采取差异化的网络服务营销策略和整合性的网络服务营销策略两种方式。

1. 差异化的网络服务营销策略

过去工业化和标准化的生产方式使得消费者的个性被淹没于大量低成本、单一化的产品洪流之中，消费个性被压抑。但市场经济发展到今天，多数产品无论在数量还是品种上都已极为丰富，消费者拥有了比过去更大的选择自由，他们可根据自己的个性特点和消费需求在全球范围内寻找满意产品，而不受地域限制。网络用户在语言、文化背景、消费水平、意识形态等方面存在很大差异，通过进入感兴趣的企业网站或虚拟商店，消费者可获取详细的产品信息，消费者能够以个人消费心理、购物愿景为基础挑选和购买商品或服务。他们不仅渴望选择，而且还能自主做出选择。他们的需求更多了，需求的变化也多了。个性化消费正在迅速成为网络消费的主流。企业需要充分发挥互联网在动态交互方面的优势，尽量了解、满足不同用户的这种个性化需求，使服务差异化。

所谓差异化的网络服务营销策略，就是企业整合内、外部所有资源，凭借网络媒介，高效率搜集和加工来强化处理信息的功能优势，在充分认识、把握网络客户不同需求的前提下，开展的一系列针对网络消费者的个性化服务策略。目的是为了更好地满足消费者，提高顾客满意度和忠诚度。

差异化的网络服务营销策略的重心是"差异化"。在竞争日渐白热化，顾客至上的今天，企业吸引顾客的有效手段就是细分消费者市场，挖掘不同顾客的消费需求，提供差异化的服务策略，如北京凯撒旅游公司，经过市场调研后，发现收入较高的中产阶层随着旅游体验的增多，更青睐于轻松的休闲游、深度游，而不是简单的观光游览，于是他们针对这部分高收入人群特别设计了多个主题游和深度游览线路，如奥地利亲子音乐之旅，巴黎自由行等，服务的核心是为了差异化，满足不同层次客户的需求，这些经过有针对性的线路设计已经推出就获得了很多人的喜爱和接受。

再例如著名的台新银行推出的玫瑰卡产品。在趋同的银行卡漫天飞的情况下，台新银行选择了差异化服务的市场定位。差异化服务的第一步就是明确银行卡的市场定位，经过市场调研后发现，女性信用卡持有者有着比较稳定的工作，较高的学历和良好的信用记录，她们更容易被感性诉求打动，因此，公司决定将女性消费者作为主要的服务对象，事实上也证明台新银行的这一目标定位是非常精准的，玫瑰卡自上市短短一年半的时间就突破了10万张的发卡量，并跃升为台湾女性信用卡的领军人物。

进行缜密的市场调研是差异化策略成功实施的关键。只有对目标市场进行细致、全面的市场调研，充分了解不同市场顾客的需求特点，才可能将目标市场需求同公司优势匹配起来，找准企业的服务市场定位，市场调研是企业后续差异化服务营销的有力保障，只有精准定位好目标市场，才可能超越竞争对手，将企业优势体现出来。

差异化的网络服务营销策略可以获得服务品牌优势。企业采取差异化策略，目的是增进消费者认同，在顾客心中建立企业的服务品牌，在与对手竞争中取得竞争优势。例如，上面提到的台新银行的玫瑰卡，在确定将女性作为自己的目标市场后，在给信用卡设计名字时公司也是费了很多苦心，考虑到女性浪漫、爱生活的特性，选定将玫瑰作为此卡的标志，因为玫瑰花是爱情的象征，很多女性钟情于玫瑰带来的浪漫感受，并且玫瑰卡好听、好记、好看，与企业此款信用卡的服务理念在内在气质上也很吻合，推出后不但女性喜欢，连很多男士也很拥护，台新银行的玫瑰卡在消费者心中树立了牢固、明确的服务品牌。

服务品牌的确立还有赖于企业的服务质量。对于消费者来说，最为关心的就是在需要的时候能够得到满意的服务，并且随着时间的变化，消费者的服务需求还可能变动和升级，这更需要企业能充分发挥自己的优势，开发一系列产品、服务措施来满足市场需求，并不断提高服务标准。差异化的好处就是能够树立自己的服务品牌，使消费者接受、认同企业。

企业实施差异化的服务营销策略能够更好的服务顾客，但是在实际执行这项战略时要注意几点：

（1）把握住差异化的"度"。企业细分目标市场的工作执行中切忌盲目扩大目标市场范围，将市场划分的太细，这样无形中会增加很多企业的服务和管理成本，带来的边际收益却不会相应增加。消费者是多样的，相应的消费需求也是种类繁多，企业实行差异化的服务营销策略，并不是要求企业满足所有顾客的差异需求，针对每个顾客制定不同的服务策略，一定要明白企业的优势在哪里、资源集中在哪些方面、能够做到什么程度，尽量将目标市场需求同企业现有资源匹配起来，同时要考虑服务这批目标市场能够给企业带来的利益和好处有多少，收益大于支出，才能够给企业带来好的差异服务效益。

（2）制定明确的差异化服务方案。对目标市场细分后，企业要制定具体、明确的差异化服务营销策略。在制定过程中保持与顾客的良好沟通，听取顾客意见，达到双方共识。要注意排除差异化服务过程中可能出现的障碍问题，使差异化策略符合公司整体发展方向，确立切实可行的实现方案，有效把握差异化过程中的几个关键因素和环节。企业还要注意了解收集其他竞争对手的服务策略信息，在制定服务方案过程中避免与其他公司雷同，突出自己公司优势，从而吸引潜在的消费者。

（3）定期检查、评估差异化服务效益。一项策略的好坏，只有前后对比，定期检查、评估才能体现出来。企业实行差异化的服务营销策略，要组织专人定期检查、评估服务效益的高低，比较收支大小、顾客保有率、回头率等多项指标，梳理服务过程中出现的问题和偏差，探索更为有效的解决方案。当主要指标出现较大增长，与竞争对手的较量中略胜一筹时，表明企业战略实施的正确，否则就要及时进行修订。定期评估还能够避免企业不必要的浪费，避免战略失误给企业带来的方向性的毁灭打击，纠正出现的偏差，使企业沿着健康、正确的轨迹行进。

2. 整合性的网络服务营销策略

现今，企业的竞争范围已经扩大到全球，竞争的程度越来越激烈。除了采取差异化的服务营销策略以外，企业也要突破传统营销策略的局限，对服务营销策略进行重新审核和构筑。

传统的市场营销沟通是单向式的。以广告为例，电视、报纸、广播、路牌都是通过单向信息吸引受众的视觉听觉，试图将有关信息强加给受众。但在网络世界中，一个突出的好处是实现了人机交互，在这个交互式网络广告页面下，客户可以充分获取新产品的各种信息（产品的特性与功能），对感兴趣的话题可以一步步深入了解，从而明确该产品是否适应自身需求，做出理性判断和选择，而对单向式的营销沟通感到厌倦和不信任。

由于网络突破了时间及地域限制，客户不仅是营销活动的对象，也是整个营销活动的积极参与者，网络信息传递的丰富性和及时性，使得客户参与产品的设计开发成为可能，顾客更愿意积极主动地参与到整个消费过程中。当单一的服务方式再难满足顾客需求，这时就需要采取整合性的网络服务营销策略。

整合性的网络服务营销策略是指对一系列营销工具和策略组合的系统化结合，这种策略能够根据环境的变化进行动态调整和修订，从而在服务过程中实现顾客与企业的双赢。

在构成要素上，整合服务营销策略不但强调7Ps，还注意4C和4R理论的结合。传统的服务营销管理强调7Ps组合，这是以经典营销理论中的4Ps理论为基础发展起来，它结合服务自身的特点，将产品（product）、渠道（place）、促销（promotion）、价格（price）拓展开来，包括人员（people）、有形展示（physical evidence）、过程（process），但是整合性的企业网络服务营销策略不局限于此，在与顾客的交互活动中还突出强调4C的作用，即顾客需求（consumer）、成本（cost）、便利（convenience）、沟通（communication）。4C策略强调企业，首先要追求服务过程和结果中的顾客满意，把顾客放在首位；其次要努力降低顾客成本，提高顾客价值，在服务过程中要考虑到顾客购买接受的便利性，而不是单纯从企业角度来决定渠道策略；最后要注意与消费者保持有效沟通。

与7Ps理论相比，4C理论有了很大的进步和完善，它进一步强调了顾客的重要性，以追求顾客满意为目标，这是企业实施整合性的网络服务策略的基础。但是这两种理论都不能完全涵盖整合服务营销的内在精神。7Ps没有充分以消费者需求为中心，而在4C理论下，企业却容易被动适应顾客的需求，在服务中缺少了主动性和对消费者的引导作用，使得服务成本高居不下，考虑到企业的长远发展，需要企业建立与顾客之间的长期牢固关系，于是4R理论应运而生。这种理论是以创建顾客忠诚为最高目标，是对7Ps和4C理论的发展和完善。

4R分别指代关联（relevance）、反应（reaction）、关系（relationship）和回报（reward）。该营销理论认为，随着市场的发展，企业需要从更高层次上以更有效的方式在企业与顾客之间建立起有别于传统的、新型主动性关系。

4R营销理论的最大特点是以竞争为导向，在新的层次上概括了营销的新框架。4R根据市场不断成熟和竞争日趋激烈的形势，着眼于企业与顾客互动与双赢，不仅积极地适应顾客的需求，而且主动地创造需求，运用优化和系统的思想去整合营销，通过关联、关系、反应等形式与客户形成独特的关系，把企业与客户联系在一起，形成竞争优势。

整合性的网络服务营销策略综合了7Ps、4C和4R理论，契合了企业和顾客要求，系统整合了一系列的营销要素组合，对于企业形象有着积极的正面导向作用。但是这种服务营销策略在实行过程中也具有一定的难度，处置不当容易产生相反的效果。

要兼顾整合服务营销中的每个要素。整合服务营销是对传统的服务营销组合的一个改进，在传统要素内容基础上又添加了很多新的要素组合。这些要素之间相互独立，但是又相互联系，有的还会彼此制约，忽视其中任何一项要素都可能导致整合营销方案的失败，因此，要求企业在制定具体营销方案时仔细权衡，考虑到每项要素的影响和成分组合，既考虑到彼此的协调效应，同时还要充分想到它们的制衡作用。

企业各部门的配合要协调。整合服务营销策略设计到多种要素，涉及企业很多部门工作，这就要求不同职能部门之间要团结协作，工作默契。在设计整合服务营销方案时，要充分与各部门进行沟通，使整个企业都能认识到这项策略的重要性，为相关部门设计好应尽的角色和工作任务，并制定执行中的考核标准。

15.3.2 企业网络服务营销工具

企业进行的网络服务主要是通过企业网站来实现。为了向顾客介绍企业产品知识、宣传企业形象，企业网站所提供的信息要尽可能的内容丰富详尽，便于消费者查询了解，一般来说，企业可以通过以下几种工具实现企业的网络服务。

1. Web 网站

Web 浏览是通过 Web 浏览器完成的。企业通过 Web 网站发布详尽的产品信息、技术支持，各种解决技术问题的答案，企业还可以在网站上提供邮件列表的功能，可向不同用户提供推送技术等，推送技术与 Web 非常相似，不同的是应用推送技术的人是订阅频道，用户可以按照自己的意愿来获取信息。

Web 网站是非常好的展示企业产品的窗口，企业在设计自己的专业网站时一定要注意首先要让顾客操作方便，相关信息便于顾客获取。因此，在网站的内容和格式设计上要注意采用多媒体技术，更可以加上视频等，因为根据研究，在同样的文本、声音和图像视频三种格式中，图像视频是最容易让顾客印象深刻的形式。

2. FTP

FTP 是一种文本传输协议，一直被软件公司用作提供技术支持的有效工具。将企业已联网的计算机配置成 FTP 站点，用户可以通过互联网访问企业提供技术支持的软件库等，获得为修改、校正以及升级已有软件产品所需要的资料。

由于 Web 浏览器支持 FTP，所以用户能够方便地使用访问它，通过 FTP，企业也能够更好地将相关技术支持提供给顾客，因此，这也是网络服务上企业最经常使用的一种技术服务工具。

3. 呼叫中心

网络上的呼叫中心，是基于计算机电话集成技术而提供的一种服务方式，它通过有效地利用现有的通信手段，为企业顾客提供低成本、高质量的网络服务。

呼叫中心在使用过程中能够充分互动，一站式解决顾客问题，增加顾客信任，提升客户价值，并促进企业相关业务流程重构等功能，在企业的网络营销服务中发挥非常重要的作用。

4. 软件捆绑

在互联网上经常使用的一种服务工具也是软件捆绑，如 Windows 捆绑 IE，QQ 软件捆绑音乐软件等，通过这样的软件捆绑形式，企业能够更好地对用户进行服务，但是进行此项软件捆绑的前提一定要以顾客需求为中心，有利于提高顾客价值，要以用户愿意接受使用为前提，一定不要强硬野蛮推广；否则，不但让消费者非常反感，也不利于企业形象的建立，容易给消费者留下不好的印象。

5. FAQ

FAQ（frequently ask question）是几乎每个网上企业都会使用的服务工具，即常见问题解答。FAQ 最初产生在 Usenet 的新闻组中，对某个议题经过一段时间的争论与研究，一些基本问题大家都达成了共识，然后把这些问题和答案罗列在一起就形成了 FAQ。这里的问题会根据顾客的参与而不断有所更新，每个参与的顾客都会把历史上的常见问题解答看清楚后参与讨论、提出问题等。

FAQ 在消费者中非常受欢迎，因为它提供了较好的常见问题解决方案给顾客，方便了顾客的使用，并且在互动中加深了顾客对产品的理解和企业的认同。FAQ 之外的一些问题也比较受欢迎，它拓展了议题的深度，企业也可以从中吸取改进创新的灵感，将其应用到营销实践中去。

6. 网络虚拟社区

网络双向沟通的特征，使得消费者不仅可以在网上充分获取企业产品等相关信息，更可以通过网上论坛、聊天室等工具，与其他顾客在线交流使用的心得体会、满意度评价等。

以 BBS 为主的网络论坛或社区，在网上非常多，充分挖掘利用虚拟社区的作用是网络服务营销对市场营销的重要发展，它不但提供了一种前所未有的顾客服务工具，也是一种非常有力的公共关系手段。网络虚拟社区也是一种特定的商业模式，维持社区较高的人气，可以吸引很多的潜在消费者，并对现有顾客的稳定发挥重要作用。

7. 电子邮件

电子邮件方便、快捷，很多企业用它来加强与消费者之间的联系，宣传企业新品信息、促销政策，问卷调查等都可以使用电子邮件，但是电子邮件服务也并不是没有任何目的，随意发送给顾客，而是配合企业的营销政策，作为变相营销的一种方式，向现有或者潜在顾客发送的有价值的信息。

通过电子邮件发送公司信息，成本低廉，并且容易得到顾客认可，留给顾客较好印象，不太会引起顾客反感，所以在现实的企业实践中，很多企业应用此工具。企业不仅向顾客发送信息，同时也鼓励顾客通过电子邮件向企业反映自己的心声。最常见的形式是在其网页上留下公司的 E-mail 地址，鼓励顾客积极联系。

8. 即时通信工具

随着新型便利的沟通小软件的开发，为了更好地与顾客进行互动沟通，企业也可以采用即时通信工具来进行服务，比较常见的即时通信工具如 QQ、MSN 等，这些小工具可以实现比电子邮件更快的反应速度，通过外接语音或者视频，在网络上的即时通信可以使天南地北的顾客和企业如面对面一样沟通产品使用或者服务过程中的问题。

9. 友情链接

交换友情链接也是许多企业所采用的服务工具。与大型网站、知名的人气较高的门户网站建立友情链接，能够吸引潜在的顾客，同时也为顾客提供一项便利服务措施，能够使企业进一步获得更多的关注和点击率。

选择友情链接，最终目的是为了更好地服务顾客，通过提供这样的附加服务，给顾客以心理上的超值、满意的体验，增加了顾客价值，也提高了顾客满意度。

10. 消费者自我设计区

传统的产品设计是顾客需求导向，是适应大批量、大规模、重复式生产方式而产生的，但是随着经济的不断发展，消费者的物质文化生活水平不断提高，消费者不再只满足于购买产品所带来的功能满足，而是更重视个性的展示，在产品购买中个人创意和想法的实现，如在现实生活中，个人设计产品颜色、款式等服务日渐兴起，网络的开放性和互动性的特点又使得这种消费者对产品设计的参与变得便利可行。因此，很多企业专门开辟了消费者的自我设计区，来满足这部分顾客的需求。在参与互动的过程中，企业也能从顾客身上吸取很多的创意，进一步改进提高服务质量。

讨论与思考

1. 什么是网络服务营销？
2. 网络服务营销的重要性和独特性都有哪些？
3. 网络顾客有哪些需求特征？他们的消费心理、消费动机和服务要求有哪些独特性？
4. 企业的网络服务营销策略都有哪些？
5. 企业的网络服务营销有哪些服务工具？

第 16 章　国际化背景下的服务营销

内容提要

随着经济全球化进程的不断加剧，服务企业的国际化问题得到了人们越来越多的关注。本章将着重讨论国际化背景下的服务企业的营销管理问题，首先介绍了服务企业国际化概况，其次分析了服务企业的国际化营销战略，最后阐述了服务企业的跨文化营销策略。

主题词

国际化　营销战略　营销策略　跨文化营销

引导案例

万豪集团的国际化

万豪国际集团（简称万豪）是全球首屈一指的酒店管理公司，业务遍及美国及其他 67 个国家和地区管理超过 2 800 家酒店，提供约 490 500 间客房。该公司的总部设于美国首都华盛顿特区，共有员工 128 000 人。其下属有万豪、丽兹卡尔顿酒店、万丽酒店、万怡酒店等多个国际知名品牌。

1. 万豪的进入模式——并购

以并购的方式进入市场，是万豪能够快速扩张的重要原因。

1957 年，第一家万豪（Marriott）酒店在美国华盛顿市开业，在公司的核心经营思想指导下，加之以早期成功经营的经验为基础，万豪酒店得以迅速成长，并取得了长足的发展。1968 年，万豪国际集团公司在美国纽约股票市场上正式发行。万豪在 1987 年收购了"旅居"连锁酒店（Residence Inn），1995 年收购了全球首屈一指的顶级豪华连锁酒店公司——丽思·卡尔顿（Ritz-Carlton）49%的股份。这一举措使万豪成为全球首家拥有各类不同档次优质品牌的酒店集团。1997 年，万豪又相继完成了对万丽连锁酒店公司（Renaismnce）及其下属的新世界连锁酒店（New World），以及华美达国际连锁酒店（Ramada International）的收购。

2. 万豪的国际经营模式——管理合同模式

万豪采用的是管理合同模式。管理合同产生的最初原因是要将所有权与经营权分离，作为一种契约安排形式，也使得企业的剩余索取权与控制权分离。万豪在全球掌控着 49 万间客房，却仅拥有其中极少的 0.3%。其余的有一半以特许经营的方式交给业主打理，万豪向其收取 5%～6%的酒店收入作为品牌使用费，订房系统的费用另算；另外一半则由万豪亲自运营，即这部分的员工薪资由万豪承担。作为运营商，万豪收取营业收入的 65%，用于支付员工薪资、公共设施费用、保险费、酒店供给品和健康保险；剩余的 29%归酒店业主所有。

这种管理模式无疑是促成了万豪快速扩张的重要因素，万豪不但可以节省成本，还能保证服务质量，同时又能降低风险。

3. 万豪的成功秘诀——精细化服务

"奢华舒适的定义对所有的人未必相同，但仅仅是一个小的细节就能体现。我们强大的客户管理系统可以做到记录顾客的每一个细节，这一点我们一直不遗余力。"万豪相信酒店的水平取决于"一个左撇子的客人进入餐厅后，服务员能否通过观察正确地把餐具放到该放的位置上"。事实上，这种"近乎完美的虚幻梦想"并非遥不可及：在抵达酒店以前，客人会提前五天收到人性化的信息，内容包括旅行目的地的天气、交通、购物、特色餐饮以及地图服务；客人可以在网上预订 SPA 水疗护理和送餐服务，到店就有可口的菜肴送上，因为万豪了解"一个舒服的胃对旅途的重要性"。

正是这种细致入微的观察，才使得万豪能在世界各地、各种不同的文化环境中都能如鱼得水。

资料来源：宋志金. 万豪集团：如何成就辉煌. 中国品牌, 2007, (5): 49-51. 据此改编.

经济全球化使世界经济形势发生了深刻的变化，技术、市场、顾客、竞争已经跨越国界，促成了国际营销的产生和发展。纵观世界经济全球化的发展过程，我们可以发现全球化的显著特征之一就是服务业发展迅猛，服务业在国民经济中发挥着越来越重要的作用。随着国际服务贸易的迅猛增长和跨国服务企业的日益增多，有关国际营销策略的制定和实施已成为服务企业面临的重要问题。在这种背景下，国际服务营销理论逐渐受到重视，并得到了很大程度的发展。

本章将在国际化的广阔背景下分析服务营销。首先分析了服务国际化的背景和现状，其次在此基础上将探讨服务企业国际营销战略和策略，为服务型企业国际化决策提供指导。

16.1　服务企业国际化概述

"服务"无疑是 21 世纪最重要的关键词之一，而 21 世纪的服务产业有着一个重要的特征，那就是国际化。计算机、网络技术、现代交通运输业的迅猛发展是服务国际化的坚实基础，世界各国在各领域出现的越来越多的紧密合作也为服务的国际化提供了催化作用。在这个背景下，服务业得到了快速发展，也出现了许多新特征。本节将先从服务贸易发展现状、国际服务企业发展趋势入手对服务企业国际化做出描述，并将分析国际化给服务企业带来的机遇和挑战。

16.1.1　服务贸易发展现状

近年来，世界经济的发展在改变人们的生活方式的同时，也改变了全球经济的结构。这个过程中最明显的例子就是服务贸易的发展。服务贸易在经历了多年的繁荣发展后，呈现出以下几个特征。

1. 世界服务贸易持续快速增长，并向知识、技术密集化方向发展

知识经济时代，科技进步特别是信息技术革命降低了信息获取、传递和处理的成本，使一些原本不能转移或贸易的服务产品有了转移和贸易的条件，服务产品的可贸易性大大增强，服务贸易也得到了高速发展。同时，世界服务贸易的增长速度高于货物贸易的增长速度：以 2007 年为例，2007 年服务贸易额达到 3.26 万亿美元，同比增长 18%，超过货物贸易 15% 的年增长率，占世界贸易总额的比重达到了 19.4%。

同时，服务品种的不断增加、世界服务贸易的内容日趋扩大的同时，部门结构发生了深刻的变化，逐渐由传统的以自然资源和劳动密集型为基础的服务贸易（运输、旅游）转向知识、技术密集型或资本密集型的现代服务贸易。在世界服务贸易出口构成中，1980年运输服务贸易占36.8%，旅游服务贸易占28.4%，其他服务贸易只占34.8%。到2009年，运输服务贸易占比下降到26.6%，旅游服务贸易下降到24.8%，而其他服务所占的比重则上升到48.6%，而在2007年这个比重更是超过了50%。

2. 服务业对外直接投资逐步扩大，商业存在成为服务贸易最主要的提供方式

服务经济的全球化、对外直接投资（FDI）加速向服务业转移，使得商业存在成为服务贸易的主要提供方式。服务产品的无形性、不可储存性为以商业存在形式提供服务创造了条件；知识经济的发展、世界范围的产业结构调整和转移、对外直接投资大量流入服务业更为以商业存在模式实现的服务贸易提供了坚实的基础。21世纪金融、通讯、信息等服务部门对外直接投资的迅猛增长极大地推动了通过外国商业存在实现的世界服务贸易规模的迅速扩大。根据世界贸易组织（WTO）的统计，目前通过商业存在实现的服务贸易远远超过传统的跨境服务贸易，商业存在成为世界服务贸易最主要的提供方式。

3. 服务外包潜力巨大

近年来，随着跨国公司的战略调整以及系统、网络、存储等信息技术的迅猛发展，由业务流程外包和信息技术外包组成的服务外包正逐渐成为服务贸易的重要形式。发达国家和地区是主要服务外包输出地。在全球外包支出中，美国占了约2/3，欧盟和日本占近1/3，其他国家所占比例较小。发展中国家是主要的服务外包业务承接地，其中亚洲是承接外包业务最多的地区，约占全球外包业务的45%。

4. 国际服务贸易自由化将不断加大

服务贸易占各国经济贸易中的比重不断上升，服务贸易发展整体趋于活跃。特别是知识型服务业的发展壮大，必然要求其产品在世界范围内实行自由贸易，这就要求各国进一步开放其市场。发达国家通过世界贸易组织和区域性贸易组织，积极推动服务贸易的自由化和全球化，以此来扩大服务贸易的出口。WTO多哈回合谈判以及区域性经济合作的谈判中，服务贸易都成为主要议题。

5. 发展中地区的发展速度快于发达地区

世界服务贸易的地区发展不平衡依然突出，发展中地区的发展速度快于发达地区。以亚洲和非洲地区2007年的服务进出口为例，亚洲服务进、出口分别增长17%和19%，都快于世界平均水平1个百分点。非洲地区的服务贸易增长率也超过世界平均水

平,其中出口增长21%,进口增长19%。虽然不发达地区的服务贸易增长速度快于发达地区,但是两者之间的贸易水平还是存在巨大的差异。

16.1.2 服务企业国际化发展趋势

服务业跨国公司作为世界经济的重要力量,在经历了几十年的发展之后,其全球化的经营逐渐呈现出以下趋势。

1. 国际化战略由追随发展转为主动出击

从服务业跨国公司的发展历程来看,许多跨国公司之所以到东道国进行投资,并不是自己的主动意愿,而是跟随国内大型制造业客户的被动发展。由于在国内与制造业客户保持了良好的合作关系,同时制造业客户在海外也需要相应的服务作为支持,便出现了制造业跨国公司跟随制造业客户进行国际化的情况。这种情况下,服务业跨国公司虽然已经进入东道国,但是主要的服务对象仍然是国内的客户,而不是在东道国市场进行广泛的拓展。然而,自20世纪80年代后,服务业已不再单纯尾随在制造业企业之后走向海外,企业国际化这种国际环境的形成极大地促成了服务企业主动寻求在全球范围内设立分支网络的意愿。特别是20世纪90年代以来,随着各国放松对历来限制甚严的电信、金融等服务部门的管制,服务业跨国公司开始迅速向海外扩张,逐渐渗入世界主要市场。它们逐渐摆脱了单纯提供服务的传统角色,也开始按照自己的意愿进行企业的国际化道路。

2. 服务业国际化中发展中国家比重逐渐上升

一直以来,发达国家在世界经济的发展中都起到重要作用,体现在跨国公司方面,则是其拥有的公司规模和数量都遥遥领先于发展中国家。然而,发展中国家服务业向外国直接投资从1990年代起开始明显增长。根据联合国贸易和发展会议发布的《2004年世界投资报告:转向服务业》可知,虽然服务业向外国直接投资继续为发达国家所主控,但在彼此间的分配越来越趋于均衡。几十年前,服务业外国直接投资外流存量几乎全部为美国公司所把持,但到2002年,不仅日本和欧盟已成为重要的来源,而且发展中国家占全球服务业外国直接投资外流存量的份额也由1990年的1%攀升至2002年的10%,速度要快于其他的行业。

3. 服务业跨国公司并购活动频繁

近些年来,服务业跨国公司在国际市场上的并购活动频繁。事实上,1990年以后的五年间,大部分并购发生在服务业,并成为跨国公司进入的一种广为采用的方式。在20世纪80年代后期,服务业占全球跨国并购的约40%,但到20世纪90年代末,这一比例已上升到超过60%。在80年代,跨国并购几乎是美国跨国公司的专有领地。但是自从那时以后,欧盟跨国公司已成为主要角色:2001~2003年,欧盟跨国公司占全世界所有并购收购的61%。同时，跨国并购也为在发展中国家设点的跨国公司拓展海外服务发挥了显著作用。总的来看，跨国公司通过并购而非"绿地"式外国直接投资进入新的市场内，在诸如银行、电信和供水等行业这一趋势更为强劲。而产生服务业跨国公司频繁并购活动的原因之一是，20世纪90年代，许多国家竭力推动的向外国直接投资开放的私有化方案。

总之，在全球化以及技术等因素的推动下，服务企业迅速走向国际化。同时，服务业跨国公司又不同于制造业跨国公司的许多特点，并有着自身的发展趋势。

16.1.3 服务企业面临的机遇与挑战

1. 服务企业面临的机遇

（1）利用国内外两种资源的机遇。经济全球化实现了资源世界范围内的优化配置，使世界各国紧密地联系在一起。整个世界形成了"你中有我、我中有你"错综复杂的世界格局。作为全球经济组成部分的各个国家，都可以发挥自己的优势，使各国优势在国际交往中实现互补。一方面，服务企业可以在国际范围内采购原材料，例如，作为全球零售业老大的沃尔玛百货有限公司就是利用了经济全球化带来的机遇，实现了全球范围的采购，从而有效降低了成本，得到了很好的发展。另一方面，服务国际化给服务企业带来的是全球化的市场，企业不仅仅将自己的营销活动局限在国内的市场，而是可以放眼全球，实现做大做强的梦想。

（2）服务国际化为实现国际合作提供了有利条件。经济全球化有利于提高国际合作的质量，促进本国与世界的经济技术交流。每个国家都有自身独特的优势，各自的优势可能处在服务价值链的不同阶段，国际化为国际合作实现了有效的保障，从而提高了服务的内部生产率，实现了资源的有效配置。例如，服务外包的发展就是国际合作的方式之一。服务外包是指企业将其非核心的业务外包出去，利用外部最优秀的专业化团队来承接其业务，从而使其专注核心业务，达到降低成本、提高效率、增强企业核心竞争力和对环境应变能力的一种管理模式。它包括商业流程外包（BPO）、信息技术外包（ITO）和知识流程外包（KPO）。2009年，中国全年承接国际服务外包合同执行金额超过100亿美元，这为中国服务企业带来了巨大的机遇。

（3）交流先进技术、资金及管理经验的机遇。一方面，网络的发展为当代世界带来了巨大的机遇，人们可以利用很小的成本获得海量的信息，这为服务企业交流技术及管理经验创造了条件；另一方面，服务业自身的国际化进程更是加深了这种交流。银行等金融机构也为实施国际化的企业提供了有力的保证。尤其对发展中国家来讲，国际化更是为它们吸收外资、引进国外先进的科学技术、管理经验，加速实现产业升级、技术进步、制度创新和经济发展，利用后发优势赶超工业化国家，缩小与发达国家的差距，实现跨越发展提供了有利时机。许多国家正是充分利用国内、国外两种资源和国内、国际两个市场，才促使本国经济健康快速发展的。亚洲"四小龙"的腾飞以及中国目前的发展成就已充分证明了这一点。

经济全球化为中国进行人才交流提供了更加宽阔的市场。众所周知，21世纪是知识经济的时代。各种人才交流增长的速度将超过货物和资本的增长速度，人力资本将成为最有价值的资本。对于服务业来说，优秀人才的作用更为明显。随着经济全球化的发展，尤其是网络和交通运输等服务业的发展，使得人才流动更为频繁，越来越多的人选择出国学习和生活。服务企业可以从全球的角度考虑它们的人力资源战略，这在一定的程度上缓解了企业人力资源的压力。

2. 服务企业面临的挑战

1）跨文化因素造成的挑战

随着全球竞争的日益激烈，深入了解文化因素的作用和影响已经成为服务企业国际营销活动的重要组成部分。由于文化为社会交往提供了基本的范式，与服务提供密切相关的价值判断标准和顾客期望在不同文化之间存在很大差别。因此，目标市场国与服务企业所在国的文化差异越大，服务企业进行国际营销时的不确定性和难度就越大。

在跨文化环境下，由于各自遵循不同的文化，企业和目标市场上的顾客在沟通上容易出现障碍，包括语言的歧义、行为方式的不同理解、民族的排外性、不同的审美倾向等。跨文化因素使营销进入的复杂性加剧，难度提高。文化差异为跨文化营销进入设置了诸多障碍。

（1）文化环境的差异造就了各地公众在审美情趣、思维方式、国民性格、道德风俗习惯等方面的不同特点，因而，也造就了消费者需求导向和消费习惯的不同。尽管营销商知道他们必须清楚地了解顾客的需要，并且提供能够满足这些需要的产品，但是，不同文化背景下的顾客有着截然不同的想法。正如Kam-Hon Lee所言："即使是世界级的营销商也不可能在识别不同文化下需要的差别时始终保持足够的敏感性。"风俗习惯的不同会对服务接触产生直接的影响。例如，中欧人和东欧人对西欧人希望情绪低落的雇员在接待顾客时要展示一个"笑脸"的观点感到迷惑。

（2）跨文化条件下的沟通障碍影响了服务企业的国际营销进程。Edward Hall提出了高语境和低语境的概念，指出处于高语境文化的人更依赖于语境线索，如背景信息、社会环境、交流者的社会地位以及先前的经验，而处于低语境文化的人则更强调交流用的词语。因此，处于高低不同语境文化中的服务提供者和消费者很容易产生沟通的障碍。例如，美国的银行属于典型的低语境，如果客户去贷款会发现一切相关事宜都有明文规定，而沙特阿拉伯的银行属于较高的语境，明文规定的手续固然重要，但更重要的可能是银行家之间的关系，也许握握手就可以办成贷款，而不必履行每一项贷款的手续。

（3）不同的文化背景使消费者对服务质量的判断标准产生差异，这也会造成服务国际营销的困难。Michael K. Brady等比较了北美和拉美400多位快餐顾客，调查结果发现：在北美，驱动顾客行为意向的是服务价值和满意度，而在拉美，顾客在服务评价中更强调满意度。这表明，北美的顾客倾向于强调服务接触中的受益和为此需付出之间的平衡，相反，拉美的消费者更强调情感满意的判断。这对实践者的直接启示是：北美的服务提供者应该强调质量与支出的平衡食品，而拉美的服务者应该强调从服务接触中获得快乐的情感魅力。

2）服务本身特性造成的障碍及其对国际化带来的影响

Dahringer曾分析了服务的特性及带来的营销问题，如表16.1所示。我们基于这些问题探讨其对国际化带来的影响。

表16.1 服务特性带来的营销问题

服务的特性	带来的营销问题
无形性	服务不能储存
	不能通过专利得到保护
	不能在消费前展示
	很难定价
不可分离性	消费者参与生产过程
	其他消费者卷入生产过程
	很难大规模生产
易逝性	不能保存
异质性	很难通过标准化控制质量

资料来源：Dahringer L D. Marketing services internationally: barriers and management strategies. Journal of Services Marketing, 1991, 5 (3): 5-17.

（1）服务的无形性是指它们是不能触摸、看不到、不能运输的活动或经历。由于服务不能被抽样检验，顾客的感知风险就会增加，服务质量也比制造品更难以评估。在国际市场上感知风险本已明显存在，而且还涉及更远的距离和文化的不同，这对任何一家试图进行国际营销的服务企业来说都是挑战。

（2）服务具有不可分离性。大部分服务生产和消费同时发生，并要求受益者直接参与。因此，通常要求服务企业必须到国外服务现场，而不能随意通过出口来检验市场。服务企业要用很多时间和精力建立信任和关系，这对其成功非常重要，这就增加了企业进入国外市场的风险。同时，高度的互动要求服务产品更具有定制化的特征，这样才能满足当地顾客的需求，这也会导致成本增加和对当地文化的理解的必要性。

（3）服务具有易逝性，不能像制造品一样储存。这对平衡供求提出了特殊的挑战。尤其在需求波动很大又很难预测的国家和地区，这种平衡更难获得。

（4）服务的异质性导致服务质量很难控制。由于在提供服务的过程中，员工必须参与进去并在一定程度上主导服务过程，这就使服务的异质性变得不可避免。服务企业要雇佣和培训来自不同国家或地域的人员，要使这些不同背景的员工有较为统一的行动，并能够提供统一标准的服务是非常困难的。这就为服务质量的控制增加了挑战。

3) 贸易政策因素造成的障碍

服务的国际贸易与商品的国际贸易相比，前者存在着更多的阻碍。服务业是各国受保护程度最高的行业。由于许多服务部门在经济中具有十分重要的地位，因而各国政府对服务业有着更强烈的保护愿望。例如，交通运输、通信、电力、金融等服务行业属于国民经济的关键部门，另外，有一些服务部门，如教育、新闻、娱乐、影视、音像制品等，虽然并非国民经济命脉，但却属于意识形态领域。任何国家的政府都希望保持本国在政治、经济、文化上的独立性，因此，这些部门也就成为各国政府贸易保护的重点，形成了这些行业的相应服务产品进出口的障碍。

Dahringer指出，服务国际营销壁垒包括关税壁垒和非关税壁垒，后者又包括双边和多边协议、国家采购政策、禁止雇佣外方员工、距离、来自政府的直接竞争、生产的稀缺因素和对服务采购的限制。详见表16.2。

表16.2 服务企业的国际营销壁垒

	种类	举例	影响
关税壁垒	关税额度	进口广告税	影响国外代理商
		计算机服务合同税	对国际服务提供商定价高于国内同等服务提供商
		国外留学生更高的学费	减少国外学生招生数量
非关税壁垒	双边和多边协议	关贸总协定减少壁垒	增加国际市场的潜力和竞争
	国际采购政策	只能采购本国公司的培训服务	影响国外供应商
	禁止雇用国外员工	优先为本国公民提供就业	阻滞供应商接近买方
	距离	国际商务教育	影响供应商接近买方、买方接近供应商、或都走向第三地点
	政府直接竞争	电信垄断	必须把服务营销给政府
	生产要素缺乏	缺乏熟练医疗工人	限制服务的生产
	对服务买方卖方的限制	限制进出境的旅游人数	限制该行业的发展

资料来源：Dahringer L D. Marketing services internationally: barriers and management strategies. Journal of Service Marketing, 1991, 5 (3): 5-17.

➤ 案例16.1：沃尔玛坎坷的国际化之路

2006年5月22日，沃尔玛将其在韩国分店作价8.82亿美元转让给韩国新世界集团，从而正式退出了韩国市场；7月28日，沃尔玛宣布，向麦德龙出售其位于德国的85家门店。此外，沃尔玛还先后退出了日本、中国香港等亚洲市场，而有关数据显示，沃尔玛在英国等地的市场份额同样微不足道。在发达国家屡遭不顺，使得沃尔玛把更多的精力专注于中国、印度、拉美等发展中国家和地区。尤其是在中国，这个潜力巨大的零售市场已成为沃尔玛在亚洲成败的关键。然而在进入中国的十多年内,沃尔玛一直处于"战略亏损"状态,虽然2009年底沃尔玛在中国的店铺数已经超过160家,但这远远低于公司的预期,总体营业额更是不值一提,同期业绩不但低于一些本土的零售商,而且落后于宿敌家乐福。

作为世界上最有实力的公司之一,沃尔玛的实力毋庸置疑,但在其国际化的过程中却面临了前所未有的挑战。例如,沃尔玛将它的仓储型经营模式搬到了韩国市场,食品堆放达到三到五米、生鲜食品少、便利设备不足,同时过多地强调"低价"、忽视了商品的品质和多样性,这些都有悖于韩国民众的将购物和娱乐相结合、追求多样性的商品、需要便利设施、需要良好消费环境的特点,这无疑对沃尔玛的业绩产生了巨大的影响。文化的差异对沃尔玛造成了巨大的挑战,德国人非常看重休假和正点下班,但沃尔玛却照搬了美国的管理模式,为了扭亏为盈采用了强制性的美国式加班,这使得员工的向心力减弱。另外,商场入口处站立的礼仪小姐或迎宾先生也让德国消费者感到不舒服,沃尔玛落得花钱吃力不讨好。沃尔玛在中国也同样遇到了困难,沃尔玛在全球取得成功的一个重要原因,是其灵活高效的物流配送,沃尔玛在深圳、天津设有两个物流配送中心,但因为开店数目始终有限,配送中心处于半闲置状态,成本较高,且速度缓慢。另外,沃尔玛一直秉持的直接从厂家进货以降低成本的理念在中国又遭受了挫折。中国制造商数目多、规模小、分布广等因素导致沃尔玛很难独立地与制造商打交道,同时,中国传统的分销渠道已经根深蒂固,使沃尔玛也只能接受制造代理商存在的事实。雪上加霜的是,政策的限制使沃尔玛商业卫星支持的强大后台信息处理系统无法在中国市场发挥功用,这使沃尔玛又失去了一个获得优势的有力武器。

资料来源:于正志,童志远. 沃尔玛的国际扩张模式研究. 黑龙江对外经贸,2006,(3):75-81. 据此改编.

16.2 服务企业国际化营销战略

服务企业在进行国际营销活动时,首先要考虑的就是营销战略问题,包括区位选择、进入战略以及标准化和适应性等问题。这些战略决策是决定服务企业国际化成败的重要决策,我们就对以下三方面进行分析。

16.2.1 影响服务企业区位选择的因素

区位选择是指区位决策主体(跨国投资企业)寻找特定地域空间位置以实现预期目标的过程,这个过程受东道国区位因素及自身各种因素的影响和制约。具体的来讲,区位选择就是指一个服务企业在筹划国际化战略时首先考虑的,涉及将本企业的经营活动扩充到哪些国家和地区的决策。而国际服务企业的区位选择往往受到以下因素的影响。

1. 城市化水平

服务业的不可储存性决定了服务业是一个需要在有直接消费群体的市场上进行投资

的行业。东道国对于服务业的需求是一个重要的影响服务业投资的因素。而大多数服务业如金融、会计、银行业、广告业等服务业多会投资于一些较大的城市，也就是说，对于服务业而言，一个国家的财富聚集程度也是很重要的影响因素。在中国市场上，投资于经济发达城市的服务业往往比落后城市更有利可图。Michael Keren 关于金融业对外直接投资的研究中就以一国的城市化水平作为衡量指标。

2. 市场规模

东道国市场的大小是最常提到的对外直接投资的决定因素之一。市场规模是对外直接投资中要考虑的关键因素。一个庞大的国内市场可以为外国投资者提供降低进入成本和达到规模经济的机会，这不仅有利于产品在东道国国内市场销售，而且有利于产品对其他国家市场的再出口。大量关于对外直接投资的实证研究也证实了东道国的市场潜力对吸引对外直接投资有重要的积极影响。有实证研究支持强烈认为在市场大小和内在的对外直接投资间存在正向关系。

3. 服务业发展水平

服务业的质量对于服务业的发展而言是很重要的，由于大多数服务业的产品都是无形的，给顾客最直观的就是服务态度的好坏和服务设施的完备。东道国的消费者对于服务的了解和要求也可以促进一个国家服务质量的提高，从而促使该国对服务业需求的提高。

4. 服务业从业人员素质

由于服务不可分离性的特征，消费者要直接感受服务提供者的服务，高素质的服务提供者可以赢得更大的竞争优势。在制造业，劳动力价格是一个主要的竞争因素，公司趋于选择低劳动力成本的国家进行生产。有关在发展中国家对外直接投资决策的研究也指出，劳动力成本在 20 世纪 70 年代和 80 年代是一个重要的决定因素。对于服务业而言，从业人员的素质比制造业更重要。东道国的劳动力成本在服务业不再是主要的竞争劣势。服务业要求训练有素、有一定竞争优势的从业人员，因此，服务业从业人员素质应该也是影响服务业投资的因素之一。

5. 服务业开放程度

服务业吸引外资是各国以逐渐开放本国服务业市场，发展国内服务业的需要。金融业、银行业、保险业、运输业以及邮电仓储业的开放，使这些行业成为近来服务业跨国投资的新的增长点。更高的开放程度自然会吸引更多外资的涌入，事实也证明了这一趋势。人们主要以两种方法来评价一国市场的开放程度：一个是一国贸易进出口总值与该国 GDP 的比值，另一个是一国的税率水平。

6. 政府政策

发展中国家依靠给予外国投资者的优惠政策来吸引外资。以中国为例，中国吸引外资的优惠政策集中体现在每个地区的税收优惠、信贷放款、进出口权以及外汇使用的优惠。对外商投资的优惠政策是中国改革开放 30 多年来吸引外资的最重要的条件，而这一政策在时间上和空间上都是在不断变化的。对外商投资开放的地区和领域是随着改革开放的深入而不断放宽。在空间上，改革开放以来所实施的优先发展东部沿海的战略造成了各地区吸引外资政策的不平衡，东部沿海地区获得了更为优惠的政策，而且在 30 多年来建立的许多经济特区、开放城市、经济开发区等具有不同优惠政策的地区。政策宽松程度的不同，在客观上使得不同城市服务业发展及开放程度有所差异。

16.2.2 服务企业进入模式

服务企业进入国际市场的传统方式是跟随他们在国内所服务的制造企业。当他们的客户国际化后，他们将有机会随之向国外发展。例如，在对银行业和广告业的研究中发现，跟随客户是促使这些企业国际化的主要原因。当今时代随着电子商务技术的新发展，服务企业对当地经营的依赖程度越来越低，其国际化的方式也变得更为多元化。

1. 服务企业进入模式类型

由于服务企业实施国际化战略的风险要比制造企业大，服务企业普遍面临着缺乏资源、不了解出口业务、由于语言文化的差异而导致国际化难度加大等众多障碍，因此，制定服务企业的国际化战略至关重要。为此，我们提出适合不同特征的国际化战略模式：

（1）直接出口服务，服务的直接出口主要发生在产业市场。例如，对高价值设备进行维修和保养服务的企业在国内有他们的基地，无论何时需要，他们都可以把提供服务所需的资源和系统移到客户所在国。一些咨询服务企业也以类似的方式出口。

（2）系统出口，指由提供互补性解决方案的两家或多家企业联合开展的出口，一家服务企业可以支持一般商品出口企业或者另一家服务企业。在系统出口中所提供的服务主要是产业服务。

（3）直接进入战略，指服务企业在国外市场建立自己的服务生产组织。为减少直接进入战略的潜在风险，力图开拓国际市场的企业一种方式是可以采取在国外收购一家提供类似服务的当地企业，而不一定是自己在当地建立一个新的组织；另一种方式是选择一家当地企业组建合资公司。直接进入战略适用于消费性服务的国际化，同时也适用于产业服务的国际化。

（4）间接进入战略，适合于那些不想在当地建立一个全部或部分拥有的经营组织的服务企业所采用。一种形式是通过授权协议或特许经营方式由当地企业提供服务。在旅店业和餐饮业，通常采用特许经营的方式间接进入国际市场。当地服务企业得到提供服务的特许权。另一种形式是管理合同。

（5）网络营销战略，这种方式使企业不必局限于某一特定市场，因此，更具全球化战略的特色。互联网为企业提供一种宣传推广其产品和在网上销售的途径，同时也提供了一种收集国际市场有关购买习惯和模式的资料渠道；此外，企业还可以通过网络伙伴安排传递与支付。

2. 不同进入模式的资源投入和市场风险

（1）各种进入模式需要的资源投入不同。资源是指企业为进行国际市场经营活动投入的各种资产和其他要素。可以看出，不同进入模式所要求的资源量差别很大。如果服务企业采取许可证的贸易形式，由于被许可方将承担绝大多数的项目建设及营销费用，许可方在合作过程中并不投资形成生产经营性资产，以这种方式进入国际市场，企业的资源投入量很小；与此相反，独资经营意味着企业在东道国拥有全部经营资产，必须进行大量的资源投入；以合资方式或者兼并收购的方式进入，所需的资源投入介于以上两者之间；出口、电子营销是利用企业在国内生产的产品参与国际市场竞争，不涉及在海外投资的问题，其资源投入量最小。资源投入构成了企业退出的主要障碍，资源投入越大企业的战略柔性越小。如果企业在国际市场上投入大量资金从事独资或合资经营，一旦发生不利的经营事件需要退出该国市场时，就会产生大量因退出而带来的沉没成本，从而降低企业经营的灵活性。例如，2008年，冰岛前三大银行均由政府接管，并且中止了海外储户的取款服务，为了保护本国的利益，德国和英国政府立即冻结了冰岛主要银行在它们各自国家分支机构的资产。

（2）不同的进入模式意味着企业对国际市场经营活动的控制程度不同。许可证贸易的控制水平最低，而网络营销、出口与独资经营的控制水平最高。在许可证贸易中，拥有专有技术的企业通过许可证贸易协议，将控制权全部或部分转移给被许可方，从而降低了企业对分支机构的控制程度。以独资方式进入，企业将生产经营权授予国外的分支机构或者子公司，母公司则通过控制分支机构完全掌握控制权，在完全掌握控制权这一点上，独资模式与出口方式、网络营销方式基本相同，所不同的是网络营销、出口模式是由母公司直接进行国际市场经营决策的，独资方式通过分支机构控制国际市场的经营活动。在合资经营中，控制水平取决于企业所投入资金的比重，比重越大，所拥有的决策控制权就越大，因而，这种方式的控制水平居中。

（3）各种进入模式的国际市场风险差别较大。国际市场经营环境和经营管理的复杂性，决定了服务企业在国际市场上面临着众多风险，如政治风险、外汇风险、文化风险、经营风险以及企业扩散风险等。由于风险因素众多，这里以扩散风险为例分析各种进入模式的风险差异。扩散风险是指企业的专有技术或者营销技能被扩散的可能性。专有技术或者营销技能构成了企业国际市场竞争优势的基础，因此，企业专有技术或者营销技能的扩散将会给企业带来巨大的损失，在许可贸易方式下，企业的专有技术、营销诀窍可能被许多竞争对手通过非法方式占有使用，或者由于被许可方超越协议范围使用、扩散，而损害许可方的利益。而在出口及独资经营方式下,这种扩散风险变得很小,合资经营方式的扩散风险居于出口方式和独资方式之间。从政治风险的角度来看,企业投入的资源越大,退出成本越高,一旦发生政治风险,损失也就越高。通过以上分析,可以看出各种进入方式的资源投入方式、补偿形式之间存在较大的差异(表16.3)。

表16.3 不同进入模式的特征

特征	进入模式类型					
	出口	特许经营	合资	收购	独资	网络营销
资源投入	小范围	限制并支持	大范围	大范围	大范围	可忽略
风险	低	低	适中	高	高	适中
可控程度	适中	低	适中	高	高	可忽略
收益	低	低	适中	高	高	适中

16.2.3 国际服务的标准化和适应性

服务企业一旦进入国际市场参与到国际竞争当中,必须建立适合自身的完善的国际服务战略,以确保其在全球竞争中的优势地位。哪些服务要素需要标准化、标准化程度如何把握、哪些则需要适应性的调整,这些都是跨国服务企业在建立国际战略时面临的关键问题。

标准化意味着在世界各地以同一种方式提供相同的服务;而适应性则意味着要根据当地市场的具体环境对服务提供进行调整。当服务企业为某一国外市场确定战略时,需要对服务提供的每一方面进行标准化可行性和适应性可行性考虑,在前台要素、后台要素、人员及服务设施等方面都会提出各类问题,以此决定如何在标准化和适应性之间进行权衡。

企业在选择标准化和适应性战略的过程中,首先考虑的是顾客问题。也就是说,在服务提供的现有定位下,考虑针对国内目标市场的服务是否也正好适合于国外市场。例如,在一些西方市场,宾馆可能拥有复杂的设施,诸如餐厅、酒吧、会议室、商务服务等,这些设施非常适合商务旅客,因为他们会在宾馆里进行大部分的业务活动。但是,在一些亚洲国家,商务往往在办公室里进行,那里的宾馆并不需要这些设施,除非当地有大量的国际商务活动。

服务企业还要根据服务人员来考察其决策。员工的筛选、雇用、培训、激励和报酬等人事政策,影响着顾客与供应者之间的互动关系,因此,企业要对其员工政策以及工作情况进行监督和考察。除此之外,服务设施也是需要考虑的一个因素,当地文化特征决定了服务场所的色调、设计风格等每一个细节,从餐厅的餐巾和地毯到家具质地、墙漆和公司标志,都需要进行考察。最后,对服务过程也需要进行一些重新思考,使得服务提供的结构、内容和过程符合当地的文化、经济、法律与行业规定。对于一个宾馆来说，恰当的欢迎和接待标准因国家而异。在印度，要十指并拢两掌相对；在远东地区，则要腰部微弯。更复杂的是，一部分人可能比其他人更具传统性，从而使得服务蓝图从第一步到最后一步，所有的行为和语言都要进行限制和调整。

1. 标准化战略

标准化战略就是以基本相同的方式在不同市场提供所有方面的服务。通常情况下，标准化的有形商品更易于在全球市场采取相似的方法进行销售，然而，服务的互动本质使其标准化更加困难。顾客与服务提供者的互动发生于前台，所以服务企业需要对前台的大部分特征予以精心考虑，前台表现的互动使服务标准化变得困难且可能并不受欢迎；对于服务的后台区域，进行统一的设计则较为有益，如宾馆订房的计算机化、食品预备的质量控制或国际航空的控制系统等。

大部分服务全球化企业所寻求的规模经济是标准化努力的结果。上面提到，通常后台活动较少适应当地的环境，当后台使用标准化的设备和系统工艺时，整个后台服务过程更具可预测性和可控性，服务的质量水平也得以保证。

2. 适应性战略

尽管标准化可能是有益的，但企业必须保证不能仅仅因为效率而忽视当地顾客的需求。因此，服务企业也不能忽视适应性战略的重要性。适应性战略要求跨国服务企业调整其前台与顾客的互动关系，以反映当地市场环境的特征。除此之外，企业还需要注意许多与当地环境相关的不同方面。大的方面包括适应当地语言、顾客偏好和商务实践方面的明显差异；而细节问题则包括适应敏感的和微妙的文化差异，如不同的日期符号表征和不同的业务时间表等。

因此，跨国服务企业必须根据提供的服务类型、企业自身特点以及东道国文化特征等方面，对目标顾客、服务人员、服务设施以及服务过程进行充分的考虑，最终确定企业的全球战略，在标准化和适应性之间找到一个完美的契合点。

▶ 案例16.2：DHL——在标准与差异的协同中前进

在《进出口经理人》杂志社开展的"2008中国外贸服务市场调查"中，DHL以高出第2名约16个百分点的优势稳居快递行业第1位。DHL以其"中国优先"战略，大刀阔斧地提升了DHL在中国的作业能力。据统计，在过去几年中，DHL在中国保持了35%~45%的高速增长，占有了高达40%的市场份额。今天，中国的外贸人最经常说的一句话就是："请你帮我把这个文件DHL过去。"

1. 全球统一的服务标准

正如消费者在世界上任何一家麦当劳或肯德基连锁店都能品尝到品质和口味相同的汉堡一样，DHL坚持为客户提供全球一致的标准化服务，其在各地为客户提供的服务不仅实现了快速服务，而且更是持续、安全的快速服务。

在亚太，DHL对各个国家和地区的作业、清关、客户服务情况进行了调查和研究。基于收集到的信息，DHL推行了"标准化管理项目"，统一了亚太各国家、地区从最初取件到最终派送的作业流程。标准化管理使快递的各个环节衔接得更加紧密、和谐，保证快件到达DHL各个地区的口岸或服务中心都能享受到同样高品质的待遇。

2. 在差异中细分市场

中外运敦豪国际航空快件有限公司是由DHL与中国对外贸易运输集团总公司各出资50%于1986年成立，是中国成立最早、经验最丰富的国际航空快递公司。从总体上来说，DHL的全球品质都是一样的，但是，全球同质化的服务显然不够，对于不同市场的不同发展阶段，DHL中外运敦豪则实施了不同的市场战略。

DHL针对不同的行业、不同规模和不同地域的中国客户，做了大量关于客户差异情况的调研，这使DHL更加了解客户并提供差异化的服务。例如，有些企业对出口货物的速度要求很高，有些企业更看重出口货物运送的安全性，还有些企业对运输的成本极为敏感。因此，DHL不断致力于在现有的条件下实行新的产品组合。

针对中国不同的地域市场，DHL结合了不同行业的特点做到区别对待。例如，长三角地区主要是以高科技为主导的企业，这些企业往往担心产品损坏，DHL就更注重在网络安全方面加大投入，确保其服务设施达到TAPA（TAPA是高科技协会做的一个安全认证）的要求；珠三角地区有比较传统的纺织业和家具业等产业，这些企业所注重服务就会有所不同，DHL则会在促销和服务上提供差异化的产品满足它们的需求。

资料来源：王沛.DHL：在标准与差异的协同中前进.进出口经理人，2008，(9)：66.

16.3　服务企业跨文化营销策略

在世界经济一体化的进程中，必然伴随着文化的交流、冲击与融合。文化作为一系列习俗、规范和准则的总和，是一个奇特的存在，它并不像跨国公司那样，能轻易地"走出去"和"请进来"。文化的"本土情结"和文化的"排外张力"，总是在影响着经济全球化的推进。因此，服务企业在制定国际营销策略时，必须考虑文化的影响力。

16.3.1　文化差异的维度

英国文化人类学的奠基人Edward Burnett Tylor在1871年出版的《原始文化》一书中将其表述为"文化是一个复合整体，包括知识、信仰、艺术、道德、法律、习俗，以及人类在社会中所获得的一切能力与习惯"，并认为，文化是探索人的思维和行为法则的最为适宜的主题。不同国家和地区的文化的差异是显著的。例如，有报道显示，中国手机持有者年人均短信息发送量为1000多条，而美国人仅为100多条，如果外国电信企业不了解这些因文化造成的行为的差距，是很难把握住市场的机遇的，这种无知的后果是很严重的。

目前，衡量和解释各种文化差异现象普遍采用的工具是Hofstede模型。该理论将文化价值分为五个不同的维度，即权力距离（power distance）、个体主义社会（individualism society）与集体主义社会（collectivism society）、男性化倾向（masculinity dimension）的社会与女性化倾向（feminine dimension）的社会、不确定性回避（uncertainty avoidance）、长期导向与短期导向。

所谓权力距离是指"一个社会对组织机构中权力分配不平等的情况所能接受的程度"，其大小是通过权力距离指数表现出来的。

个体主义社会，是指一种组织松垮的社会结构，在这种社会中，人与人之间的关系较为淡薄，人们只顾及他们自己和其直系亲属；而集体主义社会则相反，它是一种严密的社会结构，其中有内部群体和外部群体之分，人们毫无疑问地忠诚于内部群体。

男性化倾向的社会指社会中两性的社会性别角色差别清楚，男人应表现得自信、坚强，注重物质成就，女人应表现得谦逊、温柔、关注生活质量；而与此相对立的女性化倾向的社会，指社会中两性的社会性别角色互相重叠，男人与女人都表现得谦逊、恭顺、关注生活质量。

所谓不确定性回避是指一个社会感受到的不确定性和模糊情景的威胁程度，并试图以提供较大的职业安全、建立更正式的规则、不容忍偏离的观点和行为、相信绝对知识和专家评定等手段来避免这些情景。

长期导向和短期导向维度表明一个民族持有的对待长期利益或近期利益的价值观，主要反映人们对将来与现在利益进行权衡时考虑长远利益的相对程度。

16.3.2　跨文化营销与顾客期望

顾客期望主要是受口碑传播、个人需求、过去经历的影响。文化的差异性在这三个方面体现的较为明显。

首先，服务质量的期望经常受到口碑的影响。口碑作为一种非计划信息，其传播是一种自发的、散播带有寻求合意目的的行为（即接受他人的意见或建议往往暗示在价值观上与对方保持趋同），因而，口碑是某个社会文化群体被普遍接受的价值观念的缩影；其次，个人需求往往也带有某个社会的文化价值符号意义，偏离服务接受者主体文化观念的服务输出（无论是在形式还是方式上），都将被视为离经叛道遭到主体文化价值观批判和排斥；最后，顾客本人过去接受服务的经历经过积累、提升和归纳总结，形成了现在根深蒂固的服务消费哲学。由于文化的影响，期望的显性化程度也会影响到服务质量的感知效果，如隐性期望不能被服务提供者察觉并满足将会导致顾客对服务感到不满。可见文化背景、价值符号、自我定位心理问题都可能导致顾客流失，此时就需要对服务过失进行弥补。

另外，在不同文化下，顾客对服务后对实施服务补救的期望也有所不同。不同文化中的顾客会体验某些特有的服务失败经历，这些失败经历在所有文化中都存在；同理，不同文化背景下的顾客能体验到某些独特的恢复与补偿，这些服务补偿也并非在所有文化中都存在。例如，在欧美国家服务失败必须以赔偿金钱作为弥补顾客时间、情感和实际付出（尽管可能小于赔偿金额）作为代价，而在韩国、日本，服务失败后还需辅之以当面赔礼道歉、诚恳鞠躬等方式。

16.3.3 跨文化营销与服务接触

服务是由一系列的与顾客互动的过程组成的，因此，服务接触在服务中有着特别重要的意义。不同的文化会使顾客在服务过程中产生不同的行为模式，而且，不同文化背景的人们对服务的感知质量也是不同的。因此，服务企业在实施国际化战略之前，必须对服务接触中的文化影响因素有所了解。

1. 权力距离对服务接触的影响

权力距离指数大的国家（如中国）强调谦恭、礼节，这促使个人去维护社会等级关系。一个来自高权力距离文化的顾客会期望服务提供者严格服从他的要求，他们对服务有较高的期望，认为别人为他们提供服务是理所当然的事，对良好的服务的满意度会较低，而对稍差的服务的不满意度会大大提高。相反，在一些权力距离比较低的国家，如加拿大、英国、德国、美国，消费者不太接受社会地位的差别，更趋向于期望平等的服务，顾客对员工提供的良好服务的愉悦程度更高，对服务的满意度也更高。例如，在中国，酒店的服务服务员是不可能得到小费的，因为他们的服务被认为理所当然的。

2. 个体主义与集体主义对服务接触的影响

个体主义文化强调主动性、成就，更多依赖事实进行决策，而不是寻求集体的和谐与一致。在集体主义文化中团体内共享的目标决定着人们的行为。个体主义的顾客首先追求的是自己的利益，而不是他人的，所以他们不愿意接受差的服务；相反，集体主义文化下的顾客强调是"我们"，而不是"我"，因为他们重视相互依赖的人际关系。而且，他们很容易顺从并容忍差的服务，因为他们不愿意破坏和谐。因此，集体主义文化下的顾客对服务质量没有过高的期望，他们随时准备接受所提供的任何质量的服务。

3. 男性化和女性化对服务接触的影响

在男性气质突出的国家中，社会竞争意识强烈，成功的尺度就是财富功名，社会鼓动、赞赏工作狂，人们崇尚用一决雌雄的方式来解决组织中的冲突问题，其文化强调公平、竞争，注重工作绩效，信奉的是"人生是短暂的，应当快马加鞭，多出成果"，对生活的看法则是"活着是为了工作"；而在女性气质突出的国家中，生活质量的概念更被人们看中，人们一般乐于采取和解的、谈判的方式去解决组织中的冲突问题，其文化强调平等、团结，人们认为人生中最重要的不是物质上的占有，而是心灵的沟通，信奉的是"人生是短暂的，应当慢慢地、细细地品尝"，对生活的看法则是"工作是为了生活"。有学者研究了民族文化对消费者旅游服务评价的影响，发现来自高男性化社会的游客比来自低男性化社会的游客更愿意说出对服务的不满意。有较强忠诚度的被访问者来自低男性化文化，而表达了较强不满意的顾客则来自高男性化文化。

4. 不确定性回避对服务接触的影响

强不确定性回避国家的人们会比较忙碌，常常坐立不安、喜怒形于色，积极、活泼，其文化对法律、规章的需要是以情感为基础的，这不利于产生一些根本性的革新想法，但却可以培养人们精细、守时的特质，因而善于将别人的创意付诸实施，使之在现实生活中生效；而弱不确定性回避国家的人们则显得更沉静些，也更矜持、随遇而安、怠惰、喜静不喜动、懒散一些，人们对于成文法规在感情上是接受不了的，除非绝对必要，社会不会轻易立法，其文化能容忍各种各样的思想和形形色色的主意，因而有利于产生一些根本性的革新想法，但却不善于将这些想法付诸实施。

来自强不确定性回避文化的人是社会化的避免风险，当服务的过程和结果可以预见时他们才会感到舒服；而来自弱不确定性回避文化的人喜欢冒险和不可预见的事情，所以更可能会把外国的服务传递风格看做冒险，如果有文化上不恰当的行为发生，也不会认为是对个人的伤害。另外，来自强不确定性回避文化的消费者倾向于在得到优越服务时极力赞美，而在得到劣质服务时不会轻易更换服务提供者或提出批评。与此相反，来自弱不确定性回避文化的消费者不大可能赞美优越的服务，但在服务拙劣时更容易更换服务提供者或提出批评。

5. 长期导向与短期导向对服务接触的影响

长期导向的顾客认为没有任何事物是绝对的正确或绝对的错误，所以他们能容忍似是而非的事情，差的服务可能会被接受。在短期内这些顾客不会期望任何服务经历都是完美的，他们会给服务提供者时间去改善，他们会为更美好的未来而牺牲今天。所以，现在的服务质量不会在长期导向顾客心里产生太多的信任，即使得到及时的服务，也不会像短期导向顾客那样欣喜若狂。长期导向顾客比短期导向顾客对服务质量的期望更低；长期导向顾客比短期导向顾客对反应性的重视程度更低。

▶ 案例16.3：巴黎迪斯尼之痛

1992年4月，欧洲迪斯尼在巴黎市郊马恩河谷镇开放。摊开欧洲地图我们发现，巴黎应该是个理想的地方，把欧洲迪斯尼乐园建在这里至少可以辐射周边6个国家（瑞士、德国、卢森堡、荷兰、比利时和英国）。假如大家都是自驾游，在到达此处所用时间上，有1.7亿人用2个小时，4.1亿人用4小时，10.9亿人用6个小时。当时巴黎的人均GDP也已经接近3万美元，法国政府也一改对美国文化惯有的抵触，对沃尔特——迪斯尼公司的建园计划表现了出人意料的友好。似乎这一切都预示着迪斯尼将在巴黎大展宏图。

然而截至1994年年底，欧洲迪斯尼乐园共亏损20亿美元。迪斯尼在巴黎不惜血本，以44亿美元的高投入企图从欧洲文化市场抱回一个大金娃娃，然而，梦境与现实毕竟有一段距离。究竟是什么使得原本很完美的设想变得糟糕呢？

水土不服成了欧洲迪斯尼的致命伤。首先，迪斯尼公司在决心建造欧洲迪斯尼的同时，忽略了法国人特有的排斥美国文化倾向。从历史上看，法国人具有极强的民族自豪感，性格较为自我崇高，自尊心甚重，对于美国产品接受度不高。他们认为欧洲迪斯尼是一种文化帝国主义，害怕美国文化从此对他们的文化产生过大的冲击甚至取而代之，从心理上产生了排斥，以致公园开业时法国的左派示威者们用鸡蛋、番茄酱和写有"米老鼠回家去"的标语来回敬远道而来的美国人。其次，语言的选择也造成了顾客的反感，最开始园内的工作语言是英语，而法国人一向认为法语是世界上最美的语言，是上等人的语言，因此，在园中要求必须使用英语，不仅导致员工和游客之间的沟通困难，同时引起员工和游客的不满。此外，饮食设施的设置也有不当之处，欧洲迪斯尼在饮食方面的收入比其他迪斯尼公园低得多，这主要是由于错误认为欧洲人一般不注重早餐，而且园内不提供酒类及酒精类饮料。实际上，大部分欧洲人寻求一顿合理丰盛的早餐，园内较少的餐厅及昂贵的快餐食品限制了这部分的市场需求。法国人有以酒佐餐的饮食习惯，酒在欧洲被认为是日常生活进餐的必需品，而在公园内不准饮酒的规定，引起了欧洲人的不满。除此之外，巴黎迪斯尼还在其他的一些方面忽视了文化的差异。结果可想而知，正如一位批评家所说，"封闭的乐园使法国人不能留下自己的印记"，这样的经营注定是要失败的。

资料来源：艾静超. 欧洲迪斯尼乐园经营失败的环境分析. 长春理工大学学报（高教版），2007，（3）：72，73.

16.3.4 服务企业跨文化营销策略

企业的国际化经营会受到文化差异的影响，对于与顾客直接接触的服务企业来说，受到的影响将更严重。因此，在进入国际市场之后，服务企业必须首先分析文化差异带来的挑战，尤其是文化差异对顾客期望和顾客感知质量的影响。以下我们探讨服务企业跨文化营销的几个策略。

首先，在国际化过程中，服务企业应该充分地了解顾客期望。我们知道，顾客期望是顾客内心的活动会受多种因素的影响，如顾客的需求层次、以往的经历、口碑传播等，因此，企业很难充分地了解顾客期望。国际企业面临着更多文化差异的不确定性，将更难充分地了解顾客期望。例如，研究表明，强不确定性回避文化下的顾客比弱不确定性回避文化下的顾客对服务质量期望低，并更重视有形展示。然而，顾客期望却是顾客满意的重要影响因素，任何忽略顾客期望的企业都不会获得良好的经营业绩。所以，在国际化进程中，服务企业应该了解东道国顾客的价值观、生活习惯，并对顾客期望做出预判。

其次，在跨文化营销中，服务企业应该注重顾客感知服务质量的提升。根据消费者的文化价值取向可以预测其对服务接触的需求。这就要求走向国际化的服务企业对不同的文化是如何影响消费者对服务接触的评价以及是如何影响在不同的国家提供服务的方式保持敏感。例如，在个体主义国家设计服务和培训人员时，经理们要避免死板的执行规定的程序，甚至需要牺牲一定的效率，确保顾客得到某种程度的个性化服务；同时，这也要求服务企业给员工以相应的授权，这对满足个性化的服务需求尤其关键。而对于不确定性回避文化的顾客，企业不必拘泥于通常的服务形式，可以展示自己标新立异的风格，提供彰显个性的服务，并由此获得差异化的竞争优势。

最后，服务企业应该重视文化差异给企业带来的机遇。其一，文化差异有利于企业形成"文化垄断"优势。某些产品在异质文化市场上因其独特性，新颖性受到消费者的青睐，这种异域文化的产品对目标市场的消费者具有新鲜感，有利于产品树立独特的品牌个性。例如，麦当劳正是借助这种美国快餐文化的独特性来吸引消费者，才使其成功占领了市场。其二，在不同的文化背景下，不同的生活习俗、市场状况、技术条件、宗教信仰等，往往能为企业创造更多的营销机会。采用多元化的灵活思维和解决问题的方式，会取得意想不到的成功。

讨论与思考

1. 有人说服务企业的国际化是必要的、紧迫的，你认为如何？
2. 为什么服务企业在其国际化过程中要将标准化和适应性结合起来？
3. 举例说明跨文化营销能够给企业带来哪些机遇？

参 考 文 献

曹礼和，邱华. 2004. 服务营销. 武汉：武汉大学出版社.

道格拉斯·霍夫曼等. 2009. 服务营销精要：概念、战略与案例. 第3版. 胡介埙译. 大连：东北财经大学出版社.

范秀成. 2006. 服务管理学. 天津：南开大学出版社.

郭国庆. 2009. 服务营销管理. 第二版. 北京：中国人民大学出版社.

贺艳春. 2005. 市场导向、期望认知偏差、顾客满意与顾客忠诚之间关系研究. 复旦大学博士学位论文.

蒋三庚. 2005. 论商业聚集. 北京工商大学学报（社会科学版），(3)：1-4.

克里斯廷·格罗鲁斯. 2002. 服务管理与营销：基于顾客关系的管理策略. 韩经纶等. 北京：电子工业出版社.

克里斯廷·格罗鲁斯. 2008. 服务管理与营销：服务竞争中的顾客管理. 第三版. 韦福祥等译. 北京：电子工业出版社.

李怀斌，于宁. 2001. 服务营销学教程. 大连：东北财经大学出版社.

蔺雷，吴贵生. 2008. 服务管理. 北京：清华大学出版社.

刘宇. 2003. 顾客满意度测评. 北京：社会科学文献出版社.

洛夫洛克等. 2007. 服务营销：管理员工、技术、战略. 亚洲版·第2版. 范秀成主译. 北京：中国人民大学出版社.

邱小平. 2004. 广州商业集群效应分析. 商讯商业经济文荟，(2)：9-11.

孙恒有. 2004. 服务营销实战. 郑州：郑州大学出版社.

瓦拉瑞尔·A. 泽丝曼尔，玛丽·乔·比特纳. 2004. 服务营销. 张金成，白长虹译. 北京：机械工业出版社.

韦福祥. 2009. 服务营销学. 北京：对外经济贸易大学出版社.

吴晓云. 2006. 服务营销管理. 天津：天津大学出版社.

武云亮. 2003. 论中小商业企业的集群化发展. 商业时代. (10)：14，15.

徐二明. 1999. 中国人民大学工商管理案例/MBA案例：市场营销卷. 北京：中国人民大学出版社.

叶万春. 2001. 服务营销学. 北京：高等教育出版社：158-164.

张旭. 2002. 服务营销. 北京：中国华侨出版社.

张月莉，郭晶. 2002. 服务营销，北京：中国财政经济出版社.

郑吉昌. 2005. 服务营销管理. 北京：中国商务出版社.

周洁如，庄晖. 2008. 现代客户关系管理. 上海：上海交通大学出版社.

周振华. 2010. 服务经济的内涵、特征及其发展启示. 科学发展，(7)：7.

Hoffman K D, Bateson J E G. 2009. 服务营销精要：概念、战略与案例. 第3版. 胡介埙译. 大连：东北财经大学出版社：265.

Barnes J G. 1998. Close to the customer: but is it really a relationship? Journal of Marketing Management, 10 (7)：561-570.

Bitner M J, Rust R T, Oliver R L. 1994. Service Quality: New Directions in Theory and Practice. Thousand Oaks, CA: Sage.

Brodie R J, Glynn M S, Little V. 2006. The service brand and service-dominant logic missing fundamental premises or the need for stronger theory? Marketing Theory, 3 (3)：372.

Fornell C, Johnson M D, Anderson E W, et al. 1996. The American customer satisfaction index: nature, purpose, and findings. Journal of Marketing, 60：7-18.

Grönholdt L, Martensen A, Kristensen K. 2000. The relationship between customer satisfaction and loyalty: cross-industry differences. Total Quality Management, 11 (5-6): 509-514.

Grönroos C. 1984. A service quality model and its marketing implication. European Journal of Marketing, 18 (4): 40.

Grönroos C. 2000. Service Management and Marketing: A Customer Relationship Management Approach. England: John Wiley & Sons, Ltd.

Han S L, Wilson D T, Dant S P. 1993. Buyer-supplier relationships today. Industrial Marketing Management, 22 (2): 331-338.

Hart C. 1988. The power of unconditional guarantees. Harvard Business Review, (7-8): 54-62.

Hunt K. 1991. Consumer satisfaction, dissatisfaction, and complaining behavior. Journal of Social Issue, 47 (1): 109-110.

Johnston R. 1999. Service operations management: return to roots. International Journal of Operations & Production Management, 19 (2): 104-124.

Johnston R. 2005. Service operations management: from the roots up. International Journal of Operations & Production Management, 25 (12): 1298-1308.

Liljander V, Strandvik T. 1995. The nature of relationships in services. Advances in Services Marketing and Management, 4: 143.

Lovelock C H. 1983. Classifying services to gain strategic marketing insights. Journal of Marketing, 47 (3): 9-20.

Narver J C, Slater S F. 1994. The effect of a market orientation on business profitability. Journal of Marketing, 11 (1): 20-35.

Oliver R L. 1980. A Cognitive model of the antecedents and consequences of satisfaction decisions, Journal of Marketing Research, 17 (4): 460-469.

Parasuraman A, Zeithaml V A, Berry L L. 1985. A conceptual model of service quality and its implications for future research. Journal of Marketing, 49 (4): 41-50.

Parasurman A, Zeithaml V A, Berry L L. 1988. SERVQUAL: a multiple-item scale for measuring consumer perceptions of service quality. Journal of Retailing, 64 (1): 12-40.

Reichheld F F, Sasser W E. 1990. Zero defection: quality comes to services. Harvard Business Review, 68 (5): 105-111.

Woodside A G, Frey L L, Daly R T. 1989. Linking service quality, customer satisfaction, and behavioral intention. Journal of Health Care Marketing, 9 (4): 5-17.

Zeithaml V A. 1988. Consumer perceptions of price, quality, and value: a means-end model and synthesis of evidence. Journal of Marketing, 52 (7): 2-22.

后 记

来自多方面的资料表明,从全球范围看,世界经济的结构正在逐渐由工业经济主导向服务经济主导的经济形态转型,服务业正以快速发展的态势,逐步超越制造业,成为一国经济发展的主导力量之一。而服务经济加速发展所带来的冲击波,不仅影响到各国经济增长方式的转变、产业发展模式的调整、技术发展和创新模式的变革等方面,而且伴随着经济全球化的进一步发展,世界服务业也呈现出加速现代化和跨国转移的趋势:一方面,进一步推动了世界经济向服务经济转型;另一方面,也使服务业日益告别传统的地缘导向发展模式,不断打破时间、空间乃至文化、观念的隔离,开始进入全球化发展阶段,使服务业的全球重组和资源优化配置达到空前的高度。

与此同时,服务营销从理论到实践都有了新发展,研究内容也随着经济环境的变化而呈现出许多新的特性。对于服务营销来说,营销的目的已不仅是在创造着消费,而是在创造着企业与顾客的关系;营销的最终目的不是扩大销量,而是培养顾客忠诚。以提高顾客满意与忠诚为出发点、以顾客关系为作用对象的新的营销理念得以产生。

本书正是在上述背景及作者多年来对服务营销的研究和教学实践及相关领域的研究成果积累的基础上完成的。同时,本书的完成也是我们的服务营销与管理研究团队中所有成员,以及博士生与硕士生共同努力的集体智慧的结晶。

本书由许晖教授主编,负责设计总体框架和写作思路并总纂全书。副主编为南开大学企业管理专业郭净博士。郭净博士对本书作了初步统稿,许晖最终修改定稿。本书各章的主要编写人员有:前言、第1章,许晖、邓勇兵;第2、4章,郭净;第3、13章,李巍;第5章,许晖、纪春礼;第6、11章,王艳萍、许晖;第7、8章,周斌、许晖;第9、10章,刁晓东、许晖;第12、16章,王睿智、许晖;第14、15章,王艳芝。

衷心感谢科学出版社的马跃、张宁等编辑,为本书的顺利出版付出了极大的热忱和辛勤的劳动。

由于作者水平有限,书中疏漏和不足之处在所难免,在此,殷切期望得到各位专家、学者和读者的指正与赐教。

许　晖

2011年2月于南开园